SERIE *GUÍA ESENCIAL*

GUÍA ESENCIAL SOBRE JESÚS

JEREMY ROYAL HOWARD

NASHVILLE TENNESSEE

Guía esencial sobre Jesús

ISBN: 978-1-4627-9181-1

A Holman Reference Book
publicado por
B&H Publishing Group
1 LifeWay Plaza
Nashville, Tennessee 37234
www.bhpublishinggroup.com

Clasificación Decimal Dewey: 232
Clasifíquese: JESUCRISTO—ENSEÑANZA BÍBLICA \ BIBLIA. LOS EVANGELIOS Y HECHOS

Impreso en China

2 3 4 5 6 7 8 9 10 • 26 25 24 23 22
RRD

CONTENIDO

PARTE II:
La vida de Jesús

PARTE III:
La cruz de Jesús

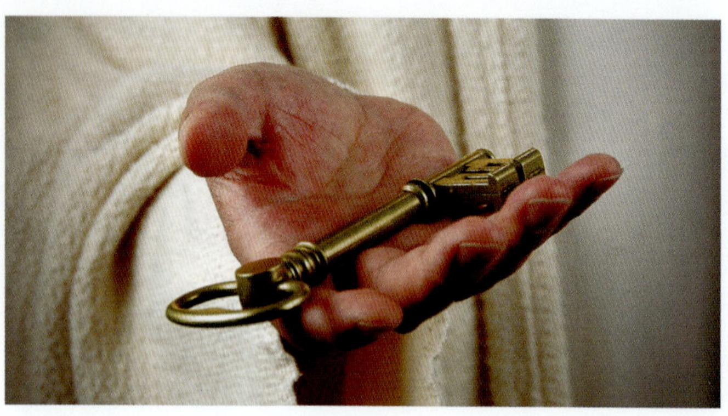

PARTE IV:
Las enseñanzas de Jesús

PARTE V:
Los seguidores de Jesús

INTRODUCCIÓN

Imagina que un hombre se muda al lado de tu casa y comienza a proclamar que él es Dios. Al principio te sorprendes, pero luego este sentimiento se convierte en alarma. ¿Es este un hombre peligroso? ¿Cuáles son sus planes? ¿Intentará hacer caer fuego del cielo si tu perro cruza a su patio? ¿Vigilará las calles como alguno de esos dementes fanáticos del apocalipsis que has visto en las películas? ¿Cuánto se desplomará el valor de tu propiedad cuando la locura de tu vecino esté en su máximo esplendor?

No pierdes el tiempo y convocas a los vecinos. Todos se han unido a «la vigilia». Pronto, la observación revela lo que se esperaba desde el principio: excepto por el complejo de Dios, este hombre parece completamente normal. Camina, se viste, duerme y come como un hombre común. Paga sus impuestos. Incluso poda su césped con la misma podadora que tú. ¿Qué clase de Dios haría estas actividades?

Sin embargo, con disgusto notas algunas otras características peculiares, elementos no comunes en un mero hombre. Habla de Dios de cierta manera que eleva tu corazón. Puede atravesar tu alma como nadie más. Hasta donde puedes juzgar, cada uno de sus actos parece verdaderamente abnegado. Resuelve los conflictos que se suscitan entre los vecinos sin discriminación ni favoritismos. Los

rumores afirman que ha hecho ciertas obras extraordinarias por los enfermos. Además, está también la otra contribución maravillosa que hizo (o que en apariencia hizo, ya que insistes) en la alberca del vecino. Luego están esas vidas que han sido cambiadas por él. Algunos amigos parecen seres humanos por completo distintos desde que comenzaron a juntarse con el chico nuevo. Decides bajar un poco la guardia, pero cuando te estás formando una buena opinión de este hombre, comienza de nuevo con el asunto de Dios.

Esto no puede continuar para siempre. Como eres una persona comprometida con la verdad, un día reúnes a algunos de los vecinos y decides ir al juzgado. Desempolvas los documentos viejos ya amarillentos, esos que tienen las grandes firmas y los sellos del estado. Tomas el acta de nacimiento y en alta voz das la noticia:

—¡Este hombre no vino del cielo! Aquí mismo impreso en tinta está el nombre de su madre. Su padre también está en el acta. Y, sobre todo, nació en ese pueblo en ruinas al final de la carretera. ¡Nada bueno ha salido jamás de ahí!

Mientras disfrutas tu brillante descubrimiento, la secretaria se une a la conversación; escuchó de lejos tus comentarios:

—Yo crecí en ese pueblo destartalado —declaró un poco tajante.

Comienzas a disculparte, pero con su mano te detiene.

—Yo era una niña cuando este hombre nació —continuó. Se detuvo para observar la sala en busca de espías —. Lo recuerdo como si hubiera sido ayer. Mis amigos suelen mantenerlo en secreto porque es vergonzoso.

—¿Qué es vergonzoso? —preguntas tú—. ¿El complejo de Dios de este hombre?

—No —responde con rapidez, luego reconsidera—. Bueno, sí, eso es algo vergonzoso —cambió su ponderación y examinó con cuidado sus siguientes palabras—. Me refería a los acontecimientos alrededor de su nacimiento. No fueron naturales. Se detiene y mira en todas las direcciones una vez más. Un fino sudor brotó sobre su labio. ¿Qué es lo que dirá esta mujer? Luego deja salir sus palabras:

—Su madre era virgen. Nunca había estado con un hombre cuando dio a luz a ese bebé.

Tus amigos y tú se quedan ahí por lo que parece ser una eternidad de silencio. Ni siquiera te atreves a respirar mientras sus enloquecidas palabras atraviesan tu mente y tratan de encontrar un significado diferente, *uno racional.* Ninguno de ustedes puede contenerlo más. Tus amigos y tú irrumpen en fuertes carcajadas:

—¡Un nacimiento virginal!

Antes de dar vuelta para retirarse, la secretaria, ruborizada, señala:

—¿Ven a lo que me refería? La gente se ríe como si estuviéramos locos. Les diré cómo sucedió. No hay nada de qué reírse.

Intentas disentir.

—Por supuesto que *es* algo de qué reírse.

Pero tan pronto como lo dices, te das cuenta de que no puedes seguir riéndote. Algo en la mujer te detiene de golpe. Es sincera, no hay rastro de sarcasmo ni decepción. Por otro lado, también está el hombre en cuestión, el enigmático vecino que asegura ser Dios. Es igual a todos los hombres y a la vez tan distinto.

Nadie dice nada en el camino de regreso al auto. Mientras se acomodan, preguntas en voz alta lo que todo el mundo quisiera saber:

—¿Qué haremos con este hombre? ¿Es Dios, o qué?

Nadie ofrece una respuesta. Ni siquiera estás seguro de por dónde empezar.

EL DILEMA DE LOS 2000 AÑOS

Te hayas dado cuenta o no, enfrentas un dilema similar al ilustrado antes. Hace más de 2000 años, en una encrucijada entre el tiempo y la cultura, en la Palestina romana nació un niño judío de una mujer presuntamente virgen. Como Su comienzo fue tan sorprendente, la historia de este niño se hacía cada vez más asombrosa mientras crecía. Dejó atónitos a los ancianos a una edad temprana, convirtió el agua en vino cuando era un joven, y luego de esto, comenzaron a reportarse Sus sanidades, exorcismos y dominio sobre la naturaleza. Las personas acudían a Él llenos de amor, de odio, o de una simple curiosidad, pues, Sus enseñanzas eran tan inspiradoras como controversiales. Esto aconteció antes de que toda la nación de Israel se encendiera en una tormenta de fuego a causa de Sus insistentes declaraciones de ser divino.

Por supuesto que este hombre es Jesús de Nazaret. Como el vecino de nuestra ilustración inicial, Jesús polarizaba a todo aquel que lo conociera. La pregunta que permanecía a Su paso por las ciudades era: ¿qué haremos con este hombre? ¿Es en verdad Dios? Pero, a diferencia del vecino ficticio que presentamos, Jesús es real, y fue muerto por Sus radicales hechos y posturas. Su terrible ejecución fue el escenario para un drama aún mayor, Su presunta resurrección.

Judíos y gentiles, familiares y amigos, gente de todos los alrededores se hallaron profundamente divididos por los reportes de que Jesús se había levantado de entre los muertos. Algunas personas lo dejaron todo para proclamar las buenas noticias que Jesús había traído porque creyeron ese mensaje de esperanza. Otros vivieron toda su vida en continuo enfrentamiento por las posturas religiosas que se levantaron en torno a Él. ¿Cuál era la interpretación correcta? ¿Está Jesús vivo o muerto hoy?

Tu visión de la vida y el propósito esencial de ella dependen de tu respuesta a esta pregunta. Sin embargo, las interrogantes sobre Jesús no comienzan ni terminan con la resurrección. Existen otras numerosas cuestiones que son de vital importancia, y por 2000 años la gente ha luchado por comprenderlas y se han dividido y contendido por estos asuntos también. ¿Realmente afirmaba Jesús ser Dios? ¿Qué decir de Sus milagros? ¿Son verdad, mentira o mal entendido? ¿Cumplió Él las profecías del Antiguo Testamento sobre el anhelado Mesías? ¿Escribieron los evangelistas historias fidedignas de Jesús o mezclaron los hechos con ficción? Así mismo, ¿conocieron ellos a Jesús en persona, o solo escribieron lo que escucharon de otros? ¿Acaso las verdaderas enseñanzas del Señor fueron reprimidas y perdidas en la historia?

Estas y otras importantes preguntas surgen de modo natural cuando exploras la vida y las enseñanzas de Jesucristo.

PROPÓSITO Y ENFOQUE DE ESTE LIBRO

El propósito de este libro es ayudarte a encontrar respuestas sólidas sobre la vida, las enseñanzas y la identidad de Jesucristo. Examinaremos el testimonio bíblico además de recopilar puntos importantes sobre el contexto histórico, el significado teológico, algunas de las evidencias y el origen de la Escritura. Si al culminar fuiste ayudado en la tarea de ver y proclamar a Jesús por quien Él es, este libro habrá cumplido su propósito.

PARTE I
LA HERENCIA DE JESÚS

CAPÍTULO 1

LOS ORÍGENES

Si quieres entender a Jesús, debes empezar por conocer Su herencia. No me refiero a dinero, reliquias ni a extraños muebles que pudieran haberse colocado para Su disfrute después de la muerte de Sus padres terrenales, si hubiera sobrevivido a ellos. Pienso más bien en la herencia religiosa, cultural y política que recibió cuando nació. Hay factores con raíces que van lejos en la historia y que ayudaron a formar Sus creencias sobre Dios, Su identidad étnica y nacional e incluso Su postura respeto a los impuestos y la política.

Todos contamos con ese tipo de herencias, son nuestras ya sea que nos gusten o no. Al principio no es una cuestión de elección ya que se ponen en marcha al nacer y, si asumimos que viniste al mundo del modo habitual, inferimos que, nadie consultó tus preferencias antes de que aparecieras en el escenario del mundo. Tu comienzo y herencia te fueron dados sin lugar a preguntas desde el día uno. Aunque las devoluciones no son posibles, puedes elegir si vivirás de acuerdo con tu herencia. Muchos de nosotros vivimos entre sus paredes sin darnos cuenta de cómo nos encierran. Otros disfrutan de la imagen rebelde, se conducen en contra del fluir del tráfico cultural y se mueven contracorriente, por encima de la norma, aun en esos sitios en que puedes obrar como la aglomeración humana. Pero incluso los rebeldes son formados por su herencia, ya que esto ha ayudado a definir sus decisiones, los ha inspirado a forjar una identidad única.

> *Si quieres entender a Jesús, debes empezar por conocer Su herencia.*

Por estas razones, todas las biografías comienzan como un ejercicio en la historia. Si deseo conocerte, tendría que sumergirme en los acontecimientos previos a tu llegada a esta vida. Naturalmente, debemos hacer lo mismo si deseamos alcanzar un entendimiento exacto de Jesús. Precisamos examinar más

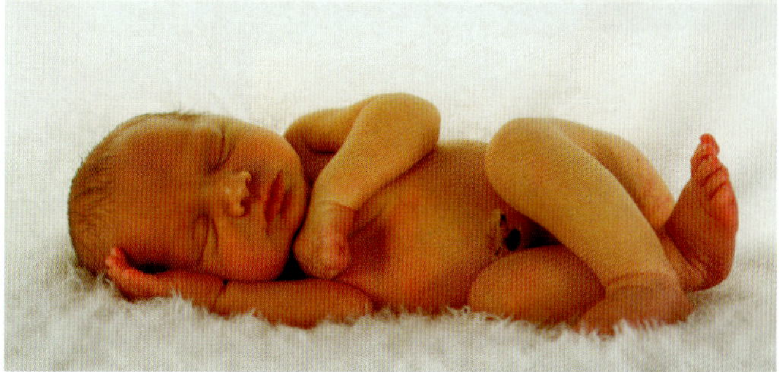

Muchos elementos que te constituyen te han sido entregados el día en que naciste sin necesitar tu permiso.

que solo el tiempo en que Él caminó por Israel. Cuando Jesús apareció en escena en un punto de cambio de la historia (de hecho, en el punto exacto de cambio de la historia) recibió un antecedente o herencia que debemos comprender antes de comenzar a examinar las biografías de Su vida, que están reunidas en la obra conocida como el Nuevo Testamento. Esto significa que precisamos regresar en el tiempo hasta antes de que Jesús naciera. Afortunadamente no estamos forzados a escalar por los cerros y los valles del Medio Oriente en búsqueda de algún rastro que pueda quedar del mundo ancestral de Jesús. En lugar de eso, disfrutamos la oportunidad de abrir un conjunto de libros antiguos que llamamos Antiguo Testamento. Pero hay algo único en esta maniobra. Al buscar la herencia de Jesús documentada en el Antiguo Testamento, indagamos en un libro que millones de personas consideran que viene de parte de Dios. Más adelante, a medida que avancemos en los siguientes capítulos, examinaremos esta creencia: su fuente, racionalidad y factibilidad. Por ahora, lo fundamental es notar que, por el propio testimonio del Antiguo Testamento, leemos las palabras de Dios dadas a través de Sus profetas, sacerdotes y reyes escogidos.

Cuando Jesús apareció en escena en un punto de cambio de la historia (de hecho, en el punto exacto de cambio de la historia) recibió un antecedente o herencia que debemos comprender antes de comenzar a examinar las biografías de Su vida, que están reunidas en la obra conocida como el Nuevo Testamento.

La autobiografía de Dios

El Antiguo Testamento es el comienzo de lo que es en esencia la autobiografía de Dios, ya que, en esta colección de libros, Él se revela a sí mismo en repetidas ocasiones por Sus palabras y Sus obras de poder.

El Antiguo Testamento es el comienzo de lo que es en esencia la autobiografía de Dios.

El Antiguo Testamento registra las palabras que Dios dio a través de Sus profetas, sacerdotes y reyes escogidos. Fotografía: Merlin (Licencia CC 2.5)

El Antiguo Testamento registra las palabras que Dios dio a través de Sus profetas, sacerdotes y reyes escogidos.

Aquí está nuestra primera mirada a la heredad de Jesús: Él creía que el Antiguo Testamento fue escrito por hombres que tenían una comisión de Dios para revelar las verdades sobre Él y sobre el mundo que creó.

Él nos revela quién es, cómo somos, cómo llegamos a ser y de qué trata este mundo bullicioso y precipitado. En otras palabras, Dios nos enseña sobre el significado y el propósito fundamental, y todo se centra en Él. Ciertamente los judíos en los tiempos de Jesús creían en el Antiguo Testamento (conocido en ese entonces solo como la Escritura), y Jesús se sujetó a esta creencia. Así que aquí está nuestra primera mirada a la heredad de Jesús: Él creía que el Antiguo Testamento fue escrito por hombres que tenían una comisión de Dios para revelar las verdades sobre Él y sobre el mundo que creó. Comprender el mensaje de esta Escritura es, por lo tanto, nuestra primera tarea en la búsqueda por entender los fundamentos culturales, religiosos e históricos que cimentaron la identidad de Jesús.

Moisés habla y escribe de parte de Dios

De acuerdo con la antigua tradición los primeros cinco libros de la Biblia fueron escritos por Moisés cuando él y sus compañeros hebreos (descendientes de un hombre de renombre llamado Abraham) anduvieron en el desierto entre Egipto y el Israel moderno desde aproximadamente 1440 hasta 1400 a.C. Al haber pasado algunos cientos de años en Egipto, primero como huéspedes y luego como esclavos, la mayoría de los hebreos olvidó innumerables verdades importantes recibidas de sus ancestros que tuvieron encuentros

¿Cómo pudo Moisés escribir de manera acertada sobre las cosas que le precedieron muchos siglos atrás?

transformadores con Dios. Esta herencia de relaciones con Dios marcó la línea de familia hebrea como la única entre los pueblos de la tierra. Naturalmente, algunas historias de los encuentros con el Creador fueron atesoradas y pasadas con cautela de generación en generación. Pero Egipto había llevado estos tesoros a los rincones más profundos de la consciencia de los hebreos, así que Moisés fue llevado por Dios para iluminar en estas esquinas oscuras por medio de sus enseñanzas sobre los comienzos, su inicio como un pueblo separado, pero también los orígenes del universo y de la historia de la humanidad.

Moisés, por José de Ribera

Algunos sugieren que Dios de manera milagrosa le dio a Moisés detalles previos desconocidos sobre personas, lugares y conversaciones de tiempos lejanos. Él es capaz de hacer tales milagros, pero la Biblia no nos indica que las historias fueron escritas de esta manera. En lugar de eso, las narraciones del Génesis se leen como relatos que han sido producidos del modo usual: a través de registros orales y escritos originados justo después de que los eventos ocurrieron. Por lo tanto, es mejor concentrarnos en dos fuentes para los documentos de Moisés. En primer lugar, él extrajo de una colección de historias orales y escritas que le habían llegado a través de sus ancestros. Algunos eruditos como Duane Garrett y K. A. Kitchen han sugerido razonablemente que personas reflexivas antes de Moisés aprendieron formas primitivas de escritura y por esta razón tomaron medidas para preservar historias fundamentales que antes se habían transmitido solo de forma oral. Estos relatos habrían incluido temas como los inicios de la

Tabla de un escriba egipcio de alrededor del tiempo de Moisés. Fotografía: David Liam Moran (Licencia CC 3.0)

historia de la humanidad y la relación de Dios con los seres humanos, en especial con Abraham y sus descendientes desde que el Creador empezó a tratar con ellos. En las primeras versiones, tanto orales como escritas, debieron ser cuidadosos con las narraciones para no cometer error alguno debido a la importante naturaleza de los temas que comunicaban. A fin de cuentas, no todos los días el Dios todopoderoso se mostraba y entablaba conversaciones con los humanos para dirigirlos a emprender aventuras heroicas. Los guardianes de estas historias, al ser descendientes de Abraham y en muchos casos ser ellos mismos los protagonistas que compartían experiencias fantásticas similares con Dios, no se atreverían a realizar estos reportes a la ligera. Las narraciones pasaron fielmente de generación a generación con reverencia y gratitud al Dios que se introdujo en la historia de la humanidad.

Luego, en la historia hebrea, un descendiente de Abraham llamado José viajó a Egipto y se levantó en una posición de gran poder. Se casó con una mujer egipcia de gran linaje, y su familia tuvo acceso a la educación en las avanzadas artes egipcias de escritura. Cuando el resto de los hebreos emigraron a Egipto para encontrar refugio bajo las alas de José, lo veneraron como el jefe de su tribu. En tal situación, él vendría a ser el jefe guardián de las narraciones sagradas de los hebreos, y por ser un hombre educado y con privilegio, seguramente se habría cerciorado de que todo se escribiera con precisión y se guardara en un depositario de archivos para su seguridad. Cuatrocientos años después, Dios había planeado que un bebé llamado Moisés, que fue sacado del agua, estuviera al cuidado de faraón. Este niño creció bajo el amparo del soberano egipcio como

El hallazgo de Moisés, por Lawrence Alma-Tadema

un miembro adoptado por la familia. Eso le permitió recibir la mejor educación egipcia que estuviera al alcance. Aunque se conocía que era hijo de una mujer hebrea, Moisés estuvo en una magnífica posición que le dio acceso a las historias hebreas escritas. De ahí que es razonable suponer que habría llevado consigo estos documentos cuando se fue de Egipto permanentemente después de sus confrontaciones con faraón. Estos documentos estarían entonces a la mano cuando Moisés se propuso escribir las historias antiguas. Para que no creas que es exagerado suponer que él debió haber utilizado antiguos documentos no sagrados como material de referencia para escribir Génesis, por favor, nota que el Antiguo Testamento con franqueza admite el uso de fuentes no bíblicas. Por ejemplo, Números 21:14, escrito por Moisés, cita de modo abierto «el libro de las guerras del Señor», un libro no bíblico que se ha perdido a lo largo de la historia. El principio parece evidente: si la fuente (ya sea escrita u oral) expresa la verdad sobre las historias que relata, es adecuada para contribuir con información a la Santa Biblia.

El Creador le prometió que lo ayudaría a hablar y le mostró qué palabras decir (Ex. 4:12). Dios mantuvo esta promesa. Los libros inspirados que Moisés escribió son el principal fruto de esto.

Pero, ¿será Génesis una mezcla de documentos e historias orales integradas por Moisés? Ciertamente no. El segundo y más significativo factor para considerar al gran legislador de la nación hebrea como autor de Génesis es que él escribió bajo la guía de Dios. Algunos años antes de que se propusiera escribir Génesis, Dios lo eligió para ser Su representante ante el faraón y ante los esclavos hebreos que sufrían bajo la represión egipcia. El problema es que Moisés no era un hombre elocuente. Las palabras no eran su habilidad, así que le preocupó que Dios hubiera hecho una mala elección. En respuesta a estas dudas, el Creador le prometió que lo ayudaría a hablar y le mostró qué palabras decir

Las pirámides de Giza, una de las siete maravillas del mundo antiguo

(Ex. 4:12). Dios mantuvo esta promesa. Los libros inspirados que Moisés escribió son el principal fruto de esto.

La creación y el creador(es) de acuerdo con los antiguos

Los antiguos eran inteligentes. No menos de lo que somos ahora. Después de todo, construyeron imperios de gran alcance, erigieron monumentos impresionantes que difícilmente podrían ser duplicados hoy, y establecieron culturas cuya creatividad y percepción nos conmueven. Algunos de ellos incluso trazaron las estrellas, descubrieron los conceptos básicos de nuestro sistema solar y calcularon con asombrosa certeza la circunferencia de la Tierra.

Así es, los antiguos fueron dotados con la misma inteligencia que nosotros, pero no tenemos que profundizar tanto para encontrar defectos. Con un acceso inadecuado a la revelación de Dios en la naturaleza (ya que la ciencia y los instrumentos científicos eran solo rudimentarios en ese tiempo) y sin acceso a la revelación personal de Dios (a través de los profetas, las apariciones personales o la Escritura), los antiguos que no eran hebreos se desviaban en la especulación cuando llegaba el momento de formar creencias sobre los principales orígenes del universo y los seres sobrenaturales. Por ejemplo, un mito egipcio popular sostenía que en el principio un templo se levantó en medio de un océano interminable llamado Nuu. Este templo de piedra produjo un dios llamado Atum (no te preguntes cómo porque nadie sabía), y él a su vez generó una multitud de dioses. Ninguna explicación ha sido dada para el origen del océano ni del templo que estaba asentado como centinela sobre él. Solo son regalos. Por supuesto que hoy sabemos bien que elementos materiales como el agua y los templos de piedra no pueden solo llegar a existir sin una causa. No tienen naturalezas eternas, de hecho, son creados de elementos que inevitablemente son pasajeros y se disipan poco a poco hasta ser polvo y ceniza. Hasta ahora, ni la piedra ni el agua tienen el poder de generar energía. Las piedras no engendran dioses, y una gran tina de agua sin vida dejada llena por toda la eternidad será siempre eso, una gran tina de agua sin vida. Así que, aunque los egipcios lograron muchas cosas que merecen nuestro respeto, su superficialidad en la cosmología (el estudio de los orígenes) revela sus incapacidades para descubrir la verdad suprema.

Aunque los egipcios lograron muchas cosas que merecen nuestro respeto, su superficialidad en la cosmología (el estudio de los orígenes) revela sus incapacidades para descubrir la verdad suprema.

Marduk mató a Tiamat e hizo al mundo a partir de su cuerpo

Para no ser superados por los esfuerzos egipcios, los igualmente expertos babilonios formularon sus propias ideas de cómo todo empezó. También contenía aguas eternas. En este caso había dos cuerpos de agua; un océano salado llamado Apsu y un cuerpo de agua fresca llamado Tiamat. Cuando Apsu y Tiamat se mezclaron, saltaron una multitud de nuevos dioses ineptos que pensaron que ellos debían reinar en todo el mundo. A Apsu y Tiamat les desagradó que estos recién llegados fueran tan malagradecidos, así que decidieron matarlos. Pero Apsu fue asesinado por su hijo primogénito Ea antes de que el plan se llevara a cabo. Cuando Tiamat vio esto, creó un ejército temible y se preparó para lanzarlo en contra de sus hijos. Al reconocer su necesidad de un campeón, los dioses se congregaron alrededor del hijo de Ea, Marduk. Él estuvo de acuerdo en ir a pelear contra su madre con la condición de que sus compañeros aceptaran hacerlo jefe entre los dioses. Ellos lo hicieron con entusiasmo y entonces él fue. Marduk probó ser una excelente elección. Derrotó a Tiamat y partió su cuerpo en dos. Con una parte creó el cielo y con la otra formó la tierra. De sus ojos ciegos hizo que los ríos Tigris y Éufrates fluyeran. Finalmente persiguió al remanente de los aliados de Tiamat y de sus cuerpos formó todo, desde la raza humana hasta las estrellas de los cielos.

Estos son solo dos ejemplos del tipo de historias que los antiguos expusieron para explicar el universo. No es necesario mencionar que tales narraciones son fascinantes, pero profundamente dudosas. No hay nada en ellas que pueda mantener nuestra atención hoy como explicaciones creíbles para los orígenes. Son historias contadas junto al fuego hace mucho tiempo por gente imaginativa que solo podía especular sobre tales cosas. No es así entre los hebreos. Tal como veremos con mayor detalle en las siguientes páginas, Dios escogió revelarle a Abraham y a sus descendientes las grandes verdades que ningún humano podría descubrir por sus propios esfuerzos.

Dios escogió revelarle a Abraham y a sus descendientes las grandes verdades que ningún humano podría descubrir por sus propios esfuerzos.

Génesis y los verdaderos comienzos

La característica sobresaliente de las historias no bíblicas de la creación entre los antiguos es que hay muchos, muchos dioses. Algunos son grandiosos (en poder), y otros son demasiado ordinarios para ser dioses. Algunos son devotos a las fiestas, los banquetes y la bebida, y son raramente distraídos por los problemas humanos. Otros gobiernan sobre la cacería y la agricultura y demandan el ruego de los humanos si desean estar bien alimentados.

El relato dado en el Libro de Génesis no podría ser más diferente. Aquí hay solo un verdadero Dios. Tenemos fuertes pruebas desde el principio de que hay una pluralidad dentro de la Deidad (ver «hagamos» en Gén. 1:26). Esto significa que Dios es uno y de alguna manera plural también. A medida que la revelación bíblica progresó más allá de Génesis y hasta el Nuevo Testamento, mostró que Dios es Padre, Hijo y Espíritu Santo, lo que significa que es uno en

En un tiempo en que todas las culturas creían en la pluralidad de los dioses, Génesis reveló que hay, de hecho, solo uno.

esencia divina y tres en persona. En todo caso, el énfasis en Génesis y todo el Antiguo Testamento es que solo hay un verdadero Dios. «... yo soy Dios, y no hay más» dice el Señor (Isa. 45:22). Es difícil exagerar lo vanguardista que era esta convicción en ese día. En un tiempo en que todas las culturas creían en la pluralidad de los dioses, Génesis reveló que hay, de hecho, solo uno.

Vimos anteriormente que los egipcios y los babilonios creían que los dioses eran seres materiales. Vinieron de templos de piedra o de aguas misteriosas, y en el caso de Tiamat y Apsu, ellos se convirtieron en la materia del mundo físico debido a sus muertes violentas. En contraste con esto, el Dios del Antiguo Testamento es Espíritu, no materia. Tampoco tuvo un comienzo. Él es invisible, inmaterial y autosuficiente, no tiene necesidad de nada. Cuando creó el mundo, lo hizo con un propósito (no hubo una creación accidental mediante la mezcla de las aguas), y lo creó de la nada. Al crear el mundo de la nada y con un propósito, Dios estableció Sus derechos incondicionales sobre todas las cosas. El mundo está a Su disposición, nada se le puede oponer. Pero este derecho se matiza porque Dios eligió crear a los humanos a Su imagen y concederles un grado de dignidad y libertad que es inigualable entre otras criaturas. En la concepción babilónica Marduk mató a uno de los aliados de Tiamat y creó humanos de su sangre. Este comienzo innoble fue reflejado en el propósito que Marduk otorgó a los humanos, estaban destinados a ser esclavos al servicio de los dioses. Esto difiere considerablemente del Génesis, donde los humanos son hechos a la imagen de Dios y se les da tareas que los bendicen y honran a al Creador. Como ha dicho el experto en el Antiguo Testamento Eugene Merrill: «Dios eligió reinar a través de un subordinado, un rey sustituto solo responsable ante Él».[2]

Dios eligió crear a los humanos a Su imagen y concederles un grado de dignidad y libertad que es inigualable entre otras criaturas.

Todos somos reyes y reinas de la creación. La diadema en tu cabeza ha sido dada por Dios, pero ¿con qué propósito ha concedido este privilegio? Al valorar el testimonio del Antiguo Testamento, Merrill hace la siguiente declaración resumida de los propósitos de Dios al crearnos:

> ***(Dios) creó todas las cosas para mostrar Su gloria y majestad sobre un reino de tiempo y espacio. Aunado a este trabajo, fue Su deseo el tener compañerismo con seres sensibles con quienes pudiera compartir las responsabilidades del dominio universal.***[3]

¿Qué tan bien hemos asumido estas responsabilidades? De muchas maneras ese es el interés central del Antiguo Testamento.

Guerras contra los límites

Por designio de Dios somos regentes de la creación, pero hemos desechado a nuestro sabio Consejero y hemos saqueado el reino. El problema empezó en el Jardín de Edén donde Dios estableció algunas reglas. De hecho, solo una: Adán y Eva no debían tomar del árbol de la ciencia del bien y del mal. No

La caída del hombre, por Lucas Cranach

sabemos nada de este árbol. Aunque popularmente representado como un manzano, pudo haber sido cualquier variedad de fruta. Lo más seguro es que no había nada extraordinario en la fruta en sí. El poder estaba en el acto de obediencia (o desobediencia), no en la piel, la pulpa ni la semilla de la fruta prohibida.

¿Por qué Dios colocó un árbol restringido en el jardín? La Biblia nunca contesta esta pregunta, pero parece razonable sugerir que: Dios le había dado a Adán y Eva innumerables bendiciones. El jardín incluía más que suficiente para satisfacer sus necesidades y deseos. La única respuesta sensata era el contentamiento y la gratitud a Dios por Su bondad. El árbol prohibido les proveía la oportunidad de demostrar estas actitudes al obedecer la única prohibición de Dios. La evidencia se encuentra en las acciones más que en las palabras. Ahí, colgada de las ramas de un árbol prohibido estaba la oportunidad de Adán y Eva para probar su estima hacia Dios.

Todo habría ido bien si ellos hubieran estado en realidad solos en el jardín, pero en las sombras acechaba un ser con espíritu malévolo que pretendía injertarlos en su plan para derrocar a Dios. Este era Satanás. Como con todas las creaciones de Dios, Satanás fue originalmente bueno. Al analizar varios pasajes bíblicos, sabemos que fue un ser angelical cuyo mal manejo de la belleza y privilegio que Dios le dio, lo llevó a la rebelión (Isa. 14:14; Ezeq. 28:11). Se volvió de su devoción por el bien supremo (Dios) a la obsesión por un bien menor (él mismo). La ruina fue el resultado inevitable. Dios lo maldijo y lo arrojó del mundo celestial a vagar y arrastrarse sobre un mundo que esperaba corromper como una amarga venganza hacia Dios (Isa. 14:12-17). Como es un ser angelical, Satanás no tiene un cuerpo material. Sin embargo, él es capaz de penetrar en un organismo material con el propósito de interactuar con las cosas del mundo. Adán y Eva eran ciudadanos de un jardín rebosante de animales. Estaban a gusto en la presencia de muchas criaturas, incluso ante la serpiente. Satanás tomó ventaja de esto al usar una serpiente como el huésped para aparecerse a Eva.[4] Ella no pareció sorprenderse de que la serpiente pudiera hablar. ¿Lo habría tomado solo como un descubrimiento más en un mundo lleno de novedades? En todo caso, Satanás entabló una conversación con Eva y la convenció de dudar de la bondad de Dios. Se suponía que Adán debía ejercer una noble masculinidad en momentos como este (después de todo, fue a él a quien Dios dio la prohibición que a su vez

Se volvió de su devoción por el bien supremo (Dios) a la obsesión por un bien menor (él mismo).

La caída de Lucifer, por Gustave Doré

debía transmitirle a Eva), pero en lugar de esto se escabulló entre las sombras mientras que su esposa enfrentaba al enemigo de su alma. Aunque Eva no era una víctima sin culpa. Ella voluntariamente sobrepasó los límites claros para tomar el fruto. Por eso, el pecado original fue una obra conjunta, Adán recibió justamente la mayor parte de la culpa.

La expulsión de Adán y Eva del paraíso terrenal por Masaccio

El resultado de su infracción fue la inmediata muerte espiritual y la eventual muerte física. Dios le había dicho a Adán, «... porque el día que de él comieres, ciertamente morirás» (Gén. 2:17). Adán vivió por muchos años después de esto, y Eva tuvo hijos. Sin embargo, el resultado más directo de su pecado fue la separación de Dios y el destierro del exuberante jardín. Pero no había escapatoria de su error. Las ramas del árbol prohibido crecieron por toda la tierra, ensombreciendo cada uno de sus pasos. Mientras que Adán y Eva antes se habían amado el uno al otro de forma desinteresada, la nueva realidad era que esa relación se hizo difícil. Dios mismo dijo que sería así en la maldición que emitió. Adán trabajaría arduamente para cosechar sus alimentos y Eva gritaría de dolor al dar a luz, sin embargo, lo peor de todo es que Dios le dijo a Eva, «... tu deseo será para tu marido, y él se enseñoreará de ti» (Gén. 3:16). El «deseo» que Dios le dijo a Eva que sentiría por su marido es un deseo corrompido. Es una búsqueda de control y lucha por el poder, tal como el uso de la palabra demuestra en otros pasajes (ver «deseo» en Gén 4:7). La respuesta de Adán a esto fue liderar por la fuerza (física o por voluntad dominante) en lugar de por amor. El control y la desconfianza, el complot y la manipulación, son realidades que todos experimentamos en las relaciones porque nuestros primeros padres dirigieron sus corazones en un beneficio egoísta en lugar de en la voluntad de Dios.

> ***Las historias antiguas de la creación que no eran hebreas explicaban el pecado como un producto de intención divina.***

La Biblia explica la pecaminosidad humana y las guerras contra los límites en las relaciones (con Dios y con otros) como un producto de una elección mal hecha. En contraste, las historias antiguas de la creación que no eran hebreas explicaban el pecado como un producto de intención divina. Por ejemplo, un texto babilónico afirma que los dioses «dieron un discurso perverso a la raza humana, con mentiras y no verdad que los condenó para siempre».[5] Este panorama significa que estamos atrapados en un desastre que nosotros hicimos porque era el deseo de los dioses. Fuimos diseñados para ser malos. Además, desde la perspectiva del mundo babilónico no podemos ir a los dioses por ayuda porque son un conjunto de malhechores pendencieros para quienes pelear es un estilo de vida. Una vía de escape de parte de ellos solamente nos arrastraría a aguas oscuras.

Caín y Abel, por Tiziano. Caín se levantó y mató a su hermano, derramando la sangre de Abel sobre tierra renuente a recibirla.

Sangre y agua

Los niños son las joyas de la corona de la familia. Adán y Eva tuvieron un par de ellos después del Edén: Caín y Abel. ¿Encontrarían ellos una mejor armonía que sus padres? Difícilmente. Cuando Abel ofreció un sacrificio que agradara a Dios, Caín se enfureció y se abatió porque su propio sacrificio había sido considerado impropio (Gén. 4:5). Dios le advirtió sobre estos sentimientos, pero el insensible Caín no escuchó. Se levantó y mató a su hermano, derramando la sangre de Abel sobre tierra renuente a recibirla. Esta es la historia del primer asesinato, pero fue posible por los eventos originados en el Edén. Los años después del asesinato de Abel, una mezcla de brutalidad y jactancia se hicieron prominentes entre los hombres. Uno de los descendientes de Caín, un hombre soberbio llamado Lamec, alardeó de haber matado a un muchacho que solo lo había golpeado y de que, si Caín sería vengado siete veces, él lo sería setenta veces siete (Gén. 4:24). Aquí hay un hombre que se cree dios y lo publica a sus devotos seguidores. ¿Por cuánto tiempo podría Dios soportar ese comportamiento? No por mucho. En Génesis 6:6 se nos informa que Dios se hartó de la humanidad y aun «... se arrepintió Jehová de haber hecho hombre en la tierra». Esto no significa literalmente que Dios haya creído que cometió un error al hacer a la humanidad. Después de todo, Él conoce el fin desde el principio y nada sobre la caída del hombre en el pecado lo sorprendió (Isa. 46:10). Hablar del «arrepentimiento» de Dios en Génesis 6:6 conlleva la realidad de que Él detesta el pecado humano y encuentra toda esta situación intolerable. Por eso decidió borrar a la humanidad de la faz de la tierra mediante un diluvio devastador. Pero en medio de esta oscuridad moral, Dios encontró una pequeña luz, Noé, un hombre justo. Él no era perfecto, pero sí mucho mejor en comparación con el resto de su generación. Dios consideró esto y eligió perdonar a Noé y su familia de la destrucción.

> *Génesis 6:6 conlleva la realidad de que Él detesta el pecado humano y encuentra toda esta situación intolerable.*

Una confirmación interesante de que el diluvio sucedió y es parte de la historia viene de algunas narraciones antiguas de diluvios que fueron

El diluvio universal, visto por Miguel Ángel

registradas incluso antes de que Moisés redactara el relato del Génesis en el siglo XV a.C. La existencia de estos primeros relatos demuestra que diferentes personas recordaban algo del diluvio y sus secuelas. Pero también surge un reto común e importante: ¿Que otras culturas tengan historias similares del diluvio sugiere que el relato de Génesis es solo uno entre otros iguales o que los hebreos pudieron realmente obtener de otras culturas los elementos principales de la historia de Noé? La respuesta para ambas interrogantes es no. Primero, recuerda que al escribir el relato del diluvio y otras historias, Moisés estampaba en pergamino las verdaderas historias que habían sido dadas a su pueblo de personas como Abraham. Por eso, otras culturas pudieron haberse anticipado a los hebreos al divulgar las narraciones antiguas (en tablas de barro), pero de ninguna manera implica que las otras culturas «tenían las historias» antes que los hebreos. En segundo lugar, la extrema fantasía y pobreza moral de los relatos del diluvio que no eran de los hebreos ilustran que fueron estos quienes mantuvieron la historia pura, mientras que las otras naciones solo dejaban volar su fantasía e imaginación cuando volvían a contar las historias antiguas. La narración no bíblica más conocida del diluvio, el Atrahasis, es un buen ejemplo. «En el Atrahasis, los dioses eran molestados por el ruido que hacía la creciente población. Así que decidieron crear un gran diluvio para destruir al ser humano solamente por hacer lo que ellos estaban destinados a hacer».[6] En esta historia del diluvio no hay un alto nivel de moralidad divina, ni hay una base de pecado humano que merezca castigo. Es solo una historia sobre dioses irritables y sus desafortunados seres humanos.

Una confirmación interesante de que el diluvio sucedió y es parte de la historia viene de algunas narraciones antiguas de diluvios que fueron registradas incluso antes de que Moisés redactara el relato del Génesis en el siglo XV a.C.

La torre de Babel, por Pieter Brueghel el Viejo

Lengua y torre

Después del diluvio. La humanidad se reconstruyó de modo gradual fundada en las ocho personas de la familia de Noé, pero si el diluvio tenía el propósito de instruir, la lección no fue aprendida. Aunque Noé fue considerado un hombre justo y su familia probablemente esbozaba el mismo estilo de vida basada en su ejemplo, sus descendientes, sin embargo, aún vivieron bajo la maldición. Al persistir en su propia corrupción espiritual heredada desde Adán, los descendientes de Noé eran pecadores, y su progenie no podría ser diferente. Siglos después del diluvio, el problema del pecado alcanzó una vez más el punto crítico cuando la humanidad se reunió para erigir un monumento que simbolizara su desafío a los propósitos de Dios. En el principio, Dios les dijo a los humanos: «... llenad la tierra...» (Gén. 1:28), y sin lugar a dudas esta ordenanza se pasó a cada generación comenzando con Adán y Eva. Los padres les contaban a sus hijos los propósitos de Dios. Pero la humanidad puso su corazón en otros planes. El pueblo se reunió en Babel y declaró: «... Vamos, edifiquémonos una ciudad y una torre, cuya cúspide llegue al cielo; y hagámonos un nombre, por si fuéremos esparcidos sobre la faz de toda la tierra» (Gén. 11:4). La torre de Babel fue una medida ofensiva al mandato de Dios de llenar toda la tierra («ser esparcidos»). Así que la prueba de voluntades continuó incluso después del diluvio, y Dios contestó

La torre de Babel fue una medida ofensiva al mandato de Dios de llenar toda la tierra («ser esparcidos»).

nuevamente con una impresionante muestra de Su poder soberano. Para frustrar su unidad, Dios confundió los idiomas de las personas. Esto los llevó a agruparse de acuerdo con las lenguas comunes, y por grupos se apartaron a diferentes partes de la tierra. A partir de entonces, las primeras historias de la humanidad (los relatos orales que eran pasados de generación en generación) empezaron a discrepar, así como las narraciones antiguas que fueron corrompidas a medida que cada cultura mezclaba la verdad con la ficción, y la memoria con la fantasía.

Como parte de este proceso, innunmerables líneas de familia (y por consiguiente un gran número de culturas) llegaron a olvidar todo lo que habían conocido sobre Dios. Para ellos, la línea de transferencia fue cortada. Verdades esenciales que fueron una vez transmitidas de padre a hijo, madre a hija, se perdieron. Como resultado, el mundo se hundió cada vez más profundo en el error teológico y moral. Los dioses falsos y las religiones inventadas proliferaron, así como las inmoralidades y la desolación, mucho antes de que la tierra alcanzara un punto donde incluso el conocimiento rudimentario de Dios era raro. Pero la luz no se iría completamente. Dios mismo se encargó de eso.

Notas

1. Duane Garrett, *Rethinking Genesis: The Sources and Authorship of the First Book of the Pentateuch* (Fearn, Ross-shire, Reino Unido: Christian Focus Publications, 2000), capítulos 3, 10–11. Ver también K. A. Kitchen, *On the Reliability of the Old Testament* (Grand Rapids: Eerdmans, 2003).

2. Eugene Merrill, *Everlasting Dominion: A Theology of the Old Testament.* (Nashville: B&H Publishing, 2006), pág. 136.

3. *Ibid.*, pág. 161.

4. El Antiguo Testamento en otro pasaje confirma que la «serpiente» sirve como imagen para el ser espiritual que se opone con odio a Dios (por ej., Job 26:13; Isa. 27:1). El Nuevo Testamento aclara esta conexión (por ej., Apoc. 12:9,15; 20:2).

5. Citado por Paul House y Eric Mitchell, *Old Testament Survey*, 2.ª ed. (Nashville: B&H Publishing, 2007), pág. 25.

6. *Ibid.*

Photo: NASA, ESA, y The Hubble Heritage Team (STScI/AURA)

CAPÍTULO 2

A LA LUZ DE LAS ESTRELLAS

En el siglo XXII a.C., la humanidad se había esparcido en todo el mundo y fundado culturas que habían perdido todo contacto sustancial con sus inicios fundamentales y con el Iniciador. La oscuridad reinaba incluso al mediodía cuando naciones enteras se inclinaban a dioses de piedra, adoraban reyes de carne y hueso y oraban al sol. Fue en este escenario que nació Abram de Ur. Aunque todas las personas vivas eran descendientes del lejano Noé, la familia de Abram aparentemente había guardado esta herencia en un grado inusual ya que conservaban a Noé en su memoria y podían nombrar a Sem (uno de los hijos de Noé) como su antiguo patriarca (Gén. 11:27). Lo más probable es que los esfuerzos persistentes de esta familia permitieron que atesoraran recuerdos de Noé y de los eventos cruciales precedentes a él para que no se extinguieran. Aunque los datos que se referían a los inicios en el Edén eran escasos y débiles.

La oscuridad reinaba incluso al mediodía cuando naciones enteras se inclinaban a dioses de piedra, adoraban reyes de carne y hueso y oraban al sol.

Ur era una ciudad prominente en Sumeria, la primera sociedad conocida que alcanzó un estatus de lo que ahora llamamos civilización. La escritura era tan prominente en Ur que se han recuperado alrededor de 20 000 tablas de barro que datan de los días de Abram. La evidencia bíblica indica que Abram era de una familia rica de pastores. Imagina la escena de jeques nómadas, no pastores ambulantes, cuando pienses en su estilo de vida en Ur. Mientras que el adulto Abram todavía estaba bajo la autoridad de su padre, la familia se movía de Ur (en la actual Irak) a Harán, situado al norte del Israel actual. Abram soñaba con una vida de permanencia y comodidad en su patria adoptada, sus esperanzas no fueron cumplidas. No desde los días de Noé, en que Dios dejó de aparecerse al ser humano, pero con Abram rompió el silencio. No se nos dice que Abram haya sido un hombre particularmente bueno. Nada de él alababa a Dios, el Creador solo tomó una decisión: él sería Su instrumento para iniciar un plan de esperanza. Este evento está registrado en Génesis 12:1-3: «Pero Jehová había dicho a Abram: Vete de tu tierra y de tu parentela, y de la casa de tu padre, a la tierra que te mostraré. Y haré de ti una nación grande, y te bendeciré, y engrandeceré tu nombre, y serás bendición. Bendeciré a los que te bendijeren, y a los que te maldijeren maldeciré; y serán benditas en ti todas las familias de la tierra».

La escritura era tan prominente en Ur que se han recuperado alrededor de 20 000 tablas de barro que datan de los días de Abram.

Abram y su esposa Sarai eran viejos y no tenían hijos en ese entonces, pero la promesa de Dios era que sus descendientes bendecirían a toda la tierra. Solo podemos imaginar lo que Abram pensó en su encuentro con Dios. En ese tiempo, como ahora, los encuentros con Dios no eran un evento conocido. Más allá de lo que él pensara, lo importante es que continuó en obediencia. Dejó Harán con Sarai y otros miembros de su entorno y salieron hacia la vegetación de Canaán donde Dios labraría un nicho para esta pareja y su descendencia prometida. El Creador se tomó en serio este asunto como se demuestra en una de las escenas más fuertes en la Biblia.

El terror y la antorcha

Después de prometerle a Abram que sus descendientes serían tan numerosos como las estrellas (Gén. 15:5), Dios lo instruyó para que trajera animales para sacrificio, que los cortara por la mitad y los situara uno frente a otro en línea, formando un guante de destrucción. A la caída del sol, Dios puso a Abram a dormir: «... y he aquí que el temor de una grande oscuridad cayó sobre él» (Gén. 15:12). Es una experiencia terrible estar en la presencia del santo Dios. Ya despierto y en total asombro, Abram escuchó mientras Dios le profetizaba sobre los 400 años de esclavitud egipcia que pasaría su descendencia. Luego el Señor profirió amenazas contra sí mismo si fallaba en cumplir Sus promesas a Abram y a la descendencia que vendría de él. «Y sucedió que puesto el sol, y ya oscurecido, se veía un horno humeando, y una antorcha de fuego que pasaba por entre los animales divididos» (Gén. 15:17). Estas imágenes son extrañas para nosotros hoy en día, pero Abram ciertamente entendió el mensaje. En ese tiempo, un acto como ese significaba: «Sea yo cortado como estos cadáveres si me retracto de lo que te he dicho». En otras palabras, Dios se inclinó para bendecir al mundo por medio de la luz de las estrellas de Abram (sus hijos), y puso Su propia vida como garantía de ese compromiso. Por supuesto que esto simbolizaba que Dios llevaría a cabo el asunto porque es imposible que Él muera. Por fe, entonces, Abram confió en las bendiciones que Dios le prometió.

Dios se inclinó para bendecir al mundo por medio de la luz de las estrellas de Abram (sus hijos), y puso Su propia vida como garantía de ese compromiso.

Dios pronto cambiaría los nombres de Abram y Sarai a Abraham y Sara como reconocimiento de sus roles en Su plan. El vientre de Sara era estéril y sin vida a su avanzada edad, pero Dios cambió la naturaleza para regalarle a la pareja el hijo de la promesa, Isaac. Esta concepción fue un milagro, por supuesto, una intervención de Dios que probaba que no se había alejado de la humanidad pecadora. Toda esperanza que pudiera existir se daría mediante la vida de este niño.

Los hijos de Jacob venden a su hermano José, por Flavitsky

Las arenas egipcias

José tuvo un tiempo difícil en Egipto después de que fue vendido a un ejecutivo gubernamental cuya esposa luego lo puso en la cárcel por cargos inventados. Es irónico, sin embargo, que fuera su estadía en las profundidades de esta prisión lo que llevó a Jose a las alturas. A lo largo de la Biblia Dios está ávido de obrar en situaciones de desesperanza para traer redención. Por eso, no hay duda de quién recibe el crédito. Él lo recibe. Así es como José, desde las profundidades de un calabozo extranjero, obtuvo renombre por su habilidad dada por Dios para interpretar los sueños. Pronto se convirtió en el viceregente de todo Egipto, encargado de administrar los recursos de comida de la nación durante una hambruna. Los pueblos de alrededor venían a José para aliviar su situación, incluso sus hermanos que le dieron la espalda. No tenían idea de que estaban de pie ante José, a quien presumían muerto. Esta era la oportunidad de José para tomar venganza. Una orden con pocas palabras y todas menos una de las estrellas de Abraham se hubieran eclipsado. Pero él eligió la misericordia, reveló su identidad y pronto toda su familia extendida se mudó a Egipto. Debido a la posición de José, ellos disfrutaron del amparo de faraón y les entregaron tierras (Gén. 47:1).

Al pasar el tiempo, en Egipto terminó por oscurecerse el nombre de José y su legado de ayuda a la nación. Los hebreos se convirtieron en esclavos en lugar de ser huéspedes favorecidos. A medida que se multiplicaban, llegaron a ser considerados una amenaza al gobierno de faraón. Una rata no puede gobernar sobre ratones cuando estos sobrepasan el reino, así que los tornillos de la opresión se apretaron. Después de varios siglos, Dios levantó un libertador, Moisés, un hebreo que fue criado en la propia casa de faraón. Huyó de Egipto cuando era un

Moisés era un asesino y fugitivo de la justicia cuando Dios lo llamó al servicio santo.

La muerte del primogénito de faraón, por Alma-Tadema

adulto relativamente joven porque había agredido y asesinado a un egipcio que maltrataba a un esclavo hebreo (Ex. 2:11-15). En efecto, Moisés era un egipcio de sangre azul, pero sabía de su herencia hebrea y no podía mantenerse indiferente al ver a un hombre de su propia etnia recibir tal abuso. Así que Moisés era un asesino y fugitivo de la justicia cuando Dios lo llamó al servicio santo. Por otra parte, se mostró de manera cobarde cuando el Creador lo comisionó para ser el vocero del cielo ante los hebreos y ante el faraón, pero estos hechos no lo harían escaparse del plan de Dios (Ex. 3:11-4:17). Así que, después de 40 años de exilio, Moisés regresó a la escena de su crimen en el valle del Nilo, enviado por Dios para anunciar la liberación de los atribulados hebreos.

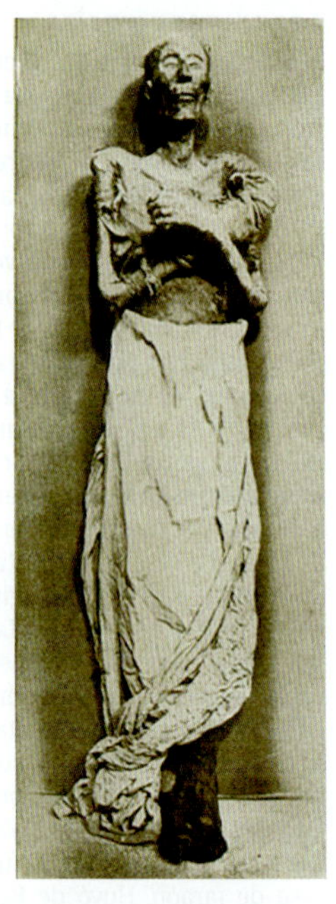

Ramsés II, el probable faraón del éxodo

Faraón se burló de este mensaje. No estaba dispuesto a perder su mano de obra ni a humillarse delante de Dios. Por esta razón, después de un número de plagas y milagros, el Creador doblegó a faraón por su terquedad, una que Dios mismo había puesto en él para demostrar Su poder al derrotar a la monarquía egipcia (Gén. 4:21). Aquí, en el plan para derrocar a faraón, hay una de tantas pruebas de que el bien supremo de Dios es Su gloria y honor. Los humanos somos importantes debido a que fuimos creados a la imagen de Dios, pero de ninguna manera somos el centro de Su universo ni de Su pensamiento. Hemos crecido habituados a pensar que la prioridad central de Dios es que los humanos deben ser felices y dotados de paz, aun a expensas de Su naturaleza santa, Sus exigencias de justicia y Su renombre como un Dios con poder inigualable. Debemos renunciar a este tipo de pensamiento humanístico. Con temblor notamos que esto se asemeja a los pensamientos torcidos de Satanás antes de su caída a la vergüenza y el castigo del Dios que no comparte Su gloria ni Su posición con nadie. Dios hizo todas las cosas para sí mismo. La historia de la creación se desarrollará de un modo que maximice Su renombre como el más alto y supremo bien. Entre los humanos, algunos glorificarán a Dios al recibir humildemente Su ofrenda de misericordia. Otros (como faraón) elegirán la obstinación y el pecado continuo. Esto también glorificará al Todopoderoso porque constituye una invitación a una demostración de poder y juicio en que el Altísimo resalta Sus excelencias (Rom. 9:14-24).

Dios hizo todas las cosas para sí mismo. La historia de la creación se desarrollará de un modo que maximice Su renombre como el más alto y supremo bien.

De vuelta al faraón. Por fuego y granizo, muerte y oscuridad, Dios lo empujó al precipicio de la sumisión. Cuando ya no pudo mantenerse ante los juicios en contra de su nación y su patria, faraón otorgó a lo hebreos el permiso de irse. Fue un golpe contundente para la autoestima de Egipto. Como ciudadanos de la más grande potencia mundial, ellos creían que su grandeza era posible gracias a sus dioses. Sin embargo, ningún egipcio pensaba que sus dioses controlaban lo que sucedía más allá de las fronteras nacionales. Esto es porque, desde su punto de vista, las deidades eras estrictamente territoriales. Si una de ellas era llevada fuera de su nación, no tendría poder alguno. En claro desafío a esta expectativa, el Dios hebreo demostró que está en casa en cada lugar. Después de todo, fue en verdad lejos del sitio de origen de los hebreos donde Dios frustró a los sacerdotes, los regentes y los dioses extranjeros.

Los egipcios urgen a Moisés para partir, por Gustave Doré

Los hebreos cruzaron la ciudad en medio de la noche mientras que Egipto lloraba por sus hijos asesinados. Todos los primogénitos varones, desde la casa de faraón hasta el nacido de un obrero egipcio, cayeron en el juicio final y definitivo de Dios (Ex. 12). Los hebreos fueron liberados de esta penalidad porque, por orden de Dios, rociaron de sangre de corderos los dinteles de las puertas. Este acto de fe honró al Eterno y los colocó bajo Su misericordia. A medida que se esparcían fuera del territorio egipcio, los hebreos probaron la libertad por primera vez en 400 años. Nos podemos preguntar por qué fueron esclavizados en primer lugar. Después de todo, Dios prometió que los hijos de Abraham ocuparían la tierra de Canaán. ¿Por qué disponer que debían ser oprimidos antes por una nación pagana? La respuesta es que, en la sabiduría de Dios, es usual que Él trace el camino hacia una bendición a través de una tierra de conflictos. Lo que irónico es que el viaje a través de problemas es lo que hace posible el éxito. Considera a José una vez más, el antecesor venerado de los hebreos. Fue su tiempo en prisión lo que preparó a este hombre para el liderazgo y los roles administrativos que adquirió después de su liberación. De manera similar el horno de los egipcios sirvió como un vientre para los descendientes de Abraham. El imponente Egipto los alimentó y los protegió de bandidos merodeadores y naciones malvadas que de otra manera los hubieran asaltado. Así, alimentados

En la sabiduría de Dios, es usual que Él trace el camino hacia una bendición a través de una tierra de conflictos.

Moisés rompiendo las tablas de la ley, por Rembrandt. Los hebreos se encontraron con Dios en el monte Sinaí para una reunión de dirección en que Él explicó lo que significa conocerlo y ser un pueblo separado para vivir en santidad.

y protegidos, la población hebrea creció de modo exponencial. Egipto también propició de forma involuntaria la solidaridad y la identidad nacional entre los hebreos al no permitirles tener tierras, ni oficios favorecidos. Ellos vivieron por completo aislados. Como resultado de estas condiciones, algunos cientos de años después, al estar en la experiencia egipcia, los hebreos habían formado una gran masa de personas capaces de reunir un ejército para conquistar Canaán, una tierra llena de guerreros experimentados. Esta expansión de la población no habría sido posible si hubieran continuado el estilo de vida nómada proveniente de Abraham y sus hijos, ya que la vida nómada es difícil y no común. Así que lo que de inicio parecía una promesa quebrantada (los hijos de Israel fueron esclavizados y vivieron fuera de la tierra prometida), finalmente se convirtió en el medio para cumplir la promesa.

Reglas de compromiso

Después de hacer un milagroso escape a través del mar Rojo, los hebreos se encontraron con Dios en el monte Sinaí para una reunión de dirección en que Él explicó lo que significa conocerlo y ser un pueblo separado para vivir en santidad. Dios le dijo a Moisés que vendría personalmente a hablar al pueblo. En el día acordado: «... vinieron truenos y relámpagos, y espesa nube sobre el monte, y sonido de bocina muy fuerte; y se estremeció todo el pueblo que estaba en el campamento [...].Todo el monte Sinaí humeaba, porque Jehová había descendido sobre él en fuego; y el humo subía como el humo de un horno, y todo el monte se estremecía en gran manera. El sonido de la bocina iba aumentando en extremo; Moisés hablaba, y Dios le respondía con voz tronante» (Ex. 19:16-19). El pueblo había sido advertido para mantener su

La adoración del becerro de oro, por Poussin. Después de que Aarón hizo el ídolo, el pueblo dijo: «... Israel, estos son tus dioses, que te sacaron de la tierra de Egipto»(Ex. 32:4).

distancia «... para que Jehová no haga en ellos estrago» (Ex. 19:22). Dios no es un hombre a quien uno pueda solo dirigirse con ligereza. Ahora que ellos se habían enfrentado con Él, entendían esto de manera clara. Es algo temible estar cerca del Creador. Pronto la tensión aumentó tanto que el pueblo le rogaba a Moisés que subiera a la montaña y se encontrara él solo con Dios. Sé nuestro intercesor, decían. Como respuesta, Moisés explicó que la demostración del poder de Dios era una prueba: «... para que su temor esté delante de vosotros, para que no pequéis» (Ex. 20:20). Moisés creyó que ya habían aprendido esta lección y partió para encontrarse con el Señor.

Aunque los hebreos vieron una montaña estremecerse y agrietarse en sus cimientos bajo la presencia de Dios, ellos desafiaron esa lección una vez que Moisés se desapareció en la ladera de la montaña. Lo dieron por muerto después de 40 días y creyeron que estaban solos con alguna deidad temible. El pueblo recordó las esfinges y las figuras de la religión egipcia y comisionó a Aarón, el hermano de Moisés, para que hiciera un becerro con el oro que habían transportado desde la casa de faraón. Entonces ellos dijeron: «Israel, estos son tus dioses, que te sacaron de la tierra de Egipto» (Ex. 32:4). En esta degradación, el pueblo hizo sacrificios a este ídolo, bebieron hicieron orgías y sellaron este día como un día de infamia para siempre.

Como consecuencia de la rebelión en el Sinaí, los hebreos se vieron forzados a deambular por el desierto como castigo por 40 años.

Como consecuencia de la rebelión en el Sinaí, los hebreos se vieron forzados a deambular por el desierto como castigo por 40 años. A ninguno de los adultos que participaron en las atrocidades descritas les fue permitido entrar a la tierra prometida a los descendientes de Abraham. Desafortunadamente Moisés también recibió esta restricción porque en una ocasión después del Sinaí, perdió su temple y trató las

Moisés golpeando la roca, por Poussin. Moisés perdió el temple y tomó las instrucciones de Dios con ligereza (Núm. 20:1-12).

órdenes de Dios con ligereza (Núm. 20:7-12). Es difícil aceptar el destino de Moisés. Él soportó la rebelión del pueblo, salvó sus vidas en varias ocasiones al detener la ira de Dios, y se mantuvo fiel al duro camino al que Dios lo llamó. ¿No es injusto que fuera destituido de la tierra prometida por una pequeña infracción? El problema con esta pregunta es que está fuera de enfoque. En lugar de observar el error de Moisés, debemos observar su tarea. En su rol como mediador entre la humanidad pecadora y el santo Dios, Moisés tenía que satisfacer dos partes: Dios y los hebreos. Ambas partes esperaban que él cumpliera con altos estándares. El padre quería completa santidad, y los hebreos deseaban un liderazgo valiente que cumpliera con sus necesidades e inspirara una confianza inamovible. Moisés falló en cumplir con estas expectativas; de hecho, no podría haber cumplido, ya que era un pecador que lideraba pecadores. Sus errores resaltan la desesperación de la condición humana. No podemos sugerir un representante que Dios encuentre íntegro, ni es posible elegir un representante en quien podamos confiar lo suficiente como para que nos conduzca a salvo ante el trono de Dios, un lugar donde la santidad absoluta es el único estándar aceptado por el Creador. Si eres un ser humano y nada más, tengo razonables dudas sobre tu juicio en temas referentes a Dios. ¿Qué tal si estás equivocado respecto a Sus reglas, Sus misericordias o Su ofrecimiento de perdón? ¿Qué pasaría si Dios no te ha escogido como un mensajero a la humanidad? Los fracasos de un mero mediador humano pueden llevar a todos a una condenación final. Por esa razón Moisés falló como un mediador porque no era suficientemente bueno para Dios, ni para los pecadores. Este es un punto escencial y regresaremos a él en las próximas discusiones. Por ahora, nos separaremos y seguiremos el camino de guerra de Israel hasta la tierra prometida. ¿Cómo llegaron ahí? ¿Qué dice sobre Dios su método de entrada?

Moisés falló como un mediador porque no era suficientemente bueno para Dios, ni para los pecadores.

La guerra santa

La ocupación hebrea de la tierra prometida con frecuencia es conocida como una guerra santa porque fue por el plan de Dios, el mandato de Dios, y el poder de Dios que eliminaron a los cananeos, de ciudad en ciudad, a medida que los hijos de Abraham cruzaron la tierra en una gran franja roja. Los cananeos habían vivido allí por lo menos 1000 años, de hecho, habían sido pacíficos casi todo el tiempo con Abraham en su estadía entre ellos muchos años atrás. Así que surge la pregunta: ¿Era necesario eliminarlos? En primer lugar, los hebreos necesitaban una patria. Ya que dos pueblos grandes y diferentes no pueden ocupar el mismo territorio, algo tenía que suceder. Dios había elegido depositar Su pacto de amor sobre los hebreos, así que era adecuado que les diera la tierra por elección propia. En segundo lugar, los cananeos habían provocado la ira de Dios al adorar dioses falsos tales como Baal y Asera. Imaginen a un padre humano cuyos hijos vayan detrás de otro hombre y lo abracen y exclamen: «¡Nuestro padre y benefactor!». Un padre incomodado de esta manera, se enojaría de inmediato. ¿Cuánto más indignado debería estar Dios cuando los creados a Su imagen doblan sus manos y se arrodillan ante dioses falsos? Esa es la más grande ofensa.

Pero los cananeos eran culpables de más que solo creencias equivocadas sobre Dios. Las creencias conducen a acciones, y las creencias equivocadas conducen a acciones equivocadas. Para los cananeos, las acciones equivocadas incluían el sacrificio humano y la prostitución ritualista. Con esto buscaban seducir a Baal para conceder la fertilidad sobre los vientres y los campos de la región. Solo podemos imaginar el horror del sacrificio humano y cómo la prostitución ritualista marcaba de un modo profundo a las víctimas femeninas, en especial porque en su mayoría eran participantes no voluntarias. De esta manera es que los canaanitas maltrataban a Dios y a los demás, y lo hacían en nombre de la religión. El Todopoderoso no está obligado a soportar tales cosas. Como el Dios que creó el universo para Su gloria, el Creador tiene el derecho de castigar pecados de la manera que elija. En este caso, decidió emprender una constante guerra en contra de una región entera. Debemos enfatizar que esto es algo raro en la historia. Posterior a los tiempos de la Biblia, es totalmente ilegítimo decir: «Dios llama a una guerra santa». En contraste con las guerras regulares, la lucha que analizamos aquí, estaba marcada de un modo profundo por símbolos de rituales santos y sanciones divinas. Por ejemplo, Josué 3:1-4 reporta que los sacerdotes marcharon delante de la multitud hebrea, cargaban el arca del pacto mientras entraban en las tierras condenadas. Fue Dios quien hizo guerra en ese lugar, la llevó a cabo por Su santidad y por Su pueblo escogido. De todas las naciones de la tierra, Dios había establecido Su pacto únicamente sobre los hebreos. Los había creado desde cero al tomar a una pareja (Abraham y Sara) y darles un hijo fuera de tiempo. Ahora que Su pueblo estaba refugiado en las fronteras de Su heredad, Dios eligió limpiar la tierra de creencias falsas y prácticas malvadas que los harían tambalearse si a los nativos se les permitía quedarse. En la debacle del Sinaí, los hebreos habían probado cuan susceptibles de ser influenciados eran ellos. La instrucción de Dios de eliminar toda presencia cananea en la nueva patria de los hebreos tenía el propósito de proveerles un ambiente libre de distracciones en que la devoción a Dios sería fomentada y no tendría oposición. Pero como nos dice la historia de la Biblia, los hebreos fallaron en hacer un barrido limpio de la tierra. Con frecuencia les permitían vivir a los cananeos. Al hacer esto, admitían que los dioses falsos de ellos vivieran en rituales y creencias que en algún momento se instalarían en sus corazones.

Resumen

Dios anunció un plan para bendecir al mundo a través de la luz de las estrellas de Abraham. Que este plan incluyera la posibilidad de acciones como la guerra contra Canaán nos muestra la gravedad del pecado, la primacía del plan redentor de Dios y lo que Él estaba dispuesto a hacer para cumplir este plan. Nada puede frustrar el proyecto de redención de Dios, pero como veremos en el siguiente capítulo, esta seguridad descansa en la fidelidad del Señor, no en la fidelidad de Su pueblo del pacto.

CAPÍTULO 3

TESORO NACIONAL

Mientras la pobreza espiritual azotaba a los pueblos del mundo, a los hebreos les fue dado un tesoro de valor incalculable: el verdadero conocimiento de Dios. No les llegó a ellos porque lo buscaran, ni porque tropezaran con una llave que abría secretos divinos. Fue de ellos porque Dios eligió a Abram, hizo un pacto con él y lo mantuvo con sus trastabillantes descendientes. El tesoro era un regalo inmerecido en el sentido más verdadero posible. Pero no estaba destinado a ser acaparado por ellos. Una vez que los hebreos se establecieran en la tierra prometida, uno de los propósitos esenciales de Dios para ellos era que, al mantenerse fieles a Sus revelaciones, serían un faro de luz al mundo. Esto significa que, al acogerse a las leyes morales del Creador, promoverían una sociedad más pacífica y equitativa que la existente en las naciones de alrededor. Así, serían vistos como un pueblo distinto por un estilo de vida que era impulsado por sus creencias teológicas únicas. De ese modo, el Dios hebreo sobresaldría como diferente de los llamados dioses de las naciones cercanas. El principio

Uno de los propósitos esenciales de Dios para ellos era que, al mantenerse fieles a Sus revelaciones, serían un faro de luz al mundo.

es este: Vive bien y el mundo notará a tu Dios. Jesús enfocaba una gran parte de Su enseñanza en este mismo punto, como lo veremos más adelante.

Dios pudo haber elegido otro método para propagar el conocimiento de sí mismo entre las naciones, pero fue Su deleite crear un pueblo de los viejos lomos de Abraham y Sara, multiplicarlos bajo los yugos de esclavitud, corregirlos en su estadía en el desierto y luego depositarlos en la tierra recién limpiada de religiones falsas y desmoralizantes. La pregunta es: ¿qué hicieron los hebreos con su tesoro nacional? ¿Fueron fieles mayordomos de la bendición que Dios les dio? ¿Algunos sí y otros no? En este capítulo examinaremos la historia de la nación hebrea y su mayordomía de las revelaciones del Omnipotente.

Sustento para los dioses

La mayoría de nosotros no podríamos tolerar las religiones antiguas. Sin excepción incluían sacrificios, algunos de humanos (infantes, niños o adultos), pero, con mayor frecuencia, los que perdían sus vidas en nombre de la religión eran animles y aves. En estos rituales, el elemento clave era la sangre. Ya que los antiguos no tenían conocimiento médico avanzado, ellos podían ver claramente que la vida de una criatura estaba en su sangre. Por esta razón la consideraban como una especie de oro líquido. Derramarlo en el altar era de gran importancia para dar a los dioses el más precioso sacrificio: la vida misma. Pero ¿por qué creía la gente que esto era necesario? Primero, ellos se daban cuenta de que sus vidas dependían de factores que estaban fuera de su control directo. Esto incluía la necesidad de lluvia, tierra y vientres fértiles,

Altar de la Edad de Bronce Antigua en el sur de Israel (2800 a.C.). Fotografía: HolyLandPhotos.org.

buena salud, refugio contra las tormentas, protección de las bestias y las pestilencias, etc. Mantener a los dioses felices al darles los más valiosos sacrificios parecía una manera razonable de comprar buena fortuna. En segundo lugar, todos los seres humanos se daban cuenta de su culpa y necesidad de perdón. Esta conciencia de pecado es el resultado básico de tener la imagen de Dios. El entendimiento del bien y el mal es algo programado en nuestra composición mental y espiritual. Decimos que nuestra conciencia nos acusa si hacemos algo incorrecto, pero en esencia es Dios quien nos acusa cuando actuamos en contra de Su naturaleza moral que ha impreso en nosotros. Al darse cuenta de sus errores, aunque vagamente, los antiguos buscaron apaciguar a los dioses a través del sacrificio de algo valioso.

Aunque hay paralelismos evidentes entre las practicas sacrificiales de los hebreos y otras culturas antiguas, también hay diferencias fundamentales.

Por ejemplo, los dioses de las naciones eran considerados volubles,

Tres de los dioses egipcios antiguos. Fotografía: Rama (Licencia CC 2.0). Que hubiera cientos, si no miles de dioses en Egipto, implicaba que la tarea de agradar a todos los dioses se volvía imposible.

malhumorados e impredecibles. Que las tormentas surgieran de la nada, que los desastres cayeran sobre inocentes sin una razón aparente, y que las inundaciones, las plagas y las infestaciones azotaran aun a los más devotos a sus ídolos, provocaba que las naciones consideraran que los dioses eran impredecibles y de espíritu malvado. Un resultado de esta creencia es que los adoradores vivían en un estado perpetuo de temor. No un temor paralizante, sino una constante incomodidad e incertidumbre sobre su posición ante las deidades. Que hubiera cientos, si no miles de dioses en Egipto, implicaba que la tarea de agradar a todos los dioses se volvía imposible, ya que al complacer a un dios seguramente desagradaban a otro cuyas expectativas diferían del anterior. ¿Confuso? Así estaban los antiguos. Nunca se hallaban seguros de cuáles deidades estaban con ellos y cuáles en su contra. Así, los sacrificios paganos eran variados, apresurados y hostigados.

Los dioses de las naciones eran considerados volubles, malhumorados e impredecibles.

Una expiación segura

Mientras que los paganos hurgaban en las tripas de los sacrificios con la esperanza de encontrar una señal de los dioses en un hígado deforme o en un intestino enredado, los hebreos practicaban una variedad de sacrificios más consolidados. Dios mismo les había mostrado en los Diez Mandamientos y en otras leyes cómo cumplir Sus estándares morales. No había necesidad de adivinar lo bueno y lo malo, ni preocupación alguna sobre conflictos de interés entre los dioses ya que los hebreos sabían que solo existía un Dios. El Creador también le dio a Su pueblo instrucciones claras de cómo realizar los sacrificios. El libro de Levítico ofrecía notas vívidas sobre los principios y las prácticas que el Señor instituyó para los rituales sagrados. A los sacerdotes se les requería acercarse a Dios en la manera prescrita. Era un honor inmerecido venir ante la presencia del santo Dios. Ningún hombre podía hacerlo bajo sus propios términos, así que a los sacerdotes les fueron dadas claras y estrictas regulaciones. Las consecuencias de desobedecerlas fueron mostradas con transparencia en un episodio en que estuvieron envueltos los hijos de Aarón, el primer sumo sacerdote de Israel. Un día, sus hijos conducían las ceremonias delante del Señor. Ellos sabían de las regulaciones, pero decidieron tomar un método alternativo para realizar sus tareas. Así que: «... ofrecieron delante de

Reconstrucción de un altar hebreo antiguo alrededor del tiempo del rey Ezequías.
Fotografía: Gugganij (Licencia CC 2.5).

No había necesidad de adivinar lo bueno y lo malo, ni preocupación alguna sobre conflictos de interés entre los dioses ya que los hebreos sabían que solo existía un Dios.

Jehová fuego extraño, que él nunca les mandó» (Lev. 10:1). En otras palabras, determinaron que se podían acercar a Dios en sus propios términos. El resultado no es difícil de adivinar: «Y salió fuego de delante de Jehová y los quemó, y murieron delante de Jehová» (Lev. 10:2).

Este episodio nos sorprende y parece que pone en duda la bondad de Dios, sin embargo, al hacer una reflexión profunda encontramos cierto consuelo y ánimo en la muerte de los hijos de Aarón. Esto es a lo que me refiero: el rápido y drástico castigo de su arrogancia prueba la realidad de la presencia de Dios durante las ceremonias de expiación. El Creador en verdad está presente y toma nota de lo que sucede. Si Él asume todo con suficiente seriedad como para eliminar a aquellos que ofrecen «fuego prohibido», entonces seguramente es serio cuando afirma que, mediante los sacrificios, el pueblo de fe será perdonado por sus pecados. Además, los altos estándares del oficio sacerdotal y la incapacidad de los hijos de Aarón para llevarlos a cabo de un modo satisfactorio, demuestran lo que antes mencionamos: no hay un mediador humano que sea capaz de cumplir con los requisitos de la santidad de Dios ni los de representar a la humanidad a la perfección delante del Creador. Un mejor mediador debía ser

El sumo sacerdote rociaba sangre en el propiciatorio, un símbolo de la presencia de Dios. Fotografía: Ben Schumin (Licencia CC 2.5).

encontrado, uno que solo Dios podía proveer. Algo que Él haría al cumplirse el tiempo. Mientras tanto, los sacrificios más importantes eran ofrecidos en el Día de la Expiación, cuando el sumo sacerdote hacía el holocausto expiatorio a nombre de la nación. El primer paso en esta jornada dramática era que Aarón presentara los sacrificios para él y su familia (Lev. 16:6). Así se hacía digno para conducir las ceremonias en nombre del pueblo que con solemnidad se había reunido afuera del tabernáculo. Después, el sacerdote tomaba dos machos cabríos y los traía a la presencia de Dios. Al echar suertes, los sacerdotes identificaban cuáles de los machos cabríos habían sido elegidos por Dios para sacrificarlos por el pueblo. Esto es importante porque revela que el sacrificio aceptable era elección del Creador. Nadie podía venir ante la presencia del Señor y dictar cuáles holocaustos eran aceptables. En el caso del animal sin pecado que era elegido, se sacrificaba en representación de que la ira de Dios había caído sobre él y no sobre el pueblo transgresor que en verdad merecía el castigo. El sacerdote entonces tomaba parte de la sangre del macho cabrío y la rociaba sobre el propiciatorio, que era una placa de oro, como una sobremesa a lo largo del arca del pacto. Esta se mantenía dentro del lugar santísimo, el santuario altamente restringido del tabernáculo. El altar y otros implementos sacerdotales eran limpiados de la misma manera. Por medio de estas acciones se preparaban y purificaban el tabernáculo y sus elementos. Así los hacían aptos para los fines santos del día.

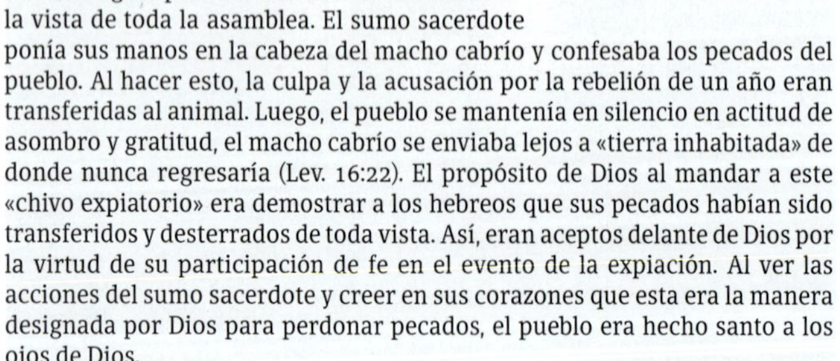

El acto final en el Día de la Expiación era el más dramático de todos. El macho cabrío que no era elegido para ser sacrificado era traído a la vista de toda la asamblea. El sumo sacerdote ponía sus manos en la cabeza del macho cabrío y confesaba los pecados del pueblo. Al hacer esto, la culpa y la acusación por la rebelión de un año eran transferidas al animal. Luego, el pueblo se mantenía en silencio en actitud de asombro y gratitud, el macho cabrío se enviaba lejos a «tierra inhabitada» de donde nunca regresaría (Lev. 16:22). El propósito de Dios al mandar a este «chivo expiatorio» era demostrar a los hebreos que sus pecados habían sido transferidos y desterrados de toda vista. Así, eran aceptos delante de Dios por la virtud de su participación de fe en el evento de la expiación. Al ver las acciones del sumo sacerdote y creer en sus corazones que esta era la manera designada por Dios para perdonar pecados, el pueblo era hecho santo a los ojos de Dios.

Reyes de la tierra

Cuando Dios le dijo a Abraham lo que sus descendientes experimentarían a consecuencia de su relación de pacto, mencionó que los reyes y las naciones se

Salomón, por Gustave Doré. Los hebreos estaban destinados a tener reyes. Sin embargo, Dios no tenía planeado que imitaran a las naciones.

levantarían de su linaje de sangre y que el reino hebreo sería perpetuo (Gén. 17:6-8). Él reiteró la promesa de realeza a Jacob, el descendiente de Abraham, en Génesis 35:11. De esta manera, los hebreos estaban destinados a tener reyes. Sin embargo, Dios no tenía planeado que imitaran a las naciones al nombrar como reyes a hombres de fuerza de hierro que buscaban levantar el estatus de Israel en la amplia variedad de las potencias del mundo. En lugar de eso, ellos debían esperar los tiempos de Dios y al hombre de Dios. Sus ambiciones debían estar alineadas con el cielo, no con la tierra. Los hebreos habían perdido el sentido de esto y se obstinaron en tener un rey. Cuando vieron los actos heroicos de Gedeón, le pidieron que estableciera un trono sobre Israel, pero él rechazó esa idea y dijo: «... No seré señor sobre vosotros, ni mi hijo os señoreará: Jehová señoreará sobre vosotros» (Jue. 8:23). Gedeón entendió que Dios debía liderar en este asunto, ya que la monarquía sería en vano. Pero el pueblo no fue disuadido por mucho tiempo. Con la intención de adelantarse y hacerse un nombre para sí mismos en la tierra, le exigieron a Samuel (quien sirvió a los hebreos como profeta y sacerdote): «... constitúyenos ahora un rey que nos juzgue, como tienen todas las naciones» (1 Sam. 8:5). Como Gedeón, Samuel reconoció la imprudencia de esta petición. Israel se había convertido en un hijo malcriado que deseaba recibir las cosas de inmediato y en sus propios términos. Dios decidió conceder esta petición para castigar en lugar de bendecir a Su hijo. Le dijo a Samuel: «... Oye la voz del pueblo en todo lo que te digan; porque no te han desechado a ti,

Saúl y David, por Rembrandt

sino a mí me han desechado, para que no reine sobre ellos » (1 Sam. 8:7). Ante la orden de Dios, Samuel le profetizó al pueblo lo que sucedería cuando su rey hubiera abusado de sus privilegios: «... clamaréis aquel día a causa de vuestro rey que os habréis elegido, más Jehová no os responderá en aquel día» (1 Sam. 8:18).

Dios eligió a un gigante entre los hombres para ser el rey prematuro sobre Israel. Su nombre era Saúl. Parecía ser perfecto a juzgar por su apariencia física, pero fue una figura trágica desde el principio. En su colocación pública como rey se escondió entre sacos y cajas en un intento de escapar de las responsabilidades que pronto estarían sobre sus grandes hombros. El lector no se pregunta sobre la causa de su comportamiento cobarde por mucho tiempo ya que Saúl reveló su carácter débil desde el principio de su reinado. En un episodio que nos recuerda a los hijos de Aarón y el fuego prohibido, Saúl condujo la quema de ofrendas un día porque era demasiado impaciente como para esperar la llegada de Samuel, el sacerdote autorizado. Dios no tomó la vida de Saúl por esta infracción, pero arregló que fuera encontrado en el momento en que cometía el indudable delito. Cuando Samuel llegó apresuradamente, Saúl explicó: «... Porque vi que el pueblo se me desertaba, y que tú no venías dentro del plazo señalado [...]. Me esforcé, pues, y ofrecí holocausto» (1 Sam. 13:11-12). En lenguaje actual se diría algo así: «Lo siento oficial, pero como nunca te apareciste, me esforcé y rompí la ley». ¡He aquí Israel, el ejecutor de tus leyes y guardador de la luz que le fue confiada a Abraham!

Es triste, pero Saúl nunca corrigió esta trayectoria inicial. Él fue en decadencia e infortunio en todos sus esfuerzos. Luego, cuando desafió las órdenes de Dios concernientes a la destrucción de un enemigo, fue repudiado como rey. Dios develó el final a Samuel, aunque Saúl erigía un monumento a su reinado y probaba así, con una efigie de piedra, qué tipo de rey era en su corazón (1 Sam. 15:10-12). Pronto un «espíritu maligno» fue asignado por Dios para hostigar y molestar a este hacedor de monumentos (1 Sam. 18:10; ver también 1 Sam. 16:15,16,23). Aunque los estudiosos han debatido sobre la identidad de este espíritu que Dios envió a Saúl, los resultados sobrepasan todo cuestionamiento: por el resto de sus días, el rey de Israel fue oprimido y castigado por la mano de Dios a causa de sus pecados inexcusables. Al Señor no le agradó hacer esto, aun expresó Su «arrepentimiento» por haber constituido a Saúl rey sobre Israel (1 Sam. 15:11). El arrepentimiento que Dios experimenta no es el que tú y yo sentimos cuando hemos tomado una mala decisión por falta de juicio o previsión. Dios sabe de un modo inequívoco todas las cosas pasadas, presentes y futuras (Isa. 46:10). El éxito de Su plan de redimir un pueblo para sí mismo no fue dejado a lo fortuito ni a los trucos de la naturaleza humana caída. Pero lo que Dios ha hecho, y esto debería sorprendernos, es adentrarse en nuestra experiencia y arriesgar Su corazón en ello. Él elige un vínculo afectivo en lugar de una supervisión separada. En virtud de esto se hace vulnerable a sí mismo en maneras que no podemos captar. Él sabe con anticipación las altas y las bajas en los sentimientos de Su pueblo; y ciertamente no lo tomó por sorpresa que el reino de Saúl se desin-

Él elige un vínculo afectivo en lugar de una supervisión separada. En virtud de esto se hace vulnerable a sí mismo en maneras que no podemos captar.

tegrara. Sin embargo, cuando Su santidad y amor fueron denigrados por el pueblo que Él había separado de las naciones, Su corazón fue movido a tristeza, arrepentimiento, ira y una gama de emociones fuertes que son propias de un Dios santo.

El rey pastor y el reino destrozado

Mientras Saúl con su imponente estatura y en una condición agitada recorría el reino, un muchacho rubicundo de baja estatura y espíritu humilde cuidaba las ovejas en las laderas de Judá. Era de un parecer común y el hermano menor de un grupo de guerreros de Saúl. En resumen, este niño David era invisible al mundo, no era una figura que captara la atención. Pero Dios mira el corazón, la verdadera fuente del carácter, y en el joven David, vio un majestuoso rey. Dios determinó desde el principio que el reino de David sería más noble que el de Saúl: «El edificará casa a mi nombre, y yo afirmaré para siempre el trono de su reino. Yo le seré a él padre, y él me será a mí hijo. Y si él hiciere mal, yo le castigaré con vara de hombres, y con azotes de hijos de hombres; pero mi misericordia no se apartará de él como la aparté de Saúl, al cual quité de delante de ti» (2 Sam. 7:13-15).

Dios mira el corazón, la verdadera fuente del carácter, y en el joven David, vio un majestuoso rey.

El joven David, por Castagno. En el joven David el mundo solo veía un pastor, pero Dios vio un rey.

Saúl nunca consideró la teología, pero David mostró una fuerte comprensión de la identidad de Dios y del rol de Israel en la historia. Él expresó sobre Dios: «... no hay como tú, ni hay Dios fuera de ti [...]. ¿Y quién como tu pueblo, como Israel? [...]. Porque fue Dios para rescatarlo por pueblo suyo, y para ponerle nombre, y para hacer grandezas a su favor, y obras terribles a tu tierra, por amor de tu pueblo que rescataste para ti de Egipto, de las naciones y de sus dioses» (2 Sam. 7:22-23).

Al mezclar algunos de los pronunciamientos de Dios, la evaluación del Padre sobre el rey David puede ser descrita de esta manera: «... He hallado a David hijo de Isaí, varón conforme a mi corazón, quien hará todo lo que yo quiero» (Hech. 13:22).[1] De hecho, David es representado a lo largo de la Escritura como un ejemplo para el reinado humano en Israel. Él es el hijo de Dios, un siervo dispuesto a hacer la voluntad divina, un impecable servidor del Creador. Esta imagen de santidad era importante porque mantenía la esperanza de Israel en una futura restauración de la humanidad ante Dios, una restauración que sería posible solo si el Altísimo pudiera encontrar un hombre en quien estuviera totalmente complacido y que tendiera un puente sobre la brecha infinita entre la humanidad y el Dios santo. David era la prefiguración de ese hombre perfecto, sin embargo, él mismo no era perfecto a pesar de los tantos pasajes que subrayan su devoción por Dios. Si hacemos un balance de los pasajes de «David como un santo», hay varias narrativas que exponen sin vacilar sus errores. No muchos de nosotros somos asesinos, aunque nuestros pensamientos más oscuros nos llevan al punto de tales ideas ponzoñosas. David estuvo ahí y actuó de modo precipitado. En una ocasión vio a una mujer bañarse y no volteó su rostro (2 Sam. 11). Su mirada persistente lo llevó al pecado y provocó el nacimiento de un hijo, un asesinato, y la temprana muerte de su primogénito. David confesó y se arrepintió cuando Dios envió un profeta para exponerlo, pero este episodio de igual manera fue una ventana hacia las habitaciones internas del buen corazón del rey. La oscuridad del antiguo Edén fue encontrada aún ahí. Los hijos e hijas de David no mejoraron. Tramas, artimañas y asesinatos se llevaron a cabo entre ellos. Cuando fue el turno de Salomón de llevar el cetro de su padre sobre Israel, tomó 1000 esposas y concubinas, muchas de otras culturas, y sancionó sus religiones paganas. La luz de las estrellas de Abraham fue oscurecida mientras el humo se alzaba desde una tierra salpicada de fuegos y rituales no autorizados. Sin embargo, los fieles en Israel esperaron por un mediador perfecto.

Nota

1. La cita de Pablo mezcla las palabras divinas registradas en 1 Samuel 13:14; Salmos 89:20 e Isaías 44:28.

Jeremías lamenta la destrucción de Jerusalén, por Rembrandt

CAPÍTULO 4

PROFETAS DE LA PERDICIÓN

El rey Salomón murió en medio de un gran tesoro de oro y mujeres exóticas, pero nada de esto llamaba ya la atención de sus debilitados ojos. De hecho, seguramente despreció su riqueza y renombrada sabiduría mientras moría, ya que Dios le había dicho que su reino estaba perdido (1 Rey. 11:11-13). El sabio Salomón actuó como un necio, abandonó a Dios y dejó atrás una casa en ruinas. Cuando llegó el tiempo de la sucesión, su hijo Roboam saltó al trono y anunció órdenes insolentes que causaron rebeliones y división. La nación se partió en dos facciones, Israel en el norte, compuesto por diez tribus, y Judá en el sur, situado en Jerusalén y centrado en lo que quedaba del linaje davídico destrozado. Desde este punto en adelante, los hebreos eran mayormente infieles a Dios. Algunos de ambos reinos se mantuvieron fieles pero la mayoría se alejó para siempre.

> *La fe de Israel llegó a ser tan negligente que Dios le dijo al profeta Isaías al inicio de su ministerio que el pueblo no prestaría atención a su voz.*

Fue en esta época que Dios envió a los profetas, hombres de renombre como Elías, Eliseo, Isaías y Jeremías, para anunciar juicio y restauración, perdición y esperanza sobre las estrellas descarriadas de Abraham. De estos hombres aprendemos verdades profundas sobre la naturaleza de Dios y Sus planes para forjar un pueblo santo llamado por Su nombre y para Su gloria. También los vemos luchar al hacer frente a los pecados del pueblo escogido de Dios. Elías, como se sabe, creía que era el último fiel, y no sorprende que se sintiera de esta manera al enfrentarse al rey Acab y los 450 profetas

Salomón y la reina de Saba, por Demin. Ni la riqueza ni las mujeres trajeron felicidad a Salomón.

paganos de Baal en el monte Carmelo. Justo ahí, en la cima del monte en la tierra prometida, los hebreos perfeccionaron su rebelión mientras se inclinaban ante un dios falso y mudo que no podía mandar fuego, aunque sus sirvientes cortaban sus venas y clamaban por vindicación. Elías sugirió que su dios mudo se había dormido o estaba de paseo (1 Rey. 18:27). Él entonces inundó de agua su propio altar antes de pedirle a Dios que mandara fuego. Las llamas bajaron y consumieron todo, la madera, la piedra y la ofrenda. No quedó nada porque la presencia del Dios verdadero de Israel había venido en una demostración de poder que los profetas de Baal no podían reproducir, ni con una eternidad de cantos.

La matanza de los profetas de Baal. Ilustración de Gustave Doré

Los corazones se inclinaron hacia Dios mientras el fuego caía, pero este amor murió tan pronto como las llamas se extinguieron. El genuino y duradero arrepentimiento evadía a los hebreos, y por eso marchaban hacia la disolución. La fe de Israel llegó a ser tan negligente que Dios le dijo al profeta Isaías al inicio de su ministerio que el pueblo no prestaría atención a su voz (Isa. 6:9-10). A lo largo de la sequía espiritual de Israel, alcanzamos a ver destellos de la soberanía y el poder de un Dios cuyo pueblo se había alejado de Él. Sin embargo, Él no está arruinado por su deserción. De hecho, eso le otorgaba la oportunidad de demostrar Su estatus como gobernante incuestionable sobre todos los asuntos humanos, en Israel y fuera de él. Cuando decidió corregir a Sus hijos pecadores, Dios levantó a los asirios paganos y los dirigió para saquear Judá. El rey de Asiria tenía sus propias razones para emprender esta campaña, por supuesto, pero el Todopoderoso era la causa principal de las agresiones, y castigó al gobernante asirio por no reconocer que era solo un peón en la mano divina (Isa. 10). Aquí vemos que Dios obtendrá lo que quiere en el mundo, aunque tenga que utilizar gente que no invoca Su nombre, ni confiesa Su existencia. El misterio de la soberanía divina es profundo e impresionante.

Dios obtendrá lo que quiere en el mundo, aunque tenga que utilizar gente que no invoca Su nombre, ni confiesa Su existencia.

Los hechos del destierro

En el 722 a.C., la máquina de guerra asiria rodó en Israel (el reino del norte) y transportó a la mayoría de los sobrevivientes de regreso a Asiria. Israel fue entonces forzosamente repoblado con personas no hebreas. Estos inmigrantes se mezclaron con los pocos hebreos que evadieron el exilio. De esta manera, la religión y la sangre se juntaron para crear una población híbrida y sincretista conocida como los samaritanos. Los que fueron llevados lejos en caravanas asirias de esclavos, formaron las diez tribus perdidas que nunca regresarían como entidades tribales. Las pocas personas que al final regresaron tuvieron que integrarse en el pequeño reino del sur (Judá), hacinado alrededor de la ciudad de Jerusalén. Esta reducida porción de tierra era todo lo que quedaba de lo que una vez fue el majestuoso reino de David, y aun así no era un refugio seguro. Jerusalén fue derrocada por Babilonia en el 586 a.C. Otra vez los invasores dejaron algunos nativos atrás, pero la mayoría de los hebreos fueron llevados para servir en tierras extranjeras.

El Prisma Taylor encontrado en Nínive, data del tiempo de la cautividad asiria. Menciona el asedio de Jerusalén y al rey Ezequías.

El castigo puede ser redentor siempre que humille un orgulloso corazón, y de hecho este era uno de los propósitos de Dios con el exilio de Su pueblo. Aproximadamente 70 años después de su destierro,

Las ruinas de un muro construido por Ezequías para protegerse del asedio de Senaquerib. Sería similar a lo que encontraron los antiguos hebreos en su regreso a Jerusalén. Foto: Lior Golgher (Licencia CC 2.5).

Dios planeó que se reuniera el remanente de Su pueblo de regreso en Jerusalén. Habló a través del profeta Ezequiel y dijo: «Como incienso agradable os aceptaré, cuando os haya sacado de entre los pueblos, y os haya congregado de entre las tierras en que estáis esparcidos; y seré santificado en vosotros a los ojos de las naciones» (Ezeq. 20:41). La santidad de Dios fue demostrada a través de los hebreos humillados que confesaron que su restauración improbable fue hecha posible por la decisión de gracia de Dios, no por su poder ni mérito. Fue un momento de rotundo triunfo cuando un remanente de hebreos regresó a Jerusalén desde el exilio, pero esto no se tradujo en el renacimiento del reino davídico. Israel como una potencia regional había terminado. El regreso de unos cuantos judíos ávidos no podría cambiarlo. Sin embargo, esto no significa que toda la esperanza estaba perdida. Para los pocos que se mantuvieron fieles al pacto de Dios, la esperanza fue ratificada por los fundamentos sólidos que el Eterno había revelado a través de los patriarcas y los profetas.

> *El castigo puede ser redentor siempre que humille un orgulloso corazón, y de hecho este era uno de los propósitos de Dios con el exilio de Su pueblo.*

Los fundamentos de la esperanza

Tres fundamentos clave mantuvieron la esperanza viva entre los fieles en Israel: el amor de Dios que estaba asegurado por Sus pactos, el poder soberano del Creador, y el Mesías prometido del Padre.

La esperanza de redención de Israel descansaba primero que nada en el amor de Dios. Los fieles hebreos entendieron que el Creador es santo, que el

El profeta Ezequiel, por Miguel Ángel

pecado humano es repulsivo para Él, y que la brecha entre Dios y la humanidad no puede ser reparada por nuestros esfuerzos. Así que el amor de Dios por Su pueblo es fundamentalmente un amor electivo, un asunto de decisión divina. Él ama a los rechazados porque eso es lo que Él decidió hacer. Este fue el modelo desde el principio, cuando Dios eligió a Abram de entre todos los pueblos de la tierra y estableció un pacto permanente con él. Ya que la fidelidad de Dios a Su pacto estaba en juego (recuerda la amenaza de Dios hacia sí mismo si rompiera Su pacto, Gén. 15:17), Él nunca permite que Su amor muera, y se aseguró de que un núcleo fiel permaneciera entre Su pueblo elegido. Así, Dios prometió a Israel a través del profeta Ezequiel: «Os daré corazón nuevo, y pondré espíritu nuevo dentro de vosotros; y quitaré de vuestra carne el corazón de piedra, y os daré un corazón de carne. Y pondré dentro de vosotros mi Espíritu, y haré que andéis en mis estatutos, y guardéis mis preceptos, y los pongáis por obra. Habitaréis en la tierra que di a vuestros padres, y vosotros me seréis por pueblo, y yo seré a vosotros por Dios» (Ezeq. 36:26-28).

Aquellos que confiaron en esta promesa entendieron que, en el análisis final, el amor de Dios afianzaría su fidelidad. Él trabajaría en sus corazones para asegurarse de que las promesas del pacto se volvieran realidad. ¿Quién puede encontrar un fundamento más seguro para su esperanza que este? Dios amará y redimirá a Su pueblo porque se sujeta al pacto que ha hecho.

Relacionada con la confianza en el amor de Dios está la confianza en Su poder. Dios es capaz de llevar a cabo todos Sus propósitos. El reconocimiento del dominio absoluto y del poder de Dios marca el panorama completo de la revelación del Antiguo Testamento. Él dirige los canales del corazón del rey (Prov. 21:1), conduce los asuntos de la tierra de la manera que le place (1 Crón. 29:12; Sal. 103:19; 115:3), ejerce Su dominio sobre procesos naturales inanimados como el clima y el crecimiento de la vegetación (Job 37:6-13; Sal. 104:14), ejerce providencia sobre el ciclo de vida de los animales (Sal. 104:27-29; 29:9), tuerce las acciones odiosas de Satanás para cumplir propósitos santos (Job 1:6-12) y de forma misteriosa reina y

El reconocimiento del dominio absoluto y del poder de Dios marca el panorama completo de la revelación del Antiguo Testamento.

trabaja aun a través de las decisiones pecadoras de los humanos (Gén. 45:5-8; 50:19; Isa. 10:5-27). ¿Puede un Dios como Él ser frustado en Su plan para redimir a un pueblo para sí mismo? Absolutamente no.

Por último, la esperanza del pueblo por el Mesías fluía del amor electivo de Dios y de Su poder sin medida para cumplir Sus planes. Este siervo perfecto llevaría final y completamente a Israel hacia una relación adecuada con Dios. Existen alusiones sueltas sobre el Mesías por todo el Antiguo Testamento. Por lo general aparecen en medio de declaraciones que tienen una relevancia inmediata en aplicaciones no mesiánicas, pero que también se extienden más allá de ese momento y apuntan a algo más grande que aguarda en el futuro. Un importante ejemplo de esto es cuando Jacob bendijo a sus hijos antes de morir, él expresó: «No será quitado el cetro de Judá, ni el legislador de entre sus pies, hasta que venga Siloh; y a él se congregarán los pueblos» (Gén. 49:10). En la superficie, esto empalma con el contexto inmediato en que Jacob describe la preeminencia de Judá entre sus hermanos. Pero la última parte de este versículo se extiende más allá y habla de un hombre cuya venida está en el futuro distante y que tiene derechos sobre el pueblo y su reino. A causa de estas palabras proféticas, una expectativa de un líder extraordinario en el futuro creció entre los

Existen alusiones sueltas sobre el Mesías por todo el Antiguo Testamento. Por lo general aparecen en medio de declaraciones que tienen una relevancia inmediata en aplicaciones no mesiánicas.

Profeta hebreo (nabí), por Grunewald

El profeta Daniel, por Miguel Ángel

descendientes de Jacob.

A medida que Dios revelaba algunos destellos de Su plan maestro, había pistas de que ese líder extraordinario sería más que un mero humano. El profeta Isaías, cuando escribió en la época oscura y sin esperanza, profetizó sobre la venida de un niño que es Dios: «Porque un niño nos es nacido, hijo nos es dado, y el principado sobre su hombro; y se llamará su nombre Admirable, Consejero, Dios Fuerte, Padre Eterno, Príncipe de Paz. Lo dilatado de su imperio y la paz no tendrán límite, sobre el trono de David y sobre su reino, disponiéndolo y confirmándolo en juicio y en justicia desde ahora y para siempre. El celo de Jehová de los ejércitos hará esto» (Isa. 9:6-7). Miqueas mencionó algo similar cuando dijo: «Pero tú, Belén Efrata, pequeña para estar entre las familias de Judá, de ti me saldrá el que será Señor en Israel; y sus salidas son desde el principio, desde los días de la eternidad» (Miq. 5:2). La última parte de este versículo significa que el nacimiento de este niño no es el inicio de Su existencia, sino que es eterno. Él es Dios. Pero como veremos en el siguiente capítulo, pocos, si no es que ninguno de los intérpretes judíos, entendieron que el Mesías sería Dios hasta que vieron una vez más el Antiguo Testamento después de la resurrección de Cristo.

Pocos, si no es que ninguno de los intérpretes judíos, entendieron que el Mesías sería Dios hasta que vieron una vez más el Antiguo Testamento después de la resurrección de Cristo.

En un pasaje final, al aludir a la identidad sobrenatural del Mesías que había de venir, el profeta Daniel relató una visión en que vio: «... uno como un hijo de hombre, que vino hasta el Anciano de días, y le hicieron acercarse delante de él. Y le fue dado dominio, gloria y reino, para que todos los pueblos, naciones y lenguas le sirvieran; su dominio es dominio eterno, que nunca pasará, y su reino uno que no será destruido» (Dan. 7:13-14).

Las palabras de Daniel dieron gran esperanza a los judíos que las escucharon y las creyeron. Dios actuaría de forma decisiva mediante el Mesías prometido y enmendaría los errores del mundo. La pregunta era: ¿cuándo sucedería esto?

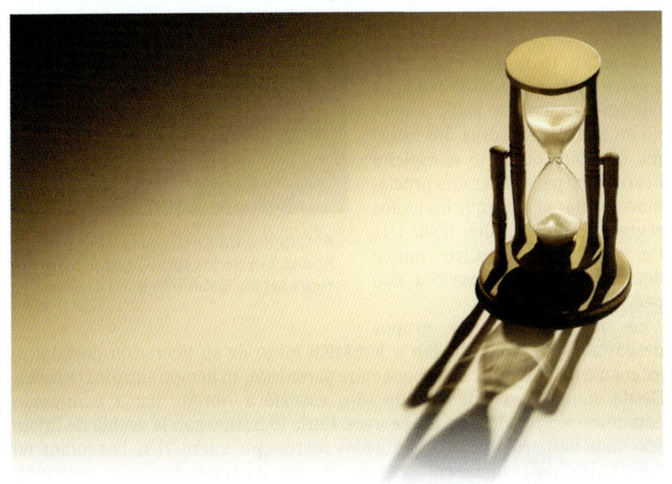

CAPÍTULO 5

EL TIEMPO ENTRE LOS TIEMPOS

El destino de las naciones depende de las decisiones tomadas por los reyes. Sus estados de ánimo, percepciones y hábitos mentales pueden determinar la vida o la muerte y la libertad o la esclavitud. Como vimos antes, Dios prevé los corazones de los reyes. Esto no asegura que la perfecta ley moral de Dios es reflejada en las decisiones de ellos. Sin embargo, significa que en maneras que escapan a nuestro entendimiento, el Creador dirige a los reyes y los reinos para los fines que Él ha destinado.

Cuando Nabucodonosor y su ejército babilónico vinieron del norte y destrozaron Jerusalén en el 586 a.C., fue de acuerdo con el designio de Dios. Él lo había anunciado a través de Jeremías en los años previos. Así que por un tiempo Nabucodonosor y su ejército fueron utilizados por Dios para ser líderes mundiales, pero esos días ya habían sido contados aun antes de que comenzaran. Después de todo, Jeremías había dicho que los judíos serían exiliados en Babilonia por solo 70 años, un número redondeado que indicaba una generación completa (Jer. 25:11-12). Cuando ese tiempo llegó a su fin, Dios levantó una potencia nueva: el Imperio medo persa liderado por el rey Ciro. Este rey no era un adorador de Dios, pero su corazón no escapaba al poder del Creador. Después de que venció a los

En maneras que escapan a nuestro entendimiento, el Creador dirige a los reyes y los reinos para los fines que Él ha destinado.

babilonios, tuvo que evaluar la situación de los judíos exiliados que Nabucodonosor había retenido en Babilonia. Esdras nos informa que Dios despertó el espíritu del rey Ciro para hacer una proclamación que permitió que los judíos regresaran a Jerusalén (Esd. 1:1). De maneras que Ciro nunca detectó, el Señor lo movió a esta decisión.

El Cilindro de Ciro registra la liberación de los judíos para regresar de Babilonia a Jerusalén.

A medida que los grupos desgastados de judíos subían a Jerusalén luego de su liberación babilónica, estaban en el umbral de una época entre paréntesis, un tiempo entre los tiempos. Desde aquel día lejano cuando Dios escogió a Abram, había mantenido comunicación regular con los hebreos. Haría lo mismo con la venida de Cristo 500 años después de que los exiliados regresaran a Jerusalén. Los judíos no habrían podido imaginar entonces que, al entrar a su ciudad callada y destruida, Dios mismo pronto permanecería en silencio. Sí, Él aún envió profetas por las siguientes dos generaciones. Sin embargo, para el 433 a.C., la voz profética murió en Israel. Los escritos judíos no bíblicos (llamados libros apócrifos) reconocieron esto. Los profetas solo desaparecieron cuando la voz de Dios se retiró. El historiador judío Josefo llamó al reino de Artajerjes (c. 424 a.C.) como el tiempo en que la Escritura dejó de ser escrita.[1] Este silencio no fue un tema de elección humana; si hubiera dependido de los seres humanos, el remanente fiel hubiera provocado un avivamiento y mantenido la Escritura y las profecías. Pero los humanos nunca fueron el origen de la Palabra de Dios. Las voces de los verdaderos profetas se levantaron y cayeron bajo el mandato del Creador. Cuando Él decide callar, el silencio ocurre. Así que los profetas dejaron de venir, las visitaciones cesaron y el pueblo esperó en el tiempo entre los tiempos.

Los humanos nunca fueron el origen de la Palabra de Dios. Las voces de los verdaderos profetas se levantaron y cayeron bajo el mandato del Creador.

Exilio en la patria

Los judíos que regresaron a su patria del exilio se dieron cuenta de que se habían quedado en un destierro virtual por el resto de su historia al pasar de un señor a otro. Algunos de sus amos eran más duros que otros. Bajo el gobierno persa, por ejemplo, no se les permitía designar ni siquiera un rey títere. Hacían sentir a los judíos como inquilinos de una casucha sucia. Todo movimiento estaba bajo escrutinio y su religión fue despreciada. Para este tiempo ya crecía una esperanza de que Dios enviaría un rey mesiánico prometido para salvarlos y restaurar su nación. La restricción persa en contra de toda forma de reinado solo aumentaba este deseo. ¡Danos al Mesías, oh Dios! De manera simultánea, se desarrolló una gran conciencia entre los

Primer siglo a.C. Mural encontrado en Pompeya que muestra a Alejandro el Grande

judíos de que su infidelidad a Dios había sido la causa de los exilios y la destrucción del templo majestuoso de Salomón. Judíos piadosos empezaron a estudiar los Diez Mandamientos y las leyes de Moisés con nueva intensidad. Las sinagogas se desarrollaron primero durante el exilio cuando los judíos se reunían con regularidad para volver a la Escritura e indagar y entender los problemas que habían sucedido. Ahora en Jerusalén, y otra vez rodeados por extranjeros, el movimiento de la sinagoga creció más. Los judíos eran «el pueblo del libro santo», ahora más que nunca.

El énfasis en la Escritura era un intento notable para regresar a sus raíces, entender los pactos y al Dios que los había realizado, pero con el paso de los días, la tarea de permanecer como judíos distinguidos se hacía cada vez más difícil. El idioma de la región cambió a medida que el arameo y el griego ganaron prominencia y presionaron la lengua hebrea. La cultura cambió también, en especial después de que Alejandro el Grande y su ola de agentes culturales barrieron toda la tierra. Cuando conquistó la región en el 330 a.C., trajo consigo un auténtico tren de helenistas, hombres estudiados cuyo propósito era remodelar de manera regresiva la cultura nativa en una imagen griega superior. Alejandro tomó esto como su misión para la humanidad, un acto de misericordia que buscaba sacar al mundo de la barbarie. Fue tan amable como para permitir a los judíos sus libertades religiosas, pero muchos israelitas encontraron las formas extranjeras más atractivas, y así mezclaron la vida griega con la hebrea.

Alejandro murió a los 32 años, aparentemente como resultado de una enfermedad persistente combinada con una serie de infames embates de bebida. Así, por un bicho y una botella de cerveza fue detenida su campaña para conquistar el mundo. Luego de esto, sus generales competían por el poder. Como resultado, fueron establecidas bases del reino en Siria (al norte Israel) y Egipto (al sur). Un

Antíoco IV. Foto: CNG (Licencia CC 2.5)

forcejeo se llevó a cabo en los siguientes siglos con los hebreos atrapados en medio. Primero de Egipto y después de Siria vinieron los ocupantes que deseaban beneficiarse de los hijos de Abraham. Se cobraron impuestos que aumentaron una y otra vez. Gobiernos benevolentes dieron lugar a represión hostil a medida que dirigentes posteriores trataron a los judíos con desprecio. Lo más aborrecible de todo fueron las acciones de Antíoco IV, un gobernante sirio que llegó al poder en el año 175 a.C. Antíoco se autoproclamó dios gracias a la tradición griega. Los judíos lo despreciaron. Cuando a Jerusalén llegaron los rumores de que había sido asesinado, hicieron una celebración. El problema es que no había sido asesinado. En represalía por el júbilo infundado, Antíoco robó utensilios sagrados del templo y masacró a miles de judíos. En su siguiente visita a la ciudad, renombró el templo judío como Zeus y aun se atrevió a sacrificar un cerdo en su altar. Aquí estaba un hombre que se levantó en oposición a todo lo que los judíos tenían como sagrado, sin embargo, el Mesías aún no había venido.

Revuelta de los macabeos, por Delacroix

Un sacerdote y su espada

La tensión se intensificó en la revuelta de los macabeos (167 a.C.). Ya indignados por las atrocidades hechas por Antíoco, judíos piadosos estallaron cuando se le ordenó a un sacerdote anciano llamado Matatías que realizara una ofrenda sacrílega. Matatías se negó, pero uno de sus compatriotas envilecido se ofreció a obedecer esta orden en su nombre. El anciano no lo permitiría. Antes de que alguno de los observadores sorprendidos pudiera reaccionar, el canoso Matatías sacó su espada y mató al oficial como un judío comprometido. Pronto, la nación se reunió alrededor de Matatías y de sus hijos; la guerra había comenzado. Tan férreo era el enojo de los judíos que tuvieron éxito al sacar a los poderosos sirios fuera de Israel, y por casi 100 años disfrutaron de un tiempo de relativa paz. Sin embargo, aún en ese tiempo Israel estaba dividido en torno a su visión del futuro. Algunos querían regresar a los antiguos caminos, otros deseaban algo nuevo y cosmopolita, con patrones como los habían visto en los griegos, los babilonios, los persas y los egipcios.

Israel estaba dividido en torno a su visión del futuro.

Estas visiones conflictivas del futuro provocaron disturbios civiles. Desesperanzado al enfrentar esta situación, un líder judío mal elegido invitó a Roma a ayudar a Israel a resolver sus problemas. El creciente imperio del oeste estuvo más que complacido de colaborar. Casi en un instante, Pompeyo estaba de pie dentro del altamente restringido lugar santísimo en el templo judío, y observaba como un visitante vulgar mientras todos los judíos piadosos en Israel revivían los horrores de Antíoco. Este era el año 63 a.C., e Israel pertenecía a Roma desde este punto hasta que fue disuelta de modo oficial cerca de 130 años después.

Uno de los gobernantes romanos más significativo fue un judío nominal de Galilea llamado Herodes. Los historiadores los llaman Herodes el Grande. Aunque él no hacía honor a tal denominación. Los romanos lo nombraron gobernador de Galilea y gobernó desde el año 37 a.C. al 4 d.C., es decir, pocos años después del nacimiento de Cristo.[2] Aunque compartía el linaje de sangre judía, Herodes gobernó como un romano e hizo mucho para aumentar el desprecio de los judíos por el gobierno extranjero. Veremos de manera más detallada a Herodes en el capítulo 6. Por ahora es importante notar que tanto su violencia y megalomanía, como haber heredado su reino a hijos ineptos a su muerte, son razones que ayudaron a enfocar la esperanza de los judíos en el Mesías prometido. Ahora más que nunca el pueblo añoraba la liberación.

Aunque compartía el linaje de sangre judía, Herodes gobernó como un romano e hizo mucho para aumentar el desprecio de los judíos por el gobierno extranjero.

Religión

No tenemos información exhaustiva sobre el desarrollo de la religión judía durante el tiempo entre los tiempos, pero las fuentes que tenemos describen una imagen de fluctuación y tensión. A medida que los hebreos pasaban de un

Sinagoga del primer siglo d.C. en Masada cerca del mar Muerto
Foto: HolyLandPhotos.org

gobernador extranjero a otro, ellos enfrentaban una y otra vez la pregunta de identidad: ¿Quiénes serían y qué creerían? Las respuestas diferían. Los fariseos, especialistas en la interpretación de las leyes mosaicas, eran conservadores con postura firme y se oponían a la influencia extranjera. «¡A la Escritura!», era su clamor. En su juicio, las influencias paganas habían corrompido la vida judía e incitaron la ira de Dios. Con una postura más laxa estaba el grupo de los saduceos. Ellos eran más moderados y acogían nuevas ideas con entusiasmo. «¿Por qué pararse en el camino del progreso?», preguntaban. En cuanto a la Escritura, los saduceos aceptaban solo los primeros cinco libros de la Biblia, los que Moisés escribió. Ninguno de los demás libros santos tenía autoridad sobre ellos. Para ambas partes, el centro de la vida religiosa era la sinagoga antes mencionada, un lugar donde la gente se reunía a leer y discutir la Escritura y analizar el mundo que cambiaba de manera acelerada alrededor de ellos. De los diversos temas que discutían, tres poseían una relación particular con el punto de vista religioso que predominaba cuando Jesús nació. Estas eran la ley oral, la vida después de la muerte y el Mesías, los cuales discutiremos en las últimas tres secciones de este capítulo.

Al avanzar poco a poco, más cerca del tiempo de Jesús se levantó un grupo llamado los esenios. Ellos eran monásticos: hombres y mujeres que se retiraban al desierto para escapar de la suciedad moral que se acumulaba en cada rincón de la sociedad. Estudiaban la Escritura con gran intensidad y esperaban el fin del mundo que, según creían, llegaría pronto. Y luego estaban todos los demás, los judíos promedio cuyo enfoque era menor en Dios y más en las demandas del momento. Esta era en esencia una mentalidad secular y desafortunadamente un creciente número de judíos adoptó dicha estructura. Para ellos, los pactos, la Escritura y los padres antiguos pertenecían a otro mundo, uno que desaparecía con rapidez. El mundo había cambiado desde los días de Abraham, así que los judíos seculares se movían hacia la modernización justo como los emisarios de Alejandro los invitaron a hacer.

La ley y la interpretación

«La ley oral» es el nombre dado a las interpretaciones tradicionales que los seres humanos construían alrededor de las leyes y las regulaciones que Dios dio a través de Moisés. Imagina una sinagoga donde las personas se reúnen con regularidad a discutir la Escritura. Aquellos que eran estudiosos y poseían una particular elocuencia llegaban a tener una influencia considerable entre el pueblo, porque sus opiniones estaban respaldadas por el conocimiento de la Escritura. Después de un tiempo, las interpretaciones favorecidas de tales personas emergieron como un consenso definido de sinagoga en sinagoga. Pronto hubo un «oficial» que interpretaba a muchos los asuntos de la ley y las creencias. Es desafortunado que la ley oral con frecuencia hiciera pronunciamientos seguros sobre temas que la Biblia nunca había mencionado. De cierta manera el pueblo llegó a otorgarle más autoridad a ello que a la Biblia misma. Para el tiempo en que Jesús caminó en las ciudades de Galilea y Judea, la ley oral ya tenía un poder incuestionable entre los religiosos. Oponerse a la ley oral y sus expositores, era como oponerse a Dios y a Sus intérpretes aprobados. O eso era lo que la gente creía.

Para el tiempo en que Jesús caminó en las ciudades de Galilea y Judea, la ley oral ya tenía un poder incuestionable entre los religiosos.

Daniel, por Gustave Doré

¿Vida después de la muerte?

¿Qué creían los judíos de esta época sobre la vida eterna? Los saduceos no creían en la resurrección, ni en la vida después de la muerte. Ellos tomaron algunas pistas de la interpretación pesimista griega y decidieron ignorar la revelación bíblica fuera de los primeros cinco libros (Génesis a Deuteronomio). Ellos decían que la muerte era el término de manera completa y definitiva. Los fariseos se

oponían a este punto de vista e insistían en que Dios resucitaría a los muertos en el gran juicio futuro. La mayoría estaba de acuerdo con los fariseos.

De modo sorprendente, el Antiguo Testamento tiene poco que decir sobre la resurrección. En este y muchos otros temas de interés cristiano, el Antiguo Testamento divulgó entre sombras e insinuaciones lo que el Nuevo Testamento revelaría después con luz y proclamación. Así que no podemos esperar que las primeras enseñanzas de la Biblia desarrollaran una completa doctrina sobre la resurrección ni sobre la vida después de la muerte. La mayoría de las referencias del Antiguo Testamento a la muerte no van más allá de la tumba. Sin embargo, algunos pasajes establecen elementos a favor de la resurrección corporal y la vida eterna. El más importante es Daniel 12:2-3, donde al profeta le fue dada la visión de una futura tribulación y del juicio final. En términos que garantizan de manera clara una resurrección venidera, él afirma: «Y muchos de los que duermen en el polvo de la tierra serán despertados, unos para vida eterna, y otros para vergüenza y confusión perpetua. Los entendidos resplandecerán como el resplandor del firmamento; y los que enseñan la justicia a la multitud, como las estrellas a perpetua eternidad».

El Mesías

Por último, ¿qué creían los judíos de este tiempo sobre el Mesías prometido? Al mirar al pasado, encontramos que la imagen era un poco confusa. Hay algunas razones. Primero, como se mencionó antes, un número creciente de hebreos en los siglos anteriores a Cristo solo eran nominalmente devotos al Dios de sus padres. Sus pensamientos y esperanzas no estaban centradas en el Mesías, así que es dudoso que sostuvieran posturas bien informadas y examinadas de forma minuciosa en cuanto a quién sería o qué lograría. Solo trataban de ser ciudadanos de este mundo y no tenían convicciones firmes ni interés en el Mesías. En segundo lugar, la mayoría de los hebreos en este tiempo sí ponían sus más grandes esperanzas en un Mesías venidero, pero había grandes divisiones sobre la interpretación y la teología. Esto separó a los pro-Mesías en algunas facciones, lo que provocó que no se desarrollara una imagen unificada del Ungido. Por último, la mayoría de las profecías y las alusiones al Mesías en el Antiguo Testamento fueron algo enigmáticas. Dios nunca anunció algo tan específico como «El Mesías será Dios hecho carne y Su nombre será Jesús. Nacerá en un pesebre en Belén, de una mujer de Nazaret llamada María. Esto sucederá durante los últimos años del gobierno de Herodes el Grande». Luego discutiremos los sabios propósitos de Dios al revelar y ocultar de modo simultáneo a Cristo a través de las profecías del Antiguo Testamento. Por ahora solo notaremos que el Creador con frecuencia obra de un modo inesperado aun al cumplir Sus promesas. La clave para los seguidores devotos de Dios es caminar en preparación espiritual que les permita reconocer la voluntad y la obra de Dios cuando son reveladas. Cuando el Mesías vino, aquellos judíos que caminaron en esta preparación lo reconocieron, no porque Él cumpliera estrictamente con las expectativas que ellos habían diseñado para el Mesías, sino porque el Espíritu de Dios testificó a sus corazones receptivos que el Señor era Su Ungido. En otras palabras, el pueblo vino a la fe en Jesús no porque ellos habían identificado y memorizado todas las profecías mesiánicas y notaron que Él las cumplía de manera sistemática, sino porque reconocieron y recibieron el testimonio de Dios sobre Jesús. Con estas reflexiones en mente, puedes entender que un total conocimiento, altamente específico sobre la venida del Ungido y Sus acciones era inalcanzable. Nadie esperaba que el Mesías fuera como Jesús. Dios había prometido a través de los profetas que enviaría un Mesías, y había pistas tentadoras de cómo sería, pero al final nadie podía estar seguro de toda la información sobre Él, ni de Su *modus operandi* hasta que fue revelado. Solo podemos ver el Antiguo Testamento en retrospectiva y observar tan «claras» profecías y alusiones de cómo sería y lo que llegaría a cumplir. Esto incluye aun los pasajes sorprendentes que examinamos al final del capítulo 4. En el escenario original de esas porciones de la Escritura, hubiera sido imposible emitir la conclusión: el Mesías es Dios. ¿Por qué? Porque el hábito mental de los hebreos no estaba preparado para creer que el Omnipotente llegaría a tomar una forma humana. Si extendemos este pensamiento más cerca del corazón del asunto, podemos decir que el problema mayor era espiri-

Nadie esperaba que el Mesías fuera como Jesús.

tual: los corazones y las mentes necesitaban ser abiertos de forma milagrosa para percibir tan altas verdades como que el Mesías era Dios.

Dados todos estos factores, no es una sorpresa que los puntos de vista sobre el Mesías variaran de manera considerable. En comparación, pocas personas entendieron que sería divino; muchos supusieron, que solo se trataría de un humano ayudado por Dios para hacer cosas extraordinarias, tal como había sido el caso del rey David. La mayoría creía que solo debían esperar a un Mesías, pero algunos afirmaban que vendría más de uno. Las personas que seguían una perspectiva secular creyeron que era solo un concepto, un ideal alrededor del cual la nación se movilizaría en un intento para forzar el cambio.[3] Dadas estas opiniones variadas, mencionar que «el Mesías venía» significaba diferentes cosas para diferentes personas.

A pesar de la gran variedad de opiniones sobre el Ungido, había un tema compartido entre todos: Él sería el rey de Israel y un descendiente de David. En este tiempo entre los tiempos, cuando Dios había callado e Israel fue pisoteado por los gentiles, los judíos añoraban un Mesías conquistador que restaurara la soberanía de Israel. Así que esperaban que fuera político, persuasivo, y que reuniera un ejército de guerreros celosos que atacara la tierra hasta deshacerse de la impureza. Estas expectativas erróneas forman un contexto vital para entender por qué las enseñanzas de Jesús y Su misión se encontraron con incredulidad y hostilidad aun entre los grupos religiosos más dedicados.

En un asunto relacionado, pocas personas esperaban que el Mesías sufriría en lugar de la gente. De hecho, la mayoría hubiera tomado esa postura como un insulto. Desde nuestro punto de vista, es difícil ver de inicio cómo perdieron importancia algunas predicciones del Antiguo Testamento. Considera las enseñanzas de Isaías. En una descripción que de manera cercana se asemeja a las experiencias de la muerte y la resurrección de Jesús, Isaías 52:13–53:12 describe al Mesías que sufre gran dolor y muerte en lugar de la gente antes de que se levantara triunfante sobre la tumba. Este texto es considerado el vistazo profético más vívido del sufrimiento y la resurrección del Mesías, pero escapó de la comprensión de Israel. Con toda franqueza, sin embargo, este descuido es en realidad comprensible. Ten en cuenta que a los judíos se les había comunicado mucho sobre la naturaleza y el poder de Dios. Génesis afirma que Él es el Creador de todo. Éxodo lo describe

Egipcios ahogados en el mar Rojo (detalle), por Bronzino

como el Dios que envía plagas, divide mares y que al descender de la cima de una montaña, esta se estremece en fuego y humo. Los profetas ensalzaban a Dios como todopoderoso, omnisciente y omnipresente. El salmista dijo que contaba las estrellas y les ponía un nombre. ¿Podría tal Dios llegar a ser un hombre en sandalias con cuatro extremidades? Y aun si eso fuera posible, ¿podría tal hombre-Dios morir en una cruz? Al juzgar con los estándares humanos de sabiduría, parece ser imposible. Por eso, cuando el tiempo entre los tiempos se acercaba, los judíos esperaban un Mesías por completo diferente de aquel que, desconocido para ellos, apareció listo para dejar el cielo, hacerse carne y cambiar el mundo.

Notas

1. Ver 1 Macabeos 4:46 y Josefo, *Against Apion* 1.8.

2. Los eruditos creen que el nacimiento de Jesús puede ubicarse en fecha tan temprana como 6 ó 7 a.C. Más sobre esto en el capítulo 6.

3. En los diversos puntos de vista que los judíos sostuvieron sobre el Mesías durante los «años de silencio» (es decir, c. 400-4 a.C.), ver J. Julius Scott Jr., *Jewish Backgrounds of the New Testament* (Grand Rapids: Baker, 1995), pág. 287.

PARTE II
LA VIDA DE JESÚS

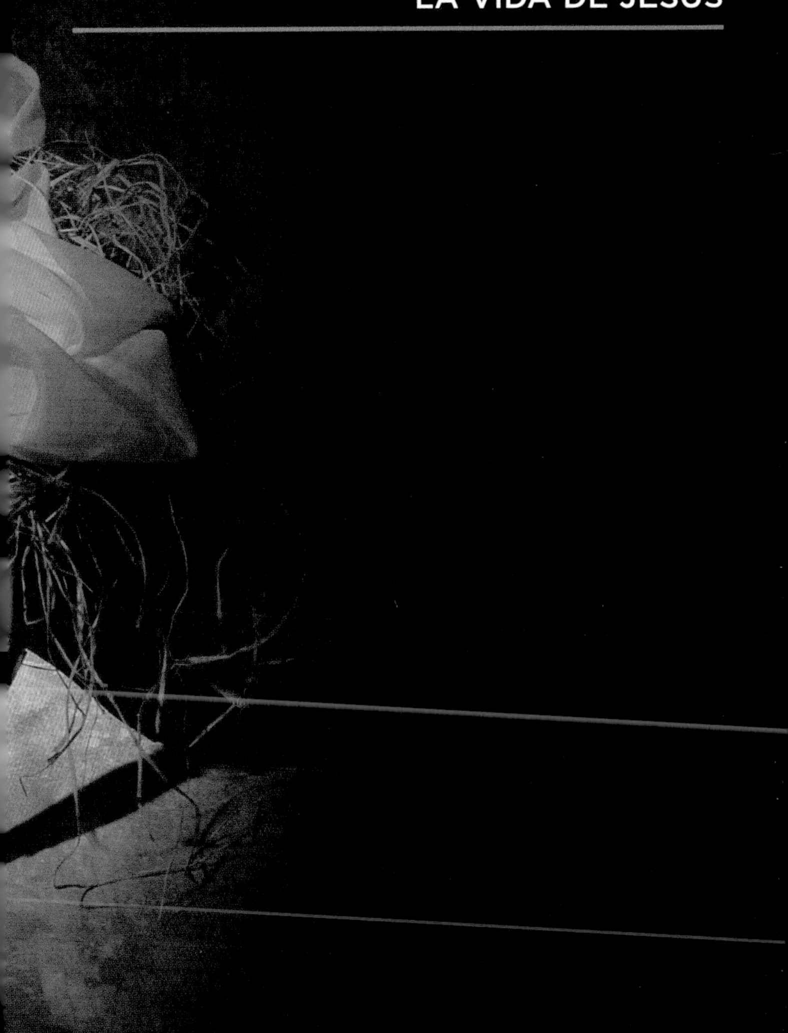

Pesebre de piedra encontrado en Megido. Foto: HolyLandPhotos.org

CAPÍTULO 6

LEJOS EN UN PESEBRE

Imagina un mundo que el Creador es un ser majestuoso y eterno, imposible de medir o detectar por algún instrumento humano, por la vista o el sonido. Además de esto, imagina que este Creador ha diseñado el orden natural con tal eficiencia que todo se lleva a cabo sin una implicación física detectable de Su parte. Finalmente, supón que este Creador ha engendrado una raza de seres que por diseño único son capaces de comunicarse con Él, pero que se han rebelado en contra de Él y sufrido gran privación: pérdida de una comunicación directa con Él, de información sobre Él y la pérdida de la capacidad de agradarlo. En un mundo como este, ¿qué clase de obras pudiera realizar el Creador para dar a conocer Su presencia? Parece razonable que eligiera «romper con la monotonía» de un orden regular al ejecutar eventos y señales que apuntan a algo fuera de este mundo. Después de todo, los eventos que superan las leyes de la naturaleza apuntan a algo que trasciende la naturaleza misma.

> ***Isaac, Jacob y José fueron traídos al mundo por la intervención sobrenatural de Dios en la reproducción humana.***

Este escenario es una descripción simplificada de la enseñanza de la Biblia sobre Dios y Sus relaciones con nuestro mundo después de la caída de Adán y Eva. Dios es santo e invisible, estamos en conflicto con Él porque no lo hemos agradado y languidecemos bajo su maldición, pero no se ha alejado por completo de nosotros. Desde el tiempo en que eligió a Abram e inició Su plan de redención, Dios ha elegido ocasionalmente impactarnos con Su poder inquebrantable. Uno de Sus métodos preferidos para hacer esto en tiempos bíblicos era a través del nacimiento milagroso de niños que estaban destinados a

Nazaret en 1877

tomar un papel fundamental en Su plan en desarrollo. Considera a Sara, cuyo cuerpo envejecido era incapaz de procrear un hijo. Dios ganó renombre y lealtad al darle un hijo llamado Isaac. A su vez, Isaac oró por su esposa Rebeca. Ella era físicamente incapaz de tener hijos hasta que Dios venció barreras naturales y le dio gemelos, Jacob y Esaú. Como si buscara completar la hazaña, Dios luego realizó la misma obra en Raquel, la esposa estéril de Jacob, con el resultado de que un hijo llamado José nació, este jugaría un papel crucial en el plan de Dios. Así, en momentos clave, Dios dejó claro que Su trabajo de redención a través de la familia de Abraham era en efecto, Su obra. Isaac, Jacob y José, figuras que cambiaron el mundo sin las cuales no habría Israel, ni Moisés, ni pacto en Sinaí, ni el rey David ni el Mesías prometido, fueron traídos al mundo por la intervención sobrenatural de Dios en la reproducción humana.[1]

En esta especie de narrativa, una joven llamada María se desvió involuntariamente. No era estéril, ni siquiera estaba casada. Para ella, la intimidad sexual y la búsqueda de un embarazo pertenecía a un tiempo futuro cuando ella y su prometido José se casaran. Su atención estaba en la castidad, la planeación, los sueños y la espera paciente en su pintoresca ciudad de Nazaret. Pero luego apareció Dios.

Se rompe el silencio

Después de ocultar Su voz de los hebreos por 400 años, Dios una vez más entabló una conversación al enviar a Su principal mensajero angelical para hablar con dos personas realmente diferentes en Israel. La primera era un sacerdote anciano llamado Zacarías. Discutiremos su experiencia en el capítulo 8. Luego fue a María, una adolescente que vivía en galilea (Luc. 1:26-38). A simple vista,

Dios una vez más entabló una conversación al enviar a Su principal mensajero angelical para hablar con dos personas realmente diferentes en Israel.

una visita a una joven galilea parece ser un comienzo poco prometedor para iniciar la culminante campaña de redención, pero Gabriel había venido a anunciar una tarea especial que cambiaría el mundo. Es probable que María no tuviera más de 13 años de edad en ese tiempo. Nada en su corta vida la había preparado para estar de pie frente a frente con un ser espiritual cuyos orígenes datan de un tiempo más lejano que la misma tierra. Por mucho tiempo esta criatura había observado el movimiento de Dios en el universo. Había atestiguado Su creación, visto el origen y la caída de la humanidad, y había caminado entre los santos profetas para revelar visiones secretas (Dan. 8:16-27; 9:21-27). Ahora estaba de pie al lado de una simple joven campesina a quien ninguna visión ni idea de grandeza había llegado alguna vez.

La anunciación, por Caravaggio

Al juzgar por programas de televisión, la gente hoy asume que las visitas angelicales están acompañadas de media luz, música agradable y sentimientos profundos de paz. La realidad es, por mucho, diferente. De acuerdo con la Biblia el temor era la respuesta habitual cuando los ángeles se aproximaban. Por ejemplo, el sacerdote Zacarías estaba abrumado con terror cuando Gabriel lo visitó (Luc. 1:11-12). ¿Por qué? Porque los ángeles son santos y sobrenaturales. No están contaminados por el pecado y viven en la presencia de Dios. En nuestra pecaminosidad, no somos compatibles con estas cualidades. En la presencia de los ángeles podemos vernos a nosotros mismos como realmente somos, y como Adán y Eva, buscamos escondernos detrás de un arbusto y cubrir nuestra vergüenza. La joven María no se sintió de manera diferente, y las primeras palabras de Gabriel solo agravaron su nerviosismo: «¡Salve, muy favorecida! El Señor es contigo...» (Luc. 1:28). Este saludo confundió y alarmó a María. Ella conocía su indignidad delante del santo Dios y lo sintió de manera más profunda que nunca en este momento. Pero Gabriel no la dejó con sus temores, le aseguró que había «hallado gracia delante de Dios». Con esto él quería decir que María estaba segura en la presencia de la santidad porque Dios había visto fe en su corazón y había colocado Su favor sobre ella.

Este saludo confundió y alarmó a María. Ella conocía su indignidad delante del santo Dios y lo sintió de manera más profunda que nunca en este momento.

El ángel Gabriel dijo a María: «¡Salve, muy favorecida! El Señor es contigo» (Luc. 1:28). *La anunciación,* por Leonardo da Vinci

Gabriel entonces retomó el tema, le dijo a María que ella daría a luz a un hijo llamado Jesús y que el niño sería «Hijo del Altísimo» y Rey sobre Israel para siempre. Tan asombroso como parezca, la sabia María inmediatamente salió de su sorpresa y señaló un problema evidente respecto al anuncio de Gabriel: ella era virgen. Ahora, por supuesto que ella pronto se casaría con José, pero entendió que Gabriel hablaba de un embarazo inmediato. Había otro problema que podría preocuparla también: ningún hijo engendrado por el José de carne y sangre podría ser llamado Hijo del Altísimo. José era un buen hombre y María era afortunada de casarse con él, ¡pero en ningún caso podría engendrar un hijo divino! Gabriel apreció esta lógica y respondió: «... El Espíritu Santo vendrá sobre ti, y el poder del Altísimo te cubrirá con su sombra; por lo cual también el Santo Ser que nacerá, será llamado Hijo de Dios» (Luc. 1:35).

El adulterio era comúnmente castigado con apedreamiento en la antigua sociedad judía

Antes de permitir que María reflexionara sobre su futuro tempestuoso, Gabriel añadió que Dios también le había otorgado un milagro de embarazo a su familiar Elizabeth, una señal sin error de que Dios se movía en una dirección para iniciar la fase decisiva en la historia de la redención. A todo esto, María respondió humildemente: «He aquí la sierva del Señor; hágase conmigo conforme a tu palabra» (Luc. 1:38).

El costo de la obediencia

Es fácil subestimar lo valiente que fue María frente al anuncio de Gabriel. Su compromiso con José fue más que un acuerdo verbal entre dos personas enamoradas; era un acuerdo obligatorio que no podía ser quebrantado excepto por el proceso de divorcio. Además, el adulterio (definido como las relaciones sexuales fuera del matrimonio) era estrictamente condenado en la sociedad judía, un reflejo de los mismos pronunciamientos de Dios a través de Moisés. Al estar embarazada antes de que su matrimonio con José fuera consumado, María ponía en riesgo su propia vida, podía ser condenada como una adúltera y ser apedreada hasta la muerte por el juicio de la multitud. José no estaría obligado a defenderla en esa situación. No la había tocado y asumiría que habría estado con otro hombre. Por eso, al someterse a la voluntad de Dios, María puso toda su vida en riesgo. No es una exageración decir que su valentía en medio de tales amenazas es quizás sin precedente en la historia del mundo. Esta es María, sierva del Señor.

Al estar embarazada antes de que su matrimonio con José fuera consumado, María ponía en riesgo su propia vida, podía ser condenada como una adúltera y ser apedreada hasta la muerte por el juicio de la multitud.

Aunque no la abandonó a la vergüenza, Dios decidió mitigar los golpes que pudieran recaer sobre Su sierva.

En Su misericordia envió un ángel para informarle a José sobre la inocencia de María y el origen sobrenatural de su embarazo (Mat. 1:18-21). También le dijo que el niño salvaría a Su pueblo de sus pecados. José había decidido divorciarse de María por su embarazo, pero el mensaje del ángel detuvo aquello. Como María, José eligió una fe valiente a pesar del alto precio que sabría que pagaría por la obediencia a Dios. Una vez que estuvieron juntos, María y José debieron haberse maravillado del camino que Dios los había llamado a seguir. Considera la ironía de la situación. Mientras que la gente de Nazaret les dio la espalda por su presumible inmoralidad, ellos no podían dejar de notar que quienes los censuraban con gran celo eran los que de manera cercana seguían las leyes morales de Dios. Así que fue a manos de los rectos que María y José sufrieron más. Deja que la buena compañía se aleje; el gran

Trono de la misericordia con Agustín y Giorgio de Cremona (La Trinidad), por Previtali. María y José naturalmente estaban asombrados por las visiones de que Dios restauraría el reino caído. Nunca imaginaron que una cruz serviría de escalera hacia Su reinado.

Dios permanece. Quizás este fue el lema de la joven pareja mientras se refugiaban bajo las alas de Dios. En todo caso, su determinación estaba fundada en un hecho que nadie más podía creer: María estaba embarazada porque el Espíritu Santo había «venido sobre» ella. El vocabulario nos recuerda cómo Dios apareció en forma de una nube a los hebreos cuando caminaban por el desierto (Ex. 40:34), pero aun esta analogía se extiende más allá de la evidencia que Gabriel provee. Simplemente no se nos dan detalles de la concepción de Jesús, y como en el resto de los milagros, es probable que sea innecesario preguntarse por los detalles. Este es suficiente conocimiento.

Así que el Rey crecía en el vientre de una campesina virgen. Jesús forma parte del linaje del rey David porque José, un hijo distante en esa línea, fue Su padre adoptivo. Esto significaba que todo se alineaba para el cumplimiento de las profecías mesiánicas que afirmaban que el Mesías sería el hijo de David (ver, por ejemplo, Isa. 11:1). Con esto en mente, María y José abrigaban las visiones de que Jesús restaurara el trono desaparecido de Israel. La nación entera había anhelado esto por cientos de años, y los grandes anuncios de Gabriel solo podrían significar que esos anhelos pronto serían cumplidos. ¡Nuestro hijo será el rey! Pero la realidad que siguió los dejó confundidos y por un tiempo, por lo menos, *desilusionados.*

VISTAZO DE CERCA

¿Israel esperaba un Mesías nacido de una virgen?

Los predicadores cristianos y los teólogos enseñaron correctamente que el nacimiento de Jesús de una virgen fue profetizado en el Antiguo Testamento por el profeta Isaías. En Isaías 7:14 el profeta dijo: «Por tanto, el Señor mismo os dará señal: He aquí que la virgen concebirá, y dará a luz un hijo, y llamará su nombre Emanuel», un nombre que significa Dios con nosotros. ¿No pensarían los piadosos de Nazaret en este versículo cuando la soltera María se embarazó y habló sobre visitas angelicales? Además, cuando ella y José se encaminaron hacia Belén, ¿no habrá esto accionado la memoria de la profecía de Miqueas de que el Mesías nacería en esta ciudad (Miq. 5:2)? Ambas preguntas deben ser contestadas de manera negativa. Los cristianos tienen el beneficio de la retrospectiva cuando examinan los testimonios del Antiguo Testamento. Nosotros discernimos más fácilmente las profecías que se refieren a Cristo porque conocemos los detalles de Su venida, y tenemos el testimonio de los evangelistas para guiarnos a ver a Cristo en el Antiguo Testamento. Por lo tanto, aunque unas pocas personas antes del nacimiento de Jesús pudieron haber entendido estas profecías, la mayoría no lo hizo.

Una buena manera de resumir un gran número de las profecías mesiánicas del Antiguo Testamento es afirmar que son ejemplos de *sensus plenior*, un término que los intérpretes de la Biblia utilizan para describir que las profecías con frecuencia tienen doble cumplimiento o cumplimiento tipológico. Describe, además, un significado más profundo u oculto que Dios ha colocado en un determinado texto bíblico, aun cuando el autor humano no estuviera consciente de ello. Tales profecías tienen una aplicación inmediata en el contexto histórico del profeta, pero luego poseen una consumación más completa e impactante en una fecha posterior. Ese es, en particular, el caso de la profecía de Isaías. El cumplimiento inmediato de Isaías 7:14 es descrito unos versículos después, en el capítulo 8:3-4, sin embargo, las palabras del 7:14 se extienden más allá del evento mundano descrito en el 8:3-4. De esta manera, lectores atentos antes del tiempo de Cristo tuvieron razón al sospechar que una profecía más profunda estaba implícita aquí, pero la mayoría de los lectores no hizo esta conexión. Además, el gran énfasis en el Antiguo Testamento es que el Mesías sería el hijo de David. Este tipo de vocabulario no llevaría a alguien a imaginarse la virginidad de la madre del Mesías. Así que debemos concluir que el nacimiento virginal de Jesús fue inesperado por la mayoría de los piadosos judíos.

Augusto Cesar inició en Galilea un programa de censo que eventualmente abarcaría el imperio entero. Foto: Euthman (Licencia CC 2.0).

María y José llegaron justo a tiempo para que ella encontrara descanso en un establo y diera a luz. Foto: Belén en 1877.

Censo

Mientras que el Mesías se formaba en el vientre de María, el mundo afuera seguía su curso habitual. Los cultivos se sembraban y cosechaban, los fieles oraban por liberación del pecado y los reyes recaudaban impuestos. Concerniente a este último asunto, Augusto César inició un programa de censo en Galilea que eventualmente abarcaría todo su imperio (Luc. 2:1-3). Este censo parecía insignificante en la escala de los eventos mundiales. De hecho, no hay documentación histórica sobre él fuera del Nuevo Testamento. Tiene sentido, entonces, que Dios utilizara transacciones corrientes de un rey pagano para cumplir las profecías celestiales sobre el Rey de reyes. Si no hubiera existido el censo bajo el mandato de César, Jesús hubiera nacido en Nazaret, hogar de María y José, no en la ciudad mencionada en la profecía de Miqueas. Así que el decreto vino del César y cumplió un propósito de Dios. En respuesta a eso, los jefes de los hogares judíos de toda la región viajaban a sus ciudades natales para ser contados. Esta migración temporal no había sido comandada por el César, sino que fue una decisión tomada por los judíos que pusieron gran énfasis en la identidad tribal. Cada judío podría decirte a cuál de las doce tribus pertenecía, y ellos insistían en marcar esas distinciones en un censo general. En el caso de José, él no quería ser conocido como José de Nazaret, porque eso lo habría afiliado a la tribu de Zabulón en el norte, en lugar de al linaje del rey David, en la tribu de Judá en el sur. Así que José hizo los planes para emprender el viaje a Belén cuando llegó la orden del censo. Está en duda que María tuviera que acompañar a José por ley, pero su estigma hizo que el viaje no solo fuera llevadero, sino también conveniente.

Vista actual de la Iglesia de la Natividad. Foto: StormyDog (Licencia CC 2.0)

Belén está al sur de Nazaret, un viaje de 85 millas (137 km) por una tierra difícil. En los tiempos de Jesús, los viajeros podían cubrir de 15 a 20 millas (25 a 30 km) por día, pero en la condición de María, es probable que a la familia santa le haya tomado quizás una semana entera llegar a Belén. Imagina a María, pesada con el niño en su vientre, sosteniéndose encima de un burro oscilante milla tras milla. ¡Su parto pudo haber sido el primero en la historia en ser «inducido»! Llegaron a Belén justo a tiempo para que ella encontrara un respiro en un establo y diera a luz. No había lugar en el mesón porque la ciudad estaba llena por el censo, así que el refugio de los animales fue el escenario para el nacimiento del Hijo de Dios. Notablemente, es probable que este establo no fuera más que una abertura de una cueva, un agujero rocoso en una ladera. Al menos en una fecha tan temprana como el año 150 d.C., los líderes cristianos identificaron una cueva como el lugar de nacimiento de Jesús, y en el 330 d.C. Constantino construyó la Iglesia de la Natividad en el lugar señalado. Hoy en día puedes visitar el lugar a solo 5 millas (8 km) afuera de Jerusalén.

Los pastores mantenían una baja posición en la sociedad judía, sin embargo, Dios envió a Su hijo especialmente por esas personas. Foto: Pastores a las afueras de Belén en 1869.

La mirada de los pastores

A unas cuantas laderas del lugar donde María entró en labores de parto, los pastores estaban dispersos por todo el sitio, acurrucados en el suelo mientras cuidaban a sus ovejas en la oscuridad. Pastorear las ovejas era una actividad de bajo nivel; típicamente pertenecía a los marginados y los oprimidos de la sociedad. Era considerada una ocupación «sucia», y a sus practicantes no se les permitía dar testimonio en las cortes de la ley, pero el Mesías que nació entre ganado y paja vino a la tierra por personas como ellos. Así que Dios dignificó a estos seres humanos considerados de bajo nivel para enviar un ángel a revelar el nacimiento del Mesías a este grupo de pastores. Ningún anuncio fue dado en los pasillos de la casa de Herodes. Mercaderes ricos durmieron aquella noche sin ser molestados por visitantes angelicales. Los escribas y los fariseos no fueron consultados cuando las huestes angelicales se reunieron en las laderas de las afueras de Belén. Las buenas noticias llegaron primero a los marginados, no a los privilegiados. A juzgar por las acciones pasadas de Dios, esto ya no debería sorprender a nadie. Después de todo, fue en las mismas montañas que un niño desconocido de Belén alguna vez cuidó las ovejas

Los pastores quedaron sorprendidos con su revelación. «Pero María guardaba todas estas cosas, meditándolas en su corazón» (Luc. 2:19). Ilustración de *Las muy ricas horas del duque de Berry*.

de su padre. Con una honda y un corazón lleno de valentía, ese niño se convirtió en David, el rey de Israel.

No había Goliats deambulando en las montañas la noche en que Jesús nació, pero algo más aterrorizante que los gigantes descendió sobre los pastores desprevenidos. Un ángel apareció de la nada y anunció el nacimiento de «... un Salvador, que es CRISTO el Señor» (Luc. 2:11). Este Salvador podía ser encontrado en la ciudad de David «... envuelto en pañales, acostado en un pesebre» (Luc. 2:12). Tan pronto como los pastores pudieron recuperarse y ponerse en pie, una multitud de ángeles se unieron al mensajero original y clamaron: «¡Gloria a Dios en las alturas, y en la tierra paz, buena voluntad para con los hombres!» (Luc. 2:14).

Las luces brillantes desaparecieron mientras los ángeles regresaron por su umbral secreto y dejaban a los pastores apiñados en asombro y sin aliento. Se oscureció completamente otra vez. Las ovejas se quedaron ahí y necesitaban ser pastoreadas, pero estos hombres corrieron por las montañas hacia la ciudad de Belén a buscar al sujeto de su revelación. Encontraron justo lo que el ángel les había comunicado. Imagina la escena que ellos vieron. En la boca de una cueva yace un bebé acunado en un pesebre lleno de paja y mantas, María y José estaban ahí con docenas de personas de la ciudad y visitantes extraños que habían venido al gran censo solo para encontrar algo más noticioso en Belén. No todos los días llega una mujer a las afueras de la ciudad y da a luz entre el ganado. Fue una escena maravillosa y conmovedora, pero nadie además de José y María sabía que el bebé mismo era especial. Los pastores cambiaron eso. Salieron de entre la oscuridad del exterior como guardias escabulléndose de sus puestos. Una o dos personas de entre la multitud pudieron haber pensado que sería impropio de parte de ellos dejar a las ovejas, pero entonces los hombres abrieron sus bocas y contaron historias que ninguno ahí olvidaría. ¡El Mesías ha nacido! ¡Yace delante de nuestros ojos!

Después de compartir otros detalles de las revelaciones angelicales, los pastores regresaron a su tarea no apreciada en las lomas encima de la ciudad. Por su parte, María, señala Lucas: «... guardaba todas estas cosas, meditándolas en su corazón» (Luc. 2:19). De hecho, en lo secreto de su corazón era el único lugar donde María podía atesorar las revelaciones de los pasados nueve meses. No podía comprenderlas lo suficiente como para hablar razonablemente, y cada palabra que dijera incitaría a la burla y la incredulidad. Así que contemplaba en silencio las obras de Dios mientras los pastores saltaban jubilosos por entre la oscuridad.

VISTAZO DE CERCA

¿El nacimiento en diciembre?

No hay evidencia convincente de que Jesús nació el 25 de diciembre, sin embargo, la mayoría de los cristianos a lo largo de la historia han celebrado el nacimiento de Cristo en esta fecha. Esta tradición fue establecida a finales del siglo IV d.C. Hoy en día los escépticos afirman que la fecha de la Navidad es una evidencia de que los cristianos mezclaron varias corrientes religiosas y «compilaron» la fe cristiana pieza por pieza. La base de esta declaración es que el 25 de diciembre fue originalmente la fecha de un festival popular pagano que honraba el llamado Sol Inconquistable. Este festival era importante para los romanos y, por supuesto, muchos de los primeros cristianos vivieron en el Imperio romano. Por lo tanto, los escépticos afirman que muchos cristianos también estaban involucrados en el culto al sol, y que en algún momento decidieron incorporar el nacimiento de Cristo a la misma celebración. En primera instancia, esta declaración parece demostrar que los primeros cristianos eran pluralistas no devotos por completo a Cristo que participaban de un gran número de diferentes opciones religiosas. Es importante mencionar que los escépticos no tienen bases para tales afirmaciones. Lo cierto es que los primeros cristianos encontraron significativo celebrar el nacimiento de Cristo al mismo tiempo que los festivales paganos porque enviaba un mensaje: adoramos al Hijo Inconquistable, no al supuesto Sol Inconquistable. Era una jugada estratégica que buscaba destacar que solo Cristo es digno de adoración. En cuanto a la fecha exacta del nacimiento de Jesús, está perdida en la historia. Eso está bien, porque es Su venida, no el tiempo ni la fecha, lo que nos lleva a celebrar.

Ritos y revelaciones del templo

Jesús fue circuncidado y asignado con un nombre al octavo día de Su vida. Su nombre era común en ese tiempo. Por esta razón, con frecuencia se referían a Él como Jesús de Nazaret una vez que fue adulto. Treinta y tres días después de la circuncisión, Jesús y Su madre fueron al templo en Jerusalén para participar en los ritos de dedicación y purificación delante del Señor. Podemos darnos cuenta de la situación económica de pobreza de María y José en el templo, ya que su ofrenda de aves (en lugar de un cordero) indicaba que tenían poco dinero (Lev. 12:8).

Siméon con Jesús en brazos, por Yegorov. El Espíritu Santo había revelado a Simeón que no moriría sin antes haber visto al Mesías.

Mientras que el niño Jesús y Sus padres estaban en el templo, un hombre anciano llamado Simeón se acercó a ellos (Luc. 2:25-35). Simeón era un hombre devoto cuya esperanza estaba sujeta a las promesas de Dios. El Espíritu Santo le había revelado que no moriría sin antes ver al Mesías, así que este día el Espíritu lo llevó hasta Jesús. Él levantó al bebé en alto y alabó a Dios por mandar al Salvador. Luego le dijo a María: «... He aquí, éste está puesto para caída y para levantamiento de muchos en Israel, y para señal que será contradicha (y una espada traspasará tu misma alma), para que sean revelados los pensamientos de muchos corazones» (Luc. 2:34-35).

Cerca, con una profunda mirada en Jesús y escuchando las revelaciones de Simeón, estaba una profetiza anciana llamada Ana (Luc. 2:36-38). Su marido había muerto en el séptimo año de matrimonio y desde entonces había vivido 84 años como viuda. Esto significa que Ana tenía alrededor de 105 años, sin duda era la persona más provecta que vivía en Israel. Desde la muerte de su marido ella se había dedicado a servir a Dios en el complejo del templo, durante ese tiempo había esperado un momento como este. Su fe y su paciencia tuvieron una recompensa más grande de lo que ella hubiera imaginado jamás. Ahora se unió a Simeón para adorar a Dios y anunciar al recién nacido que había venido para salvar a la gente de todo el mundo.

Una vez más, Dios eligió mensajeros inesperados según los estándares de la sociedad para anunciar la venida y los propósitos de Cristo. Al igual que los pastores, María y José, y Elizabet, la pariente de María, Ana y Simeón eran «invisibles» al gran mundo afuera. No tenían una posición en la sociedad. Los reyes no los consultaban y los ricos pasaban a su lado sin siquiera mirarlos. Pero ahí en el templo estaban al tanto de un alto conocimiento que solo Dios puede dar, uno de esperanza y juicio. Tal como lo encontramos en repetidas ocasiones a lo largo del Nuevo Testamento, la venida del Mesías trajo una amplia gama de consecuencias. Trajo esperanza y división. Suscitó tanto el amor como el odio de las audiencias. Sus mensajes fueron causa de gozo y tristeza. Lo que Su venida significó para la gente dependía de su respuesta a Sus enseñanzas y hechos. Lo mismo es cierto para ti y para mí. Así como veremos en el siguiente capítulo, desde los primeros días, Jesús era una figura que polarizaba a Israel.

Lo que Su venida significó para la gente dependía de su respuesta a Sus enseñanzas y hechos.

Nota

1. Otro de los ejemplos del Antiguo Testamento de la intervención de Dios en la concepción y el nacimiento de figuras clave incluye a Sansón (Jue. 13) y Samuel (1 Sam. 1).

Adoración de los reyes magos, por Mantegna

CAPÍTULO 7

VISITAS

Los antiguos conocían las estrellas mejor de lo que tú o yo lo hacemos. Muchos de nosotros vivimos en ciudades o suburbios donde las luces manufacturadas debilitan las estrellas de la noche. Sin embargo, en los días de Jesús tenían una completa y abierta visión de los cielos estrellados. La gente los observaba y los utilizaba para navegar en sus viajes. Los eruditos los analizaron y trazaron mapas de ellos con asombrosa precisión. Por tal motivo, estos hombres eran consultados para identificar las señales. Muchos de ellos se dedicaban a la inútil y prohibida práctica de la astrología, una religión de culto que afirmaba que las estrellas tienen el control del destino de todos nosotros.[1] No obstante, en otro giro inesperado en la campaña para anunciar la llegada del Mesías, Dios reveló información profética a los observadores de las estrellas, en tierras lejanas, tierras donde el conocimiento de un verdadero Dios era raro o inexistente. Todo lo que sabemos sobre estos hombres se engloba en cinco palabras: ellos eran «magos del oriente» (Mat. 2:1). No sabemos cuántos eran, aunque los tres

San Mateo y el ángel, por Rembrandt. La inclusión de los magos del oriente por Mateo indica que aun él y otros autores de la Escritura incluyeron historias que parecieran escandalosas.

regalos que le trajeron a Jesús llevan a muchos a asumir que había solo tres. Ni siquiera estamos seguros de qué significa que eran «magos». ¿Eran magos según la visión de Babilonia, es decir, estudiosos especializados en la interpretación de los sueños y las estrellas? Si es así, eran semejantes a los astrólogos. Que les fuera otorgada una verdadera señal de Dios mientras investigaban las estrellas es algo inesperado porque supone que Dios se acomodó a sus falsos puntos de vista para revelar la verdad. Quizás es así. ¿Eran tal vez reyes como los primeros líderes de las iglesias especularon? No es posible ya que su viaje a Belén los habría llevado a alejarse de sus responsabilidades por muchos meses. Ciertamente la historia no registra nada sobre reyes del oriente que abandonaron sus tierras y fueron detrás de un niño judío. Quienesquiera que fueran, a estos magos les fue otorgado un conocimiento de Dios, uno que parecía tan dulce y convincente que emprendieron un viaje épico para encontrar al niño Jesús.

La decisión de Mateo de incluir esta narración en su Evangelio indica dos cosas: la primera es que la historia de los magos es en verdad cierta, ya que ningún judío se atrevería a inventar un acontecimiento en que hombres extranjeros descubrieran la voluntad de Dios al observar las estrellas. En segundo lugar, la inclusión de esta historia indica que Mateo y otros autores de la Escritura incorporaban historias que parecían escandalosas. Su mayor preocupación era contar la verdad, aunque pareciera impactante e imposible de creer.

La historia de los magos es en verdad cierta, ya que ningún judío se atrevería a inventar un acontecimiento en que hombres extranjeros descubrieran la voluntad de Dios al observar las estrellas.

La visita a Herodes

Los magos llegaron a Jerusalén cubiertos de polvo y ataviados con ropa extraña. Ellos probaron de inmediato su desconocimiento del contexto político y religioso en Israel al preguntar abiertamente: «... Dónde está el rey de los judíos, que ha nacido? Porque su estrella hemos visto en el oriente, y venimos a adorarle» (Mat. 2:2). Uno puede imaginar el silencio que se suscitó cuando dijeron tales cosas. La espada de Herodes era rápida para atacar a todo el que amenazara su gobierno. De entre los que él había ejecutado bajo sospecha de traición estaban sus propios hijos y su amada esposa Mariamna. Tan conocido era Herodes por su temperamento violento y paranoico que los romanos con frecuencia bromeaban: «Es mejor ser el cerdo *(hys)* de Herodes que su hijo *(hyios)*». Al parecer el cerdo tenía más probabilidades de sobrevivir. Así que

Viaje de los magos, por James Tissot. Los magos del oriente dijeron a Herodes que habían venido a adorar al rey de Israel (Mat. 2:1-8).

los magos inquisitivos inquietaron a multitudes enteras con sus preguntas ingenuas.

Cuando Herodes se enteró de que los hombres del oriente preguntaban por el rey de los judíos, llamó a los expertos en la Escritura judía para indagar dónde nacería el Mesías. Si alguien en Israel podía discernir la respuesta de la Escritura, serían estos hombres. Como judío nominal, Herodes tenía por lo menos un ligero interés en la esperanza judía de un Mesías, pero como un rey que consideraba su reino bajo amenaza, este interés no era dirigido por una actitud piadosa, sino por un deseo de proteger su posición en contra de todos, aun del Mesías. Los sacerdotes le contestaron que el Mesías nacería en Belén como el profeta Miqueas lo había profetizado (Mat. 2:5-6).

Los magos ante Herodes. Vitral del siglo XV.

Armado con este conocimiento, Herodes convocó a los magos. Conoció que la estrella les había aparecido dos años atrás y eso indicaba el evento del nacimiento. Un plan era tramado en la mente de Herodes mientras los magos sin saber abrían el camino hacia la fatalidad del niño. En una jugada ingeniosa, Herodes les dijo que fueran a Belén ellos mismos, buscaran al niño y luego le informaran sobre Su ubicación precisa cuando emprendieran el camino de regreso al oriente. Así era como Herodes esperaba encubrir sus verdaderas intenciones. Enviar a sus fuerzas armadas con los magos hacia Belén lanzaría una alarma y haría que José y María se escondieran. Al permitir que los magos fueran solos, Herodes se daba la oportunidad de enviar un sigiloso ataque de sus fuerzas la siguiente noche. De esta manera la amenaza a su trono sería eliminada aun antes de que el niño dejara de usar pañales. Sin sospechar nada de esto, los magos se convirtieron en marionetas del plan malvado de Herodes.

La visita a Jesús

La noche había llegado cuando los magos se fueron de la presencia de Herodes. Enseguida se dieron cuenta de que la estrella había reaparecido en el cielo (Mat. 2:9). Al parecer había transcurrido un buen tiempo desde su último avistamiento, porque se regocijaron al verla. Mientras la observaban, la estrella se movía y los guiaba al lugar donde Jesús vivía. Las personas en los días de Mateo sabían que las estrellas no se mueven ni se desplazan sobre los techos. Por esta razón es casi seguro que el vocabulario de Mateo es figurativo. Él trata

Los reyes magos guiados por la estrella, por Gustave Doré. Los magos siguieron la señal de Dios, encontraron a Jesús y lo adoraron.

de expresar que algo como una estrella apareció y guio a los magos a Jesús, ¿Esto significa que lo visto por los magos dos años atrás también era algo parecido a una estrella? Tal vez. Tal vez no. No podemos estar seguros de las respuestas aquí, aunque es permisible inquirir y especular si nuestras conclusiones se mantienen modestas. En el análisis final es mejor señalar que Dios guio a estos magos a Jesús a través de un método que no podemos identificar por completo.

Una vez que la estrella marcó la ubicación de su destino, los magos no perdieron tiempo para llegar hasta la casa de Jesús que estaba a solo 5 millas (8 km) de Jerusalén. Cayeron sobre sus rodillas y adoraron a Jesús una vez que lo encontraron. Toda confusión provocada por la identidad y el trasfondo de estos hombres, se desvanece aquí, cuando vemos más allá de toda duda que habían venido a dedicarse a sí mismos al único y verdadero Dios y Su divino Hijo, Jesucristo. Estos magos habían probado bien su sabiduría.

La visita a Egipto

Jesús tenía dos años aproximadamente cuando los magos lo visitaron. Sabemos esto porque le dijeron a Herodes que la estrella de Su nacimiento había aparecido dos años antes de su llegada a Jerusalén (Mat. 2:7).[2] Además, sus preguntas presuponían que el nacimiento ya había sucedido y era bien conocido en Israel. Esto significa que la descripción popular de los sabios arrodillados ante el pesebre bañados por la luz de la estrella no representa de manera correcta la verdadera historia. Para este momento, José y María ya se habían establecido en Belén, y Jesús era un niño que caminaba, hablaba y crecía en la ciudad de David. La decisión de establecerse ahí debió parecer adecuada para Sus padres al considerar el vínculo de Jesús con David y Su futura misión en Jerusalén. Los magos no sabían nada de esto. Su único interés era adorar al niño que Dios había revelado y lo hicieron con ofrendas de oro, incienso y mirra. Cada uno de estos regalos tenía mucho valor y se podía vender fácilmente, lo que demostró ser una ventaja unas pocas horas después.

Adoración de los pastores, por el Greco. La representación popular de los magos arrodillados ante un pesebre bañado por la luz de la estrella es una mala representación de la historia.

Anno Domini, por Edwin Longsden Long. Dios le dijo a José que tomara a su familia y huyera de la ira de Herodes. Nada sabemos de la estancia de Jesús en Egipto.

Una vez que todos se habían acomodado en la noche, Dios envió sueños urgentes a José y a los magos (Mat. 2:13-15). El mensaje para los orientales era simple: evade a Herodes y cambia tu idea de pasar por Jerusalén en tu camino de regreso a casa. Por otro lado, el de José era complicado, incluso imposible: toma a María y a Jesús y sal en este instante sin parar hasta que llegues a Egipto. ¡Egipto! Imagina la escena. José despierta a María y al niño, toma algunas provisiones básicas junto con los regalos que los magos les habían dado, sobresaltado, los coloca en el lomo de un asno, y se escabullen entre los oscuros montes de Judea mientras sus corazones laten con fuerza y sus ojos están bien abiertos con temor.

Las sombras se dibujaron al siguiente día y los magos aún no se aparecían por Jerusalén. Por mandato de Dios habían evadido a Herodes. Al darse cuenta de esta falta el enardecido regente dio órdenes de matar a todos los niños de dos años y menores en Belén. Por fortuna, Belén era una ciudad pequeña y el asesinato implicó a no más de 20 casas, sin embargo 20 son muchas también. En un cumplimiento que tal vez nunca sea comprendido, Mateo nos informa que estos asesinatos cumplían una terrible palabra que Jeremías había expresado mucho tiempo atrás (Mat. 2:17-18). Lo cierto es que el asesinato de los niños destaca la lamentable y pecadora condición del corazón humano. Las acciones de Herodes eran inusualmente odiosas, pero todos los corazones albergan una enfermedad similar. Es bueno para ti y para mí que, a diferencia de Herodes y de otros déspotas en la historia, no tengamos el poder para promover y satisfacer nuestros pensamientos más oscuros. Sin embargo, ese día el objetivo de Herodes eludió su golpe. El niño huyó hacia el caluroso Egipto llevado por padres cuyas expectativas se pusieron de cabeza otra vez. Jesús escapó de Israel para salvar Su vida, pero un día regresaría con el plan de ofrecerla de una vez para siempre.

No sabemos nada de la estadía de Jesús en Egipto. Era el hogar de una población significativa de judíos en aquel entonces, aproximadamente medio millón. La mayoría de ellos vivía en Alejandría, donde quizás se refugió la sagrada familia. Es probable que José haya aceptado trabajos disponibles de carpintería. Pero, mientras tanto, él y María estaban atentos a las noticias que deseaban escuchar: Herodes el Grande ha muerto. Cuando Herodes al fin murió, un ángel le dio las nuevas a José antes de que la noticia se extendiera por entre la comunidad de Egipto. Era el momento de regresar a casa.

VISTAZO DE CERCA

Jesús y el cumplimiento de las profecías

Si lees los Evangelios detenidamente encontrarás afirmaciones de que Jesús y los eventos alrededor de Su vida cumplen pasajes del Antiguo Testamento que, cuando se examinan en su contexto original, no parecen referirse al Mesías. Un ejemplo es la referencia de Mateo a la lamentación en Ramá que mencionamos antes. Otro ejemplo es Su afirmación en Mateo 2:15 de que la huida de Jesús a Egipto es el cumplimiento de Oseas 11:1; donde el profeta expresa: «Cuando Israel era muchacho, yo lo amé, y de Egipto llamé a mi hijo». En el contexto original, Oseas tenía a la vista a Israel y no parece hacer ninguna alusión al Mesías. Así que, ¿cómo puede afirmar Mateo que Jesús cumplió las palabras de Oseas? La respuesta viene en dos partes. Primero, Jesús el Mesías e Israel la nación son representados como tipo y antitipo, así que las experiencias de Jesús son paralelas o recapitulaciones de la historia nacional de Israel en muchas maneras. Por ejemplo, Israel es el hijo de Dios y Jesús también. La nación existió debido a una serie de embarazos sobrenaturales; Jesús nació de una virgen. En la percepción inspirada de Mateo, Israel fue exiliado a Egipto y el joven Jesús también. El pueblo fue llamado a salir de Egipto tal como Jesús después de la muerte de Herodes. Aunque el Hijo volvió a vivir las experiencias de la nación, solo Él lo hizo sin pecado ni error. Él actuó bien donde Israel con frecuencia erró. En segundo lugar, los autores del Nuevo Testamento reconocieron correctamente que, en cierto sentido, el Antiguo Testamento entero apuntaba hacia la venida de Cristo, y lo señalaba en cada oportunidad como la culminación del plan de Dios. Sin embargo, se puede aseverar que Jesús es el cumplimiento de todo el Antiguo Testamento. En resumen, ni Mateo ni el resto de autores del Nuevo Testamento «inventaron» profecías ni cumplimientos. En lugar de eso, vieron con razón al Antiguo Testamento como un preludio a la vida de Cristo.

Los años olvidados (¿u olvidables?)

Aparentemente José pretendía establecer a su familia en Belén una vez más cuando regresaron de Egipto. Sin embargo, al acercarse descubrieron que Herodes había pasado el gobierno de la región a su hijo Herodes Arquelao, un hombre conocido por su brutalidad. Dios le confirmó a José en un sueño que no era seguro quedarse en Belén gobernada por Arquelao, así que viajaron a Galilea. En una osada decisión que debió hacerlos sentir humillados a todos, José regresó con su familia a Nazaret, la escena donde la soltera María se había embarazado unos pocos años atrás. Es probable que ahí tuvieran familia y un grupo de amigos que los apoyaran, pero ciertamente los rumores y las miradas debieron perseguirlos en los siguientes años.

Mateo, siempre consciente del cumplimiento en Jesús de los temas y las expectativas del Antiguo Testamento, vio la mudanza a Nazaret como una realización de las palabras de los profetas: «Y vino y habitó en la ciudad que se llama Nazaret, para que se cumpliese lo que fue dicho por los profetas, que habría de ser llamado nazareno» (Mat. 2:23). Aunque ningún profeta en particular había dicho que el Mesías sería un nazareno, lo que Mateo parece tener en mente embona con las profecías de abandono y desprecio que viviría el Mesías (Isa. 2:13–3:12). Nazaret tenía una mala reputación en Israel, años después un joven llamado Natanael fue informado de que el Mesías había sido revelado y que provenía de Nazaret, a lo que contestó: «... ¿De Nazaret puede salir algo de bueno?...» (Juan 1:46). Aquí encontramos una línea inesperada que recorrer del pasado del Mesías: el Rey de reyes es de una ciudad insignificante y en ella Su familia estaba en la lista negra por sospecha de inmoralidad.

Nazaret, 1890

Una vez que José y su familia regresaron a Nazaret, salieron del radar por alrededor de una década. Ninguno de los escritores de los Evangelios menciona detalle alguno sobre la vida de Jesús en esta fase. No sorprende que, para los siglos II y III, la gente se sintiera tentada a llenar este hueco con historias de milagros del niño Jesús. El Evangelio de la infancia de Tomás es uno de los ejemplos fantasiosos. Entre otras cosas, inventa una historia de que Jesús a Sus cinco años creó doce cuervos de barro en el sábat. Las personas de la ciudad (incluido José) lo encontraron y lo regañaron por «trabajar» en el sábat. En respuesta, Jesús batió Sus manos y ordenó a los cuervos volar. Ellos de inmediato obedecieron. La tierra se volvió un ave viviente a la voz del hijo de María y toda la ciudad se llenó de asombro y sorpresa.

Hay algunas razones por las cuales sabemos que estos eventos nunca ocurrieron. Primero, en Juan 2:11 leemos que Jesús hizo Su primera señal en Caná de Galilea en la celebración de una boda. Él tenía por lo menos 30 años en ese entonces, lo que significa que no había hecho señales milagrosas de niño. En segundo lugar, cuando Jesús fue al templo a los doce años Sus padres estaban «asombrados» porque lo encontraron sentado entre los ancianos mientras discutía temas de teología y de la ley (Luc. 2:48). ¿Se habrían sorprendido este día si Él ya hubiera realizado hazañas de poder y conocimiento sobrenatural cuando era niño? Es seguro que no. Hacer aves del barro era mucho más impresionante que discutir pensamientos teológicos, así que su sorpresa por una proeza más pequeña (Su discurso teológico) prueba que la más grande (la creación de las aves) nunca ocurrió. En tercer lugar, en Lucas 2:51-52 se nos informa que después de que los padres de Jesús lo encontraron en el templo: «... descendió con ellos, y volvió a Nazaret, y estaba sujeto a ellos[...]. Y Jesús crecía en sabiduría y en estatura, y en gracia para con Dios y los hombres». Esto describe una niñez ejemplar, mas no milagrosa. Por último, cuando Jesús inició Su ministerio, fue a la sinagoga de Su ciudad natal en Nazaret y predicó sobre sí mismo con el libro del profeta Isaías. Las personas de la ciudad estaban tan enojadas ante las grandes declaraciones de Jesús que se levantaron y trataron de despeñarlo. ¿Habrían encontrado Sus revelaciones tan absurdas si los hubiera asombrado con milagros en Su niñez? Por supuesto que no. Su reacción estupefacta es otra prueba de que la niñez de Jesús fue casi por completo normal.

Historias ficticias como la de Jesús y los pajarillos de barro fueron inventadas siglos después de Su vida.

Posible cronología de los eventos en los primeros años de Jesús

Nacimiento en el año 6 a.C. (calculado desde la muerte de Herodes en el 4 a.C.).
La presentación del infante en el templo; profecías de Simeón y Ana.
Después de la presentación en el templo regresaron a Belén donde se habían establecido por aproximadamente dos años.
Los sabios del oriente visitaron a Herodes y al niño Jesús.
Viaje a Egipto antes de que Herodes asesinara a los niños pequeños de Belén.
La familia santa permaneció en Egipto por un tiempo aproximado de un año.
Regresaron a Nazaret después de que Herodes murió en la primavera del año 4 a.C.

¿Qué nos dice el silencio?

VISTAZO DE CERCA

Una de las pruebas más destacables de que los Evangelios fueron escritos por hombres que con sinceridad buscaban decir la verdad sobre Jesús es que no intentaron duplicar la historia de manera idéntica en cuatro ocasiones. Mateo, Marcos, Lucas y Juan difieren uno de otro lo suficiente como para asegurar que elementos únicos y frescos aparecen en cada Evangelio al tiempo que se descarta toda acusación de haberse unido en una conspiración para promover una falsa biografía. También hay innumerables similitudes en sus relatos, por supuesto, pero las diferencias son manifiestas y notables. Algunas de las más destacables ocurren cuando eventos o hechos importantes en la vida de Jesús son mencionados solo por un Evangelio. Por ejemplo, solo Mateo nos informa que Jesús y Su familia vivieron en Egipto por un tiempo. Este autor pensó que era importante mencionar ese detalle. Sabemos que a él le gustaba señalar cómo Jesús cumplía las palabras del Antiguo Testamento. Por otro lado, Lucas decide hacer un minucioso relato de las circunstancias del nacimiento de Jesús. Para el momento en que señala que el Señor fue presentado en el templo cuando era bebé ¡ya había escrito 118 versículos! No es de sorprender que este escritor salte desde la presentación en el templo hasta el siguiente gran momento en el templo (como un joven de doce años) con una pequeña y rápida mención de los años intermedios. Se salta la historia de los magos del oriente, la ira homicida de Herodes, la huida a Egipto y el viaje de regreso cuando la familia evitó la ciudad de Belén y en lugar de ello se estableció en Nazaret. Solo una auténtica incredulidad del lector sugeriría que el silencio de Lucas en estos temas indica que, o no sabía nada, o no creía en el relato de Mateo. Lucas no estaba obligado a contar todo lo que sabía. Ningún escritor en la historia ha sido obligado a eso. Es manifiesto que todos los libros muestran solo una pequeña parte del conocimiento del autor. En el análisis final podemos estar agradecidos de que los autores de los Evangelios enfatizaron diferentes acontecimientos de la vida de Jesús. Gracias a esta variedad contamos con una imagen más completa del Hijo que de otra manera no podríamos tener. Además, poseemos la confirmación de que los cuatro autores decidieron expresar las verdades que habían revolucionado sus vidas.

Visita al templo

Jesús visita el templo cuando tenía doce años y es el único evento narrado de Su niñez después de Egipto. Es un relato fascinante lleno de pistas del Jesús que llegaría a ser (ver Luc. 2:14-52). El camino de Nazaret a Jerusalén cubría aproximadamente 90 millas (145 km). Para llegar ahí, la familia de Jesús viajó

Caravana cerca del monte Carmelo, 1900

en grupos de familia y amigos. Estos, a su vez eran parte de una caravana más grande que iba de Nazaret a las áreas aledañas. Este método proporcionaba seguridad al conjunto de personas, además de permitirles compartir las provisiones y reducir así la carga logística de todos.

Una vez terminadas las festividades de la Pascua, la caravana regresaba a Nazaret. Los niños se aglomeraban y jugaban en las orillas del grupo como si fueran héroes que se defendían de atacantes imaginarios y contaban historias divertidas de sus experiencias en la ciudad santa. Cuando llegaba la hora de detenerse y dormir, los niños descarriados encontraban a sus padres y pasaban la noche como un grupo familiar. María y José esperaron con paciencia, pero Jesús nunca se reunió a su lado cuando cayó la noche en el primer día de viaje. El niño era lo suficientemente grande como para saber a qué hora salía la caravana de Jerusalén. ¿Se había equivocado Jesús? Todo el día José y María asumieron que Él caminaba con Sus amigos o Sus medios hermanos y hermanas más jóvenes. Ahora parecía una suposición fatal. Tan pronto hubo luz al siguiente día, regresaron apresurados a Jerusalén, pero se vieron forzados a retrasar la búsqueda hasta la mañana siguiente porque ya había oscurecido cuando llegaron. A la salida del sol el siguiente día ellos rastrearon las calles y los patios para encontrar a Jesús. Finalmente lo encontraron en el templo sentado entre los maestros. Era común que los estudiosos esperaran a que pasara la Pascua para entablar discusiones sobre la Escritura, la ley y la política regional. Muchos de ellos provenían de ciudades alejadas donde era difícil tener debates estimulantes. Esta era su oportunidad

María y José esperaron con paciencia, pero Jesús nunca se reunió a su lado cuando cayó la noche en el primer día de viaje.

para introducir los grandes temas e intercambiar golpes verbales con defensores de opiniones opuestas. Los principiantes venían a escuchar en lugar de opinar, pero ahí estaba Jesús, un simple muchacho, sentado en medio de los expertos y sorprendiéndolos con Su conocimiento y respuestas (Luc. 2:47).

«Y aconteció que tres días después le hallaron en el templo, sentado en medio de los doctores de la ley, oyéndoles y preguntándoles. Y todos los que le oían, se maravillaban de su inteligencia y de sus respuestas» (Luc. 2:46-47).

María lo reprendió por esta situación. ¿Qué madre no lo haría? Él parecía genuinamente sorprendido por su reacción: «... ¿No sabíais que en los negocios de mi Padre me es necesario estar?» (Luc. 2:49). Aunque Su niñez había sido rutinaria (ninguna hazaña de poder), las revelaciones fantásticas dadas antes y después de Su nacimiento permanecían inalterables. Su decisión de quedarse en el templo estaba en concordancia con esas revelaciones, y Él supuso que María lo percibiría así. A la edad de doce años Jesús había adquirido madurez y tanto María como José necesitaban cambiar su manera de pensar. Por este motivo, Jesús mostró un indicio de impaciencia en respuesta a su ansiedad. Así como lo veremos en exposiciones futuras, a Él por lo general no le agradaba cuando las personas que habían recibido revelación eran lentas para captarla. Con la revelación viene la responsabilidad. Jesús esperaba mucho de aquellos que habían recibido mucho. En todo caso, Su explicación para esta ausencia era sencilla: debía estar en la casa de Su Padre. Esta afirmación de vínculo familiar con el Dios todopoderoso habría consternado a los maestros ahí reunidos, así que es seguro asumir que le haya dicho esto solo a Sus padres cuando se acercaron a Él. Imagina a José y María tomándolo de las manos y llevándolo afuera mientras la multitud observaba con gran interés. Muchos de ellos verían a Jesús otra vez en unos 20 años, ya fuera ahí en el templo o en las zonas rurales de Galilea. Lo habían amado como niño. ¿Qué pensarían de Él al ser ya un hombre?

La vida de la familia de Jesús

La Biblia da pocos indicios de cómo fue la vida de Jesús cuando era niño, adolescente y joven. Conocemos que Su padre adoptivo, José, era un carpintero. Jesús fue injertado en esta industria como algo natural. Él pudo haber aprendido a construir casas, hacer herramientas para la agricultura, y quizás crear ebanistería fina. La carpintería era una buena manera de satisfacer

Cristo en casa de Sus padres, por Millais. Jesús siguió el ejemplo de José y se convirtió en un carpintero.

necesidades económicas básicas, pero la riqueza no podría ser labrada de la madera.

Es probable que Jesús desempeñara Su oficio en Séforis, una ciudad próspera con cultura griega que estaba a no más de 4 millas (poco más de 6 km) de Nazaret. Esto lo habría expuesto a muchas ideas no judías y le habría otorgado una educación práctica de un hombre que escuchaba y aprendía mientras trabajaba con Su martillo y serrucho. El episodio con los maestros en el templo respalda esta conclusión. Si suponemos que luego de este encuentro con los maestros Él continuó Su aprendizaje, es posible asumir que para el momento en que llegó a ser adulto era notablemente hábil en la exposición bíblica. Esto encaja con los hechos conocidos, porque las multitudes luego observarían con sorpresa que Jesús nunca tuvo una educación formal (Juan 7:15).

Por último, el hogar de Jesús crecía y se llenaba de medios hermanos y hermanas que les habían nacido a María y José después de Su nacimiento. Marcos 6:3 nombra a cuatro de los hermanos de Jesús y menciona que también tenía hermanas. A lo largo de la historia algunos han declarado que María permaneció como una virgen toda su vida y que los llamados hermanos de Jesús eran en realidad hijos de José traídos por él a este matrimonio, pero la Biblia no apoya este punto de vista. De hecho, provee evidencia en contra de la teoría de la perpetua virginidad de María. Por ejemplo, Mateo 1:25 reporta de José respecto a María: «Pero no la conoció hasta que dio a luz a su hijo

El hogar de Jesús crecía y se llenaba de medios hermanos y hermanas que les habían nacido a María y José después de Su nacimiento.

primogénito; y le puso por nombre JESÚS». La explicación más natural es que, cuando Jesús nació, José y María se casaron de la manera usual y procrearon hijos mediante la intimidad sexual. Una nota de interés adicional concerniente a los hermanos de Jesús: ellos no creyeron al principio que Él era el Mesías (ver, por ejemplo, Juan 7:5). De hecho, al parecer ninguno de ellos creyó hasta después de Su resurrección. Esto confirma que la niñez de Jesús no estuvo llena de hechos maravillosos de poder ni de conocimiento divino, además, señala que María y José fueron cuidadosos al permitir que Jesús revelara Su identidad en Sus propios términos y Su tiempo. Ni siquiera a los miembros de Su familia se les dijo: este niño es el Mesías, el Hijo de Dios.

Muchos han supuesto que María permaneció virgen toda su vida. Evidencias bíblicas muestran que esta es una creencia errónea.

En conclusión, la evidencia del silencio nos lleva a suponer que José murió cuando Jesús era un adolescente o joven adulto porque nunca se mencionado que esté presente en ninguna de las vivencias del ministerio de Jesús. Asímismo, tampoco Él lo menciona cuando discute sobre los miembros de Su familia (ver Mar. 3:35). Además, debemos recordar que en Su crucifixión, el Señor destinó la tarea del cuidado de María a Juan, uno de Sus seguidores. Jesús no hubiera tenido que hacer esto si José aún estuviera vivo. También es importante destacar que el cuidado de María fue asignado a alguien ajeno a la familia. Es manifiesto que había una ruptura en la familia de Jesús. María creía en Él por las revelaciones que le habían sido dadas. Sin duda estaba confundida de un modo profundo sobre cómo la vida de Jesús se apagaba, pero se mantuvo a Su lado aun cuando fue crucificado. Los hermanos no compartían su fe. Las revelaciones no habían venido a ellos y las declaraciones del Señor iban más allá de lo que podían aceptar. ¡Él era su hermano después de todo! Por estas razones Jesús le confió Su madre al hombre que compartía Su fe, porque tal hombre podría entender mejor la difícil senda por la que María ahora caminaba.

Notas

1. Isaías 47:13-15 habla de la inutilidad de mirar las estrellas en busca de signos. Entre otros pasajes que condenan la astrología se incluyen Deuteronomio 4:19; Jeremías 10:2, y Daniel 2:2-17.

2. Mateo señala que los magos le dijeron a Herodes la fecha exacta en que la estrella se les apareció por primera vez. Que Herodes intentara matar a todos los niños de dos años o menos indica que la estrella había aparecido dos años antes, con una diferencia de más o menos unos pocos meses.

Bautismo de Cristo, por Patinir

CAPÍTULO 8

LOS INICIOS

Juan el Bautista, por von Gracanica. Juan vino a preparar el camino del Mesías que completaría la obra de salvación de Dios.

Cuando Dios rompió Sus siglos de silencio fue para anunciar al anciano sacerdote Zacarías que su esposa estéril se embarazaría y tendría un hijo. Lo llamaron Juan en obediencia a las instrucciones del ángel y llegó a ser uno de los hombres más célebres en la historia de Israel. El propósito de Juan, afirmó el ángel, sería: «... hacer volver los corazones de los padres a los hijos, y de los rebeldes a la prudencia de los justos, para preparar al Señor un pueblo bien dispuesto» (Luc. 1:17). En lugar de mandar antes al Mesías a un escenario distraído, Dios mandó antes a Juan el Bautista para incitar el fervor religioso y aumentar la esperanza de que el Creador haría grandes cosas por Su pueblo a través del Mesías que venía.

Juan era una figura enigmática. La mayoría de nosotros se habría asustado al encontrárselo, por el aspecto que le era propio. Después de todo, era un hombre desaliñado y tosco que vestía ropa de pelo de camello sujetada con un cinto de cuero. Para alimentarse, buscaba insectos y panales de miel. Aquí está un hombre que tenía la apariencia perfecta para predicar sobre el final de los tiempos y eso fue lo que hizo. Marcos 1:4 resume el ministerio de Juan de la siguiente manera: «Bautizaba Juan en el desierto, y predicaba el bautismo de arrepentimiento para perdón de pecados». Juan se apresuró a señalar que su mensaje no estaba completo. Él solo preparaba el camino para uno que consumaría la obra de salvación de Dios: «... Viene tras mí el que es más poderoso que yo, a quien no soy digno de desatar encorvado la correa de su calzado. Yo a la verdad os he bautizado con agua; pero él os bautizará con Espíritu Santo» (Mar. 1:7-8). Esto significa que quienes habían sido bautizados por Juan aún no experimentaban el plan completo de Dios. En lugar de eso, se habían identificado con la comunidad de los fieles, una cuya esperanza final estaba anclada en la venida del Mesías.

Quienes habían sido bautizados por Juan aún no experimentaban el plan completo de Dios.

Se rompe la puerta del cielo

Un tiempo después de que Juan movió al pueblo a arrepentirse, Jesús llegó y pidió ser bautizado. Esta es la solicitud más impactante registrada en la Biblia. Juan rechazó la petición de Jesús de un modo sensible: «... Yo necesito ser bautizado por ti, ¿y tú vienes a mí?» (Mat. 3:14). No es difícil entender la postura de Juan aquí. Él y Jesús eran familiares lejanos; sus madres habían pasado algunos meses juntas durante sus embarazos coincidentes. Lo más probable es que la madre de Juan hubiera compartido con él, mientras crecía, algunas de las historias más destacadas de María. Juan siempre supo que Jesús era mayor que él. Pero ¿era Jesús el Mesías? Juan lo sospechaba, sin embargo, esperó la confirmación. En todo caso, la petición de Jesús de ser bautizado amenazaba con llenar a Juan de dudas. En respuesta a ello, Jesús le explicó que buscaba «cumplir toda justicia». Esta explicación probaba que Él no procuraba arrepentirse de ningún pecado, sino que se quería identificar con la obra santa de Dios y con Su pueblo. Al ver esto, Juan cedió y sumergió al Hijo de Dios bajo las turbias aguas del río Jordán. Esta era una inmersión única e histórica, y es posible que Juan se sintiera atemorizado por esta tarea. Cuando Jesús salió de las aguas,

El área probable donde Juan bautizó a Jesús. El Señor fue bautizado porque quería identificarse con la obra santa de Dios y con Su pueblo. Foto: HolyLandPhotos.org.

los cielos se abrieron. Todos vieron que el Espíritu Santo descendió sobre Jesús en forma de paloma. Una voz sonó desde el cielo y anunció Su filiación divina. Mateo relata que la voz le habló a la multitud y expresó: «... Este es mi Hijo amado, en quien tengo complacencia...» (Mat. 17:5. Ver también Mar. 1:11 y Luc. 3:22). La variación en las palabras demuestra que, bajo la guía del Espíritu Santo, los evangelistas se tomaron ciertas libertades en el modo de escribir las declaraciones clave. Lo importante es que el significado esencial en ambas versiones es: Dios el Padre se complace con Dios el Hijo.

La variación en las palabras demuestra que, bajo la guía del Espíritu Santo, los evangelistas se tomaron ciertas libertades en el modo de escribir las declaraciones clave.

Juan sería brevemente entristecido con dudas unos pocos años después cuando su ministerio y el de Jesús tomaran direcciones no triunfantes e inesperadas. Sin embargo, por ahora estaba convencido de que Jesús era el Mesías. Después de todo, Dios ya le había dicho: «... Sobre quien veas descender el Espíritu y que permanece sobre él, ése es el que bautiza con el Espíritu Santo» (Juan 1:33). Después de atestiguar esto, Juan declaraba sobre Jesús: «Y yo le vi, y he dado testimonio de que éste es el Hijo de Dios» (Juan 1:34).

Ahora que había sido fortalecido por el Espíritu e identificado por Juan el Bautista y otros, ¿qué tipo de Mesías podría ser Jesús? Una reunión con el diablo provee una primera respuesta.

VISTAZO DE CERCA

¿Tenemos las palabras exactas de Jesús?

Como vemos en el ejemplo de la voz de Dios en el bautismo de Jesús, bajo la guía de Dios, los evangelistas se tomaron libertades razonables cuando emitían las declaraciones y los detalles de aquellos eventos que rodeaban la vida de Jesús. La evidencia bíblica prueba que no estaban constreñidos por un requisito de hacer relatos palabra por palabra de todo lo que habían escuchado. En lugar de eso, la tarea dada por Dios era escribir las historias que expresaban la verdad de los eventos y las enseñanzas que cambiaban el mundo. Jesús mismo prometió que el Espíritu Santo les «recordaría» a los discípulos todo lo que les había enseñado (Juan 14:26). Para el lector creyente, esta promesa nos da la confianza de que los escritos de los Evangelios son completamente fiables. No hay problema alguno en que Mateo, Marcos, Lucas y Juan algunas veces hicieran declaraciones diferentes. Para una explicación más completa de este tema importante, ver el capítulo 20.

La elección del Mesías

Si la multitud reunida alrededor del bautismo de Jesús esperaba que Él se secara y fuera directo al trono vacío de Israel, quedarían grandemente decepcionados. Como Marcos lo afirma: «Y luego el Espíritu le impulsó al desierto» (Mar. 1:12).

El verbo traducido como «impulsó» también puede traducirse como «arrojó». Hay inmediatez y hasta un poco de violencia en la acción del Espíritu Santo. ¿Por qué la urgencia? Sorprendentemente, el diablo mismo espera a Jesús en el desierto más allá del río. ¿Por qué enviaría Dios al Señor a la trampa del diablo? Después de haber hecho un pronunciamiento público sobre la identidad de Jesús, era urgente que el Padre probara la entereza del Hijo. Dios hace algo similar con todos Sus seguidores. Ya que Él nunca tienta a nadie con la maldad, decide permitir que nos enfrentemos a las artimañas del diablo como una manera de probar nuestro compromiso y crecimiento a través de las pruebas. ¿Recuerdas a Job? Le iba realmente bien en la vida cuando de la nada Dios invitó a Satanás a tratarlo: «... ¿No has considerado a mi siervo Job...?» (Job 1:8). Ahora, luego del bautismo de Jesús y a la vista de Juan y las multitudes, Dios le pidió a Satanás que considerara a Su propio Hijo. Para asegurarse de que esto se llevara a cabo, el Espíritu escoltó a Jesús al desierto donde no tendría comida, amigos ni otras comodidades por más de un mes.

Satanás derrama las plagas sobre Job, por William Blake. A Job le estaba yendo bastante bien con su vida cuando de repente Dios invita a Satanás a que lo probara. «Y Jehová dijo a Satanás: ¿No has considerado a mi siervo Job...?» (Job 1:8).

Una segunda razón por la cual Jesús enfrentó al diablo es porque tú y yo debemos enfrentarlo cada día. Así como lo veremos con más detalle en los siguientes capítulos, Jesús vino a ser nuestro sustituto. No podría convertirse en un verdadero y adecuado sustituto si se moviera por la vida en una burbuja santa, alejado de la sucia realidad de la tentación. Así que el Hijo vino a enfrentar nuestros demonios y culminar esta tarea sin mancha. No había mejor lugar para comenzar esa misión que en el duro desierto, un sitio que turbó a los antiguos. Lo tomaban como guarida de los demonios y otras fuerzas oscuras. Los desiertos y los ambientes secos son hostiles para la vida y desprovistos de compañía humana. Debes apresurarte lo más que puedas al pasar por ahí y mantener la mirada vigilante ante las bestias desesperadas por comida. Debes conservar el agua y luchar con el impulso de satisfacer tu sed. Si viajas solo, tus pensamientos se tornan en tu contra consumiéndote con acusaciones y temores. ¡Podrías morir ahí! ¿Estás listo para encontrarte con tu Hacedor?

Por supuesto que Jesús nunca fue víctima de una conciencia de culpa permanente, pero al defenderse de animales salvajes y estar 40 días sin comida alcanzó un punto de gran vulnerabilidad. Era un hombre después de todo. Su cuerpo y fuerza decaían. Al reconocer este deterioro en la condición de Jesús, el diablo lanzó sus tentaciones. Se acercó a Él y dijo: «... Si eres Hijo de Dios, di que estas piedras se conviertan en pan» (Mat. 4:3). Jesús estaba hambriento. Sin lugar a dudas tenía el poder para dar la orden y que todo el suelo del desierto se convirtiera en una bandeja de banquete con todo tipo de comida para elegir, sin embargo, Él era consciente de que había un principio que respetar: «... No sólo de pan vivirá el hombre, sino de toda palabra que sale de la boca de Dios» (Mat. 4:4). Así que eligió la disciplina y el sufrimiento en lugar de encontrar alivio a través de la sujeción a las incitaciones de Satanás.

Tentación en la montaña, por Duccio. «Y vino a él el tentador, y le dijo: Si eres Hijo de Dios, di que estas piedras se conviertan en pan» (Mat. 4:3).

Sin rendirse, el diablo llevó al enflaquecido Jesús al pináculo del templo en Jerusalén: «... Si eres Hijo de Dios, échate abajo...» (Mat. 4:6). Entonces citó el Salmo 91 donde el salmista describe los beneficios de estar bajo la protección de Dios. En lugar de llamar a Jesús a ejercitar Su poder, Satanás lo tentó aquí a forzar la mano del Padre al «mencionar y declarar» un versículo de la Biblia. Aunque cada miembro de la Trinidad es igual, el acto presuntuoso que Satanás impuso revertiría las líneas de autoridad que son propias de la Deidad. El Hijo viene a obedecer al Padre y no a otro. Así que respondió: «... Escrito está también: No tentarás al Señor tu Dios» (Mat. 4:7).

Finalmente, Satanás transportó una vez más a Jesús al lugar donde las tentaciones poseerían su fuerza máxima. Esta vez fueron a la cumbre de una montaña, y el diablo mostró a Jesús una visión de los reinos del mundo; ríos de oro y gemas abundantes de las arcas de grandes naciones, paisajes que se extendían desde el horizonte con un color gris azulado entretejido hasta el cielo, reinos cuyo poder alcanzaba desde el mar hasta el valle y de regreso al mar: «... Todo esto te daré, si postrado me adorares», le dijo a Jesús (Mat. 4:9).

> ***Satanás no ejerce un poder descontrolado sobre los reinos de la tierra, pero es verdad que su espíritu domina el siglo presente.***

Satanás no ejerce un poder descontrolado sobre los reinos de la tierra, pero es verdad que su espíritu domina el siglo presente. Los humanos y sus instituciones de poder están corrompidos, moldeados a una imagen dañada de un ángel caído. Al ejercer influencia sobre sus devotos, Satanás propuso posicionar a Jesús en el pináculo del poder mundial. Depositó su gran esperanza en esta tentación, pero Él le respondió con más fuerza que nunca: «Vete, Satanás, porque escrito está: Al Señor tu Dios adorarás, y a él sólo servirás» (Mat. 4:10).

La tentación de Jesús, por Gustave Doré. Jesús alejó a Satanás con una fuerte condenación.

Con esta respuesta Jesús reveló algo que no era evidente antes: todo el tiempo Él tuvo el poder de desterrar a Satanás de Su presencia. Con solo decir una palabra o agitar Su mano habría terminado con las tentaciones. Legiones enteras de guerreros angelicales habrían venido si lo hubiera ordenado (Mat. 26:53). Él decidió no aprovecharse de tal privilegio porque vino a sufrir con nosotros y por nosotros, no a triunfar con un espectáculo barato de poder que lo protegiera de la experiencia humana genuina. Tenía que vivir como un siervo hecho menos por el rechazo, las burlas y los golpes. Por esta razón, Jesús eligió resistir las instigaciones de Satanás hasta haber probado Su habilidad de soportar los mejores dardos que el infierno podía liberar. Luego humilló al diablo al mandarlo a casa.

Él decidió no aprovecharse de tal privilegio porque vino a sufrir con nosotros y por nosotros, no a triunfar con un espectáculo barato de poder que lo protegiera de la experiencia humana genuina.

Los ángeles vinieron a servir a Jesús cuando Satanás se alejó. El texto no señala nada en específico de sus ministraciones, pero Jesús requería comida y bebida para romper el largo ayuno, y es probable que le fueron suplidas en

Ángeles ministrando a Cristo en el desierto, por Cole

este momento. Considera la importancia de lo que acaba de pasar. Jesús no era un Mesías robótico, Él tenía el poder de elegir, ciertamente era libre de doblar la rodilla ante Satanás y servirse a sí mismo en lugar de al Padre. Surge la pregunta: ¿En qué tipo de Mesías se convertiría? Eso dependía de Sus elecciones. Y estas fueron hechas mientras Él se tambaleaba en el límite entre el hambre y la fatiga. Aquí, en la primera gran encrucijada que enfrentó durante Su ministerio, Jesús eligió ser el Mesías que Su Padre lo había destinado a ser, uno que obedece, que abraza la humildad y que sufre y muere por ti y por mí. En resumen, Él eligió ser el Mesías para ti y para mí, en lugar de serlo para sí mismo. Una única elección para sí mismo lo habría hecho inútil para ti, para mí y para los demás pecadores en la historia.

Profeta en la ciudad natal

El hombre que salió del desierto después de que el diablo lo dejó era más fuerte que antes. Él: «... volvió en el poder del Espíritu a Galilea...» y ganó amplio reconocimiento cuando inició Su predicación (Luc. 4:14-30). Sin embargo, este ímpetu golpeó una pared de oposición en Su ciudad natal. Entró a la sinagoga en un sábat, se puso en pie a leer del rollo de Isaías y afirmó: «El Espíritu del Señor está sobre mí, por cuanto me ha ungido para dar buenas nuevas a los pobres; me ha enviado a sanar a los quebrantados de corazón; a pregonar libertad a los cautivos, y vista a los ciegos; a poner en libertad a los oprimidos; a predicar el año agradable del Señor» (Luc. 4:18-19). Cuando terminó de leer, regresó el rollo al asistente y anunció que Él personalmente era el cumplimiento de las palabras de Isaías. Como era la costumbre, se sentó y se dispuso para recibir la respuesta de la gente a Su comentario. Fue difícil para ellos procesar la declaración de Jesús, Él había hablado bien y era gentil en Su tono y comportamiento. No había duda de que muchos observadores estaban orgullosos de su hijo nativo por las tantas maravillas que se decían de Él en las ciudades alrededor. Había superado un rudo inicio en la vida y había hecho algo para sí mismo. Sin embargo, como era inevitable, el problema de familiaridad surgió: ellos conocían a este hombre. Algunos señalaban que era el hijo de José, repetían lo que se creía en Nazaret desde el día en que la soltera María quedó embarazada. ¿Cómo podía el hijo ilegítimo de un mero carpintero estar de pie en la sinagoga y declarar que era el cumplimiento de las profecías mesiánicas? ¿Quién creía ser para moverse en la ciudad con un grupo de seguidores? Y se quejaron en contra de Él por ser un impostor.

Mercado en Nazaret, 1894

Después de haber enfrentado al diablo poco tiempo atrás, Jesús no vaciló ante la oposición humana. Le recordó al pueblo que en tiempos antiguos Dios envió profetas fieles a pueblos no judíos cuando los judíos mismos no escucharon las afirmaciones proféticas. Cuando la multitud escuchó esto: «... levantándose, le echaron fuera de la ciudad, y le llevaron hasta la cumbre del monte sobre el cual estaba edificada la ciudad de ellos, para despeñarle» (Luc. 4:29). Es interesante pensar que esto le dio oportunidad a Jesús de reconsiderar la tentación de Satanás en el pináculo. ¿Permitiría ser despeñado con la suposición de que el Padre evitaría Su caída a unos centímetros de la tierra? Tal acto sorprendería a los asesinos en potencia, pero este no era el tipo de Mesías que Jesús había venido a ser, ni era el tipo de fe que vino a crear. Por eso, en una declaración poco clara que puede implicar un tipo de estupefacción sobrenatural de la muchedumbre, Lucas nos informa que Jesús evadió la muerte al solo pasar: «... por en medio de ellos...» (Luc. 4:30). Si este fue en verdad un milagro, fue

Nazaret, por David Roberts (1842). «Y levantándose, le echaron fuera de la ciudad, y le llevaron hasta la cumbre de un monte sobre el cual estaba edificada la ciudad de ellos, para despeñarle» (Luc. 4:29).

uno de los pocos que Jesús realizó en Nazaret. Marcos afirma que el Señor: «... no pudo hacer allí ningún milagro, salvo que sanó a unos pocos enfermos, poniendo sobre ellos las manos» (Mar. 6:5). No era que las manos de Jesús estuvieran atadas por la incredulidad, sino que como Él mismo señaló, no tiene sentido alguno darle las perlas a los cerdos (Mat. 7:6). La incredulidad persistente merece la indiferencia de Dios, así que el Señor dejó a la gente en Nazaret y se fue a cosechar en otros campos.

Les dio peces y un propósito

¡La pesca puede ser peligrosa cuando el Hijo de Dios tiene interés en tus esfuerzos! Una mañana, cuando Jesús enseñaba en las orillas del lago de Genesaret (mar de Galilea), las multitudes salían de las aldeas y se amontonaban donde estaba Él, sofocaban el sonido de Su voz e impedían que los demás en las orillas escucharan Sus palabras. El sonido se conduce mejor sobre el agua así que Jesús decidió subirse a un bote que estaba cerca y enseñar mientras estaba anclado a la orilla. Él había conocido a algunos de los pescadores locales antes, entre ellos a Simón Pedro (ver Juan 1:35-51), y por eso se tomó la libertad de entrar en un bote vacío y pedirle a Pedro que se subiera también y lo alejara un poco (Luc. 5:3). Algunos de los ayudantes de Pedro se unieron a ellos y juntos observaron qué provocaban las enseñanzas de Jesús en los rostros entusiasmados de la multitud que se sentaba en las orillas inclinadas del lago.

Mar de Galilea. Jesús le pidió a Pedro que subieran a la barca para poder enseñarle a la gente reunida en la playa. Foto: HolyLandPhotos.org.

Cuando Jesús terminó de enseñar le dijo a Pedro que fueran a aguas profundas y soltaran las redes. Estos hombres habían tenido una noche de pesca infructuosa cuando Jesús se apareció en la mañana. Habían estado despiertos toda la noche y luego se quedaron en el bote más de lo usual para que Jesús pudiera enseñar a la gente en la orilla del lago. Para este momento los pescadores pensaban en sus hogares, comidas calientes y camas suaves de las que ninguno planeaba levantarse pronto. Pero la influencia de Jesús sobre ellos ya era fuerte. Desearon complacerlo, obedecieron a Sus deseos y remaron hasta las profundidades. Tan pronto como bajaron las redes de la barca, los peces las llenaron al punto de romperlas. Habían capturado una barca completa, un segundo bote se acercó y Pedro los llamó y para que vinieran a compartir la carga de la gran pesca. Pronto ambos botes estaban llenos y comenzaron a hundirse. La abundancia de peces desconcertó a los hombres y los intimidó. No es exactamente claro qué pensaron ellos de este evento. ¿Lo vieron como una obra de poder de Jesús? ¿O pensaron que Él utilizó Su omnisciencia? Juan nos informa (Juan 2:11) que el primer milagro de Jesús fue hecho pocos días después en la boda de Caná. A la luz de esto, es probable que sea mejor no aseverar que Jesús hizo un milagro aquí, sino que solo utilizó Su poder sobrenatural. Los peces debían ser reunidos en algún lugar en las aguas del lago. Jesús no los persuadió de hacerlo, solamente conocía dónde estaban. Así que dirigió el bote para bajar las redes en el punto preciso. A pesar de esto, Pedro reconoció el significado del evento: Jesús poseía el conocimiento que solo Dios tiene. Pedro se postró donde Él estaba sentado y exclamó: «... Apártate de mí, Señor, porque soy hombre pecador» (Luc. 5:8).

Jesús y Pedro. Con la dirección de Jesús los discípulos «... encerraron gran cantidad de peces, y su red se rompía» (Luc. 5:6).

La abundancia de peces desconcertó a los hombres y los intimidó.

A primera vista la respuesta de Pedro nos podría parecer extraña. Su barco se hundía en aguas profundas lejos de la orilla. Una gran cantidad de peces cayó a su alrededor desde las redes rotas. Empezó a creer que Dios mismo estaba sentado en el bote con él, así que lo primero que salió de su boca fue una confesión de pecado y un ruego a Jesús de apartarse de él ¡justo cuando más lo necesitaba! ¿Qué pensaba Pedro? De hecho, su respuesta es parecida a la reacción habitual a las revelaciones del poder de Dios. Moisés escondió su rostro en temor cuando Dios se apareció en la zarza ardiente (Ex. 3:6), Gedeón clamó de terror cuando se encontró con Dios debajo de una encina (Jue. 6:22), e Isaías lamentó su indignidad cuando se le presentó una visión del trono de Dios (Isa. 6:5). Ningún pecador puede soportar la presencia de Dios a menos que primero sea limpiado por Él. Por fortuna Dios está dispuesto a limpiar a quien Él llama (Isa. 6:6-7). Por eso, el ruego de Pedro era apropiado, pero Dios el Hijo no estaba dispuesto a alejarse de él porque fuera un pecador: «... No temas; desde ahora serás pescador de hombres» (Luc. 5:10).

Moisés y la zarza ardiente, por Bouts. «Moisés cubrió su rostro, porque tuvo miedo de mirar a Dios» (Ex. 3:6).

Como las redes que se rompieron, los paradigmas humanos no podrían contener las enseñanzas y las acciones de las que Pedro estaría informado en los años que vendrían. Esta posición privilegiada no fue suya porque él la buscara, sino porque en contra de todo pronóstico Dios el Hijo lo escogió para tener un rol fundamental dentro del más grande movimiento en la historia. Jesús también eligió a Jacobo y Juan, los colaboradores de Pedro en el oficio de la pesca.

Es probable que estos tres hombres hubieran considerado esa posibilidad por algún tiempo dados los encuentros previos con Jesús y la importante aprobación que Juan el Bautista le había dado (Juan 1:35-37). Ahora era el momento de la verdad. ¿Seguirían a Jesús a lo desconocido o se quedarían como hombres del lago, seguros en un estilo de vida que conocían y amaban? Al darse cuenta de que las puertas del cielo se abrían justo delante de sus ojos, cada uno de estos hombres aprovechó la oportunidad de seguir a Jesús. Dejaron a sus familias, trabajadores y todos los beneficios de un negocio de pesca para seguir a un hombre que les había dado peces y un propósito.

Para el momento en que Jesús terminó de reunirlos, doce hombres se habían comprometido a seguirlo como estudiantes permanentes de Su mensaje. ¿Por qué doce? Antes de los exilios sufrientes y las dispersiones, existieron doce tribus en Israel, todas descendientes de los doce hijos de Jacob. Al elegir a los doce estudiantes Jesús en esencia señaló: «Yo soy el cumplimiento de la esperanza de Israel». Solo por caminar con un grupo de doce discípulos Él hizo una declaración osada. En cuanto a las labores de estos hombres, ellos

Cristo y los apóstoles, por Schule

debían memorizar y comprender las enseñanzas de Jesús, atestiguar Sus actos y después salir y divulgar las noticias entre los pueblos. El Señor mismo los envió a períodos de prueba durante Su ministerio y, después de Su ascensión al cielo, esta labor se volvió la pasión dominante de todos los discípulos originales, a excepción de uno. Por el resto de sus vidas ellos pescaron en los lagos humanos y llevaron a la salvación a aquellos que creían.

Les dio vino y buen ánimo

Tres días después de llamar a Natanael para unirse a Su séquito, Jesús y Sus discípulos fueron invitados a una boda en Caná, una oscura ciudad galilea donde, por cierto, había nacido Natanael y cuya ubicación está perdida hoy en día. Pero, aunque se ha perdido geográficamente, su memoria permanece en una de las más conmovedoras historias de la vida de Jesús. La madre del Señor estaba en la boda también. Es probable que José hubiera muerto para ese entonces, así que María seguía a su hijo mayor ahora que era la cabeza del hogar y el encargado de su bienestar. Esto significa que María había viajado a la boda desde Capernaum, el reciente lugar de residencia adoptado por Jesús. Como el resto de las mujeres, María no era una observadora pasiva

Posible vista de Caná, 1869

de las festividades de la boda. Puso especial atención y notó los detalles. Las celebraciones de las bodas en esta cultura podían durar hasta una semana completa. El buen nombre del novio estaba en la mirada todo el tiempo porque era su labor honrar a su novia y a los invitados al proveerles la mejor cena y compañerismo. Cuando María escuchó de los siervos alarmados que el vino se había acabado, alertó a Jesús, e inició así un intercambio destacable: «... ¿Qué tienes conmigo, mujer?...», le contestó (Juan 2:4). Él continuó y señaló que Su hora —el tiempo para divulgar Su revelación a través de predicación directa y hechos milagrosos—no había llegado aún.

Lo primero que viene a nuestra mente cuando leemos este pasaje es la pregunta: ¿Era Jesús descortés con Su madre? Casi. Su respuesta fue abrupta y directa, pero la palabra griega original para mujer en este versículo no es un término despectivo. Lo que Jesús había hecho aquí es señalarle a María que no debía intentar dirigir Sus acciones para ajustarse a su percepción de las prioridades, ni lo podía urgir a acciones prematuras. Esto no significa que no estaba preocupado por la reputación del novio. A Jesús le importa la gente. No permitiría que el novio fuera avergonzado ni que la novia se sintiera lastimada porque los invitados habían consumido más vino de lo esperado. María entendió esto, aunque su hijo le había dado una suave reprimenda: «... Haced todo lo que os dijere» (Juan 2:5), les dijo a los sirvientes nerviosos.

Cerca había seis tinajas de piedra capaces de sostener 30 galones (114 litros) de agua. Estaban vacías, así que Jesús instruyó a los sirvientes para que las llenaran con agua. Ellos debieron asumir que Jesús planeaba darles agua a los invitados ahora que el vino se había terminado. El desastre era aún más inminente que antes, pero ¿qué más se podía hacer? La vergüenza del novio pronto sería revelada y toda la casa pasaría por la misma humillación. A la orden de Jesús los sirvientes pasaron obedientemente el agua del pozo a las tinajas, del pozo a las tinajas una docena de veces hasta que las seis se llenaron. Esto resulta en 180 galones (680 litros) de dulce y aromática agua. Luego vino el momento en que la escasez fue revelada: Jesús les dijo a los sirvientes que sacaran un poco y la dieran al jefe de los sirvientes. Hasta este momento los sirvientes habían mantenido la escasez en secreto. Por supuesto, María había descubierto sus dificultades, pero el jefe de los sirvientes (que funge como maestro de ceremonias) había estado en la oscuridad del temor. Ellos vieron cómo el jefe había llevado el vaso a sus labios y de inmediato había ido a buscar al novio. Imagino que los sirvientes abrieron las puertas en este momento, de cualquier manera, Jesús no debió haber estado ahí. El vino se había acabado, pero hoy era un día de ascensión,

La boda en Caná, por de Vos. Jesús les dijo a los sirvientes que llenaran seis tinajas grandes con agua. Luego lo convirtió todo en vino selecto (Juan 2:1-11).

Jesús proveía en abundancia ante la necesidad

no de caída. Una vez que encontró al novio, el maestresala exclamó: «... Todo hombre sirve primero el buen vino, y cuando ya han bebido mucho, entonces el inferior; más tú has reservado el buen vino hasta ahora» (Juan 2:10). Él se refería a la costumbre de ofrecer primero a los invitados el vino de mayor calidad y una vez que los sentidos de estos se volvían torpes por la bebida, les daban el vino barato sin que alcanzaran a notarlo. La señal de una buena fiesta, le dijo al novio, es cuando el mejor vino es reservado para el final. El novio con seguridad estaba desconcertado por esta declaración. Es divertido notar que él y sus sirvientes obtuvieron un renombre inmerecido. En cuanto a Jesús, había liberado una revelación discreta. Además de María, los sirvientes y los discípulos, nadie en la fiesta supo de Su acto milagroso hasta que fue relatado ampliamente por sermones y libros en los siguientes años. Por ahora, el principal objetivo de Jesús se había cumplido: Sus discípulos, que ya habían visto sombras de Su gloria, fueron fortalecidos en Su compromiso hacia Él (Juan 2:11). Ellos no podían hacer otra cosa que maravillarse: si Jesús puede transformar el agua en vino y traer los peces cerca de la barca, ¿qué más podía hacer? Para algunos de ellos la respuesta llegaría más rápido de lo que hubieran esperado.

La cena en Emaús,
por Rembrandt

CAPÍTULO 9

TRANSFORMACIONES

La cuestión de la identidad es el tema fundamental que enfrenta alguien que examina la vida de Cristo. ¿Quién era en realidad Jesús? Él mismo afirmó que todo depende de tu respuesta. En una ocasión, cuando Él y Sus discípulos estaban cerca de Cesarea de Filipo (la ciudad real reconstruida por Herodes Filipo al inicio de la vida de Jesús), el Señor preguntó: «... Quién dicen los hombres que es el Hijo del Hombre?» (Mat. 16:13).

A esto se lo conoce como una pregunta trucada. Después de todo, para los oídos atentos, que Jesús adoptara el título «Hijo del Hombre» era una clara alusión a la profecía mesiánica de Daniel 7:13-14. Los discípulos no perdieron de vista este punto, sin embargo, primero le expusieron a Jesús lo que otros decían de Él: «... Unos, Juan el Bautista; otros, Elías; y otros, Jeremías, o alguno de los profetas» (Mat. 16:14). Ya que estamos a más de 2500 años de distancia de estos grandes hombres, es difícil entender cuánto honor y y alabanza le atribuían a Jesús esas comparaciones. Juan, Elías, Jeremías y la multitud de profetas eran altamente estimados por ser fieles seguidores de Dios. Todo aquel que fuera comparado con ellos, era en verdad una persona de alta reputación. Pero cuando se trataba de identificar a Jesús, estas comparaciones eran

La cuestión de la identidad es el tema fundamental que enfrenta alguien que examina la vida de Cristo.

Cerca de Cesarea de Filipo Pedro confesó a Jesús: «... Tú eres el Cristo, el Hijo del Dios viviente» (Mat. 16:16).

inadecuadas. Por eso Él estimuló a Sus discípulos a confesar su postura en cuanto a Su identidad. El rápido para hablar, Pedro, que con frecuencia no lograba quedarse callado, aun cuando se arriesgaba a exponer su insensatez, respondió bien: «... Tú eres el Cristo, el Hijo del Dios viviente» (Mat. 16:16).

Pedro estaba en lo correcto, sin embargo, Jesús les advirtió que aún no lo dijeran. Al transitar por los Evangelios notamos una tensión entre divulgar y ocultar. Jesús era con frecuencia sumamente directo en cuanto a Su identidad, pero en el otro lado de la moneda estaba Su paciente y disciplinado plan para develar Su identidad y propósito en el tiempo adecuado. Él insinuó la razón de su táctica inmediata después de la confesión de Pedro. Les dijo a Sus discípulos que sería rechazado y asesinado por los líderes religiosos en el futuro próximo, pero que Su muerte sería revertida después de tres días. Esta conversación provocó otro de los afloramientos de Pedro, solo que esta vez fue del tipo que debe mantenerse guardado: «... Señor, ten compasión de ti; en ninguna manera esto te acontezca» (Mat. 16:22). Era una respuesta entendible. Para Pedro o algún otro judío piadoso, hablar del rechazo o la ejecución del Mesías era impensable. Tan sensible como pareciera su amonestación, solo recibió un fuerte regaño de Jesús: «... ¡Quítate de delante de mí, Satanás!; me eres tropiezo, porque no pones la mira en las cosas de Dios, sino en las de los hombres» (Mat. 16:23). Palabras realmente severas del Salvador a Pedro, ¿no crees? Pero, consid-

Al transitar por los Evangelios notamos una tensión entre divulgar y ocultar.

era que la cruz era el propósito central de Jesús desde el principio. Aun antes de que el tiempo iniciara, Dios tenía un plan para mandar a Su Hijo a morir en lugar de los pecadores (ver Hech. 2:23; Ef. 1:4; Apoc. 13:8).

Esto significa que Pedro buscó arruinar un plan cuyo diseñador era Dios. Como protector de ese diseño, Jesús estaba justificado por Su fuerte regaño a Pedro, sin embargo, hay más. El Señor no solo conocía el plan del Padre, sino que también sabía cuáles faltas profundas habían causado que Pedro juzgara mal ese plan. Lo que el discípulo había hecho era acomodar a Jesús en el paradigma mesiánico desde una perspectiva que solo consideraba las prioridades humanas. Pedro intentó convertir a Jesús en un Mesías agradable, de renombre y complaciente con las multitudes, en lugar de que fuera un Mesías de lamentos y rechazos que vino a morir en un madero maldito. La tierra habría guiado al cielo si Pedro hubiera estado a cargo de la campaña mesiánica, pero nunca se dio cuenta de que esta era la trayectoria de sus pensamientos hasta que Jesús lo señaló en el crudo momento de la confrontación. Él le dio a Pedro un diagnóstico de su corazón y mente. Tienen mucho de este mundo, dijo Jesús. Llévalos al cielo si deseas ver la sabiduría de Dios en el difícil camino del Mesías.

El resto de los discípulos podría haber tomado este diagnóstico como propio. Estaban tan confundidos como Pedro. La predicción de la muerte de Jesús (¡después de la confesión de Su Deidad!) y Su reprensión a Pedro no encajaba en sus deseos ni en sus expectativas. ¿Qué clase de Mesías sería Jesús? Muchos de Sus seguidores desistieron cuando Sus enseñanzas tomaron caminos estrechos e imprevistos. ¿Los doce ahora harían lo mismo? Al sentir la necesidad de darles una esperanza, Jesús explicó que Sus discípulos deben estar dispuestos a seguirlo en el sufrimiento y que, si lo hacían, tendrían una gran recompensa en un día futuro cuando el Mesías viniera en gloria con Sus ángeles para cerrar el presente siglo y comenzar el reino eterno de Dios. Para respaldar esta promesa con evidencia tangible, Jesús manifestó que pronto daría un anticipo de la gloria de ese día: «De cierto os digo que hay algunos de los que están aquí, que no gustarán la muerte, hasta que hayan visto al Hijo del Hombre viniendo en su reino» (Mat. 16:28).

Jesús y los apóstoles, Fresco en Capadocia

Vestido con el blanco más blanco

Seis días después del ascenso y la caída de Pedro cerca de Cesarea de Filipo, Jesús llevó a Pedro, Jacobo y Juan (su círculo íntimo, por así decirlo) a una montaña para una vista privada de Su futura gloria.

La transfiguración (detalle), por Rafael. El cielo se inclinó y transformó al Señor arrodillado, de modo que Su rostro brillo como el sol y Sus ropas emanaban una blancura cegadora como nunca se ha visto en la tierra. (Mat. 17:1-9).

Cayó la noche y Jesús comenzó a orar. Al ver esto, los discípulos eligieron quedarse dormidos en lugar de unirse a Él en oración. Esta indiscreción casi les cuesta la experiencia de sus vidas. La ladera estaba tranquila y callada mientras Jesús oraba solo, pero el cielo se inclinó y transformó al Señor arrodillado de tal manera que Su rostro brillara como el sol y Sus ropas emanaran una blancura cegadora como nunca se ha visto en la tierra (Mat. 17:1-9). Pedro y los otros dos aún dormían, llenos de la luz que emanaba de Jesús, pero se despertaron poco después de que Moisés y Elías aparecieron y comenzaron a hablar en voz alta con el Señor. Todavía somnoliento, Pedro decidió que era momento de hablar: «... Señor, bueno es para nosotros que estemos aquí; si quieres, hagamos aquí tres enramadas: una para ti, otra para Moisés, y otra para Elías» (Mat. 17:4). El objetivo de Pedro era construir estructuras en forma de tienda de campaña para albergar a los visitantes sagrados y permitirles quedarse con Jesús por tiempo indefinido. Antes de que pudiera terminar de explicarse, la nube de la presencia de Dios envolvió a los discípulos. Una voz en medio de ellos dijo: «... Este es mi Hijo amado, en quien tengo complacencia; a él oíd» (Mat. 17:5). Aterrados, los discípulos se lanzaron boca abajo contra el suelo. Pedro ya no pensaba en los tabernáculos ni en las visitas de los santos; él pensaba en la simple supervivencia bajo la amenaza de la abrumadora y santa presencia de Dios. Luego vino su mediador. Jesús se acercó y tocó a cada uno de ellos de manera tranquilizadora y les dijo que no temieran. Cuando miraron hacia arriba vieron que Jesús estaba solo otra vez. El cielo se había retirado de la tierra y había dejado solo a Su Hijo, parado en la cima de una montaña oscura.

Cuando bajaron más tarde de las alturas, Jesús compartió los detalles de Su conversación con Moisés y Elías. Pedro pasó luego esta información a Lucas y este a su vez la plasmó en su Evangelio. En particular, Lucas señala que Jesús habló a los visitantes celestiales sobre «... su partida, que iba Jesús a cumplir en Jerusalén» (Luc. 9:31). Que esto «se cumpliera» demuestra que la muerte de Jesús no fue el resultado de fuerzas del mundo fuera de Su control. Más bien, Él estaba a cargo de Su propia ejecución, aunque fuera a manos de la jerarquía religiosa de Israel. Mientras descendían, el Señor les dijo a los tres que debían guardar la experiencia de la cima de la montaña para sí mismos hasta que hubiera resucitado de entre los muertos. Por elección de Jesús estos tres hombres fueron los líderes entre los discípulos. Sabía que, si se mantenían fuertes ante los crecientes desafíos, los demás seguirían su ejemplo. Además, después de la resurrección señalarían la transfiguración de Jesús en la cima de la montaña y la reconocerían como una nota promisoria sobre Su destino final. También la verían como una revelación de Su identidad sobrenatural. Por ejemplo, Pedro se remonta a este momento y dice de sí mismo y de los otros dos discípulos: «Porque no os hemos dado a conocer el poder y la venida de nuestro Señor Jesucristo siguiendo fábulas artificiosas, sino como habiendo visto con nuestros propios ojos su majestad. Pues cuando él recibió de Dios Padre honra y gloria, le fue enviada desde la magnífica gloria una voz que decía: Este es mi Hijo amado, en el cual tengo complacencia. Y nosotros oímos esta voz enviada del cielo, cuando estábamos con él en el monte santo» (2 Ped. 1: 16-18).

Por lo tanto, para Jacobo, Pedro, Juan y todas las personas que en algún momento fueron conmovidas por el relato de su experiencia, la transfiguración de Jesús sirvió como evidencia confirmatoria de Su Deidad.

El caballo de guerra del Mesías

Unos días antes de que se cumplieran las predicciones de la muerte de Jesús, Él y Sus discípulos viajaron a Jerusalén para celebrar la Pascua. Los discípulos estaban en un ambiente festivo a pesar de las advertencias del Señor, aún debían comprender que el final estaba cerca. A decir verdad, estaban en la cúspide de un gran triunfo. Abandonándose a la euforia, incluso debatieron su rango en el reino venidero y buscaron posiciones privilegiadas junto al trono de Jesús.

Se acercaron a un pueblo llamado Betfagé. Una multitud de seguidores se mantuvo cerca de los talones de Jesús todo el camino. Lo habían visto resucitar a Lázaro de la muerte (Juan 11:1-44) y, como los doce, estaban seguros de que algo más importante acontecería en Jerusalén durante las celebraciones. Él lo sabía mejor. Sin desviar Su atención de los pasos que lo llevarían al Calvario, Jesús les dijo a dos discípulos que se adelantaran hasta la aldea que estaba frente a ellos y buscaran un asna y su pollino que encontrarían amarrados junto a la calle: «... desatadla, y traédmelos. Y si alguien os dijere algo, decid: El

Tumba de Lázaro, 1893

Señor los necesita; y luego los enviará» (Mat. 21:2-3). ¿Hizo Jesús un acuerdo previo con el propietario o fue este un ejercicio de conocimiento y privilegio divinos? El texto es vago. Por esa razón no nos permite elegir alguno de estos puntos de vista como el adecuado. En todo caso, este evento se cita como un cumplimiento de algo que el profeta Zacarías había escrito siglos antes: «Alégrate mucho, hija de Sion; da voces de júbilo, hija de Jerusalén; he aquí tu rey vendrá a ti, justo y salvador, humilde, y cabalgando sobre un asno, sobre un pollino hijo de asna» (Zac. 9:9).

La entrada de Jesús en Jerusalén, por Gustave Doré. La elección de Jesús de montar un pollino hacia Jerusalén era igual a la confesión: Soy el Rey de Israel.

Al igual que con prácticamente todas las profecías mesiánicas, los discípulos no reconocieron las palabras de Zacarías como una referencia a Jesús hasta que reflexionaron de manera cuidadosa sobre los escritos del Antiguo Testamento en las semanas, los meses y los años después de que el Señor había resucitado de los muertos (Juan 12:16). Pero sin duda Jesús sabía desde antes qué profecías le pertenecían. Por esta razón, Su elección de montar un pollino para entrar en Jerusalén fue igual a una confesión: Soy el Rey de Israel.

El pollino que fue traído aún no había sido entrenado para llevar un jinete, sin embargo, Jesús lo dominó sin esfuerzo. Esto resulta impresionante si tenemos en cuenta que las multitudes que se reunían a ambos lados del camino en las afueras de Jerusalén gritaban aclamaciones, agitaban ruidosas ramas de palmeras de lado a lado y arrojaban palmas y capas sobre el camino a los pies del pollino. Si hubiera sido guiado por sus instintos, la bestia habría huido, pero el Maestro de toda la naturaleza montó sus lomos y mantuvo su instinto a raya.

> *Los discípulos no reconocieron las palabras de Zacarías como una referencia a Jesús hasta que reflexionaron de manera cuidadosa sobre los escritos del Antiguo Testamento en las semanas, los meses y los años después de que el Señor había resucitado de los muertos.*

Un hecho más sobre el asno: Jesús es el esperado rey de Israel. Que viajara a la ciudad en un asno en lugar de en un semental de guerra mostró que Su reino es pacífico, incluso de otro mundo. Su victoria está asegurada, pero no vendrá por la fuerza de las armas.

Jerusalén estaba llena de peregrinos que habían venido para la Pascua. Muchos de ellos habían oído hablar de Jesús. Algunos incluso habían visto Sus milagros de primera mano y deseaban seguirlo como discípulos. Cuando estas multitudes escucharon que venía, se desbordaron y se alinearon a ambos lados del camino. Muchos de ellos gritaron confesiones de fe: «... ¡Hosanna al Hijo de David! ¡Bendito el que viene en el

Puerta dorada de Jerusalén, la entrada que Jesús probablemente utilizó el domingo de ramos. Foto: HolyLandPhotos.org.

nombre del Señor! ¡Hosanna en las alturas!» (Mat. 21:9). Esta es una cita tomada del Salmo 118:26, que se recitaba de modo habitual durante la fiesta de la Pascua, pero en este caso las multitudes la unieron a su fe en Jesús y la transformaron en un pronunciamiento mesiánico. Como se mencionó antes, las multitudes también llenaron el camino delante de Jesús con sus capas y ramas de palma, un servicio honorífico reservado para los reyes.[1] Ningún judío podía observar estos procedimientos y no captar lo que Jesús y las multitudes trataban de lograr. Algunos fariseos habían salido a ver el espectáculo. No podían creer lo que veían ni las blasfemias que entraban a sus oídos: «... Maestro, reprende a tus discípulos», lo instaron (Luc. 19:39). Pero Jesús no haría tal cosa. Las mudas piedras de la tierra gritarían alabanzas si la gente no lo hiciera, porque el Mesías no puede marchar a la guerra sin un heraldo. Cuando el Señor pasó junto a ellos, los confundidos fariseos estallaron en acusaciones unos contra otros: «Ya veis que no conseguís nada. Mirad, el mundo se va tras él» (Juan 12:19). Sin embargo, la realidad era en verdad diferente. Aunque la multitud estaba atiborrada en ambos lados del camino, Jesús sabía que la alabanza de este día sería la maldición del siguiente. Los corazones humanos son volubles, retorcidos en la raíz y siempre cambiantes. Al doblar de una esquina, Jesús miró a Jerusalén y lloró por la ciudad que no reconoció su hora de visitación divina. Había esperado mucho tiempo por este momento, pero, cuando llegó, sus líderes miraron hacia afuera y solo vieron a un rebelde que cabalgaba hacia la ciudad, un presagio de amenaza en lugar de esperanza.

Las mudas piedras de la tierra gritarían alabanzas si la gente no lo hiciera, porque el Mesías no puede marchar a la guerra sin un heraldo.

Aunque la multitud estaba atiborrada en ambos lados del camino, Jesús sabía que la alabanza de este día sería la maldición del siguiente.

Expulsión y castigo

Al menguar la luz del día, el templo santo se instaló como un centinela dorado sobre Jerusalén mientras Jesús y Sus discípulos entraron en la ciudad. A su alrededor, ansiosos peregrinos competían por atención, pero el Señor se dirigió a los cimientos del templo para observar la escena allí. Deseaba saber si algo había cambiado desde que Él irrumpió en sus tribunales unos años antes (Juan 2:13-23). Había tomado medidas decisivas en ese momento porque la santidad del templo era contaminada por hombres que se

Ocaso en Jerusalén. Foto por Mockstar (Licencia CC 2.0)

agolpaban como en un circo sagrado para vender animales de sacrificio a precios elevados. Los animales latían y bramaban a Su alrededor y extendían su inmundicia a través de las piedras del pavimento. Los vendedores gritaban, los peregrinos protestaban, y un mar de voces se escuchaba una sobre la otra, creando un tumulto. Los propósitos sagrados del templo se habían comercializado, secularizado y vandalizado. Cambistas de dinero corruptos acechaban en cabinas cercanas. La mayoría de las monedas de la región estaban grabadas con imágenes de ídolos. Piadosos judíos no se atreverían a pagar su impuesto anual del templo con una moneda tan profana, pero, por necesidad, sus bolsillos estaban llenos de ellas.

Los propósitos sagrados del templo se habían comercializado, secularizado y vandalizado.

Los cambistas aparentemente se instalaron para resolver este problema al facilitar a los peregrinos piezas de medio siclo que no tenían ídolos. La cuestión era que los tipos de cambio que hacían demostraban que su verdadero propósito era enriquecerse. Estafaban a la gente en nombre de la religión y la conveniencia.

La expulsión de los mercaderes o la purificación del templo, por el Greco

Al ver estos ultrajes, Jesús hizo un látigo de cuerdas y expulsó a todos. Los espectadores le preguntaron por qué hacía esto y con qué autoridad obraba así. La respuesta de Jesús perduró en la memoria de Jerusalén y pronto se volvería contra Él en Su juicio: «... Destruid este templo, y en tres días lo levantaré» (Juan 2:19). Esta respuesta críptica fue una alusión temprana a los eventos que luego se desarrollarían en el Calvario y una tumba cercana. El templo destruido al que se refería era Su propio cuerpo y, por lo tanto, prefiguraba Su próxima ejecución. Su comentario de levantarse en el tercer día fue una referencia a Su resurrección, un milagro que demostraría que tenía la autoridad para llevar a cabo acciones tan osadas como limpiar el templo, sanar a los enfermos y perdonar los pecados. El significado de Jesús se redujo a: «Limpio este templo de su corrupción por mi propia autoridad divina».

La fiesta de la Pascua era el evento más sagrado en el calendario judío.

Ahora, solo días antes del cumplimiento de la promesa dada en Juan 2:19, Jesús vio una vez más la misma escena impía en el templo. Nada había cambiado. Su voz profética no había sido atendida. Como ya era tarde, se retiró sin tomar ninguna medida por el momento. Pero al amanecer del día siguiente regresó al templo y duplicó Su acción de unos años antes. Echó a

Higuera israelí. Foto: HolyLandPhotos.org.

compradores y vendedores, volcó las mesas de los cambistas y acusó a todos de convertir la casa de oración en una cueva de ladrones (Mat. 21:13).

Es difícil exagerar la magnitud de la acción de Jesús. La fiesta de la Pascua era el evento más sagrado en el calendario judío. Peregrinos de cientos de millas de distancia venían todos los años después de haber contado los días hasta la llegada de la Semana Santa. Además, el templo era el corazón de la identidad judía y la práctica religiosa. Al purificarlo, Jesús presentó una acusación contra el núcleo de la vida judía. Si eso aún no tenía sentido para alguien, Él clarificó más Sus acciones al maldecir una higuera cercana, la representación simbólica de Israel (ver Os. 9:10; Nah. 3:12; Zac. 10:2). Jesús pasó cerca del árbol casi al mismo tiempo que limpió el templo. Había dado hojas, pero no era el momento adecuado del año para que produjera fruta comestible. El Señor, al tener hambre, maldijo al árbol por su incapacidad para satisfacer Sus necesidades: «... Nunca jamás coma nadie fruto de ti...» (Mar. 11:14). El árbol se secó casi de inmediato, muerto de raíz a rama. ¿Por qué Jesús hizo esto? No tenía nada que ver con el árbol en sí mismo ni con su incapacidad de fructificar en la estación incorrecta. Más bien, Jesús eligió a propósito un árbol estéril y usó su condición para entregar una ilustración impactante del juicio de Dios contra las instituciones religiosas de Israel: el templo y el sacerdocio habían demostrado ser incapaces de satisfacer las necesidades de la gente. Eran estériles, corruptos y desconocidos para el Dios que los había instituido. En lugar de reformarlos una vez más, Dios ya había terminado con ambos. No más templo. No más sacerdocio. Ambos estaban en el umbral de la destrucción final.

Cuerpo y sangre

La cena de la Pascua era una celebración solemne de que Dios hace distinciones al pasar la muerte y el juicio. La celebración se originó cuando Dios instruyó a cada hogar hebreo esclavizado en Egipto a que manchara de sangre de cordero los dinteles de las puertas de las casas. Los corderos servían como sustitutos de los primogénitos de cada hogar. Las casas cuyos postes carecían del símbolo de la misericordia fueron despojadas de sus hijos al caer la noche. Así, los egipcios sufrieron grandes pérdidas mientras que los hebreos escaparon ilesos.

La cena de la Pascua era una celebración solemne de que Dios hace distinciones al pasar la muerte y el juicio.

Ahora, casi 1500 años después, el mejor sustituto de la Pascua llegó y se quedó mirando a Jerusalén desde afuera y con los discípulos a Su lado. A Pedro y Juan les dijo: «... Id, preparadnos la pascua para que la comamos» (Luc. 22:8). Explicó que encontrarían en la ciudad a un hombre que cargaba un cántaro de agua, una imagen realmente inusual. Cuando encontraron al hombre, lo siguieron a una casa y le pidieron al dueño que les mostrara una habitación donde Jesús y Sus discípulos pudieran comer la pascua. Descubrieron

La última cena, por Leonardo da Vinci. Cuando Jesús y los discípulos se reunieron para la cena esa noche, el Señor dijo que sería Su última cena de la Pascua «... hasta que se cumpla en el reino de Dios» (Luc. 22:16).

que una habitación ya estaba preparada para ellos, tal como Jesús había dicho. El escenario estaba listo para una cena culminante que se ha recreado millones de veces en los últimos 2000 años.

Cuando Jesús y los discípulos se reunieron para la cena esa noche, el Señor dijo que sería Su última cena de Pascua «... hasta que se cumpla en el reino de Dios» (Luc. 22:16). El silencio cayó sobre la sala por este tipo de conversación, pero el clamor en el corazón de Judas debe haber sido ensordecedor. Todavía debía revelar sus intenciones abiertamente, sin embargo, tanto él como Jesús sabían que la trama estaba en movimiento. Mientras comían, Jesús anunció: «... De cierto os digo, que uno de vosotros me va a entregar» (Mat. 26:21). Cada uno de los hombres preguntó: «... ¿Soy yo, Señor?» (v. 22). Ignorándolos, Jesús continuó: «... A quien yo diere el pan mojado, aquél es» (Juan 13:26). Luego sumergió el pan en un tazón de hierbas y puré de frutas y le dio el pan embebido a Judas: «... el Hijo del hombre se irá, tal como está escrito de él, pero ¡ay de aquel que lo traiciona! Más le valdría a ese hombre no haber nacido» (Mat. 26:24, NVI). Judas aguantó el bocado y tuvo la osadía de decir: «... ¿Soy yo, Maestro?» (v. 25). Luego pasó el pan a través de sus labios engañosos y selló su destino cuando Satanás entró en él (Juan 13:27).

Mientras comían, Jesús anunció: «... De cierto os digo, que uno de vosotros me va a entregar».

Jesús lo sabe todo y lo ve todo. Él estaba a cargo incluso de Su traición. Por eso le dijo a Judas: «... Tú lo has dicho». Y añadió: «... Lo que vas a hacer, hazlo más pronto» (Mat. 26:25 y Juan 13:27). Lo que Judas hacía, por supuesto, era traicionar y entregar a Jesús en manos de las autoridades romanas y judías que lo matarían doce horas después. No está claro si Judas esperaba que el Señor fuera ejecutado, pero, una vez más, Jesús ya había predicho Su propia ejecución innumerables veces en presencia de Judas. Ciertamente el Hijo estaba seguro de lo que venía. Se acercaba Su hora y el hombre que había puesto el reloj en marcha estaba sentado a Su lado. Ese hombre no tenía excusa para su traición. Incluso ahora, la expectativa de juicio creció como un gran peso sobre su cabeza.

Al infundir el simbolismo en el acto de comer el pan y beber el vino, Jesús estableció una comida para conmemorar una muerte sacrificatoria en que ofreció Su cuerpo y sangre a Dios en nombre del mundo.

Antes de despedir a Judas en su oscura tarea, Jesús instituyó una tradición sagrada conocida como la Cena del Señor. Tomó pan, lo partió y lo pasó entre los discípulos: «... Tomad, y comed; esto es mi cuerpo», dijo (Mat. 26:26). Luego,

Lavatorio de los pies, por Duccio. Jesús una vez más evadió toda expectativa al ponerse de pie y envolver una toalla en Su cintura. Luego vació agua en una vasija y lavó los pies de los sorprendidos discípulos.

Jesús pasó una copa de vino y dijo: «... Bebed de ella todos; porque esto es mi sangre del nuevo pacto, que por muchos es derramada para remisión de los pecados». (Mat. 26:27-28). Algunos han pensado que Jesús quiso decir que el pan y el vino se convirtieron en Su cuerpo y sangre (de manera literal) en esta comida, sin embargo, ninguno de los discípulos pensó esto, porque el Señor estaba sentado allí claramente distinto del pan y el vino que había repartido. Los discípulos tomaron las palabras de Jesús como Él quiso expresarlas: como un símbolo. Antes se había llamado a sí mismo una puerta, una enredadera y el camino. Ciertamente nadie tomó esas atribuciones en sentido literal. Más bien, las reconocieron como el tipo de herramientas de imágenes que utilizan todos los maestros efectivos. Al infundir el simbolismo en el acto de comer el pan y beber el vino, Jesús estableció una comida para conmemorar una muerte sacrificatoria en que ofreció Su cuerpo y sangre a Dios en nombre del mundo. Como los corderos de la Pascua que se comían en toda la ciudad, Jesús lo haría al ser «consumido» por aquellos por quienes murió. Una vez que se levantó de entre los muertos y ascendió al cielo, esta comida conmemorativa sirvió para celebrar el sacrificio que hizo por nosotros.

Los discípulos fueron privilegiados, a diferencia de todos los demás en la historia, pero lejos de permitir que esto engendrara arrogancia, se les ordenó servir a todas las personas con absoluta humildad.

Al decir que Su sacrificio representa un «nuevo pacto», Jesús quiso señalar que Él es el cumplimiento de los pactos que Dios hizo con Abraham, Moisés y David. Además, Él es el mediador total y final entre Dios y el mundo, un hecho que los discípulos aún no habían comprendido. Dadas estas credenciales y todo lo que estaba dispuesto a hacer por la humanidad, podemos esperar que Jesús exigiera que los discípulos lo sirvieran con sus pies y manos en Su última noche, sin embargo, Él evadió todas las expectativas al levantarse y envolver una toalla alrededor de Su cintura. Luego vertió agua en un recipiente y lavó los pies de Sus sorprendidos discípulos.

Los discípulos fueron privilegiados, a diferencia de todos los demás en la historia, pero, lejos de permitir que esto engendrara arrogancia, se les ordenó

Esta estructura del siglo XII está construida en el lugar tradicional del cuarto superior donde tuvo lugar la última cena

servir a todas las personas con absoluta humildad. Permite que Pedro exteriorice el pensamiento que todos los demás mantuvieron en secreto: «... No me lavarás los pies jamás...», protestó (Juan 13:8). También, manteniéndose fiel a la forma, Jesús regresó con una respuesta severa que preocupó a Pedro: «... Si no te lavare, no tendrás parte conmigo». ¡Al oír esto, Pedro prácticamente solicitó un baño completo! Había saltado de un extremo a otro, pero Jesús lo decepcionó con gentileza y le dijo que era suficiente lavarse los pies (Juan 13:10). El Señor hizo esto como un ejemplo para que ellos lo siguieran. Los discípulos fueron privilegiados, a diferencia de todos los demás en la historia, pero lejos de permitir que esto engendrara arrogancia, se les ordenó servir a todas las personas con absoluta humildad. El mismo Señor dio el ejemplo al lavar sus pies sudorosos y sucios.

Cuando salieron de la casa y se hizo de noche, Jesús guió a Sus discípulos en la tradición de cantar los Salmos 114–118: «A la presencia de Jehová tiembla la tierra, a la presencia del Dios de Jacob» (Sal. 114:7), cantaron mientras los pies del mismo Dios recorrían las calles de Jerusalén. «Nuestro Dios está en los cielos; todo lo que quiso ha hecho» (Sal. 115:3), gritaban cuando Jesús eligió caminar hacia la trampa desplegada para Él. «Clemente es Jehová, y justo; sí, misericordioso es nuestro Dios» (Sal. 116:5), cantaron mientras Jesús avanzaba para comprar justicia y compasión por la humanidad. «Alabad a Jehová, naciones todas; pueblos todos, alabadle» (Sal. 117:1), sonó al tiempo que Jesús pensaba en todos los que vendrían a Él para la vida eterna. «Desde la angustia invoqué a JAH, y me respondió JAH» (Sal. 118:5), cantó Jesús, incluso cuando sabía que el Padre lo abandonaría en el madero de la ejecución. Aun así: «Jehová está conmigo; no temeré lo que me pueda hacer el hombre» (Sal. 118:6), cantó Jesús.

VISTAZO DE CERCA

¿Fue la última cena una comida de Pascua?

Los autores de los Evangelios no pretendían darnos relatos cronológicos exactos de la vida de Jesús. Podríamos esperar lo contrario cuando leemos el propósito de Lucas en el capítulo 1, versículo 3 de su Evangelio. Ahí expresa que se propuso escribir «en secuencia ordenada» las cosas hechas por Jesús. Sin embargo, de la evidencia del Evangelio se desprende que Lucas se refería a secuencia lógica en lugar de cronológica. Por ejemplo, los Evangelios en muchos casos se organizan en torno a inquietudes temáticas o geográficas, no según una línea de tiempo. El resultado de este enfoque es que nos quedan dudas sobre muchas situaciones cronológicas en la vida de Jesús. La última cena es un ejemplo de ello. Mateo, Marcos y Lucas (los Evangelios Sinópticos) enseñan que la última cena fue la comida oficial de la Pascua que se realizó el jueves por la noche. Jesús fue crucificado al día siguiente, después de la Pascua, el viernes. Su resurrección ocurrió el domingo por la mañana. El Evangelio de Juan está de acuerdo en que fue crucificado el viernes y resucitado el domingo, sin embargo, parece diferir de los otros Evangelios al colocar la Pascua el viernes en lugar del jueves. Esto podría significar que Juan afirma que la última cena no fue estrictamente una cena de Pascua; también podría significar que Jesús fue crucificado el día de la Pascua en lugar del día siguiente, como lo tienen los Sinópticos. ¿Tenemos una contradicción entre Juan y los otros Evangelios? Algunos críticos han respondido que sí. Los defensores de la Biblia han señalado varias soluciones posibles.

Primero, si se tiene en cuenta que los autores no estaban preocupados de modo esencial por la cronología, se minimiza la importancia de las diferencias cronológicas entre los distintos relatos. Su énfasis estaba en decir la verdad sobre la persona y la obra de Jesucristo, no en proporcionar un calendario preciso de eventos. Estamos en peligro de revisar en demasía los relatos de los Evangelios si no tenemos en cuenta este punto.

En segundo lugar, algunos eruditos sugieren que Juan tiene razón al decir que la Pascua fue en viernes en el año en que Jesús fue ejecutado. Esto significaría que la última cena en los cuatro relatos de los Evangelios no fue una comida estándar de la Pascua, sino que fue una Pascua temprana celebrada solo por Jesús y Sus discípulos. Al saber que moriría al día siguiente, Jesús adelantó la comida 24 horas para que Él y Sus discípulos no perdieran esta última oportunidad de celebrar la Pascua juntos. La dificultad con este punto de vista es que los Evangelios Sinópticos no dan pistas de que la última cena del jueves por la noche fuera algo más que el evento estándar de la Pascua en toda la ciudad.

Tercero, es posible que Juan esté de acuerdo con los Evangelios Sinópticos en la última cena después de todo, aunque su lenguaje pueda llevar a la conclusión opuesta. Juan describe a los sacerdotes judíos con la intención de evadir la impureza ritual en la mañana del viernes cuando Jesús fue crucificado, de modo que estuvieran listos para comer la Pascua más tarde en el día (Juan 18:28). Esto parece indicar que Juan describe la Pascua como si hubiera caído en viernes en lugar de en jueves, pero como toda la semana fue parte del paquete del festival sagrado (por así decirlo), es posible que los sacerdotes ya hubieran comido la Pascua el jueves por la noche, sin embargo, deseaban permanecer ritualmente puros para algunas de las comidas complementarias que cayeron el viernes. Esta línea de argumentación persuade a innumerables estudiosos.

Cuarto, algunos observadores prefieren sugerir que Juan se ha alejado de modo consciente de la fecha exacta de los eventos para pintar un retrato teóricamente verdadero de Jesús como el cordero de la Pascua. Para hacer esto con el máximo impacto, cambia la fecha de la Pascua con el fin de que la ejecución de Jesús coincida con la hora en que murieron los corderos de la Pascua en toda la ciudad de Jerusalén (Juan 19:36). Si esta solución es correcta, Juan describe la Pascua como si fuera el viernes y no el jueves. En esta lectura, él no ha cambiado el significado final ni la veracidad de los acontecimientos esenciales. Ya sea que la última cena fuera o no una cena oficial de Pascua, es la comida en la que Jesús instituyó la Cena del Señor. Y si Él murió o no a la misma hora en que los corderos de la Pascua eran sacrificados, lo cierto es que se sacrificó por los pecados del mundo.

¿Cuál de estas soluciones es la mejor? Es difícil de responder. Cada una disfruta, al menos, de una plausibilidad modesta. Te sugiero que al comenzar tu búsqueda de resolución aprecies la importancia del primer punto mencionado antes.

Nota

1. Ver un acto similar por el rey Jehú en 2 Reyes 9:13.

La oración del huerto, por el Greco

CAPÍTULO 10

RONDAS NOCTURNAS

Después de la cena de Pascua mientras los ricos peregrinos se establecían por Jerusalén en casas de amigos bien posicionados o en selectas posadas, Jesús y Su grupo de hermanos salieron de las puertas de la ciudad, pasaron a través del valle de Kidron y luego ascendieron a la parte occidental a través de Jerusalén. El área se llamaba monte de los Olivos. En su ladera se ubicaba un denso bosque de olivos y una prensa de aceite que todos conocían como el jardín de Getsemaní. Este fue su lugar habitual durante la semana de la Pascua. Cuando llegaron, Jesús redujo una vez más el grupo a Su círculo íntimo con Pedro, Jacobo y Juan. A estos los tomó y los llevó más adentro del bosque para orar, mientras que a los ocho restantes les pidió que esperaran.

El jardín de Getsemaní. Jesús y Sus discípulos pasaban las noches aquí durante la semana de festividades.

Cuando se abrió camino hacia el corazón de la oscuridad de

Getsemaní, Jesús sintió Su tarea con más intensidad que nunca. Olas de horror y estrés cayeron sobre Él. A Su trío de confianza le dijo: «Mi alma está muy triste, hasta la muerte; quedaos aquí y velad» (Mar. 14:34). Quería que estuvieran vigilantes y en oración. En ese momento se formaba una turba en la ciudad; el nombre de Jesús estaba en los labios de hombres hostiles. Como el Señor conocía esto y otras innumerables circunstancias que comenzaban a fusionarse, avanzó unos pasos y cayó como una piedra al suelo. Estaba solo con el Padre, de cara al suelo ante el precipicio de un gran abismo. Odio, inmundicia, mentiras, asesinatos, adulterios, orgullo: el alcance más bajo de la maldad del mundo pronto se abriría para recibirlo. Después de eso vendría el juicio del Dios santo. Al vislumbrar esa realidad, el Hijo sin pecado gritó: «... Abba, Padre, todas las cosas son posibles para ti; aparta de mí esta copa; mas no lo que yo quiero, sino lo que tú» (Mar. 14:36). Pero el Padre no haría esto. Jesús lo sabía bien, y por eso admitió: «... mas no lo que yo quiero, sino lo que tú». Al elegir someterse a la voluntad del Padre, Jesús demostró que estaba al mando de Su viaje a la cruz. Ninguno de Sus pasos se desvió, ni siquiera cuando Sus enemigos, el diablo, la élite religiosa y los romanos, le dieron la oportunidad de cambiar de dirección y escapar de la ejecución. La verdad inevitable es que Jesús buscó la cruz. Pero esto no fue un suicidio; sino un sacrificio. Había venido voluntariamente a dar Su vida, pero ahora que se acercaba el momento de ofrecerse, necesitaba la mano de Su Padre para sostenerlo.

Cristo en el monte de los Olivos (Agonía en el jardín de Getsemaní), por Mantegna

Después de una hora con Su Padre, Jesús se levantó de la oración y regresó a los tres. Durante la comida de la Pascua unas horas antes, Jesús había predicho que Pedro lo negaría tres veces antes de la mañana. Con una ferviente declaración el discípulo negó que esto pudiera suceder. Dijo que sería fiel hasta el final, incluso si todos los demás desaparecieran. La mañana estaba a pocas horas de distancia. El amanecer probaría de quién era la predicción correcta. De todos los hombres, entonces, Pedro tenía motivos para superar la fatiga y mantenerse vigilante. Sin embargo, Jesús lo encontró dormido, él había pasado así toda la noche junto con los otros dos: «... ¿No has podido velar una hora? Velad y orad, para que no entréis en tentación; el espíritu a la verdad está dispuesto, pero la carne es débil» (Mar. 14: 37-38). Jesús luego se volvió a la oración y reiteró lo que ya había pedido antes: «... Padre mío, si no puede pasar de mí esta copa sin que yo la beba, hágase tu voluntad» (Mat. 26:42). Después de

Padre mío, si no puede pasar de mí esta copa sin que yo la beba, hágase tu voluntad.

esto, encontró a Pedro y sus compañeros que dormían en la hora de la guardia. Estos hombres habían sido los compañeros de Jesús por más de tres años. Habían visto más maravillas que los otros discípulos. Cuando Jesús resucitó a la hija de Jairo ya fría y sin fuerza de entre los muertos, Pedro, Jacobo y Juan estuvieron allí y presenciaron el milagro. Cuando Jesús se transformó en la cima de una montaña mientras Moisés y Elías lo visitaban desde el reino invisible, Dios Padre envolvió a estos mismos tres hombres en una nube de gloria y habló las revelaciones de Su Hijo. Ellos habían visto estos y un centenar de otros actos milagrosos. Sin embargo, en la hora de la necesidad más crítica de Jesús, eligieron dormir en lugar de vigilar, un servicio a sí mismos en lugar de apoyo para el Señor. Al ver esto, Jesús se alejó para orar solo una vez más. Cuando terminó, supo que se acababa el tiempo. Regresó a los discípulos que dormían y dijo: «... Basta, la hora ha venido; he aquí, el Hijo del Hombre es entregado en manos de los pecadores. Levantaos, vamos; he aquí, se acerca el que me entrega» (Mar. 14:41-42).

Cristo en el huerto de los Olivos, por Goya

El beso al Hijo

Judas conocía el camino. Después de todo, él había estado aquí con Jesús en innumerables ocasiones. Mientras se abría paso a través de la arboleda iluminada por la luna, seguía un sendero familiar. La multitud que se deslizaba detrás de él confiaba en que esto era así. Había mucho en juego como para cometer errores. La popularidad de Jesús había alcanzado un punto crítico. Si hubiera mantenido el mismo rumbo, toda la ciudad habría corrido pronto tras el movimiento mesiánico. Por esta razón los líderes religiosos solicitaron la ayuda de Roma, que les otorgó más de 200 soldados de las barracas temporales ubicadas en el castillo de Antonia. Estos hombres, entrenados para evitar disturbios durante festivales judíos llenos de emoción, se unieron a un grupo de judíos que habían sido sacados de sus deberes como guardias del templo.

La popularidad de Jesús había alcanzado un punto crítico. Si hubiera mantenido el mismo rumbo, toda la ciudad habría corrido pronto tras el movimiento mesiánico.

La captura de Cristo, por Caravaggio. Un gran número de esos en la multitud no tuvieron una clara visión del beso de Judas, era la señal acordada para identificar a Jesús.

Juntos recibieron una orden: encontrar al Nazareno ahora y callarlo.

Por eso Judas les fue útil. En lugar de marchar por toda la ladera de la colina y agitar así al resto de los peregrinos que estaban acampados en las cercanías, con la ayuda de Judas, pudieron concentrarse en el supuesto blasfemo y arrastrarlo sin mucha conmoción. Y así, los soldados, la guardia del templo y los afiliados sacerdotales que se amontonaron, avanzaban lentamente, con antorchas en alto mientras observaban cada señal de Judas. Entonces se detuvo. Había espiado al Hijo del Hombre con Su banda de revolucionarios. Judas interrumpió a Jesús mientras Él todavía despertaba a Sus discípulos adormecidos. Los soldados y la guardia aún seguían llegando cuando Judas se apresuró y le dio un beso de saludo a Jesús: «... ¿Judas, ¿con un beso entregas al Hijo del Hombre?», preguntó el Señor (Luc. 22:48). Por un momento nadie se movió ni habló. Jesús estaba con Judas y el resto de los discípulos en un nudo que se contraía cada vez más fuerte cuando varios cientos de hombres se formaron alrededor de ellos. Un gran número de los que estaban en la muchedumbre no habían tenido una visión clara del beso de Judas, que era la señal con que identificaría a Jesús. No se pudo tomar ninguna acción hasta que supieran con certeza cuál era Jesús. Por último, el Señor pasó a través de Sus discípulos estupefactos y se ofreció a sí mismo al preguntar: «... ¿A quién buscáis? Y ellos dijeron: A Jesús nazareno» (Juan 18:4-5). A esto Jesús les respondió: «... yo soy...» (Juan 18:8). Más literalmente, las palabras de Jesús se traducen solo como «Yo soy». Para los judíos reunidos allí, esta respuesta recordó las palabras con que Dios se había identificado ante Moisés: «... YO SOY EL QUE SOY. Y dijo: Así dirás a los hijos de Israel: YO SOY me envió a vosotros» (Ex. 3:14). Aquí, bajo las ramas nudosas de un olivo, Dios mismo dio un paso adelante y se rindió ante el arresto. Esto era más de lo que podían manejar. En masa, se tambalearon hacia atrás y cayeron al suelo cuando Jesús dijo: «Yo soy». Dios el Hijo

El beso de Judas, por Giotto

había hablado, y aunque ninguno de Sus asaltantes lo adoró, se vieron obligados a inclinarse ante la revelación de la identidad divina.

Una vez que recuperaron sus sentidos, Jesús preguntó una vez más a quién buscaban. Ellos le dijeron lo mismo que antes, y Jesús respondió: «... Os he dicho que yo soy...» (Juan 18:8). Se adelantaron ahora y lo detuvieron. Él preguntó: «... ¿Como contra un ladrón habéis salido con espadas y con palos para prenderme? Cada día me sentaba con vosotros enseñando en el templo, y no me prendisteis» (Mat. 26:55). Las acciones de Jesús habían sido públicas y bien recibidas por muchas personas, pero en respuesta, los líderes religiosos desplegaron una multitud nocturna para hacer en secreto lo que temían ejecutar a la luz del día. En un mundo al revés, la cobardía triunfó sobre la inocencia y la integridad, pero Jesús no se inmutó. El plan divino estaba bien encaminado. «Mas todo esto sucede, para que se cumplan las Escrituras de los profetas...», dijo (Mat. 26:56).

El prendimiento de Cristo, por Fra Angélico

Dios ordenó los problemas de esa noche, pero esto era demasiado alto para que la mente de Pedro lo entendiera. Lo que pudo captar fue su necesidad de redención. Ya le había fallado a Jesús cuando se durmió en la vigilia. Las predicciones de su negación eran ahora las más importantes en su mente. Sintió que todos los ojos estaban sobre él y observaban su caída. Era el momento de actuar.

Cerca de allí estaba otro hombre que sentía que lo vigilaban. Era Malco, siervo del sumo sacerdote. Ante la presencia de varios sacerdotes principales, es probable que Malco haya sido el primero en atrapar a Jesús, y hacer gala de su lealtad al sacerdocio al colocarse al frente y en el centro del arresto del alborotador galileo. Era inevitable que el entusiasmo de Malco y la desesperación de Pedro se encontraran. Pedro, entrenado para manejar redes en lugar de espadas, sacó su espada e hizo un movimiento de apuñalamiento al azar que cortó la oreja de Malco. Los discípulos poseían una espada más entre ellos. No se nos dice quién la sostuvo, pero el cielo mismo debe haberla congelado en su vaina para evitar un desastre en este momento crítico. Los soldados, tensos, rodearon a Pedro, pero mantuvieron la calma porque Jesús desvió Su atención. Recuperó la oreja cortada de Malco y le tocó la cabeza, restaurando lo que le habían robado. También reprendió con severidad a Pedro: «... todos los que tomen espada, a espada perecerán» (Mateo 26:52). Jesús les recordó que, si lo deseaba, podría llamar a 72 000 guerreros angelicales a la ladera y terminar Sus problemas en un instante.

Conciencia, Judas, por Nikolaj Nikolajewitsch

¿Podría un hombre así realmente necesitar un grupo de pescadores y recaudadores de impuestos que blandieran espadas para Su protección? Además, la Escritura predijo estos eventos. Nada podría interponerse en el camino de su cumplimiento (Mat. 26:54).

Los discípulos escaparon a la oscuridad cuando los soldados se llevaron a Jesús. Como suelen hacer los seres humanos cuando todo se complica demasiado, ellos solo corrieron. ¿Qué sucedió con Judas? Había abandonado a su maestro y a los hombres a quienes acompañó por varios años. Para los sacerdotes y los soldados era solo una herramienta cuyo único uso había llegado a su fin. Lo desecharon sin siquiera una segunda mirada. La Escritura no nos informa lo que hizo Judas cuando todos los demás se fueron por la ladera de la colina, pero me lo imagino de pie en el lugar donde besó al Señor, mirando a los discípulos que desaparecían cuesta arriba y a los soldados que escoltaban colina abajo, a la luz de las antorchas, al Maestro a quien había traicionado. Allí Judas se quedó solo en la oscuridad, sin pertenecer a ningún lugar ni a nadie.

Preguntas en la oscuridad

Cuando los discípulos huyeron, los soldados ataron a Jesús y lo escoltaron a una reunión con Anás. Este había sido sumo sacerdote casi 20 años antes y luego le sucedió su yerno, Caifás. Al igual que el resto de los sacerdotes vivos que alguna vez presidieron como sumos sacerdotes, Anás tenía una influencia constante en Israel. Era como un viejo sabio asentado en la cima de la montaña. La gente acudía a él para solicitarle consejo en un apuro. Este era un apuro, si alguna vez hubo uno. Jesús, obrador de milagros, predicador, profeta, y perturbador del orden religioso, había sido arrestado en mitad de la noche. ¿Qué debía hacerse? ¿Había llegado el punto de no retorno? La sabiduría debe mostrar el camino a seguir en esas horas, y así como Caifás y los sacerdotes gobernantes del sanedrín fueron llamados de sus camas, el sabio Anás tomó la primera luz que iluminaba el camino (Juan 18:12-14,19-23). Como este no era un procedimiento oficial, Anás fue informal en su método. Él le hizo preguntas básicas a Jesús sobre Sus enseñanzas y Sus discípulos. Era como si nunca hubiera oído hablar del nazareno antes (Juan 18:19). En apariencia, Jesús encontró las preguntas sin sentido. Su respuesta lo llevó a decir: ¿Por qué preguntas esto? Mis enseñanzas han sido públicas, no clandestinas (vv. 20-21). Al escuchar la modesta y breve respuesta de Jesús, uno de los guardias del templo se acercó y lo abofeteó: «... ¿Así respondes al sumo sacerdote?» (Juan 18:22). Impávido, Jesús se mantuvo firme: «... Si he hablado mal, testifica en qué está el mal; y si bien, ¿por qué

Anás guardó la compostura y envió al prisionero a Caifás, encadenado y prevenido de que sería difícil encontrar justicia para Él esa noche.

La negación de San Pedro, por Rembrandt

me golpeas?» (Juan 18:23). Anás se dio cuenta de que nada más se podía hacer allí, excepto rendirse a la tensión y golpear a Jesús tontamente antes de que llegara el juicio. De este modo, Anás guardó la compostura y envió al prisionero a Caifás, encadenado y prevenido de que sería difícil encontrar justicia para Él esa noche.

Mientras el juicio de Jesús ante Caifás comenzaba, Pedro enfrentó su propia ronda de preguntas hostiles. Él y otro seguidor de Cristo (casi con seguridad Juan) se habían atrevido a regresar de su huida inicial para seguir el arresto a distancia. El compañero de Pedro conocía a Caifás personalmente, por lo que fue admitido en el patio de inmediato y llegó cerca de la habitación donde interrogaban a Jesús. Sin duda escuchó con atención y, por lo tanto, pudo registrar el juicio para la posteridad. En cuanto a Pedro, al principio lo dejaron afuera, donde el portero le hizo varias preguntas: «... ¿No eres tú también de los discípulos de este hombre?...» (Juan 18:17). Pedro negó esto con vehemencia hasta que por fin le permitieron entrar al patio. Una vez dentro, se movió para calentarse en el fuego alrededor del cual se encontraban esclavos y guardias del templo que escuchaban a escondidas el juicio de Jesús y discutían los notables eventos de la noche. Al aventurarse a estar cerca del fuego, Pedro saltó del sartén a las brasas. La atenta multitud pronto lo identificó como un discípulo de Jesús. Una vez más juró lo contrario, pero fue en vano. Uno de ellos había estado en Getsemaní cuando se desarrollaron los eventos esa noche. Tomó especial atención de lo que sucedió allí porque su pariente, el esclavo Malco, había sido herido y curado en el lapso de unos momentos. Este hombre pudo identificar a Pedro al lado de Jesús sin lugar a duda (Juan 18:26). Además de lo anterior, estaba el acento de Pedro. No había duda de que él era un galileo, no un urbanita. Presionado ahora por tercera vez, Pedro desató su pasión habitual. Con maldiciones y juramentos aseguró que no conocía a Jesús (Mat. 26: 74). Fuera de las murallas de la ciudad un gallo cantó dándole la bienvenida al día siguiente. Su sonido atravesó el alma de Pedro y le recordó las palabras que Jesús había dicho esa noche (Mar. 14:30). Huyó de la vista de todos y lloró como pocos hombres han llorado.

VISTAZO DE CERCA

Orden y secuencia en los juicios de Jesús

No es posible ni necesario establecer una secuencia de eventos absolutamente segura para los juicios de Jesús. Cada evangelista escribió de acuerdo con sus propios ángulos e intereses. Las cosas que Juan encontró significativas no se mencionan por completo en los Evangelios Sinópticos y viceversa. Como hemos dicho antes, los escritores de los Evangelios no estaban obligados a relatar todo lo que sabían. Cada escritor disfruta de la libertad de narrar eventos seleccionados. Esto es verdad hoy, y fue igual de verdadero hace 2000 años. Y así, por ejemplo,

Mateo puede afirmar con razón: «Los que prendieron a Jesús le llevaron al sumo sacerdote Caifás, adonde estaban reunidos los escribas y los ancianos» (Mat. 26:57). Omite por completo el evento intermedio mencionado por Juan, que es el viaje para ver a Anás (Juan 18:12-13). Al parecer, Mateo quería ir directo a la escena con Caifás, un hombre de mayor influencia, ya que era el sumo sacerdote reinante. ¡Que Mateo no mencione a Anás, no significa que no supiera nada sobre él ni que lo haya negado alguna vez! Además, la noche de los juicios de Jesús fue caótica, y las autoridades judías y romanas no lo juzgaron de la manera habitual. Toda la serie de eventos fue azarosa e improvisada. Los líderes judíos se apresuraron a llevar a Jesús bajo las ruedas de la injusticia antes de que Su considerable grupo de seguidores pudiera hacer que esta situación se volviera a Su favor. Cuanto antes pudieran lograr que lo acusaran, lo humillaran y lo condenaran, mayores eran sus posibilidades de acabar con el movimiento que había creado. Las irregularidades y la brusquedad repentina de las vivencias de Jesús se reflejan en los relatos del Evangelio. Si bien esto dificulta que los cuatro Evangelios se unan a la perfección, también nos brinda cuatro visiones distintas de la misma realidad: Jesús fue injustamente acusado, juzgado y condenado a morir.

Bajo juramento ante el Dios vivo

Cuando se reunieron con toda su fuerza, el número de los sacerdotes y los escribas que formaban el sanedrín era 70. En las primeras horas de un viernes por la mañana se reunieron para juzgar al Señor. Mateo y Marcos explican que desde el principio el sanedrín planeaba condenar a muerte a Jesús. La justicia fue desechada. Solo querían pruebas incendiarias que justificaran su propósito, por lo que recibieron a una serie de testigos que contaron historias sobre Jesús, pero sus palabras no coincidían. Ni siquiera pudieron sincronizarse al relatar la escandalosa declaración de Jesús sobre derribar y reconstruir el templo (Mar. 14:59; Juan 2:19-21).

Cristo ante Caifás, por Giotto

Frustrado por la ineptitud de su propio tribunal irregular, Caifás tomó el mando y trató de colgar a Jesús con sus propias palabras. Primero cuestionó: «...¿No respondes nada? ¿Qué testifican éstos contra ti?» (Mar. 14:60). Jesús se negó a responder, y entonces Caifás se dirigió directamente al corazón del asunto: «... Te conjuro por el Dios viviente, que nos digas si eres tú el Cristo, el Hijo de Dios» (Mat. 26:63). No dispuesto a deshonrar a Dios, Jesús reconoció que Él era el Mesías: «... Tú lo has dicho[...]. Yo soy» (combinación de Mat. 26:64a; Mar. 14:62). Jesús continuó y señaló: «... que desde ahora veréis al Hijo del Hombre sentado a la diestra del poder de Dios, y viniendo en las nubes del cielo» (Mat. 26:64b). En esta respuesta, Jesús ha fusionado Daniel 7:13-14 y Salmos 110:1, lo que resulta en un claro reclamo de la Deidad. El punto no era desconocido para Caifás. Se irguió y se rasgó la ropa en señal de ira: «... ¡Ha blasfemado! ¿Qué más necesidad tenemos de testigos?...», gritó (Mat. 26:65). La estratagema de Caifás había funcionado. Bajo juramento ante Dios, Jesús habló con honestidad y, por lo tanto, se «incriminó» a sí mismo al confesar Su Deidad. La asamblea gritó su veredicto: muerte al blasfemo. Algunos de ellos comenzaron a abusar de Jesús con golpes, bofetadas y escupidas. Las opiniones tradicionales judías sobre el Mesías incluían la expectativa de que Él juzgaría solo por el sentido del olfato (una creencia que surgió de una mala interpretación de Isa. 11:3). Y así le vendaron los ojos a Jesús y lo golpearon un poco más: «... Profetízanos, Cristo, quién es el que te golpeó» (Mat. 26:68).

Como nación sujeta a la voluntad de los ocupantes romanos, Israel no tenía el derecho de imponer la sentencia de muerte contra sus ciudadanos.

Los abusos y las burlas continuaron hasta el amanecer cuando el sanedrín emitió su juicio oficial. Como nación sujeta a la voluntad de los ocupantes romanos, Israel no tenía el derecho de imponer la sentencia de muerte contra

Cristo ante Pilatos, por Munkácsy

Modelo de la fortaleza Antonia, donde Jesús fue juzgado por Pilato. Foto: HolyLandPhotos.org.

sus ciudadanos. Así, Jesús fue enviado a juicio ante Pilato, el gobernador romano.

Silencio y confesión

La mirada de Pilato se desviaba siempre fuera de las paredes de su complejo, no solo tras las mujeres y el oro, sino también tras otros puestos cívicos. Pilato no era aficionado a los judíos ni a Jerusalén y habría preferido una asignación entre los gentiles liberales. Antes, en su carrera, permitió que su angustia se tradujera en crueldad abierta e insensibilidad hacia sus súbditos. Este tipo de comportamiento le trajo algunos enemigos entre judíos y romanos por igual, lo que lo obligó a atenuar sus represiones y a caminar con mayor cautela para cuando Jesús fue traído ante él. Esto no quiere decir que era un hombre genuinamente reformado. Más bien, aprendió a expresar su crueldad con medidas sutiles que no arriesgaran su vacilante posición de gobernador. Ya no podía hacer alarde de su dominio sobre los judíos, pero tampoco llevaría a cabo todos sus caprichos.

Estas tensiones salieron a la superficie cuando los judíos arrastraron a Jesús al cuartel general de Pilato esa mañana. Juan nos informa que los sacerdotes y los ancianos se negaron a entrar con Pilato, porque no querían volverse ritualmente impuros al entrar en el lugar donde moraba un gentil (Juan 18:28). Sin duda esto puso nervioso al gobernador; debido a las peculiaridades judías, tenía que salir a ellos. ¿Quién es el amo y quiénes los súbditos aquí? Cuando llegó a ellos, preguntó qué cargos se presentaban contra Jesús. Ellos respondieron: «... Si éste no fuera malhechor, no te lo habríamos entregado»

Hoy se encuentra una escuela en el sitio de la fortaleza Antonia. Foto: HolyLandPhotos.org.

(Juan 18:30). Los judíos esperaban que Pilato solo apoyara su fallo y pasara a Jesús a la ejecución. «No nos molesten con las preguntas», eso dijeron en esencia. «Solo queremos al hombre muerto». Pero no sería tan sencillo. Al carecer del poder para ejecutar criminales, los judíos se vieron obligados a defender su caso allí en la entrada de la sede de Pilato. Buscaron una táctica ganadora al argumentar que las afirmaciones mesiánicas de Jesús representaban una amenaza para la soberanía romana y la seguridad nacional. Cuando Jesús se negó a responder a esta acusación, Pilato dejó a los judíos de pie afuera y llamó al Señor para que entrara a sus aposentos donde pudiera interrogarlo en privado: «... ¿Eres tú el Rey de los judíos?...» (Mat. 27:11). «... Tú lo dices», respondió Jesús (Luc. 23:3). Al darse cuenta de que Pilato no entendería la naturaleza de Su reino, Jesús explicó: «... si mi reino fuera de este mundo, mis servidores pelearían para que yo no fuera entregado a los judíos...» (Juan 18:36). Además, Jesús dijo que vino al mundo a decir la verdad. «... Todo aquel que es de la verdad, oye mi voz» (Juan 18:37). Esto provocó la famosa réplica de Pilato, «... ¿Qué es la verdad?» (Juan 18:38). Los judíos de afuera ciertamente no lo sabían. Tampoco Pilato cuando regresó a donde estaban reunidos los sacerdotes. Les preguntó si Jesús era de Galilea. El acento debió sugerirle esto.

Cristo y Pilato, por Nikolajewitsch

Al enterarse de que Jesús era en realidad galileo, Pilato decidió enviarlo ante Herodes Antipas, un hijo de Herodes el Grande. Este Herodes era prefecto sobre el territorio galileo, y se encontraba en la ciudad para las festividades. No era amigo de Pilato. Enviar a Jesús era un golpe en el costado de Herodes. ¡Deja que Herodes arregle este lío! Irónicamente, sin embargo, la acción de Pilato terminó por forjar un vínculo de amistad entre él y Herodes (Luc. 23:12). Resulta que este último siempre había querido encontrarse con Jesús. Pilato, sin advertirlo, le envió un regalo! Sin embargo, los motivos de Herodes para dar la bienvenida a Jesús fueron menos que impresionantes. Lo que quería era un espectáculo de magia (Luc. 23:8). Esperó que Jesús actuara, pero Él permaneció en silencio mientras Herodes intentaba sacarle el poder. Los judíos también estaban allí, continuaban su campaña de difamación. Por último, Herodes y sus soldados se aburrieron y tuvieron el mismo tipo de comportamiento inicial que Caifás y el sanedrín habían mostrado. Se burlaron de Jesús y lo vistieron con una túnica real para Su viaje de regreso a Pilato.

Cristo ante Pilatos (arriba), y ante Herodes (abajo), por Duccio

La libertad de los rebeldes

Después de recibir a Jesús de regreso de Herodes, Pilato lo ofreció a la multitud que se había reunido fuera de la sede. Todavía era temprano por la mañana en este momento. La mayor parte de Jerusalén no tenía idea de que Jesús había sido arrestado y era juzgado. Por esta razón, la multitud afuera estaba compuesta casi por completo por los enemigos de Jesús. Miembros del sanedrín, la guardia del templo, una variedad de ancianos y escribas y ciudadanos que apoyaban el establecimiento religioso. Estas personas se agruparon en la puerta e instaron a Pilato a ratificar la sentencia de muerte para Jesús. A esta multitud, Pilato dijo: «... Yo no hallo en él ningún delito. Pero vosotros tenéis la costumbre de que os suelte uno en la pascua. ¿Queréis, pues, que os suelte al Rey de los judíos?» (Juan 18:38-39). Nunca fue una oferta razonable, como se puede ver. Las pirañas se habían reunido para alimentarse, no para perdonar.

Mientras tanto, la esposa de Pilato envió un mensaje urgente. El mensaje llegó a Pilato cuando se sentaba en el tribunal que estaba situado en el patio, lo que le permitía llevar a cabo una audiencia con los judíos. «... No tengas nada que ver con ese justo... —decía la nota—, ...porque hoy he padecido mucho en sueños por causa de él» (Mat. 27:19). Cuando Pilato leyó la nota, los principales sacerdotes y los ancianos de los judíos incitaban a la multitud a defender a un revolucionario prisionero llamado Barrabás. Persuadieron a los que dudaban, y pronto toda la multitud gritó a Pilato: «¡... Suéltanos Barrabás!» (Luc. 23:18). Pilato, desconcertado por la nota de su esposa y convencido de que Jesús era inocente, preguntó qué debía hacer con Él. «...¡Crucifícalo!» (Luc. 23:21), gritaban una y otra vez, y ahogaban las objeciones de Pilato. La multitud quería sangre. Pilato evaluó la situación en un instante. Por inocente que fuera Jesús, él juzgó mejor condenar al inocente que causar un motín a gran escala por ofrecerle el perdón. Además, sabía que tal perturbación significaría el final de su reinado. Al ver que la multitud estaba al borde de la violencia, hizo que sus sirvientes buscaran un recipiente con agua. A la vista de todos, lavó sus manos en el tazón como una señal de que se desligaba de toda la suciedad y de la culpa por la condena de Jesús: «... Inocente soy yo de la sangre de este justo... —dijo—, ... allá vosotros» (Mat. 27:24). Dejó libre al rebelde Barrabás, pero, en concesión a los judíos, entregó a Jesús para que los soldados lo azotaran. La flagelación consistía en 40 latigazos con un flagelo, un látigo cuyos cordones de cuero estaban cargados con fragmentos de hueso dentado y metal. El soldado que manejaba el látigo lo arrojaba de tal manera que enrollara las cuerdas alrededor del torso de la víctima. Esto permitía que los fragmentos se hundieran en la carne. Luego tiraba con violencia hacia atrás, desenrrollaba los cordones y provocaba que la carne se rasgara cuando las astillas se desprendían de los lugares donde se habían incrustado. Tan severas eran las heridas de flagelación que, en ocasiones, las víctimas morían antes de que se pudieran administrar nuevos castigos. Jesús logró vivir a pesar de los azotes, pero los soldados no estaban complacidos con el daño hecho. Torcieron en forma de corona una enredadera de espinas, posiblemente de palmeras datileras que producen púas de hasta 12 pulgadas (30 cm) de largo. Esto lo metieron en la carne de la cabeza de Jesús: «...¡Salve, Rey de los judíos!...», dijeron cuando se inclinaron ante Él y lo maltrataron (Juan 19:3). Le cubrieron los hombros con la túnica que Herodes le había dado y luego lo exhibieron ante Sus acusadores. Tal vez Pilato creyó que esta visión de sufrimiento aplacaría a la multitud y los incitaría a replantearse su llamado a la muerte, pero esto solo incitó más su odio. Pilato luego sugirió que ellos mismos debían crucificar a Jesús, aunque sabía que no tenían el derecho de hacerlo (Juan 18:31). Los judíos respondieron que, de acuerdo con su ley, Jesús debía morir ya que Él se había llamado a sí mismo el Hijo de Dios (Juan 19:7). Esta conversación alarmó a Pilato y le recordó la advertencia de su esposa. Todos los pueblos antiguos creían que Dios hablaba a través de los sueños.

Pilato se lava las manos, por Maes. Pilato hizo que le trajeran una vasija con agua. En vista de toda la multitud sumergió sus manos en la vasija e hizo como si se librara de la culpa.

Pilato se preguntaba si Dios había hablado a su esposa sobre Jesús. Con estos pensamientos en mente, tuvo una nueva entrevista privada con el Señor: «... ¿De dónde eres tú?...», le preguntó (Juan 19:9). Tenía que saberlo, estaba desesperado por saberlo. Ahora estaba más cerca que nunca de liberar a Jesús. Solo necesitaba algunas respuestas satisfactorias, pero Él no las daba. La Biblia no explica por qué Jesús guardó silencio aquí, sin embargo, es probable que haya sentido que todo se había reducido a una punta fina como una aguja. Si Pilato se resistía a condenarlo, la turba asaltaría la ciudadela, destrozaría a Jesús y evitaría así varias profecías que predecían un final diferente. Él debía morir en el madero (Deut. 21:22-23), ser atravesado por las transgresiones del mundo (Isa. 53:5), llevado a la ejecución formal (Isa. 53:7-8), era preciso que Su sangre se derramara para las naciones (Isa. 52:15), debía mantener la boca cerrada en los momentos en que una palabra equivocada podría ganar Su libertad (Isa. 53:7), era necesario que muriera por decreto religioso oficial en lugar de por la acción de una turba (Isa. 53:4), necesitaba ser víctima de procedimientos judiciales sesgados (Isa. 53:8), ser asesinado junto con criminales (Isa. 53:9) y ser enterrado en la tumba de un hombre rico (Isa. 53:9).

La flagelación de Cristo, por Rubens. El flagelador era un látigo con correas de cuero cargado de puntas de metal y hueso.

Ecce Homo, por Ciseri

Nada de esto se habría cumplido si Jesús hubiera muerto en el patio de Pilato. Así, el Hijo del Hombre permaneció en silencio en los momentos más cruciales. Sin embargo, sí le permitió a Pilato saber que no tenía poder que no fuera dado por el cielo (Juan 19:11). Los tronos son otorgados a los seres humanos por el mismo cielo, y toda autoridad terrenal es de segundo orden. Hay uno mayor que Pilato, y ante Él responderán algún día todos los involucrados en esta catástrofe.

Pilato salió de esta entrevista casi en pánico. Hizo «todos los esfuerzos» para liberar a Jesús, pero los judíos le gritaron que era un traidor al César por haber considerado tales deseos (Juan 19:12). Si César se enterara de que Pilato había despedido al supuesto Rey de los judíos, él destituiría enseguida al gobernador. La cabeza de Pilato pendía de un hilo en este punto. Su mañana había salido mal desde el principio. Ahora, un hombre enigmático y es posible que sobrenatural, se encontraba ante él condenado a morir por delitos inventados. La elección de Pilato fue entre la justicia y la conveniencia. Fiel a su carácter, eligió la conveniencia: «¡Aquí está su rey!», anunció mientras se rendía ante el estado de ánimo que se desarrollaba ante él. Para satisfacción de la multitud, entregó a Jesús para ser ejecutado.

A estas alturas es probable que Barrabás ya hubiera sido liberado. Podemos imaginarlo mientras daba vueltas por el lugar, hacía y respondía preguntas y parpadeaba con fuerza ante la luz de una libertad que no había previsto. Solo merecía la muerte, pero Jesús ganó para él su libertad. Ahora considera que tú y yo caminamos con Barrabás ese día, liberados de cadenas cuyos lazos nunca podríamos romper. En la liberación de este rebelde, todos los rebeldes de todos los tiempos son liberados. O al menos se les ofrece esa oportunidad. Veremos más sobre esto en los capítulos siguientes. Por ahora, Jesús era llevado a una colina abandonada por Dios fuera de las puertas de la ciudad. Lo que sucedió allí y en una tumba cercana es el tema central de la parte III de nuestro libro.

PARTE III
LA CRUZ DE JESÚS

CAPÍTULO 11

EL MADERO MALDITO

En algún lugar de la niebla de la historia antigua, un hombre desamparado y olvidado, culpable de algún crimen atroz o posiblemente víctima de uno, se convirtió en el primer sujeto de crucifixión. Aún podría haber estado vivo y asustado cuando las manos de los ejecutores lo colocaron en el madero. O tal vez ya estaba ensangrentado y muerto, erigido en lo alto para las burlas *post mortem* en el lugar de la ejecución. De la manera que haya comenzado, el historiador griego Heródoto, que viajaba por el mundo, se topó con el espectro de la crucifixión en la Persia del siglo V, donde supo que se había practicado al menos desde el siglo VI a.C., cuando el rey Darío ejecutó a 3000 babilonios de esta manera. También sabemos que los bárbaros celtas de

Mensajeros escitas se encuentran con el rey persa Darío I. por Smuglewicz. Quinientos años antes de Jesús, el rey Darío de Persia crucificó a miles de sus enemigos.

Irlanda y Gran Bretaña practicaron la crucifixión desde el año 100 a.C., ya que otro inquieto sabio griego, Posidonio, estuvo entre ellos y observó que se utilizaba como un medio para sacrificar humanos a dioses hambrientos de carne. Si se conociera la historia completa de la crucifixión, es probable que descubriéramos que se remonta más allá de los celtas itinerantes y de los famosos reyes persas; quizás apareció en forma rudimentaria cerca del alba de la historia cuando los seres humanos reflexionaron por primera vez en cómo podrían avergonzar a sus enemigos.

Los propósitos y los métodos de la crucifixión variaban en gran manera. Los temas comunes fueron madera, elevación, humillación, sufrimiento y muerte. En ocasiones se utilizaban árboles vivos y en otros casos, los postes con vigas cruzadas se enterraban en la tierra y proporcionaban así un armazón en que los cuerpos estirados podían colgar en alto como espantapájaros. Si la víctima era asesinada antes de que la sujetaran a las vigas, la dejaban pudrirse bajo el sol como un símbolo de su vergüenza y como una advertencia a otros presuntos delincuentes. Si, por otro lado, todavía estaba vivo cuando lo colocaban en el madero, es probable que permaneciera así durante días. Al principio sus gritos serían vigorosos mientras buscaba la misericordia en cada rostro alzado. Luego, a medida que pasaban las horas, solo se podían escapar pequeñas súplicas de sus labios agrietados. De esta manera podría continuar con vida porque las heridas de la crucifixión eran dolorosas, pero no fatales. La muerte llegaba de forma lenta por deshidratación, fatiga y dificultad respiratoria. En algunos casos las víctimas estaban clavadas en el lugar con puntas de hierro que medían hasta nueve pulgadas de largo. Esto provocaba un sangrado libre, pero no del tipo que drenaba a una persona. En otras instancias, los brazos y los pies del crucificado solo se ataban rápidamente contra postes o un tronco de árbol con una cuerda o una enredadera. Como esto conllevaba poco o ningún sangrado, era seguro que la muerte no llegaría hasta mucho después de que la voluntad de vivir de la persona hubiera pasado. Ya sea en un árbol o poste, con clavos o cuerdas, cada víctima estaría de acuerdo en que la muerte no llegaba tan pronto como ellos desearían.

> ***Los propósitos y los métodos de la crucifixión variaban en gran manera.***

Con frecuencia se utilizaban clavos de 9 pulgadas (cerca de 23 cm) para clavar a las víctimas a la cruz.

Acción naval durante el sitio de Tiro, por Castaigne. Alejandro el Grande sitió Tiro por muchos meses antes de atacar y crucificar a 2000 sobrevivientes varones.

La crucifixión entre los griegos y los romanos

Si los judíos permanecían ajenos a la crucifixión a lo largo de sus primeros siglos, Alejandro el Grande se ocupó de su educación en el siglo IV a.C., cuando barrió la costa de Israel y se detuvo en Tiro, una ciudad con una ubicación única. La mitad de la urbe estaba asentada en la costa, mientras que la otra mitad se elevaba desde las aguas a una milla del mar y formaba lo que equivalía a un reino isleño separado. Esta geografía única supuso un verdadero desafío para los esfuerzos de la guerra de Alejandro, por lo que los ciudadanos fueron capaces de mantenerlo fuera durante siete meses. Al final, él raspó la parte costera de Tiro, la hizo plana como un piso y empujó los escombros hacia las aguas. De este modo, formó un camino estrecho a través del cual sus soldados pasaron para asediar la isla. Al darse cuenta de que la ruina estaba sobre ellos, los tirios sobrevivientes

La Vía Apia fue el primer sistema de rutas global

Crucificaron a 6000 esclavos a lo largo de la Vía Apia

finalmente se rindieron ante Alejandro con la esperanza de escapar con sus vidas. La táctica falló. Sumamente enojado porque una nación de pescadores y mercaderes lo hubiera detenido, Alejandro hizo un ejemplo de Tiro al crucificar a 2000 de sus sobrevivientes varones y alzarlos como trofeos de guerra.

Los romanos, estudiantes de todas las cuestiones griegas, no serían superados por Alejandro. Cuando en el 73 a.C. un gladiador esclavo llamado Espartaco desató una revuelta de esclavos que casi derrocó al imperio, el liderazgo romano decidió que necesitaban dar una demostración de que la revuelta de clases conducía a la devastación, no a la libertad ni a la vida. Así, cuando Espartaco y su ejército de 70 000 esclavos mal equipados fueron derrotados por diez legiones de soldados romanos, los últimos 6000 rebeldes fueron dejados vivos para ser atados a postes (uno para cada esclavo), que fueron erigidos a lo largo de la Vía Apia, la famosa carretera de Roma que se extendía por 130 millas (poco más de 209 km) de distancia. Durante los meses siguientes, los viajeros se encontraron rodeados de cuerpos ennegrecidos por el sol mientras montaban o deambulaban a lo largo de la bota de Italia con las fosas nasales bien cerradas.

En el siglo I d.C. este antiguo arte persa se practicaba con regularidad en una colina en las afueras de Jerusalén, una escarpada colina llamada Calvario o Gólgota, que significa «lugar de la calavera». Aquí, sobre un suelo manchado de sangre criminal, los soldados romanos en alianza con los enemigos judíos de Jesús levantaron el cuerpo maltratado del único hombre inocente de la historia.

El árbol conocido

No hay evidencia de que los judíos de los días de Moisés supieran sobre el tipo de crucifixión que sufrió Jesús, y sin embargo, Deuteronomio 21:22-23 expresa: «Si alguno hubiere cometido algún crimen digno de muerte, y lo hiciereis morir, y lo colgareis en un madero, no dejaréis que su cuerpo pase la noche sobre el madero; sin falta lo enterrarás el mismo día, porque maldito por Dios es el colgado; y no contaminarás tu tierra que Jehová tu Dios te da por heredad». Quizás los judíos se cruzaron con los primeros practicantes de la crucifixión después de que salieron de Egipto, sin embargo, lo más probable es que el verso tenga un propósito más amplio que solo abordar la crucifixión:

Dios insiste en que la muerte humana debe ser digna incluso en el caso de una ejecución justificada. Colgar un cadáver en un árbol y dejarlo expuesto al clima, a las bestias y a los ojos absortos durante días y días, es denigrar el valor de la vida. Los animales muertos yacen en el suelo hasta que son consumidos o se pudren y dejan de existir. ¿Deberían sufrir los humanos, aun los peores de ellos, una vergüenza similar? Dios lo prohibió, y así, cuando los judíos encontraban culturas cuyos valores diferían, debían presentar un santo testimonio de la importancia de la dignidad humana. Pero ello, desde sus primeros tiempos, los judíos desaprobaron el uso de la crucifixión y los medios de ejecución relacionados. Para los que de entre ellos se hacía de esta manera, se consideraba como la última señal de que Dios los había condenado. La cruz fue vista como un árbol maldito; la muerte por crucifixión implicaba un castigo que venía de la propia mano de Dios.

La cruz fue vista como un árbol maldito; la muerte por crucifixión implicaba un castigo que venía de la propia mano de Dios.

Los romanos se sentían poco diferentes. De hecho, se negaron a ejecutar a sus propios ciudadanos en una cruz. Medios más rápidos y más dignos (¡como decapitación!) eran los preferidos. El orador romano Cicerón (siglo I a.C.), señaló que la crucifixión era: «La pena más cruel y asquerosa», y además declaró: «La misma palabra "cruz" debía ser removida no solo de

Cicerón denuncia a Catilina, por Maccari. El afamado orador Cicerón afirmó: «La misma palabra "cruz" debía ser removida no solo de la persona como ciudadano romano, sino también de sus pensamientos, sus ojos y sus oídos».

la persona como ciudadano romano, sino también de sus pensamientos, sus ojos y sus oídos».[1]

Es sorprendente que el Hijo de Dios viniera a la tierra y fijara no solo Sus pensamientos, ojos y oídos en el sangriento espectáculo que los romanos afirmaban, sino que también hablara abiertamente de ello. La cruz se elevó cada vez más alto en el horizonte de Jesús cuando se acercaba al final de Su misión. Al comienzo del Evangelio de Juan, le explicó Su propósito a un maestro religioso. Él insinuó con fuerza la crucifixión cuando afirmó: «Y como Moisés levantó la serpiente en el desierto, así es necesario que el Hijo del Hombre sea levantado, para que todo aquel que en él cree, no se pierda, mas tenga vida eterna» (Juan 3:14-15). Pocos de los que estaban de pie allí lo habrían adivinado en esta coyuntura temprana, pero la retrospectiva revelaría más tarde que el levantamiento se produjo a través de la elevación de vigas de madera, no la ascensión a un trono de oro. En un episodio similar que ocurrió poco después de que Pedro confesó a Jesús como el Mesías, Él les explicó a los discípulos que debía: «... padecer mucho, y ser desechado por los ancianos, por los principales sacerdotes y por los escribas, y ser muerto, y resucitar después de tres días» (Mar. 8:31).

Jesús dijo que en cumplimiento de la Escritura profética debió ser: «... contado con los inicuos...».

Pedro encontró esto tan objetable que reprendió a Jesús con brusquedad. ¡Un Mesías agonizante era lo último que estaba dispuesto a aceptar! Entonces, quizás lo más claro de todo, en Lucas 22:37, es que Jesús dijo que en cumplimiento de la Escritura profética debió ser: «... contado con los inicuos...». Los discípulos (y los judíos en general) no buscaban un Mesías que sufriera ni que muriera, menos aún uno que muriera en la cruz. Por lo tanto, no podían prever la cruz, incluso cuando Jesús la puso en repetidas oportunidades ante ellos como el árbol maldito que se alzaba ancho y alto en el camino por delante.

Nota

1. Para estas y otras declaraciones antiguas sobre la crucifixión, ver el excelente libro de Martin Hengel, *Crucifixion in the Ancient World and the Folly of the Message of the Cross* (Filadelfia: Fortress Press, 1977).

CAPÍTULO 12

DIVISIONES

Después de que fue golpeado, burlado y azotado por los soldados bajo el mando de Pilato, a Jesús se le colocó una viga en preparación para Su crucifixión. La viga pesaba alrededor de 40 libras (18 kg); fue puesta sobre Sus hombros y cuello y luego la ataron en ambos extremos a Sus muñecas. Esta era una práctica de rutina durante la crucifixión. La víctima era obligada a llevar la viga desde el sitio de su sentencia al de su ejecución. Este madero sería una carga agotadora para cada hombre condenado mientras se abría camino por las calles de la ciudad llenas de burladores, más allá de las puertas, hacia la ladera de la colina. Pero fue especialmente pesado para Jesús porque había sido golpeado con severidad en Su espalda y hombros. En algún punto del camino comenzó a flaquear bajo el peso del madero. No había dormido la noche anterior. No había ingerido ningún alimento durante Sus juicios. La pérdida de sangre, la traición y la viga de madera ahora se combinan con la fatiga, el hambre y un invisible peso espiritual que lo doblaba hacia la tierra.

En las puertas de la ciudad quedó claro que Jesús no podía ir más lejos, y así los soldados pasaron el madero a la espalda de un transeúnte que acababa de llegar a la ciudad del campo. Su nombre era Simón. Era un judío de la costa norte de África. Es probable que Simón supiera poco o nada sobre Jesús antes de este momento. Pero eso importaba poco. Al reconocerlo como un hombre sano, los soldados lo obligaron a cargar el madero y seguir de cerca a Jesús mientras la procesión continuaba hacia el Gólgota. Desde este punto, Simón debe haberse sentido cautivado por el hombre cuyo destino se mezclaba de

Simón y Jesús, por Astorga. Simón fue un judío de la costa norte de África. Los soldados lo obligaron a llevar la cruz y seguir a Jesús de cerca.

forma inesperada con el suyo. A juzgar por las multitudes que gritaban, Jesús era amado y odiado y el mensaje de Su vida era pacífico y divisivo. Sin duda, Simón también se quedó para el evento de crucifixión después de que el madero fue levantado de su espalda. Allí escuchó la burla, así como las defensas que se pronunciaron en nombre de Jesús. Señales en el cielo y la tierra pronto se suscitaron. Pocos días después, Simón habría oído hablar de la resurrección de Cristo. Tal vez incluso vio al Señor resucitado por sí mismo. En todo caso, la fe parece haber amanecido en su corazón en algún momento después de haber cargado el madero de Jesús, ya que sus hijos (Alejandro y Rufo) se hicieron más o menos prominentes en el floreciente movimiento cristiano (Mar. 15:21; Rom. 16:13).

Varias mujeres también seguían a Jesús, ellas lloraban y se lamentaban por lo que le sucedía a su amado Maestro. A pesar de Sus evidentes problemas, a Jesús le preocupaba más el juicio que algún día enfrentaría la gente de Jerusalén. A las mujeres de luto les dijo: «... no lloréis por mí, sino llorad por vosotras mismas y por vuestros hijos» (Luc. 23:28). Él les predijo que la ciudad que rechazaba al Mesías sufriría una retribución futura tan severa que sus ciudadanos invitarían a las montañas cercanas a inclinarse y cubrir sus cabezas en sombra y ruina. Pero para ese día aún faltaban 40 años. El juicio de este día era contra los pecados del mundo y contra el Hijo que los llevaría. De acuerdo con los tratos que recibían, alguien le ofreció a Jesús un trago de vino amargo cuando llegó al Gólgota. Él tomó un sorbo, pero lo rechazó una vez que se dio cuenta de que era horrible. No está claro si la bebida se ofreció por piedad o burla. Es posible que fuera un narcótico improvisado que podría apagar las oleadas de dolor que se apoderaban de Él. Sabemos que este tipo de bebidas en ocasiones se ofrecían a las víctimas de la crucifixión. Si esta era la naturaleza de la bebida, Jesús la

A pesar de Sus evidentes problemas, a Jesús le preocupaba más el juicio que algún día enfrentaría la gente de Jerusalén.

El juicio de este día era contra los pecados del mundo y contra el Hijo que los llevaría.

rechazó por principio. Había venido a sufrir y morir por el mundo; toda disminución del dolor o la tristeza diluiría Su ofrecimiento en nuestro lugar.

Así surgió una de las muchas divisiones que se desarrollaron sobre el Gólgota ese día. Cada hombre que se enfrentara a la crucifixión habría tomado ese trago adormecedor con avidez y buscaría eliminar toda sensación antes de que los clavos penetrantes atravesaran la carne y el hueso. Es seguro que los hombres con quienes Jesús fue ejecutado habrían aprovechado esta oportunidad. Pero no Jesús. Él rechazó la copa de consuelo y puso en Sus labios el gran cáliz de la ira divina. Dejó que el dolor llegara a Él en toda su magnitud.

División de prendas

A las 9:00 de la mañana pusieron a Jesús sobre la cruz, que inicialmente estaba apoyada contra el suelo con el propósito de montar el escenario. Mientras los soldados presionaban Sus brazos hacia abajo, Sus muñecas fueron clavadas en cada extremo de la viga que había sido sujetada al poste vertical. Luego, un solo clavo fue introducido a través de Sus piernas cruzadas en los tobillos. Las puntas podían girarse con facilidad hacia la izquierda o hacia la derecha cuando golpeaban el hueso, por lo que los golpes del martillo cayeron pesados

El vino mezclado con mirra, por James Tissot. Con frecuencia, a víctimas de crucifixión les ofrecían bebidas narcóticas para aminorar el dolor.

El levantamiento de la cruz, por Rembrandt

para asegurar que ambas piernas estuvieran bien sujetas. Después de esto, todo el aparato (poste vertical y viga transversal) se elevó en el aire con la base fijada en un agujero en el suelo. Así fue colgado Jesús de Nazaret, hacedor de bien.

Antes mencionamos que la crucifixión se realizaba de varias maneras. Algunas cruces tenían forma de T mayúscula. Sobre estas, la cabeza del crucificado cubría la viga transversal. Por encima de esto no había nada. Otras tenían la forma de una X mayúscula. Lo usual era que estas se sentaran cerca del suelo y posicionaran a la víctima de modo que coincidiera con la cruz en forma de X. Aquí tampoco era posible colocar nada sobre la cabeza de la víctima. Ninguno de estos fue el tipo de cruz que se utilizó en la ejecución

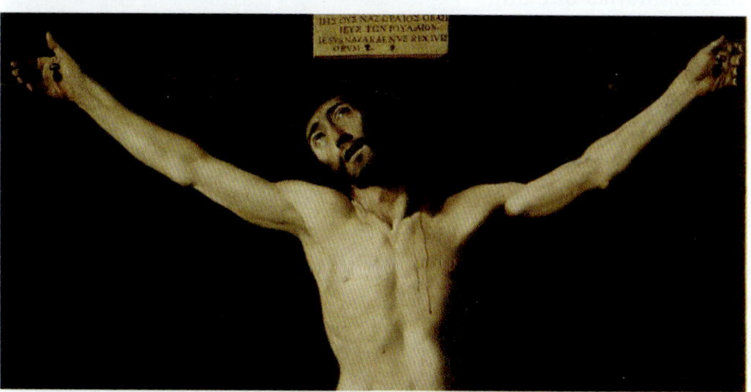

Crucificado (detalle), por Zurabarán. «Escribió también Pilato un título, que puso sobre la cruz, el cual decía: JESÚS NAZARENO, REY DE LOS JUDÍOS. Y muchos de los judíos leyeron este título; porque el lugar donde Jesús fue crucificado estaba cerca de la ciudad, y el título estaba escrito en hebreo, en griego y en latín» (Juan 19:19-20).

de Jesús. Su forma se parecía más a una «t» minúscula alta, de modo que el polo vertical se extendía muy por encima de la viga transversal. Esto ofreció a los verdugos un lugar para colgar una tabla que indicaba el crimen de la víctima. Por orden de Pilato, la tabla que se colocó sobre la cabeza de Jesús decía que estaba acusado de ser Rey de los judíos.

Para Pilato, esta fue una última puñalada a los líderes judíos, ya que tal cargo degradó a su nación al recordarles su sujeción a Roma. Afirmar ser un rey judío era, literalmente, un crimen punible con la muerte. De inicio los principales sacerdotes se quejaron con Pilato por la tablilla. Deseaban que dijera algo como «Jesús afirmó que era el Rey de los judíos». Pilato desestimó su queja y, sin duda, se deleitó al saber que había enfurecido a sus enemigos. Al cabo de un rato, los principales sacerdotes cedieron a sus objeciones y comenzaron un canto burlón en que llamaron a Jesús como Rey de los judíos. Tomaron al Señor como un Mesías ficticio; en el análisis final vieron que esto era lo mismo que un rey ficticio.

Se solía despojar a las víctimas de crucifixión de toda su ropa antes de ser fijadas a la cruz. La ropa era más difícil de conseguir en aquellos días, y no tenía sentido arruinar el atuendo que llevaban los condenados hasta su hora final. Por esta razón, los soldados tenían la costumbre de negociar entre sí para ver quién reclamaría las prendas del difunto. Así se podía obtener una buena túnica, un cinturón o incluso unas sandalias que aún estuvieran en condiciones de ser usadas. A Jesús se le permitió conservar Su taparrabos ya que los judíos le daban gran valor a la modestia. Todo lo demás que había utilizado estaba amontonado al pie de la cruz. Así, cuando el Hijo colgó encima de ellos, los soldados que lo custodiaban escogieron de entre Sus pertenencias y, sin saberlo, cumplieron una profecía que se encuentra en Salmos 22. Este salmo fue escrito por el rey David. Al igual que con todas las profecías mesiánicas, el autor humano escribió más de lo que sabía,

La erección de la cruz, por Doré. Mientras Jesús colgaba, los soldados que lo custodiaban escogieron entre Sus pertenencias, sin saber que cumplían una profecía de Salmos 22.

porque la mano divina estaba sobre él para revelar un conocimiento superior. A esto se agrega que el rey David fue visto como una prefiguración del Mesías venidero. O quizás, con mayor precisión, se esperaba que el Mesías venidero fuera la plenitud de todo lo que David había sido solo en una sombra pálida. De este modo, a lo largo del Salmo 22, cuando David recuerda sus sufrimientos, eso cuenta como una alusión al sufrimiento que Jesús experimentaría en un futuro. Algunas de las referencias nos dejan sorprendidos por su claridad, como por ejemplo en Salmos 22:16b-18: «... Horadaron mis manos y mis pies. Contar puedo todos mis huesos; entre tanto, ellos me miran y me observan. Repartieron entre sí mis vestidos, y sobre mi ropa echaron suertes». Los soldados hicieron lo que describen estos versículos, un juego de azar para obtener de Cristo las prendas de algodón y cuero cuando existía la oferta de mucho más si solo hubieran levantado la vista con fe (Mat. 27:35). Algunos de ellos encontrarían la fe un poco más tarde, pero no aún. En ese momento, echaron suertes y se acercaron el uno al otro para ver el resultado. El Hijo de Dios contempló todas sus crueles obras y habló al cielo: «... Padre, perdónalos, porque no saben lo que hacen...» (Luc. 23:34).

División de los rebeldes

Pocas cosas satisfacen más al público que ver a un criminal endurecido caer bajo las ruedas de piedra de la justicia. Piensa en cómo se reunieron los medios de comunicación de todo el mundo para televisar el ahorcamiento de Sadam Husein el 30 de diciembre del 2006. Durante años, todos vimos cómo él reprimía y asesinaba a grupos de oposiciones en Irak. Cuando sus acciones lo alcanzaron, el mundo observador estaba satisfecho de que se hiciera justicia. Las personas en la antigüedad no eran diferentes. Los perturbadores y asesinos atraían multitudes en el día de su muerte. Por esta razón, los lugares de ejecución siempre estuvieron ubicados en sitios que permitieran un fácil acceso público. De este modo, la cruz de Jesús estaba apoyada junto a una carretera en lo alto del Gólgota, un lugar que permitía a los transeúntes detenerse y mirar Su desdicha. Algunos movían sus cabezas y se burlaban; otros le gritaban que bajara de la cruz y se salvara a sí mismo. «Confió en Dios; líbrele ahora si le quiere...» (Mat. 27:43).

Dos hombres tomaron particular interés en tal charla. Estaban colgados junto a Jesús a la izquierda y a la derecha. La Biblia los describe con una palabra griega que es equivalente a rebelde o revolucionario, con una connotación de que los hombres eran violentos y quizás incluso asesinos. En resumen, este era el tipo de hombres para quienes se inventó la crucifixión. Esa era su colina y su forma de morir. ¿Cómo se mezcló Jesús en esto? Todo era parte del plan maestro del Padre. Dios el Hijo, perfecto en todos Sus caminos, fue condenado a morir entre los forajidos como símbolo de la ruina de todo pecador (Isa. 53:8-9).

Una vez que la niebla inicial de dolor y horror se levantó un poco y despejó sus sentidos, los compañeros rebeldes de Jesús se percataron de la multitud y de las ofensas que le gritaban al Señor. Pronto se unieron sus voces al coro del odio. Por último, uno de ellos pensó que Jesús debería liberarlos a los tres de

Crucifixión, por Rubens. Los ladrones que colgaban a los lados de Jesús eran la clase de hombres para quienes la crucifixión se había creado.

la ejecución si en verdad era el Hijo de Dios: «... Si tú eres el Cristo, sálvate a ti mismo y a nosotros» (Luc. 23:39). Ni por un segundo creyó que Jesús era en realidad el Mesías. Él solo deseaba desahogar la ira ante toda bondad mientras permanecía allí y moría justamente por sus crímenes. Al inicio, el otro criminal también gritó insultos similares contra Jesús, pero luego se detuvo porque la fe amaneció en su corazón. Ver a Jesús soportar agravios injustos, escuchar algunas de las historias dignas de alabanza que se relatan de Su vida y contemplar la devoción de las mujeres que lo habían seguido a esta horrible colina fueron suficientes evidencias que al fin derrotaron su incredulidad y lo convencieron de que Jesús sin duda era el Mesías. Y entonces reprendió a su compañero, pidiéndole que temiera a Dios y guardara silencio. Se desconoce si el hombre prestó atención a esta advertencia, pero sí sabemos que el rebelde arrepentido se dirigió a Jesús y suplicó, no por su vida corporal, sino por su alma eterna: «... Acuérdate de mí cuando vengas en tu reino» (Luc. 23:42). Aquí el corazón del Salvador se revela con más claridad. Él, Dios en carne e inocente de todas las fechorías, cuelga sucio y sangrante al lado de un hombre cuyos actos de vida habían ganado la muerte en una cruz. ¿Un hombre así encontrará misericordia en la entrada a la muerte? De vez en cuando se escucha que las confesiones en el lecho de muerte son falsas y que Dios no tiene en cuenta a la persona que está asustada y aboga por la misericordia solo porque mira el rostro de la muerte. No es así según Jesús. Al hombre asolado por el pecado, que colgaba a Su lado, Él le dijo: «... De cierto te digo que hoy estarás conmigo en el paraíso» (Luc. 23:43).

Crucifixión (Dimas, el buen ladrón, según los evangelios apócrifos), por Bockstorfer. El ladrón arrepentido pidió a Jesús: «… Acuérdate de mí cuando vengas en tu reino».

División de madre e hijo

Es difícil comprender lo que la madre de Jesús sintió en este día. Durante más de 30 años, ella había descansado su esperanza y su corazón en las promesas que Gabriel hizo cuando era una campesina soltera. El milagro de la concepción siguió poco después de su visita. Dios obró y María dio nueva vida. Para ella, Jesús nunca había sido nada menos que un niño milagroso, el prometido de Dios. Sus expectativas eclipsaron incluso a las estrellas más altas. En ese sentido, ¿cómo podría terminar todo en un madero maldito? ¿Puede Dios maldecir a Su propio Hijo? Algo había salido terriblemente mal y María no podía ver dónde había comenzado. Ningún alma en la historia había sentido tan profunda traición y confunsión como María en este día.

Ningún alma en la historia había sentido tan profunda traición y confunsión como María en este día.

Ella vino junto con otras mujeres para ver la ejecución de Jesús. Se sintió atraída por Su cruz y rechazada por ella en igual medida. En los cuatro Evangelios, en ocasiones leemos que está cerca de la cruz, mientras que en otras se nos informa que estuvo a cierta distancia, incapaz de soportar el dolor tan cercano. Los Evangelios Sinópticos la representan a distancia, mientras que Juan da una ojeada a uno de sus acercamientos. Ella estaba justo al pie de la cruz en esta escena; Juan puede compartir la historia con nosotros porque él estaba a su lado. Al reconocer a la pareja mientras miraba abajo, Jesús hizo un gesto a Juan y le dijo a Su madre: «... Mujer, he ahí tu hijo» (Juan 19:26). Luego miró a Juan y le dijo: «... He ahí tu madre...» (Juan 19:27). Al unir a Juan con Su madre, Jesús se aseguró de que María sería atendida en sus años mayores. Juan fue obediente a este llamado, porque se nos informa que la llevó a su casa esa misma hora (Juan 19:27). La cruz dividió a la madre de su hijo a través de la muerte, pero Jesús se aseguró de que la vida de María fuera custodiada y guiada por un hombre confiable.

Crucifixión, por Vouet. Nada de lo que Gabriel le dijo a María años atrás la preparó para ver a Jesús crucificado.

A veces surge la pregunta de por qué Jesús pasó a María al cuidado de Juan cuando Sus hermanos debían ser responsables, tanto en lo legal como en lo moral, para recibirla. Sabemos que ellos todavía no creían que Jesús era el Hijo de Dios. Por ello, es probable que Jesús pasara a María a Juan, porque este compartía su fe; tan endeble y temblorosa como debió ser en ese momento ante la cruz. Si María se hubiera ido ese día a la casa de uno de sus hijos incrédulos, su fe habría sido atacada cuando los hermanos de Jesús trataran de «hacerle entender» la verdadera identidad de Jesús. El Hijo sabía que Su alma no podía soportar esa carga, ni siquiera por tres días desde Su muerte hasta Su resurrección. Por eso dispuso que María se refugiara bajo la fe del joven noble Juan durante esos días tormentosos. Después de que Jesús fue resucitado y Sus hermanos se convirtieron, nadie pensó en revocar la mayordomía que Él había asignado a Juan. Aunque la fe de María ahora era compartida por todos sus hijos, lo que fue dado por el Señor fue otorgado para siempre.

Dispuso que María se refugiara bajo la fe del joven noble Juan.

División de Padre e Hijo

La oscuridad en la crucifixión, por Doré. Registros fuera de la Biblia reportan que el cielo de la tarde se volvió tan oscuro que las estrellas se hicieron visibles.

Al mediodía, tres horas después del sufrimiento de Jesús en la cruz, el cielo se volvió negro y permaneció así hasta las tres de la tarde. Esto no era solo un fenómeno meteorológico local. Un amplio banco de nubes de tormenta que sopla desde el mar puede oscurecer el Gólgota y las colinas circundantes por un tiempo, pero los informes históricos describen este evento como generalizado y duradero. Más de 100 años después, en el año 137 d.C., un historiador griego conocido como Flegón de Trales escribió que un día, en el año 33 d.C., el año de la crucifixión de Jesús, el cielo del mediodía se oscureció tanto que se podían ver las estrellas. Esto significa que los cielos permanecieron despejados y sin obstrucciones durante la oscuridad. Ninguna tormenta podría ocasionar tal efecto. Flegón instintivamente llamó al evento el «mayor eclipse» conocido en la historia. Sin embargo, no pudo haber sido un eclipse natural cuando se ejecutó a Jesús durante la semana de la Pascua, un momento en que hay luna llena y, por lo tanto, hay una mayor iluminación. Tertuliano, un escritor cristiano contemporáneo de Flegón, también informó que, en el momento de la crucifixión de Cristo, la luz desapareció sobre Roma, Atenas y otras ciudades mediterráneas alejadas de Jerusalén. Es posible que la oscuridad cubiera la mitad del globo que normalmente se iluminaría a esa hora. Ningún fenómeno natural puede explicar tal evento; solo pudo haber sido un acto milagroso de Dios, una señal de juicio contra el pecado.

Cristo crucificado, por Lievens

Es seguro asumir que la oscuridad fue recibida con miedo y asombro en todo el mundo despierto, en especial entre los reunidos para los eventos en el Gólgota. Sin embargo, los autores de los Evangelios se saltan lo evidente y se centran en una serie de eventos cargados de misterio y significado. A las tres en punto Jesús gritó con una voz fuerte: «... Dios mío, Dios mío, ¿por qué me has desamparado?» (Mat. 27:46). Para todo el que haya leído con detenimiento los relatos del Evangelio hasta este punto, esta es una declaración que a la vez impacta y perturba de un modo profundo. ¿No es Jesús uno con el Padre? ¿No comparten por toda la eternidad la misma esencia divina indivisible e inmutable? Parece imposible que el Hijo pueda ser abandonado por el Padre. ¿Qué ha pasado aquí? Al reflexionar sobre esta pregunta, Elizabeth Barrett Browning escribió un poema en que discurrió sobre la vida y la salvación de William Cowper, el gran creador de himnos. Del grito de abandono de Cristo al Padre, Browning sugiere que el Hijo fue abandonado porque: «los pecados de Adán se interpusieron entre el Hijo justo y el Padre». Esta explicación puede resultar tan buena como muchas otras. Exploraremos este tema más adelante en el siguiente capítulo. Por ahora, notemos los eventos extraordinarios que se pusieron en movimiento por el triste llanto de Jesús.

Cuando las personas que estaban cerca escucharon a Jesús, pensaron, de forma errónea, que llamaba al profeta Elías, porque en el idioma original las palabras de Jesús eran: «Elí, Elí, lemá sabajtháni». Al confundir «Eli» con «Elías», los detractores de Jesús tomaron esto como una prueba final de que el famoso Nazareno no era más que un charlatán que gritaba a un verdadero profeta para que lo salvara una vez que Sus propias estratagemas habían fallado. Elías parecía el profeta indicado a quien clamar, porque los judíos habían esperado por mucho tiempo que él regresara a la tierra algún día y dirigiera la liberación celestial de los justos. Este tipo de expectativas se acumularon alrededor de Elías porque mucho tiempo atrás había sido arrebatado de la tierra en un angelical carro de fuego ante los ojos de Eliseo, su sucesor en el ministerio profético (2 Rey. 2:11-12). Nunca volvió a ser visto entre los seres humanos. A partir de ese día, la nación veneró a Elías como un

Elías en el carro de fuego, por Cifrondi. Elías parecía el profeta indicado a quien clamar puesto que los judíos habían esperado que él regresara a la tierra y dirigiera la liberación celestial de los justos.

hombre especialmente amado por Dios y esperaron que regresara en un momento de crisis final. Cuando Jesús estaba al borde de la muerte, la multitud asumió que pedía la obra de liberación de Elías: «... veamos si viene Elías a librarle», gritaban (Mat. 27:49). Pero el profeta nunca apareció, no era su propósito hacerlo ni Jesús había pedido eso. Lo que el Hijo expresó no era un llamado a Elías, sino una confesión a Dios de un sufrimiento profundo. Él eligió estas palabras a propósito como otro cumplimiento de Salmos 22. En el verso de apertura de ese salmo, el rey David reflexionó sobre un momento en que fue oprimido y acosado casi hasta la muerte: «Dios mío, Dios mío, ¿por qué me has desamparado? ¿Por qué estás tan lejos de mi salvación, y de las palabras de mi clamor?» (Sal. 22: 1). Aquí, como en otros pasajes, las experiencias de David presagiaban las del Mesías. Los sufrimientos de David, aunque menores en comparación con los dolores que cayeron sobre Cristo, grabaron patrones y temas que Jesús cumplió hasta el final como el mediador perfecto entre Dios y la humanidad. Y así, el Hijo gritó como el hombre más abandonado por Dios.

Poco después de Su grito de abandono Jesús dijo que tenía sed. Uno de los soldados que estaban cerca se fue y empapó una esponja con el mismo tipo de bebida ácida que le habían ofrecido horas antes. Los soldados y los obreros bebían vino avinagrado porque era barato y ahuyentaba los espíritus. ¡La verdad es que es probable que esta bebida fuera tan desagradable como para despertar a los muertos! La esponja cargada se fijó en el extremo de una caña larga y se ofreció a Jesús para que la succionara y mojara Su garganta. Es dudoso que se haya molestado mucho con ello. Lo importante era la oferta en sí misma, porque también esto era un cumplimiento de los sufrimientos del rey David. En Salmos 69:21 se registra que en su hora de desesperación los enemigos de David le dieron a beber vinagre en lugar de vino. Luego de cumplir este último paso davídico, Jesús se preparó para Su fin. Si combinamos los registros de Juan y Lucas, aprendemos que Él expresó: «... Consumado es [...]. Padre, en tus manos encomiendo mi espíritu ...» (Luc. 23:46; Juan 19:30). Luego de decir estas palabras, Jesús

Crucifixión, por Ferrari. Cuando a Jesús le dieron a beber vino avinagrado se cumplieron los sufrimientos del rey David (ver Sal. 69:21).

inclinó Su cabeza ensangrentada y entregó Su espíritu. La más grande vida jamás vivida había llegado a Su fin.

Piedra divisoria y velo

La muerte de Dios el Hijo no pasaría desapercibida en el mundo que Él mismo hizo. Jesús dijo en una ocasión que si la gente no le gritaba alabanzas las rocas de la tierra clamarían en su lugar. En una aparente respuesta a esto las piedras y la tierra se sacudieron ante la noticia del fallecimiento del Señor, mientras que el mundo solo consideraba que había matado a un criminal. Las rocas escarpadas se partieron, los refugios de los hombres temblaron y la tierra fue perturbada en sus cimientos (Mat. 27:51). Al igual que con la oscuridad que envolvía de forma poco natural la tierra, los enemigos de Jesús interpretarían el terremoto como otra señal de que Dios juzgaba a un hereje, un pretendiente mesiánico que amenazaba a la verdadera religión. Los amigos y la familia de Jesús pueden haber tenido los mismos pensamientos inquietantes. ¿Qué podrían significar las señales, sino que el destino del cielo había caído sobre Jesús? La respuesta se daría a conocer en los días siguientes. Sin embargo, por el momento el mundo marchaba a la destrucción mientras Dios derramaba Sus juicios.

Modelo del templo de Jerusalén. La cortina que separaba el lugar santísimo del lugar santo en el templo de Jerusalén fue rasgada de arriba a abajo de manera sobrenatural. Foto: Deror Avi.

En el instante en que la tierra retumbaba y se sacudía en la sombra, la cortina que separaba el lugar santísimo del lugar santo en el templo de Jerusalén se rompió de forma sobrenatural de arriba a abajo. El terremoto no podría haber causado esto a menos que los cimientos del templo estuvieran divididos y separados. Eso habría provocado que todo el complejo se derrumbara en pedazos. Uno puede imaginar cuán asustado estaba el sacerdote asistente cuando la tela se dividió ante sus ojos. Que hoy sepamos algo sobre este evento indica que él describió su experiencia a otros. La historia se convirtió justificadamente en una evidencia clave para interpretar la muerte de Cristo y su significado en la redención. Por ejemplo, el autor de Hebreos señala que el velo roto mostró que Cristo ganó para nosotros el acceso sin obstrucciones a la presencia de Dios (ver Heb. 10:19-20).

Al mismo tiempo que la cortina se rasgaba de arriba a abajo, algunas tumbas alrededor de Jerusalén sacudieron sus puertas de piedra y se abrieron de par en par cuando sus muertos santos despertaron a una nueva vida (Mat. 27:52). Tres días después, una vez que el mismo Jesús resucitó de la muerte, estas personas revividas salieron de sus catacumbas agrietadas y entraron a la ciudad. Para el ser humano moderno, esto se lee como el «festival de espantos» más grande de la historia, sin embargo, para los cristianos es una semblanza de la futura resurrección en que se levantarán todos los muertos de la tierra, algunos para enfrentar el castigo y otros para entrar en la presencia de Dios por siempre. No conocemos identidades específicas ni qué fue de estas personas en los días y las semanas que siguieron. Tal vez solo eran creyentes ordinarios. Después de todo, un profeta o rey de la antigüedad resucitado habría creado una conmoción, y no se informa de algo así en la Biblia ni en ninguna otra fuente. Si suponemos que eran personas normales, ¿buscaron a sus parientes y se reunieron con ellos? ¿Alguna persona viva los reconoció? ¿Cuánto tiempo habían estado muertos? ¿Era la ocupación romana una noticia desconocida para ellos? ¿Murieron una vez más o solo

Aparición de muertos en Jerusalén, por Tissot. Para el ser humano moderno esto se lee como el «festival de espantos» más grande de la historia, sin embargo, para los cristianos es una semblanza de la resurrección futura de los santos.

ascendieron al cielo? En el lado menos profundo, ¿tenían que pagar los impuestos? ¿Sus familiares entregaron las propiedades que habían heredado? Podemos pensar en miles de preguntas que van desde serias a humorísticas, pero ni la historia ni la Escritura nos responden. Así como los primeros cristianos, deberíamos considerar este evento como una visualización «extraña, pero verdadera» del día venidero en que todos los muertos resucitarán. La muerte del Mesías rompió y abrió las tumbas; Su resurrección las vació y Su futuro retorno nos resucitará a todos.

La multitud reunida cerca de la cruz no podía saber que el velo del templo se rasgó cuando Jesús gritó ni que las tumbas selladas se abrieron a Su alrededor cuando entregó Su espíritu. Lo que sí sabían era que la oscuridad aún estaba sobre sus cabezas y que la tierra se rebeló debajo de sus pies cuando el Mesías pasaba al otro lado. Estos sucesos causaron temor en sus corazones, pero la reacción del centurión demuestra que el evento más impresionante de todos fue la manera en que murió Jesús (Mar. 15:39). Una mirada cercana a las declaraciones finales de Jesús revela que Él estaba al mando de Su propia muerte. Murió en el momento exacto en que quiso morir. Esto no fue un suicidio. Un salto a un acantilado es por completo diferente del mandato que Jesús ejerció sobre la muerte. Por Sus palabras: «... Consumado es[...]. Padre, en tus manos encomiendo mi espíritu...» (Luc. 23:46; Juan 19:30), Jesús terminó los procesos básicos de la vida. Su corazón dejó de bombear, Sus pulmones no inhalaban más, la consciencia parpadeó y el espíritu escapó de las ataduras de la vida corporal. Al tomar nota de esto, así como del extraño momento del terremoto, el centurión impresionado gritó: «... Verdaderamente este hombre era Hijo de Dios» (Mar. 15:39).

Dividir el agua de la sangre

Muchos en la multitud estuvieron de acuerdo con la abrupta confesión de fe del soldado. Se escurrieron por la escabrosa ladera y se fueron a casa mientras se golpeaban sus pechos en expresión de pena y vergüenza (Luc. 23:48). ¡Habían presenciado la muerte del Hijo de Dios! Algunos de ellos incluso habían gritado la aprobación de Su ejecución. Ahora se escabullían con temor del cielo mismo. Varios de los caminos que conducían desde el Gólgota pasaban por las tumbas cercanas. ¿Podrían las multitudes dispersas haber espiado las entradas en forma de hendiduras cuando la luz del día regresó a la tierra? ¿Fueron los testigos de la muerte de Cristo también testigos de su resultado inmediato: la visualización de la resurrección venidera? Es una posibilidad tentadora a considerar. Si es así, ningún otro grupo de personas en la historia ha obtenido los derechos para ver la suma total del plan redentor de Dios condensado en una serie de eventos tan rápidos. La muerte del Hijo y la muerte de la muerte misma se desarrollaron ante sus ojos en apenas unos momentos.

De vuelta en la cima de la colina, la luz del sol cayó sobre la debilitada figura de Jesús y reveló heridas irregulares que la oscuridad sobrenatural había ocultado. Quizás esta creciente visibilidad es la razón por que María y las otras mujeres se retiraron a cierta distancia y observaron qué pasaría con el cuerpo gastado de su Amado. Juan aún estaba con ellos. Es posible que él, de modo instintivo, procurara alejarlos de la vista de la carnicería que habían hecho con el cuerpo de Jesús. Mientras mantenían su vigilia, los líderes judíos de vuelta en la ciudad se acercaban al último paso que darían con Pilato. En contra de la costumbre romana, ellos deseaban que los cuerpos fueran bajados

La crucifixión de Cristo, por Grunewald. Al ver cómo Jesús murió, el centurión dijo: «... Verdaderamente este hombre era Hijo de Dios».

Crucifixión, por Oberrheinischer. No convencido de que Jesús estaba ya muerto, un soldado lo atravesó con una lanza.

de las cruces lo antes posible porque el sábado ya se acercaba. Si los cuerpos estuviera colgados allí durante tres horas más, sería una violación de la santidad del sábado. Podría ocasionarse una revuelta si la masa de judíos se reuniera para la Pascua y viera cadáveres en el horizonte del Gólgota. Al darse cuenta de esto, Pilato aceptó la solicitud. Envió soldados para terminar con la vida de las víctimas y sacarlas de las cruces. El procedimiento estándar para acelerar la muerte era romper los huesos de las piernas de los condenados para que ya no pudieran respirar. Las piernas eran vitales en el proceso de respiración porque la víctima necesitaba empujarse hacia arriba para abrir el diafragma y los pulmones que colapsaban. Por esta razón, las piernas rotas conducían a una asfixia eventual, ya que los músculos de los brazos se fatigaban, se contraían y fracasaban en la tarea de levantar el torso hacia arriba.

Cuando llegaron los soldados enviados por Pilato, tomaron un mazo de hierro y rompieron los huesos de la espinilla de los rebeldes que colgaban a ambos lados de Jesús. Podemos imaginar sus gritos cuando un nuevo dolor brotó de sus cuerpos. La muerte galopaba hacia adelante ahora. En la distancia, María y sus compañeros debieron haberse estremecido y cubierto sus rostros agrietados por las lágrimas. Jesús era el siguiente. ¿Nunca terminaría el horror? Ninguno podía ver cómo los soldados se movían para tratar a Jesús de la misma manera. Si ellos hubieran preguntado al centurión y sus compañeros que habían asistido el evento de la crucifixión, habrían sabido que era innecesario. Ellos conocían que el Nazareno ya estaba muerto. Quizás el centurión incluso se movió para detener a los soldados. Pero ¿qué es la palabra de un

> ***Muchos intérpretes de la Biblia han buscado un significado más profundo en la división del agua y la sangre. Es probable que no haya nada que encontrar.***

Quebrando las piernas de los ladrones, por Tissot. En la práctica llamada *crurifragium*, los soldados quebraban las piernas de los crucificados para acelerar la muerte.

centurión contra una orden de Pilato? Un soldado levantó el mazo para realizar sus golpes, pero vaciló. Percibió la verdad: Jesús ya estaba muerto. Sin embargo, uno de sus compañeros se mantuvo escéptico, por lo que levantó su lanza y la hundió por el costado de Jesús, perforó así el revestimiento alrededor de Su corazón y pulmones. El fluido hemorrágico, que está dominado por el agua, se divide de forma natural de la sangre en ciertos tipos de heridas en el pecho. La lanza del soldado perforó las cavidades donde la sangre y el fluido hemorrágico se habían acumulado, por lo tanto, el agua y la sangre brotaban de la herida cuando se retiraba la lanza. Muchos intérpretes de la Biblia han buscado un significado más profundo en la división del agua y la sangre. Es probable que no haya nada que encontrar. El significado más simple y quizás el único es este: no hay duda de que Jesús de Nazaret en verdad murió en la cruz del Calvario.

Juan miró cómo sucedían estas cosas. Años después escribió sobre esto en su Evangelio y tuvo especial cuidado en observar que la lanza y el mazo que no utilizaron en el cuerpo de Jesús no eran elementos casuales de la crucifixión. Más bien, fueron cumplimientos del plan divino. Al igual que al cordero de la Pascua, al Mesías (el último cordero de la Pascua) no debía quebrársele ninguno de Sus huesos (Ex. 12:46; Juan 19:36). Además, a través del profeta Zacarías Dios el Padre había dicho: «... derramaré sobre la casa de David, y sobre los moradores de Jerusalén, espíritu de gracia y de oración; y mirarán a mí, a quien traspasaron, y llorarán como se llora por hijo unigénito, afligiéndose por él como quien se aflige por el primogénito» (Zac. 12:10). De acuerdo con el diseño de Dios, estas estipulaciones fueron cumplidas por las manos de hombres que no sabían nada de su parte en el gran plan.

Dividir lo secreto de lo público

Cuando se acercaba la noche, un seguidor secreto de Jesús tomó una decisión que lo pondría en medio de uno de los entierros más polémicos de la historia. José de Arimatea era en realidad un miembro prominente del sanedrín, el cuerpo de líderes religiosos que condenó a muerte a Jesús. Lucas nos informa que José: «... no había consentido en el acuerdo ni en los hechos de ellos», pero, por temor, mantuvo sus compromisos con Jesús en secreto (Luc. 23:51; Juan 19:38). Si este día trágico había revelado algo, era que el tiempo para los secretos había pasado. Jesús ahora estaba muerto. En cierto sentido, había terminado así porque Sus muchos seguidores no habían estado a la altura de la situación y no habían manifestado su voluntad a la élite judía ni a sus superiores romanos. Se mantuvieron callados cuando la bulliciosa desaprobación podría lograr que la marea se retrajera. Es posible que José se haya sentido especialmente responsable como miembro del comité que dispuso el destino de Jesús. Ahora se daba cuenta de que había mantenido su secreto demasiado tiempo. Envalentonado y resuelto, salió a la luz mientras caía la oscuridad.

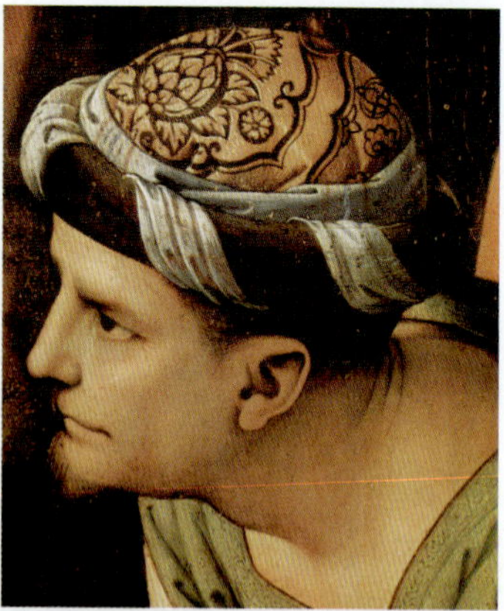

José de Arimatea, por Perugino. José de Arimatea era un miembro prominente del sanedrín, el cuerpo de líderes religiosos que condenó a muerte a Jesús.

José se acercó a Pilato y le pidió que le entregara el cuerpo de Jesús para Su entierro. Pudo acceder a Pilato de esta manera porque era un hombre rico y un miembro respetado de la cámara judía más poderosa. Es irónico que Pilato y José compartieran muchos puntos en común con respecto a Jesús. Ambos creían que Él era inocente de malas acciones; ambos sabían que, por celos, los líderes religiosos habían inventado cargos que llevaron a la ejecución de Jesús. Ahora se reunieron y discutieron qué se debería hacer con el cuerpo del hombre que ninguno de ellos había querido ver asesinado. Mientras discutían el asunto, Pilato le expresó a José estar sorprendido de que Jesús muriera tan rápido. Él se había aferrado a un último destello de escepticismo, así que verificó con el centurión para estar absolutamente seguro de que el Señor ya estaba muerto. Parecía demasiado rápido. Pilato había ordenado que las piernas de Jesús se rompieran poco después de las tres de la tarde. Hasta este punto no tenía ninguna razón para creer que esta orden no se había llevado a cabo. Entonces, si asumía que las piernas se rompieron justo después de las tres, Pilato calculó a partir de la experiencia que Jesús debería haber vivido por un tiempo más mientras luchaba por cada aliento. Lo último que Pilato quería era prolongar la controversia al entregar por accidente a Jesús vivo a uno de Sus discípulos. ¡Los judíos lo verían expulsado de su cargo de

El descendimiento de la cruz, por Rembrandt

inmediato por tal error! Y así, Pilato miró a su centurión de confianza para una respuesta segura. Cuando este confirmó la realidad de la muerte prematura de Jesús, Pilato dejó escapar sus reservas finales y autorizó a José a tomar posesión del cadáver. Por fin había terminado. Y nos lo imaginamos mientras salía para consolar a su esposa con problemas de sueño.

En cuanto a José, dejó a Pilato y compró algo de ropa de un vendedor cercano antes de regresar al Gólgota, donde las mujeres todavía esperaban para ver lo que se haría con el cuerpo de Jesús. Por respeto a la moral judía, los romanos no dejaban que los cuerpos se colgaran y se pudrieran, ni los tiraban allí mismo en los campos de exterminio para que los buitres y los perros los consumieran, como se practicaba en otras regiones del imperio. Aquí, a la sombra de la ciudad de David, incluso el más bajo de los criminales crucificados fue dignificado con un entierro, aunque en una tumba común y sin marcas de que ahí yacían sus restos mortales. Las mujeres tenían la esperanza de que Jesús escapara de este destino. José vino para asegurar que sus esperanzas se cumplieran. En algún momento un hombre llamado Nicodemo se unió a José en la difícil tarea. Al igual que José, Nicodemo era un prominente líder judío y es probable que fuera un hombre rico. También fue un discípulo furtivo, quizás compartía el temor de José a la repercusión por seguir abiertamente a Jesús. Primero acudió al Señor al amparo de la oscuridad unos años antes para preguntarle sobre la necesidad de un renacimiento espiritual. Jesús enfatizó esto en Su predicación, y Nicodemo no tenía reparos para admitir que no podía comprender lo que Jesús trataba de enseñar (examinaremos de cerca Su interpretación en el capítulo 16). Ahora que el Maestro había muerto, el alumno secreto se separó de sus temores y ayudó a José a sacar el cuerpo de Jesús de la cruz. Juntos lo envolvieron en un lienzo fino y lo embalsamaron con alrededor de 75 libras (34 kg) de mirra y áloe. Nicodemo trajo estos ingredientes para mantenerse fieles a las costumbres judías del entierro. Además, José decidió darle a Jesús un entierro noble al colocarlo en una tumba nueva que poseía. De este modo se aseguró de que no se abriría una tumba común para recibir al Mesías en el anonimato.

Una tumba del siglo I, algunas veces llamada la tumba de José de Arimatea, en la Iglesia del Santo Sepulcro. José habría puesto a Jesús en una tumba como esta. Foto: HolyLandPhotos.org.

La tumba estaba ubicada cerca de un jardín contiguo al Gólgota (Juan 19:41). Hacía poco que José había cortado y ajustado esto para su propio uso futuro. Es probable que fuera parte de la antigua cantera de piedra que se abrió camino debajo de la tierra fuera de Jerusalén. Las mujeres lo siguieron a cierta distancia mientras José y Nicodemo trasladaban el cuerpo de Jesús a la tumba. Lo más probable es que uno o ambos de estos hombres tuvieran sirvientes con ellos para ayudar en la transferencia, ya que el cuerpo, la tela y los aloes deben haber pesado cerca de 300 libras (136 kg). Cuando llegaron a la tumba pusieron a Jesús en un estante que había sido formado al cercenar las paredes de piedra. Después de colocarlo allí dispusieron una gran piedra sobre la entrada, así se aseguraban de que la tumba permaneciera sellada a menos que un puñado de hombres capaces rodaran la piedra y dejaran abierta la entrada. Las mujeres vieron esto mientras se sentaban frente a la tumba. Elaboraban un plan para descansar en el sábat (el sábado, el día judío del descanso) y luego regresar a este lugar en aproximadamente 36 horas (el domingo por la mañana) para brindar servicios funerarios adicionales a su difunto Señor. Planeaban traer especias y perfumes; y oraban para que algunos hombres robustos estuvieran presentes y removieran la piedra que guardaba la tumba.

Como veremos más adelante, es fundamental tener en cuenta que el sitio de entierro de Jesús fue una cuestión de conocimiento público. Dos hombres que antes habían guardado silencio sobre su creencia en el Señor entraron con audacia en Su historia y se aseguraron de que Su cadáver no cayera de forma anónima en la tierra junto a rebeldes sin nombre. En lugar de eso, se colocó dentro de una tumba nueva que se encontraba cerca del sitio de la ejecución. Es imposible creer que José olvidara la ubicación de su propia tumba, y no es factible suponer que Nicodemo ayudaría en el entierro y luego perdería todo rastro de dónde yacía el cuerpo de Jesús. Además, las mujeres de Galilea marcaron la ubicación de la tumba y planearon un viaje de regreso para el domingo por la mañana. Por último, como veremos más adelante, una gran cantidad de guardias rodearon la tumba y mantuvieron alejados a los posibles ladrones. La muerte de Jesús había sido pública; Su lugar de enterramiento no lo era menos.

La tumba de Jesús en la Iglesia del Santo Sepulcro, el lugar tradicional de la tumba de Jesús.

Dividir la conspiración de los conspiradores

Mateo nos dice en su Evangelio que los principales sacerdotes y los fariseos se reunieron ante Pilato al día siguiente con la esperanza de evitar un complot que sospechaban que los discípulos de Jesús estaban dispuestos a llevar a cabo (Mat. 27:62). Por «el día siguiente» Mateo se refiere al

Entrada a una tumba con piedra rodante del primer siglo
Foto: HolyLandPhotos.org.

sábado, que comenzaba a las 6 p. m. según el cálculo judío. Por lo tanto, esta reunión tuvo lugar apenas tres horas después de la muerte de Jesús. Lo más probable es que estos hombres llegaran a hablar con Pilato poco después de que José de Arimatea, a quien ahora reconocían como un oportunista, se había marchado con permiso para enterrar el cuerpo de Jesús. Como seguían de cerca al traidor, estos hombres le suplicaron a Pilato que les concediera el apoyo de soldados romanos para proteger la tumba. Sospechaban que José podría estar en medio de un complot para robar el cuerpo de Jesús. ¿Por qué los judíos temían semejante complot? Le explicaron a Pilato que, dado que Jesús había predicho abiertamente que se levantaría de entre los muertos, el escenario estaba preparado para un engaño maestro si los discípulos lograban arrebatar y esconder el cuerpo. ¡Una resurrección fabricada! Si eso aconteciera: «... será el postrer error peor que el primero», le dijeron a Pilato (Mat. 27:64).

Según lo registrado por Mateo, la respuesta de Pilato está redactada de tal manera que deja a los intérpretes divididos sobre lo que sucedió exactamente. ¿Pilato les concedió a los judíos el uso de soldados romanos como había hecho cuando Jesús fue sacado del jardín la noche anterior? ¿O, en cambio, despidió a los judíos y ellos tuvieron que enviar a la guardia del templo a custodiar la tumba en lugar de que lo hiciera una falange de los mejores de Roma? Esto es lo que Mateo escribe: «... "Ahí tenéis una guardia; id, aseguradlo como sabéis. Entonces ellos fueron y aseguraron el sepulcro, sellando la piedra y poniendo la guardia» (Mat. 27:65-66). Lo más importante que debemos considerar es que los judíos, con o sin la ayuda de soldados extranjeros, sellaron la tumba y pusieron un guardia afuera para que nadie pudiera manipular el sitio, y mucho menos sacar el cuerpo de Jesús. Si no acontecía un milagro inconfundible, el Jesús muerto permanecería encerrado detrás de una piedra silenciosa por el resto de la historia.

CAPÍTULO 13
SUSTITUCIÓN

¿Qué sucedió exactamente cuando Jesús padeció y murió en la cruz? Sabemos de los clavos penetrantes, las olas de dolor, la sed y el desprecio público. Todo el que lea los Evangelios y los registros históricos dispersos de crucifixión puede adivinar qué tipo de sufrimiento físico y emocional causaron en Él estas circunstancias, pero ¿hubo algo más en la crucifixión de Jesús? ¿Algo intangible, pero sustancial? ¿Algo espiritual y eterno que tenga relación directa contigo y conmigo? Desde hace 2000 años los cristianos han respondido que sí. De hecho, han afirmado que fue la transacción más importante de la historia. Dedicaremos todo este capítulo a explorar las acciones invisibles y sagradas que ocurrieron cuando el Mesías murió en la cruz.

¿Qué sucedió exactamente cuando Jesús padeció y murió en la cruz?

Lugar y sustitución

Los primeros humanos disfrutaron de un lugar de privilegio inigualable en el universo. Fueron hechos para relacionarse con Dios, y como nada en ellos lo disgustó, caminaron y hablaron con Él como lo hacemos con un amigo cercano. Con las mentes y los corazones libres del pecado pudieron aprehender el amor de Dios por ellos y todo el conocimiento que deseaba revelar sobre sí mismo y Su mundo. Por desgracia todo esto cambió cuando Adán y Eva hicieron un mal uso del poder de elección. Ellos fueron tras aquello que consideraron una vida mejor. Su viaje los llevó lejos de la voluntad revelada de Dios. Desde entonces,

El jardín de las delicias, por el Bosco. Adán y Eva fueron creados para tener una relación con Dios. Como todo en ellos era perfecto, caminaban y conversaban con Él como lo hacemos con un amigo cercano.

todos los humanos han languidecido bajo una maldición espiritual, expulsados del lugar de privilegios ininterrumpidos y de acceso a Dios. En comparación, el nuestro ahora es un viaje a través del desierto espiritual. Estamos perdidos en la oscuridad y nos perturban los asaltantes invisibles que son más reales de lo que sabemos. La Biblia afirma que todos estamos muertos espiritualmente en nuestros pecados y transgresiones (Ef. 2:1). Esta es la condición humana. A menos que haya un cambio de estatus de gran alcance, todos estamos condenados a la ira final de Dios.

¿Es en realidad tan malo como parece? Con frecuencia escuchamos la sugerencia de que Dios no está tan enojado con el pecado ni con los pecadores. Después de todo, Él es amor, se nos dice, y un Dios de amor elegirá el perdón sobre el castigo. A esto debemos responder que, aunque Dios es en verdad amor (1 Jn. 4:8), también es un Dios de santidad y justicia. El amor que no es guiado por la santidad y la justicia se vuelve permisivo e indulgente ante el mal. Piensa en el padre indulgente cuyos hijos no controlados establecen reinados de terror dondequiera que vayan. La civilidad, la moderación y la aptitud moral se pierden en estos niños. ¿Llamamos amorosos a sus padres? ¿Son modelos de carne y sangre de la naturaleza divina o presagios del juicio final en que Dios considera todos los comportamientos iguales? Por supuesto que no. Lejos de distinguir la naturaleza de Dios en tales padres, vislumbramos una ruina. Su «amor» se ve como lo que en verdad es: laxitud moral. Guiñan un ojo al malvado en lugar de hacer algo para corregirlo. Dios no puede hacer este tipo de cosas porque el mal es un golpe contra Su propia naturaleza. Las leyes morales que hemos violado no son simples elementos en una lista de lo que se debe y no se debe hacer; más bien, la ley moral es un reflejo cercano de la naturaleza eterna de Dios. Él es la santidad misma, y todo lo que no es santo va en contra de Dios. Romper una ley moral es atacar el ser del Todopoderoso. El tejido moral de todo el universo se rompería en pedazos si Dios dejara que dicha rebelión quedara sin castigo.

Aunque Dios es en verdad amor (1 Jn. 4:8), también es un Dios de santidad y justicia.

Por esta razón los humanos necesitan expiación. Expiar significa «reparar una relación rota o un mal». Los términos o las clausulas para la expiación deben ser definidos por Dios, no por los seres humanos, porque es Él quien está ofendido. De la misma forma que a un criminal no se le permite acercarse a su víctima ni establecer las condiciones para la reparación, ningún ser humano puede fijar la agenda para apaciguar al Dios a quien hizo enojar. Al inicio de la historia Dios reveló, a través de la conciencia humana, que los sacrificios debían hacerse a Él como expresiones de dolor por el pecado y gratitud por las provisiones diarias. Por lo tanto, era una práctica universal entre los antiguos ofrecer animales y plantas mientras buscaban a tientas los bordes de la túnica del Hacedor. No es de sorprender que sufrieran bajo muchas ideas erróneas sobre Dios (o los dioses, como solían imaginar) y lo buscaran en innumerables direcciones contradictorias con la esperanza de encontrar el enfoque correcto. Los hebreos, sin embargo, disfrutaron de un conocimiento único de Dios. Este conocimiento no les llegó porque tuvieran una sabiduría natural ni una moral superior a la de las otras naciones, sino porque Dios eligió horadar su oscuridad. Por lo tanto, presentaron sacrificios con la seguridad de que se relacionaban con el único Dios verdadero y que sus sacrificios se ofrecían de una manera que le agradaba.

Él es la santidad misma, y todo lo que no es santo va en contra de Dios.

Expiar significa «reparar una relación rota o un mal».

La sangre de toros y cabras sin pecado se derramaba sobre los altares hebreos como expresión de la necesidad del perdón de Dios a la humanidad pecadora. Pero la interrogante debe plantearse: ¿puede la sangre de los animales de sacrificio obtener una expiación total y

Amor sin justicia ni santidad es mera indulgencia. Lleva directo a la ruina. El amor verdadero sostiene altos estándares morales y corrige los errores.

Altar utilizado para sacrificios de animales en Megido. Foto: HolyLandPhotos.org.

final por los pecados humanos? ¿Puede un toro o una cabra inmolados servir como un reemplazo adecuado para los humanos errantes a quienes se debe la ira? La respuesta es no. En el Nuevo Testamento aprendemos que los sacrificios de animales no eran adecuados para esta tarea (ver Heb. 10:4). Constituían una pieza de un sistema provisional que funcionaba de momento hasta el tiempo en que Dios enviara el sacrificio que reemplazaría a estos una vez y para siempre.

Para servir como un sustituto adecuado en el programa de reparación de Dios, la víctima sacrificial debía ser sin pecado, verdaderamente representativa de la humanidad y capaz de soportar en Su naturaleza moral la deuda de millones y millones de pecadores. Como se hace evidente, esta es la descripción de un sacrificio humano. De forma más explícita: un sacrificio sobrehumano. Esta es una de las realidades más impresionantes de la Biblia. El Dios santo que hizo a los seres humanos a Su propia imagen algún día exigiría que uno de los portadores de Su imagen, un humano de moral perfecta, se

Para servir como un sustituto adecuado en el programa de reparación de Dios, la víctima sacrificial debía ser sin pecado, verdaderamente representativa de la humanidad y capaz de soportar en Su naturaleza moral la deuda de millones y millones de pecadores.

colocara en el lugar de sus compañeros y pagara la deuda ilimitada del pecado. ¿Qué hombre podría ser adecuado para esa tarea? Solo uno: Jesús, el divino Mesías enviado del cielo para ser humano y tomar el lugar de los hijos de Adán. En el resto de este capítulo examinaremos las formas en que Jesús satisfizo a Dios como nuestro sustituto.

Sustituto en la vida

Si queremos que Dios nos haga aceptables, necesitamos un sustituto que tome el lugar de la humanidad en el juicio y dé cuenta de una vida que ha sido genuinamente humana y genuinamente sin pecado.

Los seres humanos son aceptables ante el Dios santo para la comunión eterna solo cuando no tienen mancha espiritual. No hemos poseído tal pureza innata desde que nuestra inocencia original fue destruida en la caída. Si queremos que Dios nos haga aceptables, necesitamos un sustituto que tome el lugar de la humanidad en el juicio y dé cuenta de una vida que ha sido genuinamente humana y genuinamente sin pecado. Tomemos un momento para describir estos requisitos con más detalle.

Para que Jesús pudiera sustituir a la humanidad caída ante el trono de Dios, necesitaba ser humano en todos los aspectos que son esenciales para la condición humana. Un híbrido no podría hacerlo, porque los humanos no son híbridos. O bien un humano genuino y por completo justo toma nuestro lugar para ser juzgado por Dios, o seremos nosotros mismos, inmundos y condenados, quienes lo enfrentaremos. Pero si todos los humanos son pecadores, ¿en qué sentido puede Jesús sin pecado en verdad representarnos en el juicio de Dios? La respuesta es simple: el pecado no es esencial en la condición humana. Al principio éramos buenos. Nuestro estado caído es un complemento trágico que Jesús no tuvo que adoptar cuando se encarnó. Por lo tanto, Él puede representar en verdad a los humanos a pesar de que fue concebido milagrosamente y, por lo tanto, no comparte nuestra condición espiritual corrompida. De hecho,

Ni siquiera el humo del pecado puede aferrarse a quien aspira a permanecer inmaculado ante Dios.

Si no fuera por Jesús, nos esperaría juicio con pavor y desesperanza.

Cristo en el desierto, por Kramskoi. Jesús languideció bajo el calor y el hambre, soportó los ataques del diablo y venció las tentaciones.

no debe compartir esta condición si quiere ser un sustituto digno. Además, elementos como la finitud del conocimiento son reales, sin embargo, no son condiciones imperativas de la naturaleza humana, por lo que Jesús pudo tener cualidades divinas como la omnisciencia (para conocer todas las cosas) y aún ser verdaderamente humano. Por último, Él debía experimentar una vida humana plena para ser conocido como el que «pasó por el fuego» y salió del otro lado ileso y sin olor. Ni siquiera el humo del pecado puede aferrarse a quien aspira a permanecer inmaculado ante Dios.

¿Cumplió Jesús todas estas condiciones? El Nuevo Testamento es claro al afirmar que lo hizo. En Hebreos 2:14-17 se nos enseña que Jesús: «... participó...» de nuestras condiciones humanas y fue hecho: «... semejante a sus hermanos, para venir a ser misericordioso y fiel sumo sacerdote en lo que a Dios se refiere, para expiar los pecados del pueblo». Los seres humanos somos tentados, probados y sufrimos de diversas maneras. Así fue Jesús y siempre permaneció sin pecado (Heb. 4:15). Languideció bajo el calor y el hambre en el desierto y se enfrentó a la embestida del diablo, pero resistió todas las tentaciones (Mat. 4:1-11). Sufrió la pérdida de Su padre adoptivo terrenal, José, y lloró abiertamente cuando murió Su amigo Lázaro (Juan 11:35). Se paró ante un grupo de religiosos y preguntó: «¿Quién de vosotros me redarguye de pecado?...» (Juan 8:46). Cuando todo estuvo dicho y hecho, Jesús había caminado a través del fuego de nuestro mundo y había salido sin mancha y puro. Por esta razón: «... es poderoso para socorrer a los que son tentados» (Heb. 2:18).

Además, aunque Jesús no tenía pecado necesitaba identificarse por completo con el reino justo de Dios entre los humanos. Por tal motivo Él eligió practicar los diversos ritos de purificación que Dios dio a los judíos. Si hubiera rechazado estas cosas, las personas a su alrededor lo habrían catalogado como un bandido sin Dios que despreciaba Su santidad. Jesús estaba lejos de ser este tipo de ser humano, y por eso anduvo de forma voluntaria en el camino de la justicia como una demostración de Su lealtad a Dios. Es probable que el mejor ejemplo de esto sea Su bautismo por Juan el Bautista, como se describe en Mateo 3:13-15:

«Entonces Jesús vino de Galilea a Juan al Jordán, para ser bautizado por él. Mas Juan se le oponía, diciendo: Yo necesito ser bautizado por ti, ¿y tú vienes a mí? Pero Jesús le respondió: Deja ahora, porque así conviene que cumplamos toda justicia...».

Por esto, Jesús dejó claro que no buscó el bautismo porque necesitaba arrepentirse de algún pecado. En cambio, se sumergió en las aguas porque tenía la intención de vivir una vida terrenal en total sometimiento a Dios Padre. Lo logró y vino al Gólgota listo para lograr en la muerte lo mismo que alcanzó en la vida: ofrecerse a sí mismo como el único sustituto adecuado de la humanidad pecadora.

Sustituto en la muerte

Al vivir sin pecado y cumplir toda justicia, Jesús fue a la cruz preparado para ofrecerse a sí mismo como nuestro sustituto. Pero ¿qué implicaba exactamente eso? Un buen lugar para comenzar nuestra respuesta es revisar los eventos detallados en Levítico 16. En el día de la expiación anual, los hebreos se reunían ante los sacerdotes y por la fe participaban en la ceremonia de reparación que se promulgaba ante ellos. En este rito sacrificaban un becerro y un macho cabrío porque Dios había elegido sustituir de manera simbólica a los seres humanos pecadores con estos animales. La sangre se utilizaba para limpiar a los sacerdotes oficiantes y el altar. Luego, en el evento culminante del día, el sumo sacerdote (Aarón) traía otro macho cabrío y en la presencia de Dios llevaba las manos a la cabeza del animal y confesaba sobre ella: «... todas las iniquidades de los hijos de Israel, todas sus rebeliones y todos sus pecados...» (Lev. 16:21). Luego llevaba al macho cabrío en un viaje de ida a la desolación remota del desierto. De esta manera, los israelitas que miraban con fe la provisión de Dios veían que Su ira había caído sobre los sustitutos condenados y que sus pecados habían sido llevados lejos por el macho cabrío. A partir de estas acciones, vemos que la sustitución implica dos responsabilidades clave: llevar el pecado de los pecadores y recibir la ira justa de Dios en su nombre.

Por decreto del Padre nuestro pecado y vergüenza fueron transferidos de modo invisible a Jesús en la cruz.

Este es el papel exacto que jugó Jesús en nuestro nombre cuando fue abucheado por una asamblea de enemigos y luego clavado en la cruz del Calvario. Pedro declara sobre Jesús: «... llevó él mismo nuestros pecados en su cuerpo sobre el madero...» (1 Ped. 2:24). Imagina a Dios Padre mientras coloca Su mano sobre la cabeza de Su inocente y amado Hijo, con quien había disfrutado de una

La cruz es un símbolo de esperanza porque fue primero una señal de condenación.

comunión eterna ininterrumpida, y le pasa nuestros pecados tal como hizo Aarón con el chivo expiatorio mucho tiempo atrás. Por el decreto del Padre, nuestro pecado y vergüenza fueron transferidos de modo invisible a Jesús en la cruz. Pablo habla de esta transacción de la siguiente manera: «Al que no conoció pecado, por nosotros lo hizo pecado, para que nosotros fuésemos hechos justicia de Dios en él» (2 Cor. 5:21). Por otro lado, Pablo explica con claridad que esto involucraba a Jesús: «... hecho por nosotros maldición...» (Gál. 3:13).

¿Cómo fue esta experiencia para Jesús? Cuando tú y yo pecamos, casi sin variación, sentimos los dolores de una conciencia culpable. Agachamos la cabeza, silenciamos nuestras voces y permanecemos apagados y de mal humor hasta que nos deshacemos de nuestro pecado o logramos enterrarlo con excusas. Si nosotros somos transgresores y nos sentimos tan mal por nuestros pecados, ¡imaginemos cómo debió sentirse Jesús cuando se convirtió en pecado en nuestro nombre! Él nunca había pecado durante Su vida terrenal, ni antes, cuando estaba con el Padre. Como el divino y eterno Hijo de Dios Él era por naturaleza la antítesis del pecado y del mal. La angustia mental y espiritual que experimentó cuando las transgresiones humanas se acumularon sobre Él está más allá de nuestras conjeturas.

Al convertirse en una maldición para nosotros, Jesús recibió la ira de Dios bajo un cielo prematuramente oscurecido. El profeta Isaías predijo esta descarga de ira cientos de años antes mientras escribía bajo la dirección del Espíritu Santo: «Todos nosotros nos descarriamos como ovejas, cada cual se apartó por su camino; mas Jehová cargó en él el pecado de todos nosotros» (Isa. 53:6). El teólogo Wayne Grudem lo describe de esta manera: «Jesús se convirtió en el objeto del odio intenso del pecado [...] que Dios había guardado pacientemente desde el principio del mundo».[1] Cada palabra abusiva, cada indulgencia básica, cada mirada altanera, cada crimen, asesinato y pensamiento hiriente que alguna vez apareció sobre el mundo sombrío de los seres humanos desde la caída de Adán y hasta el último día, se derrumbó sobre Jesús. Fue entonces, en plena comprensión de los pecados pasados, presentes y futuros, que Dios el Padre liberó Su ira acumulada sobre el Hijo que se había convertido en pecado, y no cedió hasta que Su santa justicia fue satisfecha.

Cuando la copa de ira se derramó sobre el Mesías, luchó no solo con el rechazo y la vergüenza, sino también con la desesperación. De una manera que no podemos entender, Él estaba separado del Padre porque el pecado perturbó Su comunión. En el clímax de Sus sufrimientos soltó el famoso grito de abandono: «... Dios mío, Dios mío, ¿por qué me has desamparado?» (Mat. 27:46). Jesús supo desde el principio de Su misión que debía morir por los pecados y que después de esto estaría con el Padre para siempre, resucitado y victorioso sobre la muerte. Por estas razones, sería erróneo suponer que Su grito de desesperación indica que había perdido de vista Su esperanza en el Padre. Sin embargo, no debemos silenciar ni diluir la desolación que sintió Jesús cuando fue aplastado por el Padre a quien siempre amó. Tampoco debemos olvidar que fue por nuestra causa que el Hijo sufrió esos horrores.

¿Descendió Jesús al infierno después de morir?

VISTAZO DE CERCA

Muchos cristianos han creído que Jesús descendió al infierno entre el momento de Su muerte y Su resurrección. Con frecuencia se afirma que tuvo que ir allí para pagar una deuda con Satanás, como si fuera Satanás, y no Dios, quien exigiera el castigo por los pecados. Con mucha más frecuencia se señala que Jesús fue al infierno no para pagar el rescate del diablo, sino a predicar el arrepentimiento y la salvación a las generaciones que murieron antes de que Él naciera. ¿Son bíblicas estas creencias? Si no, ¿cómo surgieron?

Para empezar, debemos notar que la Biblia nunca declara que Jesús fue al infierno, que pagó una deuda con Satanás ni que le ofreció a los muertos la oportunidad de arrepentirse y ser salvos. Lo más cercano a estas afirmaciones que podemos ver en la Biblia está en 1 Pedro 3:19-20. Al referirse a la muerte de Cristo, Pedro declara: «En el cual también fue y predicó a los espíritus encarcelados, los que en otro tiempo desobedecieron, cuando una vez esperaba la paciencia de Dios en los días de Noé, mientras se preparaba el arca...». Este pasaje es el origen último de los puntos de vista erróneos mencionados anteriormente, pero ninguna de estas enseñanzas es una interpretación razonable de lo que manifestó Pedro. El infierno no se menciona; tampoco Satanás, ni se informa de una deuda que Jesús haya pagado; y no hay evidencia de que la «proclamación» que Jesús hizo estuviera relacionada con el arrepentimiento ni la salvación *post mortem*. Además, contamos con el testimonio persistente de Lucas 23:43, donde Jesús le dice al rebelde arrepentido que muere junto a Él: «... De cierto te digo que hoy estarás conmigo en el paraíso». Si Él estaba en el paraíso inmediatamente después de Su muerte, listo para recibir al rebelde ese mismo día, es evidente que no descendió primero al infierno para predicar ni pagar una deuda.

Dado que la evidencia bíblica está en contra del descenso de Jesús al infierno, ¿cómo llegó a ser popular esa creencia entre los cristianos?

La respuesta se encuentra en el famoso Credo de los Apóstoles, una confesión temprana de las creencias cristianas básicas que fueron transmitidas por los apóstoles del Señor. Una frase clave en el Credo expresa que Jesús: «fue crucificado, muerto y enterrado; descendió al infierno; al tercer día resucitó de entre los muertos». Todas las aseveraciones, excepto la de en medio, se basan en evidencia bíblica sólida. ¿De dónde sacaron entonces los apóstoles que Jesús descendió al infierno? Respuesta: no lo hicieron. La frase que señala que Jesús descendió al infierno se agregó al Credo muchos años después de la muerte de los apóstoles. Apareció por primera vez en una copia del Credo que data del año 390 d.C., 300 años después de los apóstoles. El hombre que obtuvo esta copia del Credo era un monje llamado Rufinus. Tomó la frase como una metáfora para reiterar que Jesús en verdad murió, no que se fue al infierno. Aparte de la copia de Rufinus, la frase no aparece en otra copia del Credo hasta el 650 d.C. Algún tiempo después de eso, se abrió paso y se introdujo en todas las copias recién hechas, de modo que la gran mayoría de los destinatarios perdieron la noción de que la frase no era original del Credo, sino añadida a este. Por eso surgió la creencia errónea de que los apóstoles y los primeros cristianos sostenían que Jesús descendió al infierno después de Su muerte.

Resumen de la sustitución

Cerramos con un breve resumen de la obra sustitutiva de Jesús en la vida y en la cruz. Respecto a la vida: Jesús vivió como el humano ideal. Él amó a Dios por encima de todo, lo obedeció siempre y amó a Su prójimo (¡incluidos Sus enemigos!) como a sí mismo. Esto significa que Jesús fue el sustituto ideal del requisito de Dios de que un hombre aceptable para Él debe vivir en completa rectitud de principio a fin. A causa de esta justicia perfecta y Sus capacidades divinas para soportar la ira infinita del Padre contra los pecados, Jesús se presentó como el único sustituto apto para enfrentar nuestra pena de muerte. Por lo tanto, en la cruz Jesús soportó no solo el castigo del hombre en forma de perforaciones, azotes y burlas, sino también el castigo infinito de Dios contra el pecado cuando la naturaleza divina y santa golpeó la maldición en que se había convertido. El Hijo se convirtió en pecado para que el Creador pudiera juzgar el pecado en carne humana y así satisfacer los requisitos de Su justicia. Por la fe podemos disfrutar del perdón completo de Dios, no porque Él nos haya liberado, sino porque Jesucristo satisfizo totalmente Su ira contra el pecado al soportar los golpes que iban dirigidos a nosotros. Podemos vivir porque murió en nuestro lugar.

Nota

1. Wayne Grudem, *Teología sistemática* (Grand Rapids: Zondervan, 1994), pág. 575.

Incredulidad de Santo Tomás, por Rembrandt

CAPÍTULO 14
LEVANTADO DE LA MUERTE

Los muertos no regresan de sus tumbas. Los antiguos sabían esto con la misma certeza que nosotros en el siglo XXI. Por supuesto, en raras ocasiones algunas personas pisan el umbral de la muerte y luego regresan a la vida cuando un corazón fallido se reinicia o unos pulmones faltos de aire lo consiguen. Pero una vez que se ha llorado por la pérdida y de manera ceremonial, preparado y vestido el cuerpo para ser entregado a la tierra silenciosa, la cámara de piedra o el fuego consumidor, no hay esperanza de reversión, excepto por lo que viene en el fin del tiempo. Los discípulos de Jesús sabían esto. Es por eso que se dispersaron cuando apresaron a Jesús en el jardín. Por eso también se mantuvieron alejados de la ejecución. Solo las mujeres y Juan vinieron ese día. Vieron morir a su Señor y no consideraron la posibilidad de Su regreso de la tumba. Este fue el final... el final de la vida de un hombre en quien habían puesto sus mejores esperanzas.

Al igual que con muchas otras historias de la vida de Jesús, no es posible ni necesario discernir la secuencia exacta de los acontecimientos que rodean la resurrección del Señor ni de las visitas que siguieron. Esto no debería preocuparnos. Se les encargó a los escritores de los Evangelios que narraran la verdad sobre la identidad y las obras de Jesús para que lectores como tú y yo fuéramos animados a poner nuestra fe en Él. Ellos han cumplido esta comisión con nobleza, como lo demuestran 2000 años de vibrante fe cristiana. Cada escritor plasmó los hechos desde su perspectiva. Esto significa que se fijó en los hechos que lo ayudaran a lograr sus objetivos específicos y

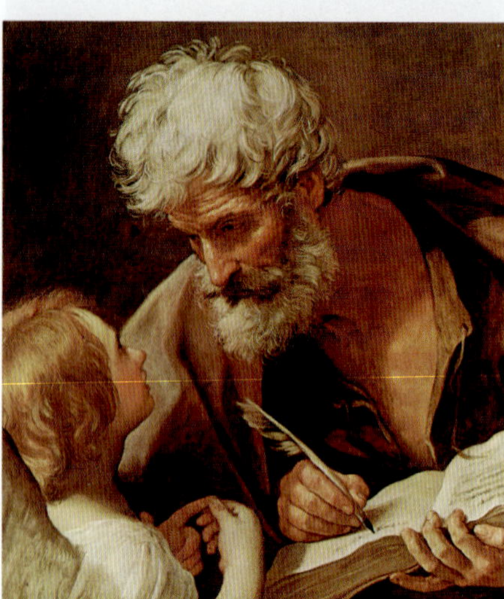

San Mateo, por Reni. A los escritores de los Evangelios se les encargó que narraran la verdad sobre la identidad y las obras de Jesús para que lectores como tú y yo fuéramos animados a poner nuestra fe en Él.

excluyó a aquellos que no lo hicieran. Los autores organizaron sus materiales por temas en lugar de seguir una cronología. Para ellos, las preguntas sobre el significado de lo que ocurrió y por qué eran más importantes que las interrogantes sobre cuándo o en qué secuencia. Por último, desde los primeros días de la historia de la Iglesia, los estudiosos han sabido que cada uno de los escritores se basó en diferentes informantes autorizados. Por ejemplo, los primeros expertos como Papías, Ireneo, Clemente, Orígenes y Jerónimo, enseñaron que Marcos se basó en gran medida en las experiencias y las enseñanzas de Pedro. A la inversa, Juan se basó en sus propias experiencias, no en las de Pedro. Por lo tanto, es normal que los Evangelios de Juan y Marcos tomen regularmente ángulos diferentes en la misma historia. Lo mismo sucede con los otros Evangelios. Como resultado, tenemos una gran variedad en estos cuatro relatos, pero al final todo encaja dentro de una historia maestra cuyo mensaje unificado se puede resumir en una breve frase: Jesús resucitó de entre los muertos al tercer día después de Su ejecución y se mostró a muchos testigos. Al recopilar los diferentes ángulos de la historia registrados por los cuatro Evangelios, podemos sugerir de forma razonable que los eventos se desarrollaron aproximadamente en la secuencia presentada en este capítulo.[1]

Los vivos y los muertos

El sábado terminó a las 6:00 de la tarde cuando, según los cálculos judíos, se iniciaba el domingo. Jesús había estado muerto por poco más de 24 horas, pero esto ya era considerado como un período de tres días. Una parte del día era considerada como un todo al realizar los cálculos. Por lo tanto, Jesús murió y fue enterrado a última hora del viernes, permaneció en la tumba todo el sábado y entró en Su tercer día de muerte y sepultura al comenzar el domingo. Desde el momento en que observaron a José y Nicodemo colocar a Jesús en la tumba, las mujeres habían estado alojadas en un lugar cerrado donde descansaban y se guardaban mientras observaban las restricciones del sábado. Cuando el día terminó y llegó la noche, María Magdalena, Salomé y María la madre de Jacobo, abandonaron por breve tiempo la casa donde se habían reunido y fueron a comprar especias adicionales. José y Nicodemo habían incluido 75 libras (34 kg) de aloes dentro de las envolturas de Jesús. Las mujeres seguramente no pasaron por alto este hecho como lo vieron el viernes, pero, como con tantas cosas en la vida, el toque final de una mujer es el toque final. Trataron de complementar y perfeccionar los servicios que José y Nicodemo habían realizado, con la esperanza de asegurarse de que el cuerpo de Jesús no sufriera la indignidad de producir mal olor. Después de comprar los productos temprano en la noche, las mujeres regresaron a su alojamiento y planearon ir a la tumba al amanecer.

> *Jesús murió y fue enterrado a última hora del viernes, permaneció en la tumba todo el sábado y entró en Su tercer día de muerte y sepultura al comenzar el domingo.*

Partieron cuando se acercaba la mañana. Fue un movimiento audaz y quizás un poco temerario. Después de todo, ¿cómo esperaban poder entrar a la tumba?

Las dos Marías en la tumba (detalle), por Schedoni

Tumba del siglo I con piedra de sello

La piedra que sellaba era pesada y no cedía a los esfuerzos de tres mujeres. Reflexionaron sobre esta dificultad mientras caminaban en la oscuridad agonizante (Mar. 16:3). No tenían forma de saber que la tumba estaba custodiada por la guardia del templo, ya que se habían mantenido en el interior durante el día sábado. Ni las noticias ni los rumores vuelan cuando los gorriones permanecen anidados. Si las mujeres hubieran sabido que los guardias custodiaban la tumba, no habrían ido hasta allí. Ellas conocían que estos hombres jamás les abrirían la tumba del Señor porque tenían órdenes de protegerla de Sus discípulos. Es mejor concluir que las mujeres caminaban con fe, no en la resurrección de Jesús, sino en que algo bueno vendría de sus deseos de servir al Señor caído.

Cuando ellas se acercaron a la tumba, la tierra a su alrededor comenzó a levantarse y removerse. Los ángeles descendieron. Parecían hombres comunes, nos informan Marcos y Lucas, pero sus ropas eran deslumbrantes y blancas como vestimentas celestiales. Uno de los ángeles hizo retroceder la piedra de sellado de la tumba de Jesús mientras la tierra temblaba; luego se sentó sobre la piedra como un vencedor en el campo de batalla a horcajadas sobre su enemigo derrotado. La muerte había sido vencida, pero no era obra del ángel. Todo lo que él había hecho era abrir la puerta para mostrar el camino a una tumba recién desocupada. El evento de la resurrección ya había ocurrido sin ser visto, ni señalado por los guardias del templo ni por ningún ojo humano. El Señor se había ido, pero los guardias estupefactos permanecían allí. Estaban equipados para repeler a los discípulos de Jesús si intentaban robar el cuerpo; pero ahora miraban congelados de miedo cuando aparecía un invasor por completo diferente. Lo más probable es que los guardias huyeran poco después de esto, porque no se informa nada más de ellos en la tumba.

¿Qué pasa con las mujeres? Marcos, quien es notablemente breve en muchos de sus relatos, solo dice que caminaron directo a la tumba y encontraron a un ángel sentado allí con la apariencia de un joven. Al darse cuenta de su miedo, el ángel les pidió que se calmaran y les explicó que Jesús había resucitado de entre los muertos, tal como había dicho que haría (Luc. 24:6-7): «... ¿Por qué buscáis entre los muertos al que vive?» (Luc. 24:5), les preguntó. Luego les dijo que corrieran a decirles a los discípulos que fueran a Galilea donde Jesús se encontraría con ellos. Temerosas y alegres al mismo tiempo, las mujeres corrieron para cumplir las órdenes del ángel. Antes de llegar lejos, ellas se encontraron con el Señor resucitado, quien las saludó con un sencillo: «... ¡Salve!...» (Mat. 28:9). Las mujeres se postraron a los pies de Jesús y adoraron con asombro y temor. Al mirar hacia abajo, Jesús les dijo: «... No temáis; id, dad las nuevas a mis hermanos, para que vayan a Galilea, y allí me verán» (Mat. 28:10).

De Juan recibimos la impresión de que María Magdalena debió alejarse y regresar a Jerusalén enseguida que descubrió la tumba abierta. Esto significaría que ella se fue antes de escuchar al ángel. También significa que no estaba con el grupo de mujeres que encontraron a Jesús en el camino a Jerusalén. Todavía no le habían llegado palabras esperanzadoras. Así que, con un corazón atribulado, corrió de regreso sola para decirle a los hombres que la tumba de Jesús había sido robada.

Resurrección de Cristo y mujeres en la tumba, por Fra Angélico. Uno de los ángeles rodó la piedra de la tumba de Jesús mientras la tierra temblaba; luego se sentó sobre la piedra como un campeón de batallas.

Informes de la tumba

Cuando las mujeres se dirigían de regreso a Jerusalén, varios de los guardias del templo informaron los increíbles eventos de la mañana a los principales sacerdotes (Mat. 28:11-15). Ten en cuenta que ninguno de los guardias había visto a Jesús resucitar de entre los muertos. Sabían que la tierra fue sacudida y que los ángeles vinieron a romper la tumba. También observaron cómo las mujeres se arremolinaban alrededor de la entrada de la tumba. Sin embargo, al parecer ellas mismas mantenían la distancia a causa del miedo. ¿Se quedaron el tiempo suficiente como para escuchar al ángel hablar a las mujeres sobre la tumba vacía y la resurrección de Jesús? Mateo nunca lo confirma, pero es razonable pensar que lo hicieron. Después de convocar una asamblea de los ancianos, los principales sacerdotes entregaron a los guardias una buena suma de dinero y les dijeron que difundieran el rumor de que los discípulos de Jesús habían robado el cuerpo en la noche (Mat. 18:13). Esto significa que sabían que la tumba estaba vacía y necesitaban una explicación no milagrosa para minimizar el inevitable alboroto por Jesús. Que los sacerdotes pagaran a los guardias para difundir esta explicación prueba, más allá de toda duda, que sabían que era falsa. Tan intenso era su odio por Jesús y tanto rechazo sentían por Sus afirmaciones y enseñanzas que no se detendrían ante nada para escapar de someterse a Él como Señor.

Mientras tanto María Magdalena llegó a Pedro y a los discípulos antes que a las otras mujeres. Ella se había adelantado, como recordarás. Al encontrar a Pedro, ella informó: «... Se han llevado del sepulcro al Señor, y no sabemos dónde le han puesto» (Juan 20:2). Es evidente que María creía que el cuerpo había sido robado por los enemigos de Jesús. Una lectura aislada de Juan nos deja con la impresión de que Pedro fue impulsado hacia la salida por el terrible informe de María. Sin embargo, al incluir el relato de Lucas, se revela que las otras mujeres llegaron detrás de María y dieron un informe alborozado que no concordaba con el pesimismo de María. Como lo describe Lucas, la escena llena de emociones terminó en confusión. Las palabras de María Magdalena, Juana, María, la madre de Jacobo y todas las demás mujeres se combinaron para hacer un disparate increíble (Luc. 24:11). Por un lado, María Magdalena denunció un robo; por otro, sus compañeros que llegaron tarde contaron historias de un Jesús vivo que andaba por el camino. Sin creer nada de eso, pero obligado a investigar, Pedro corrió hacia la tumba. Juan, identificado una vez más como el discípulo a quien Jesús amaba, se unió a la salida, pero pronto se adelantó a Pedro (Juan 20:4).

Después de acordar una asamblea con los ancianos, los sacerdotes dieron una generosa cantidad de dinero y los mandaron a esparcir el rumor de que los discípulos de Jesús habían robado el cuerpo durante la noche.

Por un lado, María Magdalena denunció un robo; por otro, sus compañeros que llegaron tarde contaron historias de un Jesús vivo que andaba por el camino.

Juan llegó primero a la tumba y se agachó en la entrada abierta. Vio que las sábanas de Jesús estaban vacías. No se atrevió a entrar para echar un vistazo más de cerca. Ese fue el trabajo de un hombre impulsivo, Pedro. Alcanzó a Juan, lo rozó y entró en la tumba en busca de la verdad, fuera lo que fuera. Allí descubrió que las sábanas contaban una historia extraña, una que aún nos mantiene desconcertados más de 2000 años después. La tela que había sido envuelta alrededor de la cabeza de Jesús fue doblada con cuidado y puesta en un lugar separado de la ropa que había envuelto Su cuerpo (Juan 20:7). Parece que «doblado» puede significar que las telas de la cabeza habían mantenido la forma que les fue dada por los contornos de la cabeza de Jesús. Esto parece expresar que Jesús solo pasó a través de Sus ropas en la tumba. Ciertamente Él no pudo haberlas desenvuelto cuando regresó a la vida, porque Sus brazos estaban sujetos con firmeza contra Su cuerpo por la tela. Ten en cuenta también que cuando el ángel abrió la tumba, Jesús no salió caminando. Ya había desocupado la cámara y no

Advenimiento y triunfo de Cristo, por Memling

estaba en ninguna parte a la vista. Por lo tanto, vemos que la resurrección de Cristo no implicaba que Él volviera a la vida, se desenvolviera, removiera la piedra que sellaba la entrada y luego saliera de la cámara de un modo ordinario. En cambio, la resurrección de Jesús fue por completo sobrenatural. En un momento estuvo muerto y envuelto en una tumba silenciosa; al siguiente estaba vivo y transportado a otro lugar sin ser atrapado por obstrucción de las telas ni la piedra. Al parecer, Juan dedujo todo esto de modo inmediato una vez que logró reunir el coraje para entrar en la tumba y observar de cerca las sábanas. La Biblia señala que él «... vio, y creyó» (Juan 20:8). El estado de la tela de la cabeza era tan sorprendente que las dudas finales de Juan desaparecieron. Pedro tardó más en captar todo esto, ya que Lucas nos informa que se fue: «... maravillándose de lo que había sucedido» (Luc. 24:12). El asombro no es una creencia; para Pedro quedaba mucho por esclarecer mientras reflexionaba sobre el significado de la ropa en la tumba vacía.

> *El estado de la tela de la cabeza era tan sorprendente que las dudas finales de Juan desaparecieron.*

María Magdalena también había regresado al sitio de la tumba, aunque estaba inconsolable incluso a pesar de las noticias de la extraña tela. Así que dejó que Pedro y Juan regresaran a casa sin ella. Para Juan, las telas confirmaron que Jesús había resucitado; para Pedro, eran una prueba tentadora de que algo maravilloso podría haber sucedido; para María, los paños vacíos solo le recordaban su corazón desolado. Como dijo Merrill Tenney: «Ella había esperado el triste consuelo de completar el entierro, e incluso eso le fue quitado [con el robo del cuerpo]».[2] El Señor de María estaba muerto y un alma negra se había llevado Su cuerpo. Y así, cuando Juan y Pedro se fueron, ella se quedó frente a la tumba mientras lloraba y observaba la escena de un crimen. Cuando se agachó para mirar más de cerca des-

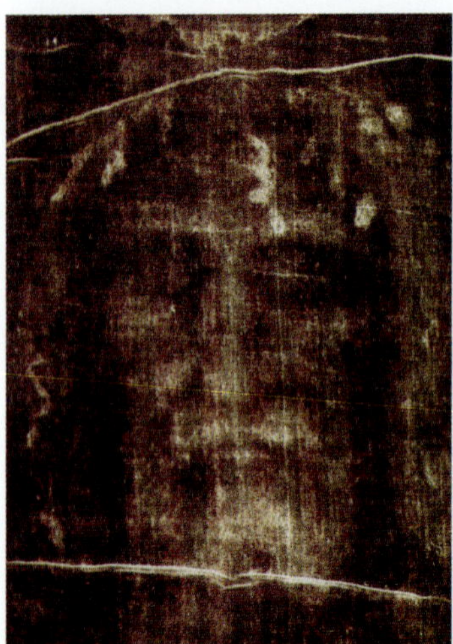

Sea auténtico o no, el Sudario de Turín parece concordar con lo que Juan describe como un paño para la cabeza. En todo caso, la tela que Juan vio fue una poderosa evidencia de la resurrección de Cristo.

cubrió que dos ángeles ahora estaban sentados allí. Ella no los reconoció como ángeles, porque una vez más aparecían como hombres jóvenes vestidos con espléndidas ropas blancas. Los ángeles le preguntaron por qué lloraba. Repitió la misma evaluación que había compartido toda la mañana: «... Porque se han llevado a mi Señor, y no sé dónde le han puesto» (Juan 20:13). Luego se dio la vuelta para salir de la tumba oscura, tal vez con la intención de recorrer el suelo iluminado por el sol en busca de señales de los ladrones. Cuando salió a la luz se dio cuenta de que otro hombre se había unido a ellos. Era Jesús, pero María no lo reconoció; o bien sus ojos aún se ajustaban a la luz, o algo sobre el Señor resucitado engañó sus percepciones, como sucedería en varios avistamientos posteriores. Al igual que los ángeles dentro de la tumba, este tercer hombre quería saber por qué María lloraba y a quién buscaba. Si suponemos que solo era el jardinero (recuerda que la tumba estaba ubicada en un área de jardín cerca del Gólgota), ella hizo una súplica: «... Señor, si tú lo has llevado, dime dónde lo has puesto, y yo lo llevaré» (Juan 20:15). Aquí, con esta sincera súplica, fue donde la vida de María adoptó una nueva y brillante órbita alrededor del Hijo. Ella nunca se alejaría de este camino, ya que el «jardinero» pronunció su nombre con una familiar amabilidad y un profundo cariño. Ella se giró para enfrentar a Jesús y gritó: «... ¡Raboni!...» mientras lo abrazaba (Juan 20:16).

La vida de María adoptó una nueva y brillante órbita alrededor del Hijo. Ella nunca se alejaría de este camino.

Al acto de devoción eufórica de María, Jesús dio una respuesta fascinante e inesperada: «... No me toques...» (Juan 20:17). Su razonamiento era simple: «... aún no he subido a mi Padre...» (Juan 20:17). En otras palabras, Él le dijo que aún no se iba de la tierra. María se aferraba al Señor como si se fuera a alzar de un momento a otro hacia el cielo. Jesús le aseguró que ascendería al Padre en poco tiempo y la envió a informar a los discípulos. Ahora ella, que había estado triste toda la mañana, se apresuró a compartir la alegría que ya había amanecido sobre Juan y las

No me toques, por Tissot. Inicialmente María pensó que Jesús resucitado era un simple jardinero. Cuando lo reconoció, se regocijó y quiso abrazarlo.

otras mujeres. ¡He visto al Señor!, les dijo, y les contó todo lo que Jesús le había dicho (Juan 20:18).

Camino a Emaús

Más tarde el domingo, dos de los discípulos de Jesús, Cleofas y un compañero sin nombre, salieron de Jerusalén con la intención de detenerse en Emaús, un pueblo que se encontraba a siete millas (aproximadamente 11 km) de distancia. Estos hombres no eran miembros del grupo interno de Jesús, los doce, que ahora estaban reducidos a los once luego de la apostasía de Judas. Más bien, estos viajeros formaban parte de un grupo mucho más grande de partidarios que se reunían periódicamente alrededor de Jesús durante Sus viajes. Muchas de estas personas habían venido con Jesús a Jerusalén para la Pascua, y aunque estos hombres no pertenecían al círculo íntimo del Señor, se habían asociado lo suficiente con ese grupo como para haber oído rumores incompletos sobre acontecimientos notables que, según se decía, habían ocurrido ese mismo día en la noche en la tumba de Jesús. Pero las noticias venían sobre todo de mujeres. ¿Se podría confiar en ellas para dar cuentas precisas? Al igual que con todas las demás sociedades de la época, entre los judíos, los testimonios de mujeres no eran válidos en los procedimientos legales, y en general los hombres consideraban a las mujeres demasiado excitables como para ser

Camino de Emaús, por Führich. Jesús caminó hacia Emaús con Cleofas y su acompañante, pero ambos fueron privados de reconocerlo (Luc. 24:16).

Viajeros en el camino de Jerusalén a Belén en 1893. El camino a Emaús probablemente se encontraba cerca de aquí.

confiables en situaciones dramáticas. Esta actitud nos parece realmente errónea hoy, pero tal era el pensamiento dominante de ese tiempo lejano. Y así, los hombres discutían estos informes y reflexionaban sobre el significado de todo al ir hacia Emaús.

Pronto se les unió un tercer viajero. Era Jesús, pero «... los ojos de ellos estaban velados...» (Luc. 24:16). Eso nos recuerda el encuentro de María afuera de la tumba. En este punto no se aclara si hubo algo inusual en la apariencia de Jesús ni si Él ejerció Sus poderes divinos para atenuar sus percepciones con un propósito más grande. La evidencia posterior indica que su falta de reconocimiento se debió a percepciones confusas. En todo caso, Jesús se unió a los hombres como un extraño y preguntó sobre los detalles de su debate. Su pregunta los inquietó. Ambos se detuvieron en seco y se encorvaron por el peso del desaliento.

Jesús se unió a los hombres como un extraño y preguntó sobre los detalles de su debate.

Finalmente, Cleofas respondió: «... ¿Eres tú el único forastero en Jerusalén que no has sabido las cosas que en ella han acontecido en estos días?» (Luc. 24:18). La polémica sentencia y ejecución de Jesús; el terremoto y la oscuridad diurna que acompañó a Su crucifixión; el desgarro sobrenatural del velo del templo, ¿cómo podría alguien haber pasado por alto estas cosas? Juntos, Cleofas y su compañero explicaron a su invitado desinformado que Jesús había sido considerado un profeta «... poderoso en obra y en palabra delante de Dios y de todo el pueblo...» (Luc. 24:19) y que los principales sacerdotes habían arreglado injustamente Su ejecución. La muerte de Jesús consternó de un modo profundo a muchos en la nación porque habían esperado que Él fuera el Redentor de Israel (Luc. 24:19-21). Pero tal vez esa esperanza no se había extinguido por completo. Ellos también le explicaron a Jesús: «... nos han asombrado unas mujeres de entre nosotros, las que antes del día fueron al sepulcro; y como no hallaron su cuerpo, vinieron diciendo que también habían visto visión de ángeles, quienes dijeron que él vive. Y fueron algunos de los nuestros al sepulcro, y hallaron así como las mujeres habían dicho, pero a él no le vieron» (Luc. 24:22-24).

Estos hombres le explicaron a Jesús que los discípulos (círculo interno y externo) no esperaban que el Mesías sufriera, muriera ni resucitara.

En esencia, estos hombres le explicaron a Jesús que los discípulos (círculo interno y externo) no esperaban que el Mesías sufriera, muriera, ni resucitara. Después de escuchar su explicación, Jesús (a quien los hombres aún no habían reconocido) los reprendió por su falta de comprensión «... ¡Oh insensatos, y tardos de corazón para creer todo lo que los profetas han dicho! ¿No era necesario que el Cristo padeciera estas cosas, y que entrara en su gloria?» (Luc. 24:25-26). Jesús luego explicó que las enseñanzas del Antiguo Testamento habían revelado estas cosas sobre el Mesías. Sin duda los hombres estaban fascinados al descubrir que las predicciones del sufrimiento, la muerte y la resurrección del Mesías se esparcían por todos los libros sagrados. Sabemos, por el estudio de sus antiguos comentarios, que los judíos simplemente no esperaban tal resultado para el Mesías. Ni siquiera aquellos que se dedicaron a estudiar y enseñar la Escritura; los escribas, los sacerdotes y los ancianos, habían previsto que esas cosas sucederían. En contraste, Jesús enseñó sobre la necesidad de la muerte y la resurrección del Mesías en gran parte de Su ministerio. En un escenario tras otro, Sus discípulos no entendieron o se negaron a aceptar que tales cosas podrían hacerse realidad en el Mesías de Dios. Ahora el Señor les reveló el contenido de la Escritura a Cleofas y su compañero. Entonces, a la luz de los acontecimientos recientes, estaban mejor preparados para aceptar que el Mesías en verdad fue destinado a sufrir, morir y resucitar de la muerte de manera gloriosa.

Sin duda los hombres estaban fascinados al descubrir que las predicciones del sufrimiento, la muerte y la resurrección del Mesías se esparcían por todos los libros sagrados.

Cuando llegaron a las afueras de Emaús, Cleofas y su compañero le pidieron a Jesús que pasara la noche con ellos en la aldea porque pronto oscurecería. Ellos solo mostraban amabilidad a un extraño interesante. Jesús accedió a ir con ellos. Una vez que se reclinaron en la mesa, el Señor asumió el papel de anfitrión al partir el pan y bendecirlo para su comida. En este momento «... les fueron abiertos los ojos, y le reconocieron...» (Luc. 24:31). De modo más preciso, Jesús abrió sus mentes a Su identidad. Ese es el significado del texto. Los obstáculos para la verdadera percepción se desvanecieron, pero incluso

Los peregrinos de Emaús, por Rembrandt. Jesús reveló Su identidad cuando partió el pan y lo bendijo.

cuando un velo fue levantado, otro cayó ante ellos: Jesús desapareció en el aire (v. 31). Una vez que superaron el impacto de Su desaparición, los hombres pensaron que debieron percatarse desde el principio de que quien viajaba con ellos era Jesús, porque sus corazones se habían encendido cuando Él explicó en la Escritura la necesidad del sufrimiento, la muerte y la exaltación del Mesías. Después de recordar esto por un corto tiempo, ellos regresaron a Jerusalén en la oscuridad y encontraron a los once reunidos. Venían de Emaús ansiosos por compartir su increíble informe, pero antes de que pudieran cumplir con este plan, todos los que estaban allí reunidos les dijeron que Jesús había aparecido ante Simón Pedro. Las mujeres no se habían equivocado después de todo, como Cleofas y su compañero ya habían deducido. ¡Mujeres valientes y buenas, contadoras de la verdad!

Los discípulos se alegraron de haber visto a Jesús de entre los muertos, pero quedaron preguntas profundas sobre lo que acontecía.

No se dan detalles sobre la reunión privada de Pedro con Cristo el domingo. Sabemos que ocurrió en algún momento antes de que Jesús se apareciera al resto de los discípulos masculinos en una reunión a puerta cerrada (que detallamos a continuación), porque 1 Corintios 15:5 señala que el Cristo resucitado: «... apareció a Cefas [nombre alternativo para Pedro], y después a los doce». A estas alturas nadie dudaba de que los avistamientos en verdad sucedían, pero ¿qué veían exactamente? Algunos de ellos (como María) habían tocado al resucitado Jesús, pero ¿qué pensarían de que el Señor hubiera desaparecido ante los ojos observadores de Cleofas y su compañero? Los discípulos se alegraron de haber visto a Jesús de entre los muertos, pero quedaron preguntas profundas sobre lo que acontecía.

Puertas cerradas y manos perforadas

Mientras los discípulos seguían compartiendo sus experiencias del día, Jesús de repente se puso de pie entre ellos «... Paz a vosotros...», dijo, y los sobresaltó (Luc. 24:36-37). Aterrorizados, pensaron que un fantasma había caído del mundo espiritual. No extraña que pensaran tal cosa. Los cuerpos humanos no van y vienen en un instante, ni pasan a través de puertas que están cerradas y aseguradas (Juan 20:19). Nadie dudó de que Jesús había aparecido varias veces y en diversos lugares a lo largo de este extraño día. Lo que comenzó con las mujeres había continuado más tarde en el día con Pedro, Cleofas y su compañero sin nombre. Ahora, juntos en una habitación con cuatro paredes y puertas cerradas, todos habían participado de la experiencia. Pero ¿qué tipo de experiencia fue esta con exactitud? ¿El verdadero Jesús de carne y hueso había regresado de entre los muertos, o era un fantasma que iba y venía e imitaba la vida corporal?

Aunque las puertas estaban cerradas y aseguradas, Jesús aparecía en medio de Sus discípulos.

Como sintió que Sus discípulos estaban preocupados en lugar de exaltados, Jesús les preguntó por qué las dudas permanecían entre ellos (Luc. 24:38). Él ya sabía la respuesta. Ninguna persona racional permanecería inquebrantable al ver a un hombre muerto que caminaba, hablaba y saltaba dentro y fuera de la vista como lo había hecho Jesús a lo largo del día. Como judíos, estos hombres creían en el poder de Dios y habían puesto sobre Jesús todas sus esperanzas de salvación, pero lo que ahora veían no tenía precedentes. Se necesitarían pruebas sólidas para que concluyeran que el verdadero Jesús estaba delante de

Cena en Emaús (detalle), por Caravaggio. Para convencer a Sus confundidos discípulos de que Él era real, Jesús resucitado comió un poco mientras ellos veían.

ellos. Por esta razón, Él dijo: «Mirad mis manos y mis pies, que yo mismo soy; palpad, y ved; porque un espíritu no tiene carne ni huesos, como veis que yo tengo» (Luc. 24:39). Este fue un buen comienzo para resolver los problemas, pero aun así su alegría y asombro se mezclaron con la incredulidad (Luc. 24:41). Para solucionar el asunto de una vez por todas, Jesús decidió comer con ellos. Había partido el pan con Cleofas y el otro discípulo a primera hora de la noche, pero nunca pudo comer ya que al instante ellos lo reconocieron. Ahora Él dio el siguiente paso. Les pidió comida. Los discípulos le entregaron un poco de pescado asado. Nunca en la historia hubo una audiencia tan ansiosa por ver a un hombre masticar y tragar un poco de comida. Jesús no los decepcionó; mientras todos miraban: «... comió delante de ellos» (Luc. 24:43). Seguros de que ningún fantasma podía participar de una comida, los discípulos ahora podían arrancar sus últimas restricciones y celebrar la genuina resurrección corporal de Jesucristo (Juan 20:20).

Nunca en la historia hubo una audiencia tan ansiosa por ver a un hombre masticar y tragar un poco de comida.

Preludio a una nueva misión

Después de ganarse la confianza de todos en la sala, Jesús comenzó a compartir con ellos las mismas enseñanzas que había entregado a Cleofas antes. Demostró que los libros de Moisés, los profetas y los Salmos habían predicho que el Mesías sufriría la muerte, pero luego sería resucitado a una nueva vida. Ninguna Escritura cuenta la historia completa, por supuesto; pero al juntar las piezas de muchos testigos del Antiguo Testamento, se completa la imagen de un Mesías que sufre, muere y resucita. Esta fue presentada cientos de años antes de que Jesús fuera clavado a la cruz del Gólgota. El Señor enseñó estas cosas antes de Su crucifixión, pero Sus palabras habían caído en oídos sordos.

Ahora la audiencia estaba en una mejor posición para entender. Jesús se aseguró de que lo hicieran al abrir sus mentes de manera sobrenatural para recibir la verdad de la revelación de Dios (Luc. 24:45). Continuó Sus enseñanzas y declaró que, a la luz de Su victoria sobre la muerte, el arrepentimiento para el perdón de los pecados debía predicarse en Su nombre a todo el mundo. Comenzarían desde la habitación en que se encontraban (v. 47). «... Vosotros sois testigos de estas cosas» (Luc. 24:48), les dijo Jesús, y les ordenó que esperaran en Jerusalén hasta que Dios les otorgara poder permanente mediante el don del Espíritu Santo (vv. 48-49). Para cerrar este preludio a la misión que les asignaba, el Señor les otorgó la presencia del Espíritu para que crecieran en su comprensión de la nueva vida que abrazarían. Todos los discípulos aceptaron gustos este regalo, excepto el que estuvo ausente: Tomás. Es bueno para nosotros que Tomás se haya alejado esa noche, ya que la forma en que Jesús recibe luego a este escéptico ofrece esperanza para todos nosotros.

Ninguna Escritura cuenta la historia completa por supuesto, pero al juntar las piezas de muchos testigos del Antiguo Testamento, se completa la imagen de un Mesías que sufre, muere y resucita. Esta fue presentada cientos de años antes de que Jesús fuera clavado a la cruz del Gólgota.

Dudoso Tomás

La Biblia no nos dice por qué Tomás no se unió al resto de los discípulos esa noche, pero no es difícil adivinar la causa. Lo más probable es que se estuviera alejando de la comunidad de fe. En un momento anterior en la vida de Jesús, cuando se dirigía a la ciudad donde Su amigo Lázaro yacía muerto en una tumba, Tomás les dijo a los otros discípulos: «... Vamos también nosotros, para que muramos con él» (Juan 11:16). Aquí vemos que Tomás fue un valiente y leal seguidor de Cristo, pero también vislumbramos un hondo pesimismo Es posible que él incluso albergara dudas sobre la identidad de Jesús. Ningún judío esperaba que el Mesías muriera en ninguna circunstancia, y mucho menos que lo hiciera a manos de una multitud que se enojaba con Sus poderes curativos. Si en ese momento Tomás había empezado a sospechar que el ministerio de Jesús terminaría en Su muerte, no era porque él había comprendido esto desde la

Escritura. Tampoco estaba relacionado con que él se hubiera elevado por encima del paradigma dominante que impedía que todos los demás comprendieran las predicciones de la muerte y la resurrección de Jesús. Más bien, es probable que Tomás esperara que Jesús muriera porque luchaba con las dudas sobre Su verdadera identidad como Mesías, incluso en esta fecha tan temprana. Vemos una vez más esta lucha en Juan 14. Después de que Jesús les dijo a los discípulos que Él iba a preparar un lugar para ellos y que regresaría a buscarlos para que todos pudieran estar juntos, Tomás dejó escapar sus más profundas dudas al expresar: «... no sabemos a dónde vas; ¿cómo, pues, podemos saber el camino?» (Juan 14:5). A esto Jesús respondió: «... Yo soy el camino, y la verdad, y la vida; nadie viene al Padre, sino por mí» (v. 6). ¿Tomás creyó esto? Es posible que no. Los engranajes de su alma giraban de manera irregular y atrapaban aquí y allá las dudas, los problemas y las preguntas.

Los engranajes de su alma giraban de manera irregular y atrapaban aquí y allá las dudas, los problemas y las preguntas.

A pesar de que Tomás no estaba con los discípulos para la presentación de Jesús el domingo por la noche, sus hermanos se entusiasmaron con todos los detalles. Una y otra vez le decían: «...Al Señor hemos visto...» (Juan 20:25). Pero Tomás no se conformaría con tales palabras: «... Si no viere en sus manos la señal de los clavos, y metiere mi dedo en el lugar de los clavos, y metiere mi mano en su costado, no creeré» (Juan 20:25). ¿Se puede elevar la barra de la prueba más alto? A estas alturas, Tomás era un escéptico de caparazón duro. Si fuera a ser ganado de entre la multitud creyente que brotaba a su alrededor, no se necesitaría nada menos que evidencia indiscutible.

El domingo siguiente, después de la abrupta aparición de Jesús a los discípulos, el grupo se reunió una vez más detrás de las puertas con barrotes. Esta vez Tomás estuvo presente. Imagínalo sentado allí mientras giraba las ruedas de hierro de la lógica y observaba que el tiempo se prolongaba sin ninguna señal del Jesús resucitado. La no presentación del Señor no fue motivo de celebración para él; era mucho mejor descubrir que Jesús estaba vivo después de todo, pero en ausencia de pruebas, Tomás no se dejaría llevar por la falsa esperanza. Entonces una voz familiar dijo: «... Paz a vosotros» (Juan 20:26). Era Jesús. Una vez más apareció entre ellos, aunque las puertas estaban cerradas. Él no estaba aquí para sorprender a la multitud con trucos de transportación. Él vino a ganar a Tomás para Su causa. Al mirarlo, Jesús expresó: «... Pon aquí tu dedo, y mira mis manos; y acerca tu mano, y métela en mi costado; y no seas incrédulo, sino creyente» (Juan 20:27). Jesús le ofreció a Tomás la evidencia exacta que él había mencionado como necesaria para abandonar su incredulidad. Tenemos todas las expectativas de que nuestros cuerpos resucitados estarán completos, no lisiados ni marcados por cicatrices. Jesús, sin embargo, siempre llevará las

Imagínalo sentado allí mientras giraba las ruedas de hierro de la lógica y observaba que el tiempo se prolongaba sin ninguna señal del Jesús resucitado.

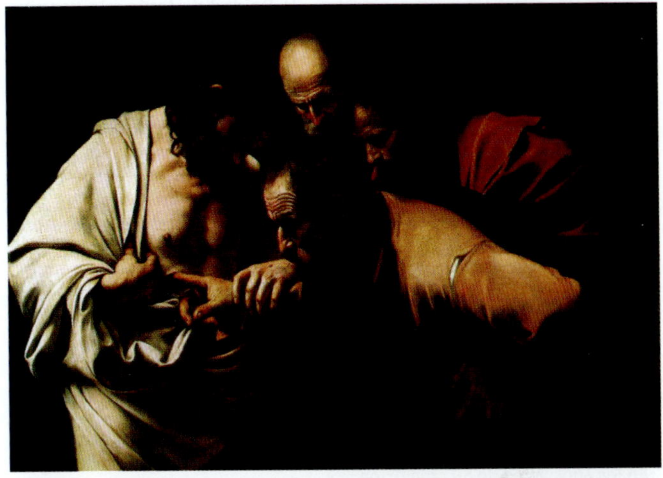

La incredulidad de Santo Tomás, por Caravaggio. Jesús le dijo a Tomás: «... Pon aquí tu dedo, y mira mis manos; y acerca tu mano, y métela en mi costado; y no seas incrédulo, sino creyente.» (Juan 20:27).

cicatrices que demuestran Su amor por nosotros. Tomás miró las marcas en la carne de Jesús, pero descubrió que, después de todo no necesitaba tocarlas. No había ninguna duda sobre la realidad del hombre de carne y hueso que estaba parado frente a él: «... Señor mío, y Dios mío!», exclamó (Juan 20:28).

Aquí vemos que Jesús respetaba al que dudaba. Lejos de regañar a Tomás, Jesús lo encontró en la encrucijada entre la duda y la fe y le mostró señales que indicaban que el camino de la creencia era seguro, racional y verdadero. Las señales que Tomás vio no están disponibles para nosotros hoy, ni debemos buscarlas. La resurrección de Cristo fue un evento de una sola vez, y Tomás vivió en un lugar y una época que le permitieron ver las evidencias personalmente. Aunque hoy el cuerpo y las cicatrices de Cristo no se ofrecen para examinarlas, sí tenemos los testimonios inspirados por el Espíritu a través de autores del Nuevo Testamento.

Jesús lo encontró en la encrucijada entre la duda y la fe y le mostró señales que indicaban que el camino de la creencia era seguro, racional y verdadero.

Una y otra vez vemos en estos escritos que todos los discípulos principales dudaron en algún momento. Como Tomás, varios incluso pasaron del escepticismo incondicional con respecto a la resurrección y a las afirmaciones de

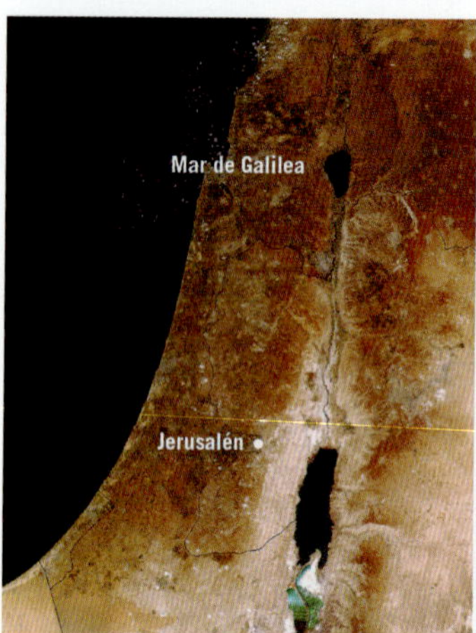

En los años antes de Su crucifixión, Jesús estableció Su ministerio en Capernaúm en la costa al noroeste del mar de Galilea, a 85 millas (cerca de 137 km) de Jerusalén. Aquí es donde probablemente los discípulos se reunieron con Jesús resucitado.

la Deidad de Jesús a la genuina creencia en Él. Cuando luchamos con las dudas, debemos dejarlas al descubierto ante Dios, como lo hizo Tomás. Si nuestros corazones y mentes están preparados para ser instruidos, y si estamos dispuestos a hacer el arduo trabajo de estudiar los testimonios bíblicos, la fe será nuestra recompensa. Lo sabremos sin verlo, lo sentiremos sin tocarlo y creeremos con una firmeza de convicción que no puede ser derribada por preguntas sin respuesta. Como dijo Jesús: «... bienaventurados los que no vieron, y creyeron» (Juan 20:29).

Atrapar y liberar

Algún tiempo después de la segunda aparición de Jesús a puerta cerrada en Jerusalén, salió al mar de Tiberíades (mar de Galilea) y observó desde la orilla a Pedro, Tomás y otros discípulos que pescaban. Él les había dado instrucciones para que regresaran a Galilea después de Su resurrección, pero, en cumplimiento de sus deseos, regresaron a sus viejos lugares. Muchos de ellos habían sido pescadores de oficio antes de que Jesús los llamara tres años antes. Como es natural, recurrieron a su antiguo oficio en los días y las semanas antes de que Jesús les diera la comisión definitiva de abandonar tales cosas y alcanzar al mundo. Al parecer, habían perdido su toque anterior de pescar, porque pasaron toda la noche en las aguas y no atraparon nada. Ni un solo pez fue aprisionado entre sus redes.

Pedro braceó y pataleó en el agua fría, con la única esperanza de salvar su conciencia al llegar a la orilla.

Al amanecer, Jesús llegó a la costa y llamó a los hombres: «... Hijitos, ¿tenéis algo de comer?...» (Juan 21:5). Conocía sus carencias, así como Él sabe lo tuyo y lo mío. Los pescadores no reconocieron que era Jesús quien los llamaba. La luz aún era tenue y la niebla de la mañana se aferraba a la orilla a esta hora temprana. Cuando los hombres respondieron que, en efecto, no tenían peces, Jesús les dijo que pescarían mucho si solo tiraban la red sobre el lado derecho del bote. No ofreció ninguna explicación de por qué debería ser así, ni reveló quién era Él. Al no tener nada que perder, los discípulos obedecieron las indicaciones del extraño y así atraparon tantos peces que no pudieron levantar la red al bote. Juan inmediatamente se dio cuenta de que era Jesús quien los había llamado. ¿Quién más podría ser? El Señor había hecho esto mismo por ellos años antes. Pedro aceptó y se puso su prenda exterior (se había desnudado hasta la cintura mientras trabajaba) y nadó cien metros para encontrarse con Jesús. Pedro, apresurado, se mantuvo fiel a su estilo. ¿No habría sido mejor dejar su prenda exterior a bordo del bote, seca y lista para utilizarla una vez que se fuera a la orilla? Olvida eso. Amamos a Pedro por su decidida búsqueda de Dios y sabemos que su urgencia fue impulsada aún más por el recuerdo de sus fracasos. Sus negaciones y maldiciones todavía eran recientes para él, y cada cantar de un gallo hacía eco en los oídos que ardían al escuchar el perdón del Señor. ¿Lo recibiría en la orilla en la mañana? ¿Lo liberaría Jesús de su carga? Pedro braceó y pataleó en el agua fría, con la única esperanza de salvar su conciencia al llegar a la orilla.

La pesca milagrosa, por Witz. Al seguir la orden de Jesús, los discípulos pescaron tantos peces que les era imposible meter la red en el bote.

Los demás hombres llevaron el bote hasta la orilla y dejaron la red asegurada en aguas poco profundas. Para su asombro, Jesús tenía pescado y pan horneado listos y esperándolos. Sin embargo, Jesús no estaba dispuesto a perder la pesca milagrosa. Les ordenó a los hombres que trajeran algunos de los peces que habían atrapado. Pedro, empapado y todavía jadeando por nadar, saltó y arrastró la red a la orilla solo. Los hombres contaron 153 peces, ya que los separaron según la clase. Es probable que, en total, los pescados y la red empapada pesaran 300 libras (136 kg). Era un peso considerable para que un solo hombre lo arrastrara. Pedro trabajaba duro para reparar el daño al Señor a quien había traicionado, sin embargo, pronto se enteraría de que tales obras no eran necesarias.

Cuando terminó el desayuno, Jesús dirigió Su atención a Pedro. Era hora de vendar la herida de este hombre de una vez por todas. Tres veces frente a todo el grupo, Jesús le preguntó a Pedro si lo amaba. Al igual que los doctores, Jesús eligió examinar la herida antes de curarla. Cada vez que le hacían la pregunta, Pedro le aseguraba al Señor con mayor urgencia que en realidad lo amaba, y cada vez Jesús aceptaba la respuesta de Pedro y decía que debía atender el rebaño de Dios. Las implicaciones son liberadoras y de gran alcance: Jesús le enseñaba a Pedro que su amor por el Mesías era suficiente. Pedro no necesitaba recuperar la aceptación de Jesús porque esa aprobación era suya para siempre a través del amor y la fe en el Salvador, sin importar los errores que hubiera cometido. Además, él no solo era aceptado, sino que también estaba listo para el servicio cristiano. Jesús dejó esto claro mediante Su repetida advertencia de que Pedro debería alimentar y cuidar las ovejas de Dios. Aquí el apóstol aprendió que Jesús no es un Salvador parcial. Salva el alma y la vida entera de quien viene a Él con fe, y obra una redención total que no necesita complementarse con los esfuerzos humanos. Pedro estaría bien porque su Salvador lo hizo así. ¡Alabado sea Dios por Sus inmensas misericordias!

Las palabras de despedida y la partida del mundo

Dos episodios finales en la vida de Cristo resucitado exigen nuestra atención: primero, en lo que se ha llamado la Gran Comisión, Jesús explicó con más detalle la nueva misión de vida que antes había descrito a los discípulos durante Su primera aparición en la habitación cerrada (Luc. 24:47). Esta vez Él y los once evitaron el interior y subieron a una montaña en Galilea, un destino elegido por Jesús (Mat. 28:16). Algunos de los once adoraron de forma abierta al Señor en este lugar, mientras que otros se contuvieron y lucharon con dudas, no sobre el auténtico retorno del Señor a la vida, sino más bien respecto a si era conveniente adorar a Jesús de un modo tan ilimitado. ¿Puede el cielo aprobar una adoración tan abierta? Jesús es Dios el Hijo, pero ¿debería el Hijo recibir adoración igual al Padre? Absolutamente sí. Sin embargo, algunos de los discípulos no estaban seguros. Al sentir esta reserva y desear hablar en términos definitivos sobre Su estado y los requisitos del verdadero discipulado, Jesús dijo: «... Toda potestad me es dada en el cielo y en la tierra. Por tanto, id, y haced discípulos a todas las naciones, bautizándolos en el

El Salvador, por el Greco

nombre del Padre, y del Hijo, y del Espíritu Santo; enseñándoles que guarden todas las cosas que os he mandado; y he aquí yo estoy con vosotros todos los días, hasta el fin del mundo...» (Mat. 28:18-20). En estas oraciones Jesús resumió Su poder, declaró el propósito perdurable otorgado por Dios a los discípulos y prometió estar con ellos a lo largo de los siglos mientras dan testimonio de Él ante un mundo perdido y moribundo. Este es el propósito final de Dios en la dramática crucifixión y resurrección del Mesías: que para la alabanza de Su amor y gracia los pueblos de todas las naciones serían redimidos y hechos hijos santos de Dios, asegurados para la eternidad por el Cordero que cargó los pecados humanos, soportó el castigo del Padre y venció la muerte cuando se levantó al tercer día.

Segundo, en algún momento después de la comisión en la montaña, Jesús y Sus discípulos se reunieron una vez más en el exterior (Hech. 1:4-11). Habían transcurrido 40 días desde que Jesús conquistó la muerte, y en ese lapso de tiempo: «... se presentó vivo con muchas pruebas indubitables...» (Hech. 1:3). Ya no había dudas entre los discípulos. Jesús estaba evidentemente vivo y había dejado claro que a todos los pueblos de la tierra se les debería enseñar a creer en Él y, por lo tanto, recibir el perdón de pecados a través de Su sacrificio. Ahora, en Sus momentos finales con ellos, Jesús volvió a advertirles a los discípulos que esperaran en Jerusalén hasta que el Espíritu Santo fuera derramado sobre ellos. Una vez que esto sucediera, serían dispersados por la mano de Dios, destinados a varios lugares en todo el mundo conocido. Algunos de los discípulos habían supuesto que Jesús no se iría al cielo sin antes restaurar a Israel. A esta presunción, Jesús respondió: «... No os toca a vosotros saber los tiempos o las sazones, que el Padre puso en su sola potestad» (Hech. 1:7). En otras palabras: los tiempos finales vendrán a la hora señalada por Dios. En cuanto a ti, continúa con la comisión que te he dado.

A pesar de que Sus últimas palabras aún sonaban en sus oídos, los discípulos vieron a Jesús envuelto por una nube y levantado de entre ellos. En un momento se había ido. Ellos lo miraron con asombro y santo temor. Entonces dos ángeles aparecieron de forma abrupta junto a ellos. Vestidos con ropa blanca brillante, dijeron: «... Varones galileos, ¿por qué estáis mirando al cielo? Este mismo Jesús, que ha sido tomado de vosotros al cielo, así vendrá como le habéis visto ir al cielo» (Hech. 1:11). Él regresará, ellos lo entendieron, pero en

Ascensión de Cristo, por Garofalo

el tiempo que Dios haya asignado. Mientras tanto, los discípulos tenían un mundo que alcanzar. Juntos emprendieron el viaje de un día de regreso a Jerusalén, donde se unieron en oración continua mientras esperaban que el Espíritu de Dios cayera sobre ellos. Así comenzó la Iglesia de Jesucristo.

Notas

1. La reconstrucción presentada en este libro para la resurrección y las apariciones que siguen no incluye los datos que se encuentran en Marcos 16:9-20. Basados en la ausencia de este pasaje en manuscritos antiguos clave, la mayoría de los académicos (conservadores y demás) no creen que originalmente fuera parte del Evangelio de Marcos. Esto significa que existe la posibilidad de que los versículos 9 al 20 del capítulo 16 de este Evangelio hayan sido agregados en una fecha posterior por un escriba que creía que Marcos había incluido un final más largo. En todo caso, la decisión de excluir estos versos tiene un impacto significativo en la forma en que reconstruimos los eventos del domingo de Pascua. De hecho, hace que tales reconstrucciones sean más fáciles y es posible que hasta más cercanas a la verdadera secuencia de eventos que se desarrollaron en ese magnífico día. La reconstrucción que se ofrece en este libro no debe tomarse como algo más que un esfuerzo estudiado para reunir los diversos relatos de una manera que comunique la verdad de la resurrección de Cristo con mayor eficacia. Si sucede que refleja la verdadera secuencia histórica, ¡tanto mejor!, si no, nos hemos equivocado en un asunto que los escritores de los Evangelios encontraron insignificante.

2. Merrill Tenney, *John, Comentario bíblico del expositor,* vol. 9 (Grand Rapids: Zondervan, 1981), pág. 190.

PARTE IV
LAS ENSEÑANZAS DE JESÚS

CAPÍTULO 15

LAS CONFESIONES DEL HIJO

Es probable que nunca te haya conocido, pero si quisiera hacerlo, podría rastrearte y entonces, te formularía una serie de preguntas. Comenzaría por preguntar sobre tus orígenes: la hora y el lugar de tu nacimiento y los detalles del trasfondo de tu familia. Es posible que luego desee conocer sobre tu vida actual: quiénes son tus amigos y tu familia, cómo te ganas la vida y qué creencias y propósitos te impulsan. Finalmente, te pediría una imagen de tus planes para el futuro: hacia dónde te diriges y cómo quieres que se vea tu vida al final. Si me dieras toda tu información, adquiriría un entendimiento bastante claro de quién eres. Para eliminar la posibilidad de que tú mismo hayas tergiversado los datos, podría hacer un chequeo rápido entre tus conocidos. Si tus informes coinciden con los suyos, puedo estar seguro de que sé mucho sobre ti.

¿Qué hay de Jesús? Tal vez quiera aprender sobre Él, sin embargo, no puedo entrevistarlo en persona. Sus amigos tampoco pueden responder a mis preguntas, porque han muerto hace mucho tiempo. ¿Significa esto que no puedo hacer nada mejor que elaborar suposiciones vagas sobre la identidad de Jesús? Afortunadamente no. Al leer los cuatro Evangelios, todos podemos conocer a Jesucristo y aprender datos biográficos importantes de Su vida. Por supuesto, estos libros no fueron escritos por el mismo Jesús. Sin embargo, Sus seguidores más cercanos los escribieron, y tenemos razones convincentes para confiar

Al leer los cuatro Evangelios, todos podemos conocer a Jesucristo y aprender datos biográficos importantes de Su vida.

en que proporcionaron datos reales sobre la vida más fascinante que jamás haya existido (ver capítulos 19 y 20). Además, gran parte del material evangélico conserva las enseñanzas de Jesús. Leemos Sus confesiones sobre Su origen y destino, Su familia y Sus creencias, Sus propósitos y logros culminantes. Por lo tanto, en un sentido real, podemos sentar a Jesús para una entrevista personal, porque en los Evangelios nos informan todo lo que necesitamos saber de Su identidad, propósitos y logros. En este capítulo examinaremos pasajes de la Escritura en que Jesús se describe a sí mismo o se muestra a sí mismo como Dios el Hijo, el Mesías, el Buen Pastor y el Gran Médico.

Jesús es Dios el Hijo

Si quisiera saber sobre ti te pediría que pasaras al micrófono y me contaras todo. ¿Pero qué podría hacer si quisiera saber sobre Jesús? ¿A dónde tendría que ir?

Es común que el ser humano moderno dude o incluso niegue que Jesús afirmó ser Dios. Su imagen de Jesús es la de un gran sabio moral que enseñó a las personas a amarse y llevarse bien. Lejos de atraer la atención hacia sí mismo, suponen que solo pretendía difundir el amor por la humanidad a través de actos de servicio y sacrificio. Si bien es cierto que Jesús amó a la humanidad y defendió la necesidad de servir a los demás, es por completo insostenible argumentar que no hizo grandes afirmaciones sobre sí mismo. Los primeros libros biográficos sobre Jesús declaran que Él afirmó ser nada menos que el propio Hijo divino de Dios. Examinaremos catorce enseñanzas de este tipo en las siguientes páginas.

Los primeros libros biográficos sobre Jesús declaran que Él afirmó ser nada menos que el propio Hijo divino de Dios.

Jesús vino del Padre. Jesús estuvo envuelto en controversias todo el tiempo debido a Sus enseñanzas distintivas y obras de poder. La gente lo amaba o lo odiaba (o ambos), y las multitudes con frecuencia reducían toda la situación a la cuestión del origen: ¿de dónde venía Jesús? En una ocasión, Él les respondió de la siguiente manera: «Jesús entonces, enseñando en el templo, alzó la voz y dijo: A mí me conocéis, y sabéis de dónde soy; y no he venido de mí mismo, pero el que me envió es verdadero, a quien vosotros no conocéis. Pero yo le conozco, porque de él procedo, y él me envió» (Juan 7:28-29).

Jesús con frecuencia era amenazado de muerte por Sus declaraciones de ser divino.

Esta respuesta puede parecer un poco vaga para los ojos modernos no entrenados, pero la audiencia original de Jesús ciertamente lo captó. Entendieron que Jesús afirmaba que, en un sentido, era de Nazaret como bien sabían, pero que en otro sentido también venía de Dios. Enojados por una afirmación tan audaz, la multitud intentó apoderarse de Jesús para una ejecución improvisada (Juan 7:25,30).

Jesús volvió al Padre. Después de que la multitud no mató a Jesús por pretender ser del cielo, los principales sacerdotes y los fariseos desplegaron a la guardia del templo en un intento de arrestarlo por blasfemia (Juan 7:32). Jesús detuvo a los patrulleros que avanzaban con la siguiente declaración: «... Todavía un poco de tiempo estaré con vosotros, e iré al que me envió. Me buscaréis, y no me hallaréis; y a donde yo estaré, vosotros no podréis venir» (Juan 7:33-34). El grupo de arresto no estaba seguro de qué hacer. Algunos sugirieron que Jesús quiso decir que planeaba huir de la oposición que enfrentó en Israel al escapar para unirse a los judíos que se habían dispersado en ciudades con influencia griega como Alejandría, en el norte de Egipto. Tal vez esos judíos, que eran un poco más liberales en su pensamiento, serían más receptivos a Su mensaje radical y a Sus afirmaciones personales. En todo caso, quienes venían a arrestarlo quizás sintieron que Su emigración resolvería sus problemas. ¡Déjalo ir a molestar a alguien más! Pero, por supuesto, este no era el significado de las palabras de Jesús. De acuerdo con Su enseñanza de algunos versos anteriores, Jesús quiso decir que regresaría a Su lugar de origen: el cielo. ¡Todo un reclamo! En la era anterior a los cohetes y las aeronaves, ningún hombre podía fingir semejante ascensión. ¿Cómo lo lograría? Como resultado, tenemos diversos testimonios de que Jesús, de hecho, ascendió al cielo. Tanto en su Evangelio como en su libro sobre los primeros días de la Iglesia, Lucas informa que Jesús ascendió al cielo envuelto en nubes mientras los discípulos lo miraban boquiabiertos (Luc. 24:50-53; Hech. 1:4-11). De este modo, Dios el Hijo regresó a casa y demostró que el cielo era Su verdadero lugar de origen.

Tenemos diversos testimonios de que Jesús, de hecho, ascendió al cielo.

Jesús es igual al Padre. Esta es una de las declaraciones más impresionantes que Jesús hizo en un momento en que las amenazas habían crecido a Su alrededor. Pronto sería arrestado, asesinado y quedaría sin amigos. Él predijo que incluso un inamovible Pedro de voluntad fuerte se marchitaría bajo presión y negaría conocerlo (Juan 13:36-38). Los discípulos debieron pensar que todo en lo que creían había fracasado. Al sentir sus espíritus quebrantados, Jesús los tranquilizó con palabras que resaltaban que Él era semejante a Dios: «No

La ascensión de Cristo, por Tintoretto. Jesús ascendió al cielo envuelto en las nubes mientras los discípulos lo observaban.

La triquetra ha sido utilizada tradicionalmente para representar la Trinidad. Dios el Padre, Dios el Hijo y Dios el Epíritu Santo son tres personas unidas en una esencia divina. Imagen © 2007 Petr Sládek.

se turbe vuestro corazón; creéis en Dios...», les dijo, «... creed también en mí» (Juan 14:1). Esto sería una completa blasfemia si lo dijera un ser humano común, pero no sería así con Dios el Hijo. Tiempo después, en otra demostración de Su igualdad con el Padre, Jesús respaldó Su derecho de comisionar a los discípulos para llevar el evangelio al mundo cuando expresó: «... Toda potestad me es dada en el cielo y en la tierra» (Mat. 28:18). Nadie más que Dios puede ejercer tal autoridad.

Jesús llevó la autoridad del Padre. Los escépticos que escucharon a Jesús, con frecuencia cuestionaron la autoridad de Sus enseñanzas y milagros. Lo tomaron por un hechicero blasfemo y trataron de asustar a la gente para que no lo escuchara. En respuesta a este tipo de hechos: «Jesús clamó y dijo: El que cree en mí, no cree en mí, sino en el que me envió; y el que me ve, ve al que me envió» (Juan 12:44-45). De igual modo: «Si me conocieseis, también a mi Padre conoceríais; y desde ahora le conocéis, y le habéis visto» (Juan 14:7). Con tales afirmaciones, Jesús no quiso confundir Su identidad personal con la del Padre de tal manera que no se pudiera hacer una distinción entre ellos, ni tampoco quería declarar que Dios unas veces aparece como Padre y otras como Hijo. El Padre y el Hijo son dos personas unificadas en una naturaleza divina. Sus identidades no están mezcladas y ambas existen de forma simultánea para siempre. Lo que Jesús pretendió señalar es que Él es del Padre, que lleva a cabo la voluntad del Padre y que comparte la Deidad en igual medida con el Padre.

Samaritanos en el pozo de Jacob. El monte Gerizim servía en ese entonces, y ahora también, como el centro de adoración de los samaritanos en lugar del templo de Jerusalén. Los samaritanos eran vistos como intransigentes porque mezclaban diferentes corrientes religiosas.

Jesús es eterno. En una de las múltiples ocasiones en que los detractores cuestionaban la identidad de Jesús, alguien gritó: «... ¿No decimos bien nosotros, que tú eres samaritano, y que tienes demonio?» (Juan 8:48). Los samaritanos fueron despreciados por los judíos porque habían mezclado varias religiones diferentes y abandonado al único Dios verdadero. Ser samaritano era ser un intransigente y un incrédulo. En respuesta a estos cargos, Jesús señaló que no tenía un demonio y que todo el que guardara Su palabra nunca moriría. Esto provocó una respuesta incrédula. ¡Incluso los mejores maestros de la historia judía no habían producido alumnos inmortales! Así que ellos exclamaron: «¿Eres tú acaso mayor que nuestro padre Abraham, el cual murió? ¡Y los profetas murieron! ¿Quién te haces a ti mismo?» (Juan 8:53).

Si un hombre tan grande como Abraham no podía evadir la muerte ni enseñar a sus descendientes semejante facultad, ¿cómo podría Jesús reclamar esta capacidad?

Esta era una trampa bien preparada. Como padre de todos los judíos y el hombre con quien Dios estableció Su pacto, Abraham fue la figura más venerada en la historia de la nación. Caminó con Dios, hizo pactos con Él, disfrutó de bendiciones sin igual y, sin embargo, murió, igual que todos los demás. Si un hombre tan grande como

Abraham no podía evadir la muerte ni enseñar a sus descendientes semejante facultad, ¿cómo podría Jesús reclamar esta capacidad? Por esta razón, los enemigos de Jesús trataron de resaltar Su afirmación de la autoridad sobre Abraham, porque arruinaría Su credibilidad entre los judíos devotos. Pero Él era más listo de lo que ellos suponían. Su respuesta cuidadosamente elaborada ofreció respeto a Abraham y, sin embargo, no dejó dudas de Su superioridad sobre el antiguo patriarca. Aquí está lo que Jesús dijo en Juan 8:54-56:

> «... Si yo me glorifico a mí mismo, mi gloria nada es; mi Padre es el que me glorifica, el que vosotros decís que es vuestro Dios. Pero vosotros no le conocéis; más yo le conozco, y si dijere que no le conozco, sería mentiroso como vosotros; pero le conozco, y guardo su palabra. Abraham vuestro padre se gozó de que había de ver mi día; y lo vio, y se gozó».

Partida de Abraham, por Molnar. Abraham, a quien Dios le había revelado innumerables secretos, vio el día del Mesías venir y se regocijó.

Ten en cuenta que Abraham vivió en el tercer milenio antes de Cristo, algo así como 2500 años antes de la fecha en que Jesús se dirigió a esta multitud de escépticos. Esto presentaba un problema evidente. ¿Cómo podría Jesús saber lo que Abraham había o no había visto? Ciertamente la Biblia nunca informa que él dijera algo sobre el Mesías. Entonces la multitud le dijo a Jesús: «... Aún no tienes cincuenta años, ¿y has visto a Abraham?» (Juan 8:57). ¡Una respuesta en verdad sensata! Jesús, que tenía unos 30 años, no podría haber caminado con Abraham alrededor de dos docenas de siglos atrás. ¿Cómo respondería Jesús para salir de tal dificultad? Se decantaría por revelar una verdad sumamente inusual, por supuesto: «... De cierto, de cierto os digo: Antes que Abraham fuese, yo soy» (Juan 8:58). Esta respuesta hizo que Sus oponentes se arrodillaran, no para adorar, sino para juntar piedras. Es una declaración oscura para los lectores modernos, pero los judíos reconocieron que Jesús había imitado las palabras que Dios utilizó cuando mandó a Moisés que regresara a Egipto, buscara a los hebreos y les dijera: «... YO SOY me envió a vosotros» (Ex. 3:14). La respuesta de Jesús también recordó pasajes de Isaías en los que Dios reveló aspectos eternos de Su identidad: «... yo mismo soy; antes de mí no fue formado dios, ni lo será después de mí [...] yo era; y no hay quien de mi mano libre. Lo que hago yo, ¿quién lo estorbará? [...]. Yo mismo, yo el primero, yo también el postrero» (Isa. 43:10,13; 48:12). Jesús imitó intencionalmente este tipo de lenguaje, de modo que Sus afirmaciones de Deidad eran claras e integradas en la tradición bíblica. El punto no se perdió en la multitud. Intentaron apedrearlo por herejía, sin embargo, fueron impedidos porque Jesús: «... se escondió y salió del templo...» (Juan 8:59). De acuerdo con el plan divino, aún no era tiempo de que el eterno «Yo soy» muriera por la gente.

«De cierto, de cierto os digo: Antes que Abraham fuese, yo soy».

Jesús tiene conocimiento sobrenatural. Dios sabe todas las cosas pasadas, presentes y futuras. Esa verdad está por toda la Biblia. Por ejemplo, el rey David expresó: «Pues aún no está la palabra en mi lengua,y he aquí, oh Jehová, tú la sabes toda». (Sal. 139:4). A través de Isaías, el Señor proclamó: «Que anuncio lo por venir desde el principio, y desde la antigüedad lo que aún no era hecho; que digo: Mi consejo permanecerá, y haré todo lo que quiero» (Isa. 46:10). Los teólogos llaman a esta cualidad divina omnisciencia, una palabra que literalmente significa «todo conocimiento». Dios comprende de modo simultáneo todos los hechos en cada lugar, en todas las épocas pasadas, presentes y futuras.

Dios comprende de modo simultáneo todos los hechos en cada lugar, en todas las épocas pasadas, presentes y futuras.

Como el Hijo de Dios que asumió la existencia humana genuina y se sometió al Padre que lo envió, no deberíamos esperar que Jesús ofreciera conocimiento sobrenatural a todos a Su paso. Parece que, en algunos asuntos, el Hijo de Dios encarnado eligió ceder Su derecho divino de saber, de manera que solo el Padre ejerció o utilizó la omnisciencia que cada miembro de la Trinidad ha compartido por igual desde la eternidad (ver Mat. 24:36). Sin embargo, Jesús en

La bendición del Redentor, por Martini

varias ocasiones demostró la posesión de conocimiento sobrenatural. Un buen ejemplo es cuando llamó a Natanael para que fuera Su discípulo. Cuando Natanael se encontró con Jesús por primera vez, el Señor ya lo conocía, no solo su nombre, profesión o lugar de residencia, sino también detalles de las cosas ocultas del corazón: «... He aquí un verdadero israelita, en quien no hay engaño» (Juan 1:47). Natanael se quedó perplejo ante este anuncio, tal como tú lo estarías si un extraño contara detalles secretos de tu vida mientras caminas por la acera. Cuando Natanael le preguntó a Jesús cómo sabía estas cosas, Él respondió: «... Antes que Felipe te llamara, cuando estabas debajo de la higuera, te vi» (Juan 1:48). Aquí «ver» no significa que Jesús miró con Sus ojos. Incluso si Natanael hubiera estado debajo de un árbol tan cercano como para permitirle a Jesús darle un buen vistazo antes de conocerlo, tal beneficio no le habría dado información sobre la vida espiritual de este hombre. Por lo tanto, «vi» significa algo más como «conocer y comprender de una manera sobrenatural». Natanael se dio cuenta de esto enseguida.Por esta razón, él le respondió a Jesús: «... Rabí, tú eres el Hijo de Dios; tú eres el Rey de Israel» (Juan 1:49).

Jesús nunca pecó. Solo Dios es sin pecado. Debido a la corrupción de la humanidad en la elección fatal de Adán y Eva, todos los seres humanos nacen en pecado y confirman esa realidad al tomar decisiones que contradicen la voluntad moral de Dios. El Hijo es la única excepción. Él tomó nuestra forma de carne, pero no nuestra naturaleza pecaminosa. Esta naturaleza pecaminosa es parte de la condición humana, pero no es un requisito indispensable para ser genuinamente humanos. Por ello, Jesús puede ser en verdad humano y, sin embargo, no compartir nuestra corrupción espiritual innata. Él señaló esto de manera indirecta al preguntar en Juan 8:46: «¿Quién de vosotros me redarguye de pecado?...». Nadie se adelantó para hacerlo, y Jesús sabía que no podían. Él no era un pecador. Todo lo que conocemos sobre Jesús en los

Jesús y Sus discípulos, por Olivier. Cuando Jesús y Sus discípulos caminaron a través de un campo de trigo en el día de reposo, los fariseos hicieron un alboroto al verlos recoger espigas. Para los ojos del fariseo esto parecía trabajo, no reposo sabático.

Evangelios y el resto de los escritos del Nuevo Testamento armoniza con esta conclusión. El Hijo no podía ser un sacrificio aceptable para tomar nuestro lugar ante el Padre si hubiera pecado en algún momento de Su vida. Convencido de esto, Pedro afirmó de Jesús: «El cual no hizo pecado, ni se halló engaño en su boca» (1 Ped. 2:22).

Jesús es el Señor del sábado. Por orden de Dios, el sábat, que los judíos celebraban el sábado, es un día en que los seres humanos deben descansar y reflexionar sobre las obras de Dios en la creación. Para garantizar que las personas en verdad descansaran, en los días de Jesús había toda clase de reglas para definir qué acciones se permitían y cuáles estaban prohibidas durante el sábado. Algunas de estas reglas vinieron de Dios; otras fueron creaciones de los seres humanos. Como lo explicó Jesús, las reglas que provenían de Dios estaban redactadas con un espíritu de gracia, pero los fariseos malinterpretaron estos asuntos e hicieron de la ley del sábat un sistema rígido que reprimía en lugar de renovar a los seguidores de Dios. Así, cuando Jesús y Sus discípulos caminaron a través de un campo de trigo en el día de reposo, los fariseos hicieron un alboroto al verlos recoger espigas. Para los ojos del fariseo esto parecía trabajo, no reposo sabático. En respuesta a sus acusaciones, Jesús dio varios ejemplos del Antiguo Testamento sobre la indulgencia de la ley del sábado. Estos demuestran que: «... El día de reposo fue hecho por causa del hombre, y no el hombre por causa del día de reposo» (Mar. 2:27). Jesús continuó y señaló: «... si supieseis qué significa: Misericordia quiero, y no sacrificio, (por recoger algunas espigas durante un paseo de sábat) no condenaríais a los inocentes; porque el Hijo del Hombre es Señor del día de reposo» (Mat. 12:7-8). Como el sábat era una ordenanza de Dios (Ex. 20:8-11), el reclamo de Jesús de ser el Señor del sábat cuenta como un reclamo revelado de ser Dios.

«De cierto, de cierto os digo: Viene la hora, y ahora es, cuando los muertos oirán la voz del Hijo de Dios; y los que la oyeren vivirán. Porque como el Padre tiene vida en sí mismo, así también ha dado al Hijo el tener vida en sí mismo».

Jesús tiene vida en sí mismo. Él prometió a Sus discípulos que vivirían para siempre: «... El que oye mi palabra, y cree al que me envió, tiene vida eterna; y no vendrá a condenación, más ha pasado de muerte a vida» (Juan 5:24). La pregunta surge de modo natural: ¿Puede Jesús cumplir esta promesa? Sus siguientes oraciones proporcionan la respuesta: «De cierto, de cierto os digo: Viene la hora, y ahora es, cuando los muertos oirán la voz del Hijo de Dios; y los que la oyeren vivirán. Porque como el Padre tiene vida en sí mismo, así también ha dado al Hijo el tener vida en sí mismo» (Juan 5:25-26). El poder de la vida y la muerte es solo de Dios. Jesús, el Hijo eterno de Dios, es por completo igual al Padre, pero está subordinado de forma voluntaria a Él en Sus tareas. Él afirma que el Padre le ha concedido el derecho de tener vida en sí mismo. Esto nos ofrece un notable vistazo a la vida interior de la Trinidad. El Hijo divino elige someterse al Padre, y el este le otorga libremente a Su Hijo humilde el derecho a ejercer la prerrogativa más selecta de la Deidad: el don de la vida misma.

Cristo en la sinagoga, por Doré

Jesús da testimonio de sí mismo. Cuando hablamos de temas importantes, es usual que recurramos a la opinión de expertos para respaldar nuestras afirmaciones. Así, se considera que nuestras palabras tienen una autoridad superior porque hemos citado a alguien que está por encima de nosotros. Jesús no habló de esa manera. En cambio, siempre hablaba como si Él mismo fuera la autoridad. Cuando Él enseñó sobre sí mismo de este modo, Sus enemigos vieron la oportunidad de socavarlo: «... Tú das testimonio acerca de ti mismo; tu testimonio no es verdadero», dijeron los fariseos (Juan 8:13). A primera vista, esa era una objeción razonable. Después de todo, Jesús era un ser humano que también afirmaba ser Dios y tener autoridad divina. Como Él mismo explicó en Su respuesta, la validez de Su autoproclamación se basaba en los orígenes: ¿de dónde vino? Así es como lo explicó: «... Aunque yo doy testimonio acerca de mí mismo, mi testimonio es verdadero, porque sé de dónde he venido y a dónde voy; pero vosotros no sabéis de dónde vengo, ni a dónde voy [...]. Y en vuestra ley está escrito que el testimonio de dos hombres es verdadero. Yo soy el que doy testimonio de mí mismo, y el Padre que me envió da testimonio de mí» (Juan 8:14,17-18).

Antes y ahora, Jesús sabe quién es Él, y el Padre se une a Él para testificar de la Deidad del Hijo.

El hombre paralítico es bajado por el techo, por Tissot. Para demostrar que tenía la autoridad de perdonar pecados, Jesús le dijo al paralítico que se levantara y fuera a casa (Mat. 9:6).

Jesús perdona los pecados. Solo Dios puede perdonar los pecados. Tú y yo nos perdonamos mutuamente, y así borramos ofensas y sanamos heridas, sin embargo, en última instancia no es nuestro derecho perdona el pecado ni a los transgresores porque no es a nosotros a quienes el pecado ha ofendido. Más bien, este es un ataque a la naturaleza santa de Dios. Por esta razón, tú y yo podemos decir a alguien: «Te perdono por tu pecado en mi contra», pero nunca no es posible asumir que decimos: «tus pecados son perdonados», ya que esto implicaría que al pecador le ha sido concedida una buena posición ante Dios. Dios, personalmente, debe ser apaciguado, incluso si ningún ser humano te acusa por tus pecados. Con estos hechos en mente, ten en cuenta que Jesús habló de forma abierta de perdonar los pecados. Cuando un hombre paralítico fue llevado a Él en una camilla por amigos considerados, el Señor expresó: «... Ten ánimo, hijo; tus pecados te son perdonados» (Mat. 9:2). Algunos escribas estaban cerca. Cuando escucharon a Jesús, que anunciaba el perdón de los pecados, dijeron: «... Este blasfema» (v. 3). Ellos tenían la razón... a menos que Jesús fuera Dios. En respuesta, el Señor señaló que es mucho más fácil decir: «... Los pecados te son perdonados...», que ordenar: «... Levántate y anda», a un hombre paralizado (Mat. 9:5). ¿Por qué? Porque nos es posible decir: «Tus pecados son perdonados», sin embargo, tener el poder para hacerlo es por completo distinto. Para demostrar que en efecto tenía el derecho divino de perdonar los pecados, Jesús le dijo al paralítico: «... Levántate, toma tu cama, y vete a tu casa» (v. 6). Cuando el hombre obedeció, todos reconocieron esto como una obra divina. A los ojos de la fe, este episodio demostró que, como Hijo de Dios, el Señor tenía la autoridad de perdonar los pecados.

Jesús acepta e incluso requiere adoración. A todos nos gusta ser apreciados. Aclámame como un héroe o un genio raro, y te amaré por siempre. Pero, si te inclinas ante mis pies y haces ofrendas, huiré de ti o te golpearé con un palo de madera dura. En los Evangelios encontramos una gran cantidad de situaciones en las cuales los discípulos u otras personas adoraban a Jesús o le asignaban títulos de Deidad. Él no los corrigió nunca. En su lugar, encontró tales manifestaciones apropiadas e incluso necesarias. Por ejemplo, cuando entró en Jerusalén para Su última Pascua, las multitudes lo elogiaron. Los fariseos miraron y dijeron: «... Maestro, reprende a tus discípulos...», pero Jesús contestó: «... Os digo que si éstos callaran, las piedras clamarían» (Luc. 19:39-40). Llámalo ley del universo: Dios el Hijo debe ser alabado. Si la gente no cumple con este requisito, la creación alabará a su Creador. Por fortuna no todos los seres humanos se negaron a reconocer el derecho de Jesús a recibir adoración. Los hombres sabios lo adoraron cuando era niño (Mat. 2:2), Natanael llamó a Jesús «el Hijo de Dios» después de ver la prueba de Su conocimiento sobrenatural (Juan 1:49), durante una tormenta, los discípulos aterrados en el bote adoraron a Jesús

La Puerta de Herodes en Jerusalén, 1920. Jesús dijo que las piedras lo alabarían si el pueblo no lo adoraba abiertamente.

(Mat. 14:33), y Tomás exclamó: «... ¡Señor mío, y Dios mío!» una vez que el Señor resucitado disipó sus dudas finales (Juan 20:28).

Jesús afirma que nuestro destino descansa en Sus manos. Si no te agradara, podría tratar de disuadirte u ofrecerte evidencias en contra de tu evaluación; pero al final del día, tu opinión sobre mí no es relevante para tu futuro. Tu vida irá bien, incluso si estás por completo equivocado sobre qué tipo de persona soy. No es así con respecto a Jesús. Todo lo que posee una importancia duradera depende de lo que pensamos de Jesús y de cómo respondemos a Sus enseñanzas. En una ocasión, Jesús afirmó: «A cualquiera, pues, que me confiese delante de los hombres, yo también le confesaré delante de mi Padre que está en los cielos. Y a cualquiera que me niegue delante de los hombres, yo también le negaré delante de mi Padre que está en los cielos» (Mat. 10:32-33). En otras palabras, tu decisión sobre Dios el Hijo tiene una relación directa con ser o no ser recibido por Dios el Padre. ¿Por qué? Porque es el Hijo quien aboga entre tú y el Padre. Los pecadores no podemos acercarnos al Padre, excepto a través del Hijo que se hizo humano para que nos pueda representar ante el Dios santo. En este sentido, nuestra lealtad a Jesús debe superar a todo lo demás: «El que ama a padre o madre más que a mí, no es digno de mí; el que ama a hijo o hija más que a mí, no es digno de mí» (Mat. 10:37). Finalmente, Jesús también expresó: «... si no creéis que yo soy, en vuestros pecados moriréis» (Juan 8:24). Tu destino descansa en las manos de Cristo. ¿Lo has recibido por fe?

Tu destino descansa en las manos de Cristo. ¿Lo has recibido por fe?

La oración de Jesús por sí mismo lo revela como la Deidad. Juan 17:1-5 registra el primer segmento de una de las últimas oraciones que Jesús pronunció mientras estaba en la tierra. No es nada menos que un himno confesional sobre la Deidad del Hijo de Dios:

> «... Padre, ha llegado la hora. Glorifica a tu Hijo, para que tu Hijo te glorifique a ti, ya que le has conferido autoridad sobre todo mortal para que él les conceda vida eterna a todos los que le has dado. Y esta es la vida eterna: que te conozcan a ti, el único Dios verdadero, y a Jesucristo, a quien tú has enviado. Yo te he glorificado en la tierra, y he llevado a cabo la obra que me encomendaste. Y ahora, Padre, glorifícame en tu presencia con la gloria que tuve contigo antes de que el mundo existiera». (Juan 17:1-5, NVI)

Podríamos, con toda justificación, ocupar las páginas que restan de este libro en la tarea de desentrañar estos cinco versículos. Sin embargo, por el reducido espacio, nos enfocamos de un modo más estrecho y destacamos solo la declaración final: «... ahora, Padre, glorifícame en tu presencia con la gloria que tuve contigo antes de que el mundo existiera» (Juan 17:5, NVI). Si pudiéramos trazar una historia de la vida del Hijo basada en este testimonio, diríamos que Él había compartido eternamente la gloria con el Padre en el cielo, que eligió velar (no derramar) esta gloria y descender a la tierra al tomar la forma de un humilde servidor humano y que al final de Su vida solicitó un regreso al

El pago del tributo, por Masaccio. El Nuevo Testamento no deja lugar a la duda: Jesús declaró ser Dios.

Padre donde disfrutaría como antes de una manifestación íntegra de la gloria de la Deidad.

Conclusión

Hemos examinado catorce de las enseñanzas de Jesús que demuestran que Él afirmó ser Dios. En respuesta a Sus enseñanzas, innumerables personas lo aceptaron por Su palabra y lo siguieron por fe, pero muchos otros rechazaron Sus afirmaciones y lo consideraron un blasfemo. Ninguno de los dos resultados; que algunos lo adoraran mientras que otros lo consideraban un blasfemo digno de muerte, tiene sentido a menos que, de hecho, Jesús afirmara ser Dios el Hijo, como lo revela el Nuevo Testamento una y otra vez.

El apóstol Pedro, por Nogari. Pedro disipó la niebla cuando afirmó: «... Tú eres el Cristo, el Hijo del Dios viviente» (Mat. 16:16).

Jesús es el Mesías

¿Sobre qué base afirman los cristianos que Jesús fue (y es) el Mesías? Si esta identificación se hizo evidente para los primeros seguidores de Jesús, ¿por qué los demás judíos no estuvieron de acuerdo ni siguieron a Cristo como Señor y Salvador? En esta sección revisamos tres evidencias clave que demuestran que Jesús es el Mesías de Dios.

Jesús aceptó la identificación como Dios el Mesías. Los judíos piadosos del primer siglo esperaban con ansias al Mesías prometido por Dios. Las opiniones se mezclaron en cuanto a cómo sería este enviado y qué lograría, sin embargo, pocos, si es que algún judío, imaginaron que sería Dios encarnado y que sufriría el rechazo y la muerte en nombre de los pecadores. Los discípulos de Jesús, parte por parte, aprendieron lo contrario sobre el Mesías. Ellos caminaron y hablaron con Él cada día durante varios años. Aprendían a un ritmo lento porque eran pecadores con las mentes sordas a la verdad espiritual, pero también porque heredaban un paradigma religioso que necesitaba un poco de reorganización. Cuando la luz al fin comenzó a abrirse paso a través de ellos, Pedro hizo la confesión más grandiosa de toda la Escritura.

Jesús quería saber quién pensaba la gente que era Él. Después de que los discípulos revisaran algunas identificaciones populares y erróneas, Pedro disipó la niebla cuando señaló: «... Tú eres el Cristo, el Hijo del Dios viviente» (Mat. 16:16). Este fue un movimiento audaz, ya que iba en contra de tantas expectativas sobre el Mesías, pero era un desafío que valía la pena asumir. Jesús recompensó la confesión de Pedro al expresar: «... Bienaventurado eres, Simón, hijo de Jonás, porque no te lo reveló carne ni sangre, sino mi Padre que está en los cielos» (v. 17). En otras palabras: el conocimiento de Pedro era demasiado alto para ser de origen humano. Conocía a Jesús como el Mesías divino e Hijo de Dios porque Dios Padre había implantado esa convicción en su corazón.

Jesús no vino para comenzar una nueva religión. Como Mesías, Él vino a cumplir lo que fue revelado en el Antiguo Testamento, no a cambiarlo.

Jesús cumplió la voluntad del Padre. Jesús no vino para comenzar una nueva religión. Como Mesías, Él vino a cumplir lo que fue revelado en el Antiguo Testamento, no a cambiarlo (Mat. 5:17-20). Por esta razón, el cristianismo no es una desviación de la fe histórica judía, sino que es su extensión apropiada, realizada por Dios mismo. Como en una ocasión Jesús les explicó a los discípulos: «... Mi comida es que haga la voluntad del que me envió, y que acabe su obra» (Juan 4:34). Esta última frase es particularmente interesante porque el mismo Jesús es la realización de la obra de Dios. Todas las promesas de Dios para la redención se completan solo en Cristo. Las ofrendas de animales y granos, el sacerdocio y sus rituales sagrados, la idealización del reinado de David, la renombrada sabiduría de Salomón, las penetrantes palabras de condenación y esperanza pronunciadas por los profetas de Dios; todas estas sombras se cumplieron en una sustancia: Cristo mismo. Cuando Jesús vino para lograr esto, lo hizo con una alegre sumisión a la voluntad del Padre: «... De cierto, de cierto os digo: No puede el Hijo hacer nada por sí mismo, sino lo que ve hacer al Padre; porque todo lo que el Padre hace, también lo hace el Hijo igualmente» (Juan 5:19). Esta unión de voluntad y propósito entre

El cristianismo no es una desviación de la fe histórica judía, sino que es su extensión apropiada, realizada por Dios mismo.

Cristo ante Pilato, por Rossano Gospels. Jesús se rindió temporalmente ante la corte de justicia humana.

el Padre y el Hijo es una de las razones por que Jesús puede afirmar: «... El que no honra al Hijo, no honra al Padre que le envió» (v. 23).

Jesús no solo siguió el ejemplo que había visto en Su Padre, sino que también enseñó en concordancia con la enseñanza del Padre: «... Mi doctrina no es mía, sino de aquel que me envió» (Juan 7:16). Es irónico que la fidelidad a las enseñanzas del Padre empujara a Jesús al camino del sufrimiento. Así como los profetas fueron despreciados y perseguidos en los viejos tiempos a causa de las impopulares verdades que enseñaron, la recepción áspera de Jesús entre los de corazón duro fue un reflejo directo de la voz auténtica de Dios que hablaba en la oscuridad. Sin embargo, la oscuridad se alejó de algunos corazones. Como afirmó Jesús: «... todo aquel que oyó al Padre, y aprendió de él, viene a mí» (Juan 6:45).

Jesús es nuestro sustituto. Como Mesías, Jesús vino a dar Su vida por los pecadores (Juan 10:11). Esta fue una rendición deliberada, pero solo temporal a la corte de injusticia humana: «Por eso me ama el Padre, porque yo pongo mi vida, para volverla a tomar. Nadie me la quita, sino que yo de mí mismo la pongo. Tengo poder para ponerla, y tengo poder para volverla a tomar. Este mandamiento recibí de mi Padre» (Juan 10:17-18). Jesús se comprometió con firmeza a Su misión de muerte, pero Sus seguidores le habrían impedido completarla si hubieran podido hacerlo. Por ejemplo, cuando Jesús comenzó a explicar a los discípulos que moriría por la gente, Pedro lo tomó del brazo y lo llevó a un lado para darle una reprimenda privada: «... Señor, ten compasión de ti; en ninguna manera esto te acontezca» (Mat. 16:22). Aunque era comprensible que Pedro objetara instintivamente a un Mesías destinado a morir, Jesús no toleraría esa interferencia: «... ¡Quítate de delante de mí, Satanás!; me eres tropiezo, porque no pones la mira en las cosas de Dios, sino en las de los hombres» (Mat. 16:23). La seriedad de la respuesta de Jesús no tiene sentido a menos que primero comprendamos la seriedad de Su cita con la muerte. Es bueno para nosotros que Él se tomara tan en serio Su compromiso de morir, porque, como Él declara: «De cierto, de cierto os digo, que si el grano de trigo no cae en la tierra y muere, queda solo; pero si muere, lleva mucho fruto» (Juan 12:24). Y una vez más: «Y yo, si fuere levantado de la tierra (en una cruz), a todos atraeré a mí mismo (v. 32). La salvación sería imposible si el Hijo no hubiera elegido caer a la tierra y morir como la semilla de la que nace nuestra redención. De igual modo, la cruz no podría salvarnos si no hubiera estado respaldada por la imagen del propio Hijo de Dios, una víctima voluntaria que no dejó que nada se interpusiera entre Él y la muerte que vino a cumplir.

Jesús creó un gran revuelo entre los religiosos al juntarse con los pecadores y los de cuestionable reputación.

Jesús es el Gran Médico

Jesús vino a sanar a los espiritualmente enfermos. Al comienzo de Su ministerio, Jesús creó un gran revuelo entre los religiosos al juntarse con los pecadores y los de cuestionable reputación. Él incluso cenaba con ellos en la intimidad de sus hogares. Al ver esto, los fariseos les preguntaron a los discípulos de Jesús: «... ¿Por qué come vuestro Maestro con los publicanos y pecadores?» (Mat. 9:11). Al igual que con un gran número de sus preguntas, hubo cierta razón en esta. Después de todo, la Escritura judía advirtió: «No entres por la vereda de los impíos, ni vayas por el camino de los malos» (Prov. 4:14). ¿Compartió Jesús la bajeza moral del grupo con quien comía? Los fariseos lo sospechaban, pero en realidad Jesús se encontraba entre los espiritualmente enfermos como el Gran Médico a quien la enfermedad del pecado no podía aferrarse. Él tenía la intención de practicar el arte de la misericordia entre aquellos a quienes los justos habían abandonado como causas perdidas. Como Jesús les explicó a los fariseos: «... Los sanos no tienen necesidad de médico, sino los enfermos. Id, pues, y aprended lo que significa: Misericordia quiero, y no sacrificio. Porque no he venido a llamar a justos, sino a pecadores, al arrepentimiento» (Mat. 9:12-13). Este es un hecho notable. Piensa en las ocasiones en que has estado enfermo y has ido al doctor. Los médicos deben poseer una fortaleza y compasión especiales, ya que cada día tocan, examinan y hablan con personas que padecen enfermedades contagiosas. Están en peligro cada día que van a trabajar. Además, deben limpiar y vendar heridas grotescas. Ahora considera a Jesús. Como el propio Hijo de Dios en carne humana. Jesús no solo fue sin pecado, sino que también fue la antítesis del pecado. La rebelión

Jesús se encontraba entre los espiritualmente enfermos como el Gran Médico a quien la enfermedad del pecado no podía aferrarse.

contra la voluntad de Dios era impensable y repulsiva para Él, sin embargo, se adentró en el mar de los pecadores afectados y no se inmutó cuando los tocó, probó sus enfermedades físicas y espirituales, habló con ellos, comió con ellos y los invitó a abandonar estilos de vida que conducen a la muerte, para seguirlo a la piedad y la vida.

Jesús sanó a innumerables personas físicamente enfermas. El principal motivo por que Dios el Hijo vino a la tierra no fue el de endurecer huesos débiles, alinear espaldas deformadas, revivir nervios muertos ni devolver la vista a los ciegos. Él vino a reparar una porción esencial de los seres humanos que se encontraba enferma en todos y cada uno: el alma. Sin embargo, como nuestro Creador y hermano, Jesús tuvo una gran compasión por aquellos que sufrieron aflicciones físicas. Con esto aprendemos mucho sobre Dios, y el mismo Jesús dijo que Sus obras ofrecían ventanas a Su naturaleza divina (Juan 10:25). Por esta razón, podemos afirmar que cada milagro sanador en los Evangelios nos permite dar una mirada al corazón de Dios. Considera Su corazón para la viuda que, además de la tristeza de perder a su esposo, sufrió la muerte de su único hijo, un adulto que probablemente era

> ***Los vientos amargos soplan contra cada vida, pero en Cristo Dios mostró que los pobres no son olvidados.***

La resurrección del hijo de la viuda de Naín, por Tissot. Jesús levantó de los muertos al hijo de una viuda (Luc. 7:11-17).

su única esperanza para el sustento. La viuda y los lugareños se encontraban en una procesión en dirección al cementerio cuando Jesús se presentó. Ella era una extraña para Él como todos los que estaban allí, sin embargo, Jesús se estremeció y tuvo compasión: «... No llores...», le dijo con gentileza a ella, y luego ordenó al hombre muerto que volviera a vivir (Luc. 7:13-14). El cadáver no tenía voluntad de obedecer, por supuesto, y los hombres muertos ni siquiera escuchan las órdenes más severas. Aun así, el hijo de esta viuda obedeció y un gran temor cayó sobre todos cuando lo vieron sentarse en su ataúd. También glorificaron a Dios por Sus misericordias a una mujer cuyas perspectivas y esperanzas eran tan sombrías. Aquí está el corazón de Dios. Los vientos amargos soplan contra cada vida, pero en Cristo Dios mostró que los pobres no son olvidados. Los cristianos tienen una alta y seria responsabilidad de seguir el ejemplo de Cristo al servir a los débiles y los cansados.

Sanación del ciego, por Duccio. Jesús dijo que la ceguera del mendigo permitió que las obras de Dios se mostraran.

Hay otro aspecto en el corazón de Dios para los enfermos y los débiles que debería darnos un gran descanso. La Biblia nos asegura que Él ejerce un gobierno soberano sobre el universo y, sin embargo, con frecuencia pensamos en padecimientos y discapacidades como sucesos casuales que Dios ha dejado escapar a través de Su red. Alternativamente, en ocasiones se escucha que todas esas aflicciones son enviadas por el diablo y que desaparecerían si solo oramos lo suficiente o creemos lo suficiente. Por último, muchos sospechan que las enfermedades (¿excepto las propias?) son evidencia de que Dios imparte el castigo. Ninguna de estas teorías refleja de forma adecuada la realidad. La verdad es más complicada de lo que parece y también mucho más confortable si estamos dispuestos a humillarnos ante Dios y confiar en Su sabiduría.

Una poderosa ilustración de este tema se encuentra en Juan 9, donde Jesús y Sus discípulos iban por el camino y pasaron junto a un mendigo que nació ciego. Los discípulos querían saber quién había pecado para que el hombre sufriera la ceguera. ¿Sus padres? ¿El hombre mismo antes de nacer? Parece que los discípulos aceptaron la segunda teoría anterior: la aflicción viene por castigo divino. Después de asegurarles que el pecado no fue la causa de la ceguera del hombre, Jesús dijo algo extraordinario: «... No es que pecó éste, ni sus padres, sino para que las obras de Dios se manifiesten en él» (Juan 9:3).

¿Qué quiso decir Jesús con «las obras de Dios» que se manifestarán? Sobre todo, se refiere a que la ceguera del hombre se convirtió en una plataforma para mostrar las obras de poder de Dios. Es lo que sucedió cuando Jesús lo sanó al lado del camino (vv. 6-12). ¿Una vida de ceguera (y el sufrimiento que la acompañó) como preparación para un momento de despliegue del poder de Dios? ¿Puede tal cosa ser justa y buena? En la economía de Dios, sí. Considera dos puntos: en primer lugar, no muchos seres humanos en la historia han sido tocados por Dios de una manera tan especial como este hombre ciego. Después de conocer a Jesús, ¿crees que este ciego habría cambiado la larga oscuridad que había vivido por la oportunidad de ver desde el nacimiento? Absolutamente no. Su ceguera y su extenso sufrimiento lo prepararon para ser el objeto del cuidado especial de Jesús. Así mismo, fueron esas condiciones las que le enseñaron a apreciar de un modo más profundo el milagro recibido. Si extendemos el argumento para incluir a todos los creyentes que sufren de debilitamientos, nos es posible sugerir que en la resurrección todos los cristianos que han sufrido una discapacidad y una enfermedad debilitante se darán cuenta de que sus dolores valieron la pena cuando el Hijo los sane de una manera que los sanos no han experimentado. Probarán una «elevación» que no tiene paralelo entre los hijos de Dios que nunca sufrieron estas condiciones. En mi experiencia, los creyentes que sufren de mala salud encuentran este argumento persuasivo y alentador. Segundo, los valores de Dios son los valores más altos posibles. Esto se debe a que Él es el bien más alto del universo y sirve como el único estándar para medir la moralidad. Somos tentados a encontrarlo insatisfactorio, pero la simple verdad es que Dios hace lo que quiere y que siempre es puro, santo y correcto al hacerlo. Por lo tanto, la decisión de Dios de otorgar una discapacidad a alguna persona con el propósito de mostrar Sus buenas obras está justificada, incluso si los humanos luchan por entenderla o aceptarla.

Somos tentados a encontrarlo insatisfactorio, pero la simple verdad es que Dios hace lo que quiere y que siempre es puro, santo y correcto al hacerlo.

Dios elegirá algunos sufrimientos para aliviar en esta vida, otros no serán derrotados hasta que todas las cosas sean renovadas en el reino eterno.

El profeta Isaías dijo: «Todos nosotros nos descarriamos como ovejas, cada cual se apartó por su camino; más Jehová cargó en él el pecado de todos nosotros» (Isa. 53:6).

Nada de esto debe tomarse para argumentar que Dios se deleita en las enfermedades o discapacidades humanas. Lejos de eso. Nuestro mundo está caído, y somos una raza pecadora en contra de nuestro Hacedor. Como resultado, estamos bajo la maldición de Dios. En tal contexto, Él ordena y permite cosas que no reflejan Sus mejores esperanzas para la vida terrenal. Nosotros nos hemos separado de esas mejores esperanzas por nuestros pecados. Entonces, las personas de fe acuden a Dios para recibir la misericordia que Él otorga en Su Hijo Jesucristo. Dios elegirá algunos sufrimientos para aliviar en esta vida, otros no serán derrotados hasta que todas las cosas sean renovadas en el reino eterno. De cualquier manera, está en el corazón de Dios sanar a Sus hijos, como el Mesías mostró Su poder en el funeral de un hijo en un camino polvoriento en la Tierra Santa.

Jesús es el buen pastor

Jesús es protector de Sus ovejas. Las ovejas no son animales que destaquen por su inteligencia. Si no son atendidas, vagarán en los peligros o se perderán. Nos gusta pensar que nos diferenciamos de las ovejas. Ciertamente somos más inteligentes, pero nos adentramos en manadas de lobos y tierras hostiles con la misma facilidad. El profeta Isaías, un hombre que vio la gloria y la presencia de Dios como ningún otro en la historia, describió nuestra espiritualidad perdida de esta manera: «Todos nosotros nos descarriamos como ovejas, cada cual se apartó por su camino; más Jehová cargó en él el pecado de todos nosotros» (Isa. 53:6). Jesús vino y estuvo entre nosotros como el Buen Pastor, Dios en carne humana enviado para protegernos y guiarnos a través del viaje de la vida. En cuanto a las ovejas que persisten en extraviarse, ¿qué

Mujeres palestinas moliendo harina, 1895

opinión tiene Jesús de ellas? Si Él se pareciera mucho a ti y a mí, imagino que podría decir: «Bien, hazlo a tu manera, pero no me llames cuando los lobos te ataquen». Por fortuna Jesús es más compasivo y protector que eso. Una vez contó una parábola que revela Su corazón por las ovejas perdidas. Así es como Lucas lo informa (Luc. 15:4-7):

> «¿Qué hombre de vosotros, teniendo cien ovejas, si pierde una de ellas, no deja las noventa y nueve en el desierto, y va tras la que se perdió, hasta encontrarla? Y cuando la encuentra, la pone sobre sus hombros gozoso; y al llegar a casa, reúne a sus amigos y vecinos, diciéndoles: Gozaos conmigo, porque he encontrado mi oveja que se había perdido. Os digo que así habrá más gozo en el cielo por un pecador que se arrepiente, que por noventa y nueve justos que no necesitan de arrepentimiento».

Mateo indica (Mat. 18:1-14) que Jesús contó esta parábola momentos después de que los discípulos preguntaron quién era el más grande en el reino de los cielos. Esperaban anotar sus propios nombres en la pizarra. En respuesta a esto, Jesús convocó a un niño y lo hizo pararse en medio de ellos. Luego explicó que la verdadera grandeza en el reino de Dios la posee quien adopta la humildad infantil. También señaló que si alguno hace extraviar a un seguidor tan humilde de Cristo será expuesto a una severa condena. De hecho: «... mejor le fuera que se le colgase al cuello una piedra de molino de asno, y que se le hundiese en lo profundo del mar» (v. 6). ¿Es mejor ahogarse en profundidades inexploradas que enseñar creencias falsas y caminos torcidos a un seguidor de Cristo? Sí. El bastón

Arte de la catacumba de Domitila que muestra a Jesús como el Buen Pastor, c. 200 d.C. Jesús dijo: «... Yo soy el camino, y la verdad, y la vida; nadie viene al Padre, sino por mí» (Juan 14:6).

que llevan los pastores no es solo para ser mostrado. Cuando los lobos se enfrentan a las ovejas, un golpe fuerte en la nariz del agresor preserva ileso al rebaño. Jesús maneja Su bastón con el mismo propósito. Como nuestro Buen Pastor, Jesús está comprometido a guiarnos con seguridad a los pastos que se encuentran más allá del horizonte de este mundo. Quien venga contra nosotros en el viaje sufrirá por ello, porque Jesús es el Pastor que busca a Su oveja perdida y arriesga Su vida por protegerla (Juan 10:11).

Jesús es el único verdadero Pastor. El mundo no carece de guías espirituales autonombrados. Surgen en todas las épocas y en todos los países. En nuestros días se extienden a todo el mundo a través de la televisión, el Internet y los pódcast. Escriben los libros más vendidos y van a los programas de entrevistas para recibir elogios por sus ideas sobre la Deidad. ¿A cuál de ellos deberías seguir? ¿En quién puedes confiar? Jesús enseñó que hay un gran peligro en seguir a tales personas: «De cierto, de cierto os digo: El que no entra por la puerta en el redil de las ovejas, sino que sube por otra parte, ése es ladrón y salteador» (Juan 10:1). Como seguidores de Cristo, debemos entrenar nuestros oídos (mediante la lectura de la Escritura y el cultivo de la vida semejante a la de Cristo) de modo que solo la voz del verdadero Pastor inspire nuestra obediencia. Otras voces nos engañarán. El único verdadero Pastor declara: «... Yo soy el camino, y la verdad, y la vida; nadie viene al Padre, sino por mí» (Juan 14:6).

Jesús provee para Sus ovejas. Finalmente, el Señor dijo que como nuestro Buen Pastor vino a habitar entre nosotros para llenar nuestras vidas con bondad: «... yo he venido para que tengan vida, y para que la tengan en abundancia» (Juan 10:10). La vida cristiana no está destinada a ser austera y sin alegría, Dios no nos abandona ni nos dice que luchemos con nuestra propia

Un mosaico de la Iglesia de la Multiplicación de los Panes y los Peces en Tabgha cerca de donde ocurrió el milagro. Jesús tomó dos panes y cinco pescados y los multiplicó para alimentar a 5000 hombres y un indeterminado número de mujeres y niños.

fuerza. Él está con nosotros como un Dios que provee. Jesús demostró esto dos veces cuando llenó una multitud de vientres vacíos con pescado y pan (Mat. 14:13-21; 15:32-39). En el momento de la primera vez que Jesús alimenta a la multitud, Él había tomado una barca en las aguas para encontrar soledad. Acababa de enterarse de que Juan el Bautista había sido decapitado por Herodes, un descendiente del hombre que había intentado asesinarlo en Belén cuando era pequeño, 30 años antes. Una gran masa de personas, con un total de 5000 hombres y un número indeterminado de mujeres y niños, se aventuraron a salir de las aldeas y se reunieron en la costa remota en anticipación del regreso de Jesús. Ellos también sintieron la punzada del asesinato de Juan. Él había sido un profeta amado y una señal de la renovada relación de Dios con Israel. Afligidos como una comunidad de fieles de Dios, buscaron a Jesús con la esperanza de que pudiera ofrecer palabras de consuelo. En cuanto al Señor, Él conocía a Juan y su llamado especial desde la infancia, ya que este era el hijo de la pariente de María, Elizabeth, y por supuesto, fue Juan quien bautizó a Jesús y sirvió como heraldo para anunciar Su ministerio. Uno grande entre los judíos había caído. Nadie sintió un dolor más agudo que el Mesías. Cuando Jesús regresó a la orilla, sintió compasión por las multitudes. Algunas de las personas estaban enfermas.

Cuando fueron presentados ante Jesús, los sanó mientras las aguas del lago golpeaban la orilla detrás de Él. El sol caía por el oeste. El enfoque de Jesús estaba en la gente, y por eso Sus discípulos señalaron que se hacía tarde y que estaban lejos en las afueras: «... El lugar es desierto, y la hora ya pasada; despide a la multitud, para que vayan por las aldeas y compren de comer» (Mat. 14:15). Jesús respondió que no había necesidad de esto: «... dadles vosotros de comer», dijo (v. 16). ¡Los discípulos respondieron que solo había dos pescados y cinco panes a la mano! Después de escuchar con paciencia el informe del inventario, Jesús les dijo a los hombres que le trajeran la comida. En un evento que se ha llamado el «milagro de la multiplicación», el Señor hizo una oración por la comida y luego comenzó a distribuirla entre Sus discípulos, estos a su vez la pasaron a la multitud pan por pan, pescado por pescado. Una entrega que nunca se detuvo hasta que cada hombre, mujer y niño se llenó y todos estuvieron satisfechos. Dos pescados se habían convertido en miles y los panes más abundantes de lo que una panadería produciría en varios días. Como si esto no fuera lo suficientemente notable, aquellos que se propusieron recolectar las sobras recogieron el equivalente a doce cestas, lo que significa que el resto era, por mucho, más grande que el suministro original. ¡Jesús es el dador de la abundancia!

Conclusión

Jesús enseñó sin reservas ni ambigüedad que Él era Dios el Hijo, el Mesías prometido hace mucho tiempo a través de los profetas. Con Su vida y enseñanzas, demostró que había venido a habitar entre los humanos como un hombre genuino y un siervo divino desinteresado, con el propósito de restaurar nuestra posición delante de Dios. Él está dispuesto. Él es capaz. Él es el único Pastor que puede satisfacer todas nuestras necesidades. Como Dios Padre una vez proclamó: «... Este es mi Hijo amado; a él oíd» (Luc. 9:35).

Comunión de los apóstoles, por Ribera

CAPÍTULO 16

EL CAMINO DEL REINO

Los primeros cristianos se llamaban a sí mismos seguidores «del Camino» (Hech. 24:14) porque Jesús proclamó que Él era: «... el camino, la verdad y la vida...» (Juan 14:6) y porque Su estilo de vida y Sus enseñanzas mostraban cómo debemos vivir para agradar a Dios. En este capítulo utilizamos el Evangelio de Mateo como la guía principal de algunas de las instrucciones clave de Jesús para vivir a la manera del reino.

La vida que Dios bendice

¿Cómo debemos acercarnos a Dios? ¿Qué tipo de estilo de vida atrae Sus bendiciones? En esta sección examinaremos lo que Jesús enseñó sobre cómo relacionarnos de modo exitoso con Dios en nuestra vida diaria.

Miedo y amor. No importa con cuánto vigor los mezcles, el agua y el aceite no se unirán en un líquido uniforme. Esto se debe a que son fundamentalmente diferentes a nivel molecular, lo que significa que carecen del equipo adecuado para formar enlaces mutuos. Pon ambos en una batidora y configúrala para que los mezcle por siempre, aun así, permanecerán en desarmonía.

Pensamos en el amor y el miedo de la misma manera. Vierte un barril de miedo genuino en una relación llena de amor, y la armonía se destruirá, es posible que para siempre. Después de todo, el amor es un sentimiento cálido y pacífico que nos atrae mientras que el miedo es frío, negro y repulsivo. El amor y el miedo no se mezclan; como el agua y el aceite.

Es paradójico que, en nuestra relación con Dios, el amor y el miedo permanezcan juntos. De hecho, si seguimos el ejemplo de Jesús, se podría decir que son inseparables.

En una ocasión Jesús envió a Sus discípulos a un viaje para predicar y sanar, una especie de carrera de prueba para la misión de toda la vida que les daría después de Su resurrección. Antes de irse, Él les dio instrucciones para guiar Sus esfuerzos. Como sabía que enfrentarían una dura oposición, uno de los puntos principales que Jesús les recordó fue que no deberían temer a los hombres: «... no temáis a los que matan el cuerpo, mas el alma no pueden matar; temed más bien a aquel que puede destruir el alma y el cuerpo en el infierno» (Mat. 10:28). Cuando Jesús afirmó que debían sentir «temor», no daba a entender que el Padre es un ser peligroso, oscuro, que planea nuestra destrucción; más bien, se refería a la necesidad de mantener a Dios en temor reverencial porque Él es santo, justo y Su poder no tiene límites. Pensar en Dios como un anciano cariñoso tan lleno de amor y misericordia que únicamente hace un guiño al pecado, no solo es incorrecto, sino también peligroso. De manera similar, vivir de forma tímida la vida cristiana porque tememos lo que digan los hombres y las mujeres incrédulos también es peligroso. Esto es evidencia de que le tememos a la humanidad más que a su Creador. Los seguidores de Cristo no deben vivir de esta manera. Como dijo el profeta

Pensar en Dios como un anciano cariñoso tan lleno de amor y misericordia que únicamente hace un guiño al pecado, no solo es incorrecto, sino también peligroso.

El agua y el aceite no se mezclan. ¿Qué sucede con el temor y el amor?

Isaías: «A Jehová de los ejércitos, a él santificad; sea él vuestro temor, y él sea vuestro miedo» (Isa. 8:13). El hombre o la mujer que no teme a Dios de modo genuino, no puede relacionarse con Él de forma exitosa.

Pero el miedo no es toda la historia, porque sin amor solo fomenta la servidumbre, no la devoción sincera. En lo que Jesús llamó «el mandato más grande y más importante», enseñó que debemos amar a Dios con todo nuestro ser: «... Amarás al Señor tu Dios con todo tu corazón, y con toda tu alma, y con toda tu mente...» (Mat. 22:37-38). Si algo más reside en lo profundo de tu corazón, tu amor por Dios necesita expandirse. ¿Qué pasa con los hábitos de tu mente? ¿Son tus contemplaciones más favorecidas y frecuentes orientadas hacia Dios o solo hacia la tierra, centradas en ti mismo y en otros elementos creados mientras olvidas por completo al Creador? Jesús dijo que las emociones de nuestros corazones, las disposiciones de nuestras almas y las tendencias de nuestras mentes deben ajustarse a la voluntad de Dios, a quien debemos amar sobre todo.

Si algo más reside en lo profundo de tu corazón, tu amor por Dios necesita expandirse.

Practica la justicia en lo secreto. Las personas que son muy religiosas de una manera claramente visible pueden estar más lejos de Dios de lo que crees. Enérgicas oraciones llamativas en público que arruinan la ornamentación en las esquinas de las calles, ofrendas llamativas de dinero a las causas de la iglesia, actos de sacrificio por el reino que se convierten en conocimieto público de manera sospechosa, todo esto es señal de que alguien toca trompetas. Si caminas con Jesús a través de los Evangelios, notarás que este fue un problema significativo entre Sus compatriotas. Muchos de ellos habían caído en la trampa de practicar la piedad pública, que es una forma de religión falsa. No solo se aleja de la verdadera justicia, sino que también ahuyenta las bendiciones de Dios (Mat. 6:2). La misma tentación persigue a los seguidores de Cristo en todas

El fariseo y el publicano, por Doré

Jesús enseñó: «... cuando ores, entra en tu aposento, y cerrada la puerta, ora a tu Padre que está en secreto; y tu Padre que ve en lo secreto te recompensará en público» (Mat. 6:6).

las tierras y en todas las épocas. Por esta razón, Jesús enseñó que es más difícil identificar a las personas que en verdad son rectas porque no muestran sus devociones. Por lo tanto, si deseamos practicar una justicia bendecida por Dios, aprendamos el modelo que Jesús respaldó: «Mas cuando tú des limosna, no sepa tu izquierda lo que hace tu derecha, para que sea tu limosna en secreto; y tu Padre que ve en lo secreto te recompensará en público» (Mat. 6:3-4). Tal es el poder de la justicia secreta.

Ora en privado y con persistencia. El poder de lo secreto también se aplica a la oración. En lugar de ascender a plataformas elevadas o acordonar las esquinas de las calles concurridas para tus lugares de oración, Jesús te pide que vayas ante el trono de Dios: «... cuando ores, entra en tu aposento, y cerrada la puerta, ora a tu Padre que está en secreto; y tu Padre que ve en lo secreto te recompensará en público» (Mat. 6:6). Además, no te sientas presionado a orar en repetidas, interminables y exageradas oraciones emotivas porque crees que la atención de Dios depende de tu angustia, tu piedad o tu cantidad de palabras: «Y orando, no uséis vanas repeticiones, como los gentiles, que piensan que por su palabrería serán oídos. No os hagáis, pues, semejantes a ellos; porque vuestro Padre sabe de qué cosas tenéis necesidad, antes que vosotros le pidáis» (Mat. 6:7-8). Dios no es como las deidades paganas ficticias que se pensaba que sufrían de déficit de atención y ensimismamiento crónico.

Él es el Señor que cuida tus circunstancias y ha analizado lo más profundo de tu corazón, aun antes de que lo abrieras a Él.

Más bien, Él es el Señor que cuida tus circunstancias y ha analizado lo más profundo de tu corazón, aun antes de que lo abrieras a Él. Acércate al Señor con fe simple y sincera y haz que tus solicitudes sean conocidas. Pero ten en cuenta: esto no es una prohibición contra las oraciones largas ni contra la persistencia. De hecho, Jesús enseñó que la tenaz determinación ante el trono de Dios no solo es aceptable, sino también efectiva: «Pedid, y se os dará; buscad, y hallaréis; llamad, y se os abrirá. Porque todo aquel que pide, recibe; y el que busca, halla; y al que llama, se le abrirá» (Mat. 7:7-8). Con frecuencia estarás abierto a respuestas que no esperabas ni deseabas, pero Dios sabe qué es lo mejor y las peticiones que le hacemos nunca son ignoradas.

No estés ansioso. Parte I. Si me confías tu salud y seguridad, tu confianza en mí (o la falta de ella) determinará tu estado mental. Si crees que soy competente e ingenioso, estarás convencido de que tu futuro está asegurado. Por otro lado, si dudas de mis habilidades, lo más probable es que te sientas ansioso por el mañana y sus innumerables incógnitas. Francamente, la ansiedad debería ser tu actitud si yo fuera responsable de tu cuidado. Después de todo, sé poco del futuro, no siempre puedo ver el camino de la sabiduría y la palma de mi mano mide solo pulgadas, una limitación que me deja impotente para mover el cielo y la tierra por ti. Si en lugar de a mí, es a Dios a quien le confías tu vida, tu mente debería cambiar por completo a un camino diferente. Después de todo, Dios es el autor del futuro; el camino de la sabiduría comienza en Su trono; y en la

Dios es el autor del futuro; el camino de la sabiduría comienza en Su trono; y en la palma de Su mano se mide todo el universo.

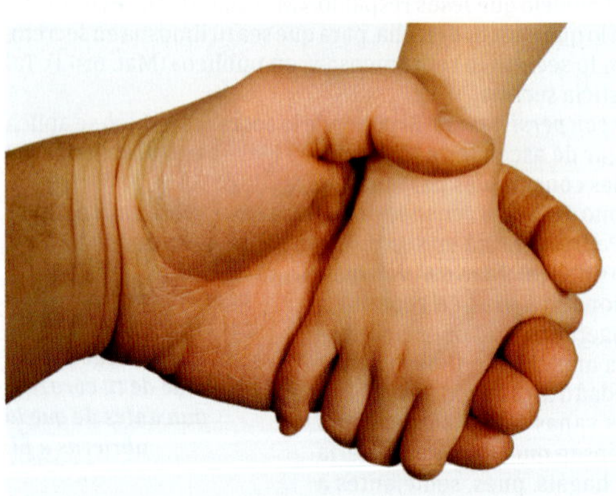

palma de Su mano se mide todo el universo. Por estas razones, Jesús enseñó que Dios es sin duda y por completo confiable. Si hacemos de Su voluntad nuestra máxima prioridad y le confiamos todas nuestras necesidades, Él se ocupará de nosotros: «Mas buscad primeramente el reino de Dios y su justicia, y todas estas cosas os serán añadidas» (Mat. 6:33).

No estés ansioso. Parte II. Hay una segunda causa común de ansiedad: las prioridades equivocadas. Si alguien no pudiera distinguir entre arriba y abajo, ni entre la izquierda y la derecha, su vida sería un desastre sin rumbo, por no decir peligroso. De igual manera, prioridades equivocadas enviarán a la persona en innumerables direcciones erróneas e hirientes. Jesús entendió esto y supo, que en nuestro ensimismamiento pecaminoso, con frecuencia pensamos que el cuidado de nuestro cuerpo es la prioridad más importante de la vida. A esto Jesús respondió:

> «Por tanto os digo: No os afanéis por vuestra vida, qué habéis de comer o qué habéis de beber; ni por vuestro cuerpo, qué habéis de vestir. ¿No es la vida más que el alimento, y el cuerpo más que el vestido? Mirad las aves del cielo, que no siembran, ni siegan, ni recogen en graneros; y vuestro Padre celestial las alimenta. ¿No valéis vosotros mucho más que ellas?» (Mat. 6:25-26).

Podría ser dueño de *La Mona Lisa* durante medio siglo y nada sobre la sonrisa elusiva del retrato me identificaría como su dueño. Sin embargo, los tesoros nos informan algo sobre quién es el dueño.

Esto no es una receta para la pereza ni para la falta de planificación al azar. Como administradores de los talentos y las responsabilidades que Dios nos ha dado, debemos trabajar arduamente en proveer para nosotros mismos y para nuestras familias. Sin embargo, la vida es más que estas cosas. Busca a Dios y Sus prioridades por encima de todo, y las causas de tu ansiedad desaparecerán.

Suelta las cosas de la tierra. Todos los tesoros dan testimonio de propiedad. No quiero afirmar que nos dicen quién los posee, por supuesto. Podría ser dueño de *La Mona Lisa* durante medio siglo y nada sobre la sonrisa elusiva del retrato me identificaría como su dueño. Sin embargo, los tesoros nos informan algo sobre quién es

Un granjero samaritano durante la siembra, 1892. Jesús enseñó: «... Ninguno que poniendo su mano en el arado mira hacia atrás, es apto para el reino de Dios» (Luc. 9:62).

el dueño. Por ejemplo, una mujer cuyo amplio vestidor está lleno de ropa de diseñador y cuyo joyero se mide en pies cuadrados, es probable que haya guardado sus tesoros en este mundo, no en el siguiente. Ella es propiedad de este siglo y no del eterno futuro. Jesús desea cosas mejores para nosotros, unas que no están atadas a esta breve existencia: «Sino haceos tesoros en el cielo, donde ni la polilla ni el orín corrompen, y donde ladrones no minan ni hurtan. Porque donde esté vuestro tesoro, allí estará también vuestro corazón (Mat. 6:20-21). Abandona la búsqueda de la riqueza que se destruye. Ayuda a los huérfanos y las viudas, saca a una persona herida de la desesperación, difunde el evangelio de manera personal y ofrece donaciones financieras a tu iglesia y a las agencias misioneras seleccionadas. Haz esto, y todos los tesoros que abandonaste en la tierra se acumularán sobre ti en el cielo.

Valora el reino de Dios por encima de todo. La entrada al reino de Dios está reservada para los pies rápidos, en sentido espiritual. Aquellos que se atascan o arrastran los pies porque tienen otros negocios o placeres que buscan primero, pueden encontrar que el camino de la vida nunca cruzará la entrada sagrada. Las preocupaciones y las actividades mundanas crecen como enredaderas leñosas, ellas ocultan la vista y apagan la luz. Jesús advirtió a dos aspirantes a seguidores sobre esto cuando le dijeron que lo seguirían solo después de que se ocuparan de las prioridades de su hogar. La respuesta severa de Jesús debería sacudirnos a todos: «... Ninguno que poniendo su mano en el arado mira hacia atrás, es apto para el reino de Dios» (Luc. 9:62). Esto significa que nadie que se comprometa con el reino y su misión puede mirar atrás con nostalgia a la vida que deja. Por otra parte, Jesús declaró que el reino es como un tesoro que un hombre encontró enterrado en un campo (Mat. 13:44). Al encontrarlo, lo volvió a enterrar y corrió rápido a vender todas sus posesiones.

Con el dinero en la mano, compró el campo y adquirió así el tesoro. ¡El reino de Dios es tan urgente! Toma posesión mientras puedas, incluso si requieres abandonar todo lo que valoras. La entrada al reino de Dios vale todo sacrificio, incluso si tu propia familia te niega: «... De cierto os digo que no hay ninguno que haya dejado casa, o hermanos, o hermanas, o padre, o madre, o mujer, o hijos, o tierras, por causa de mí y del evangelio, que no reciba cien veces más ahora en este tiempo; casas, hermanos, hermanas, madres, hijos, y tierras, con persecuciones; y en el siglo venidero la vida eterna» (Mar. 10:29-30).

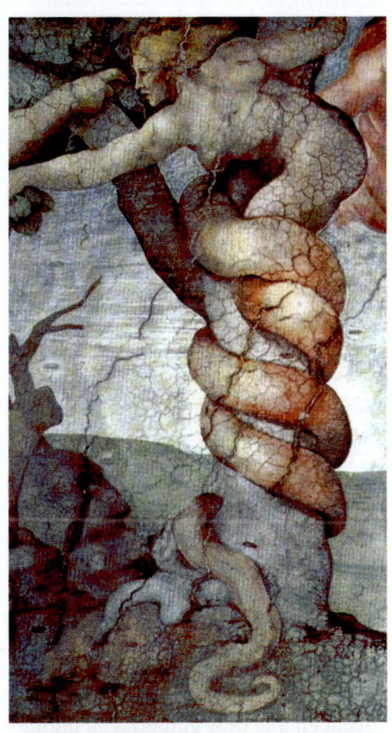

Caída del hombre, pecado original y expulsión del paraíso, por Miguel Ángel

Simplemente di la verdad. Pocas cosas son más poderosas que las mentiras. Lanza solo una de ellas en tu vida y puedes desencadenar una serie de reacciones de fuego rápido que escalan fuera de control. En poco tiempo alguien estará herido o algo hermoso (una relación, una virtud, un sueño) se arruinará. Nunca subestimes el poder de una mentira. La primera quemó la tierra de era en era: «... No moriréis», le dijo la serpiente a Eva (Gén. 3:4). El resto es historia, historia caída.

En la tradición antigua se creía que los dioses utilizaban la mentira y la manipulación para abrirse camino, pero el Dios de los hebreos se reveló a sí mismo como un Dios de verdad: «Él es la Roca, cuya obra es perfecta, porque todos sus caminos son rectitud; Dios de verdad, y sin ninguna iniquidad en él; es justo y recto» (Deut. 32:4). Al saber esto,

Trabajadores judíos en un viñedo en Jerusalén, 1860. Para ilustrar la importancia de honrar la soberanía de Dios, Jesús les contó una parábola sobre el terrateniente que pagó a sus trabajadores el mismo salario (Mat. 20:1-16).

los hebreos adoptaron la práctica de hacer juramentos. A través de estos, hombres y mujeres intentaban asegurar la veracidad de sus afirmaciones al colocarse bajo la amenaza de Dios si se probaba que eran falsos. Por lo tanto, decían algo así: «Juro por Dios...». Jesús enseñó que no debemos hacer ningún juramento porque estos van contra situaciones o cosas que nos sobrepasan y escapan a nuestro control. No hagas un juramento: «... ni por el cielo, porque es el trono de Dios; ni por la tierra, porque es el estrado de sus pies; ni por Jerusalén, porque es la ciudad del gran Rey. Ni por tu cabeza jurarás, porque no puedes hacer blanco o negro un solo cabello» (Mat. 5:34-36). Sé sincero, en todo momento para que tu palabra no necesite más respaldo que tu propia reputación intachable de decir la verdad: «Pero sea vuestro hablar: Sí, sí; no, no; porque lo que es más de esto, de mal procede» (v. 37).

Hacer la paz con los derechos de Dios. Es posible que la clave más importante para relacionarse con Dios de manera exitosa sea reconocer Sus derechos absolutos sobre toda la creación, incluido tú y los detalles de tu vida. Los documentos de permiso y los votos de los comités no tienen lugar en la forma en que Dios gobierna Su mundo. Para ilustrar este punto, Jesús contó una parábola sobre un grupo de trabajadores que se habían reunido fuera de una viña. Para su deleite, el propietario salió al amanecer y acordó pagarle a cada uno un denario por el trabajo de un día. El pago era justo. Se adentraron en el viñedo y emprendieron su trabajo. A media mañana, el propietario contrató a otro grupo de trabajadores y los envió a la viña con la promesa de pagarles: «... lo que sea justo...» (Mat. 20:4). Hizo lo mismo al mediodía y luego a las tres de la tarde. Finalmente, el propietario contrató a un quinto grupo de trabajadores a las cinco en punto. Quedaba poco tiempo de la jornada laboral, pero el dueño los envió a trabajar hasta que la tarde cayó sobre el viñedo. En ese momento él acordó pagar a los trabajadores su salario; comenzó por el último grupo y continuó hasta llegar a los que fueron contratados al amanecer. Para sorpresa de ellos, ¡a los hombres que solo habían trabajado una hora se les pagó todo un denario! Cuando el grupo que había estado en el viñedo desde el amanecer vio esto, sus esperanzas aumentaron con rapidez. ¿Qué podremos recibir? se preguntaban ¿Tres o cuatro veces el salario prometido? Pero cuando el dueño les pagó su salario, ¡fue un solo denario para cada hombre! No sorprende que estos hombres cansados del trabajo tuvieran algo que decir: «... Estos postreros han trabajado una sola hora, y los has hecho iguales a nosotros, que hemos soportado la carga y el calor del día» (Mat. 20:12). Podrías haber dicho lo mismo. Estoy seguro de que lo habrías hecho. Esta es la genialidad de la parábola de Jesús: a nadie que la escucha le parece justo que todos los trabajadores reciban la misma paga. A todas nuestras protestas, Jesús responde a través del terrateniente: «¿No me es lícito hacer lo que quiero con lo mío? ¿O tienes tú envidia, porque yo soy bueno?» (Mat. 20:15). Luego Jesús cerró el diálogo con una línea que se cita con frecuencia: «Así, los primeros serán postreros, y los postreros, primeros...» (Mat. 20:16). Dios hará lo que quiera en la tierra. En algunas ocasiones nos parecerá que Sus favores se reparten de manera desigual. En momentos como ese, corre a recibir tu denario con un corazón agradecido y alégrate por tu prójimo que, aunque menos merecedor según tu opinión, recibe lo mismo o mejor de la mano del terrateniente.

Aplica la humildad. Parte 1. No hay grandes oportunidades en el reino de Dios. Todo talento o posición de influencia que tengas, te lo ha otorgado Dios por Su gloria y por el bien de Su pueblo. Los discípulos de Jesús tuvieron dificultades para entender esto. Al ver que con relativa frecuencia hacían comparaciones y buscaban una posición, Jesús trajo a un niño entre ellos y les dijo: «... De cierto os digo, que si no os volvéis y os hacéis como niños, no entraréis en el reino de los cielos. Así que, cualquiera que se humille como este niño, ése es el mayor en el reino de los cielos» (Mat. 18:3-4). En cada momento en que Jesús tomó a un niño, afirmó que el reino de Dios era de personas como estas (Mat. 19:14). Los discípulos quizás se impresionaron por esta revelación. Después de todo, los niños eran en esencia invisibles al radar del mundo antiguo. Por supuesto, fueron atesorados por sus padres, pero tenían pocos derechos, poco acceso a la educación, pocas capacidades en trabajos forzados y ningún espacio en los debates sobre política y religión que dominaron el primer siglo. La infancia era una fase que debía apresurarse para llegar a cosas más grandes y útiles. Los adultos nunca envidiaron la posición de los niños, sin embargo, Jesús enseñó que eran favorecidos por Dios. El desafío del Señor a Sus seguidores, entonces y ahora, es este: hágan-

Una familia galilea, 1984. Los niños eran en esencia invisibles al radar del mundo antiguo.

se pequeños. No exijan respeto. No busquen el lugar superior. Amen y obedezcan a Dios como los niños pequeños hacen con sus padres terrenales.

Aplica la humildad. Parte II. Un día, la madre de dos de los discípulos de Jesús se acercó al Señor y lo presionó para que sus hijos tuvieran el privilegio de sentarse a Su derecha e izquierda en el reino venidero. «Te han servido bien —imaginamos que argumentó—, entonces, ¿por qué no recompensarlos con asientos de honor?».

Jesús reconoció esto como otra oportunidad para enseñar la importancia de la humildad. Así que señaló:

«Aunque los gobernantes de los gentiles se enseñorean sobre el pueblo, esto no está permitido entre el pueblo de Dios: "Mas entre vosotros no será así, sino que el que quiera hacerse grande entre vosotros será vuestro servidor"» (Mat. 20:26-27).

Entonces Jesús argumentó que Él es el ejemplo de esta actitud:

«El que quiera ser el primero entre vosotros será vuestro siervo; como el Hijo del hombre no vino para ser servido, sino para servir, y para dar su vida en rescate por muchos» (Mat. 20:27-28). Si Dios el Hijo vino y habitó entre nosotros para servir, es seguro que no debemos ignorar Su ejemplo de humildad y servicio a los demás.

Aplica el amor. Jesús enseñó que el mayor mandamiento de Dios es que lo amemos con todo nuestro ser. También nombró el segundo mandamiento más importante: «... Amarás a tu prójimo como a ti mismo» (Mat. 22:39). La pregunta que surge de manera natural es: ¿quién es mi prójimo? ¿Seguramente no los musulmanes, los borrachos ni los homosexuales? Todos tenemos una lista mental de excepciones, personas a las que suponemos que Jesús no esperaría que amemos. Un experto en la religión judía intentó esta táctica cuando escuchó las enseñanzas de Jesús sobre amar a nuestro prójimo, pero el Señor se adelantó y contó una historia de un samaritano (personas despreciadas por los judíos) que viajaba por el camino a Jericó y ayudó a un ciudadano de Jerusalén. Es probable que la víctima fuera un judío destacado a quien habían asaltado los ladrones y dejado para que muriera (Luc. 10:30-35). Un sacerdote judío y un levita (miembro de una de las tribus más venerables de Israel) habían pasado antes junto al hombre abusado y siguieron de largo, porque no querían tener complicaciones en la carretera. Qué irónico que el herido fuera ignorado por sus compatriotas, pero salvado por un prójimo odiado. Esto sería algo así como un comunista de línea dura que acude a ayudar a Reagan, el republicano caído en la década de 1980. Un ejemplo más apropiado para comprenderlo hoy: el servicio del samaritano al judío es bastante parecido a que un musulmán fundamentalista vende las heridas de un cristiano evangélico cuando otros cristianos se negaron a ayudar. No hace falta decir que este es un escenario que impacta sobremanera. Eso es lo que Jesús quería. Cuando terminó el relato, le preguntó al experto en religión judía cuál de los hombres había sido prójimo del judío herido. De mala gana el hombre admitió que era el samaritano. A esto, Jesús respondió: «... Ve, y haz

El servicio del samaritano al judío es bastante parecido a que un musulmán fundamentalista vende las heridas de un cristiano evangélico cuando otros cristianos se negaron a ayudar.

El buen samaritano, por Van Gogh. Para ilustrar la necesidad de aplicar el amor, Jesús contó una historia sobre un samaritano que ayudaba a un judío a quien despreciaba.

tú lo mismo» (Luc. 10:37). El mandato para todos los seguidores de Cristo es este: ama a uno; ama a todos. No hagas distinción entre los dignos y los indignos. Fuiste desagradable por tus pecados y, sin embargo, con misericordia Dios te redimió y te llamó por tu nombre. Ahora sal en el nombre de Cristo y ama a tu prójimo sin discriminación.

Los lazos familiares

Cada cristiano es miembro de dos grupos íntimos: una familia doméstica y la familia de Cristo. Hojea los álbumes de fotos correspondientes y encontrarás personas que en verdad quieres y otras que apenas puedes tolerar. Sin embargo,

incluso tus favoritas pueden llegar a molestarte. Después de todo, cada relación conlleva parches ásperos. Cuando el pecado asola el camino, somos tentados a abandonar el viaje y separarnos. En otros casos seguimos adelante con la relación, pero cruzamos los baches a gran velocidad con la esperanza de que, al agitar al sinvergüenza a nuestro lado, forcemos en él la recuperación del sentido. Ninguno de los dos enfoques agrada a Dios. Por lo tanto, Jesús ofreció consejos para tener éxito en nuestra iglesia y en las relaciones domésticas.

La regla de oro. Si pudieras accionar un interruptor y hacer que todo el mundo se ajuste a una única ética, harías bien en elegir Lucas 6:31. Al hablar sobre la necesidad de amar a nuestros enemigos y soportar las ofensas, Jesús afirmó: «Y como queréis que hagan los hombres con vosotros, así también haced vosotros con ellos». Esto significa que nunca debes hacerle a otra persona algo que no quisieras que te hicieran a ti. Sorprendentemente, Jesús enseña que apliquemos esta ética incluso a nuestros enemigos: «Al que te hiera en una mejilla, preséntale también la otra; y al que te quite la capa, ni aun la túnica le niegues» (Luc. 6:29). ¿Cuándo fue la última vez que te golpearon en la cara? Tal vez fue con palabras en lugar de con una mano, quizás fue una traición en lugar de un puño. Te dolió, ¿cierto? Estabas sorprendido y

Jesús dijo: «Al que te hiera en una mejilla, preséntale también la otra...» (Luc. 6:29).

agraviado. ¿Cómo respondiste? Hay grandes posibilidades de que no hayas puesto la otra mejilla. Lo más probable es que no hayas seguido la regla de oro, sino la regla de la provocación. Esta señala que, si alguien peca contra ti, ¡peques contra ese alguien también! Si bien es cierto que nuestras disposiciones pecaminosas hacen de la regla de oro un ideal cuyo cumplimiento perfecto debe esperar nuestra redención final en el cielo, el hombre o la mujer que camina en el poder del Espíritu de Dios puede responder de acuerdo con las enseñanzas de Jesús. ¡Que sea verdad en todos nosotros!

Ninguna relación es más importante en el plan de Dios para la comunidad humana que el matrimonio de por vida entre un hombre y una mujer.

Matrimonio y divorcio. Ninguna relación es más importante en el plan de Dios para la comunidad humana que el matrimonio de por vida entre un hombre y una mujer. Mediante esta unión precisamos descubrir y disfrutar la intimidad sexual, engendrar hijos, cubrirlos de amor, formarlos en los caminos de Dios, liberarlos para que sean sal y luz en el mundo y permanecer fieles a nuestros compañeros hasta la muerte. No necesitas que te diga que este llamado está lleno de desafíos. Los matrimonios intactos son más raros ahora que nunca, pero el problema no es nuevo. Es

tan antiguo como el pecado, de hecho. Jesús abordó la importancia del matrimonio en varias oportunidades durante Su ministerio. El verdadero costo del discipulado cristiano es enfocado cuando leemos estas enseñanzas, porque se lanzan en contra de la ligera ética matrimonial que domina la sociedad moderna. Considera esto: «... el que repudia a su mujer, a no ser por causa de fornicación, hace que ella adultere; y el que se casa con la repudiada, comete adulterio» (Mat. 5:32). Cuando Jesús repitió esta enseñanza en una fecha posterior, algunos oyentes objetaron que Moisés había permitido el divorcio. Él respondió que esto se debía solo a la dureza de los corazones humanos (Mat. 19:8). Si quisiéramos memorizar una declaración de Jesús sobre el plan de Dios para el matrimonio, sería esta: «... lo que Dios juntó, no lo separe el hombre» (Mar. 10:9).

Perdón. El perdón tiene sus límites, ¿cierto? Simón Pedro asumió que sí, pero no estaba seguro de dónde estaba el límite. Pensó en un número bastante bajo cuando se acercó a Jesús un día y le hizo la pregunta: «... Señor, ¿cuántas veces perdonaré a mi hermano que peque contra mí? ¿Hasta siete?» (Mat. 18:21). Sé lo que piensas. ¡Cuídate de no ofender a Pedro! Mantiene un registro y se llena rápido. Pero en realidad, la mayoría de nosotros somos mezquinos con el perdón. En respuesta a Pedro (y a nosotros), Jesús expresó: «... No te digo hasta siete, sino aun hasta setenta veces siete» (Mat. 18:22). Este es un modo figurativo de enseñar que no hay límite. Para ilustrar esto, Jesús contó una parábola de un sirviente que le debía a su rey 10 000 talentos (Mat. 18:23-34). Un solo talento era equivalente a 6 000 denarios. Recordemos

Dos deudores, por Fetti. Así, liberado de la fatalidad, el sirviente salió y se apoderó de un esclavo que le debía 100 denarios, el salario de toda una temporada: «... Págame lo que me debes» (Mat. 18:28), gritó mientras ahogaba al hombre.

que en la parábola del viñedo los obreros trabajaron un día entero para ganar un solo denario. Por lo tanto, en el ejemplo inventado de Jesús, Él presenta al sirviente deudor de una fortuna que nunca podría ser pagada, incluso en muchas vidas. Al darse cuenta de la imposibilidad de pago completo, el rey eligió vender la familia y las posesiones del sirviente para que una fracción de la deuda pudiera recuperarse: «Entonces aquel siervo, postrado, le suplicaba, diciendo: Señor, ten paciencia conmigo, y yo te lo pagaré todo» (Mat. 18:26). Esta promesa de pagar la deuda completa fue, por supuesto, una simple jactancia vacía, impulsada por el pánico y la desesperación, pero el rey fue movido a compasión. Decidió allí mismo, en el acto, perdonar al hombre toda su deuda.

Liberado de la fatalidad, el sirviente salió y se apoderó de un esclavo que le debía 100 denarios, el salario de toda una temporada: «... Págame lo que me debes», gritó mientras ahogaba al hombre (Mat. 18:28). Como es natural, el esclavo no pudo pagar su deuda. Al darse cuenta de esto, el sirviente, aunque recién salido de su propio perdón no merecido, mandó a encarcelar al hombre. El descaro de esta acción es difícil de describir, pero cada palabra de desprecio que escojamos rebotará en nuestras propias cabezas, porque emulamos la doble moral de este hombre cada vez que amenazamos con alimentar una queja o negar la misericordia a alguien que ha pecado contra nosotros. A través de Cristo, Dios nos ha perdonado una ofensa infinita. Como el siervo, no podríamos haber pagado la deuda ni en toda una vida de esfuerzo. Desde esta perspectiva, ¿qué piensa Dios de nosotros cuando retenemos el perdón de los demás? Jesús responde a esto al describir lo que hizo el rey cuando se enteró del comportamiento del siervo malvado. Después de reprenderlo por su corazón implacable, el rey lo echó a la cárcel: «... hasta que pagase todo lo que le debía» (Mat. 18:34). Ya sabemos que 10 000 talentos estaban infinitamente lejos de su capacidad de pago. La conclusión es aleccionadora: el siervo implacable nunca viviría para ver el alivio de sus deudas con el rey. Moriría en la cárcel, condenado por un libro contable lleno de cuotas no pagadas. Para nosotros, la implicación es clara: si no practicamos el perdón, es una señal segura de que no hemos disfrutado de un auténtico renacimiento en Cristo. Hemos jugado con la religión, pero nuestros corazones se han perdido. En tal caso, nuestro libro de contabilidad permanece desequilibrado, y queda una deuda desesperada de retribución.

Reunión alrededor de la familia. Imagínate a ti mismo en una reunión familiar. Ves tías, tíos y primos lejanos por primera vez en años. Abrazas, intercambias historias y ríes hasta llorar. Entonces te encuentras con alguien que no reconoces. Te abraza, sonríe y charla un poco. Atormentas tu cerebro mientras tratas de recordar un nombre, pero no hay suerte. Pronto te escapas y le preguntas a todos quién es el chico, pero tampoco tienen idea. Después de un tiempo se te ocurre: hay un extraño en medio de ti, un impostor que no tiene lugar en tu familia. Te preguntas por qué ha venido y qué planea.

Jesús advirtió que a la familia de Dios con frecuencia la visitan tales intrusos, y no vienen solo por comida y compañerismo: «Guardaos de los falsos

Ten cuidado con la puerta ancha y el camino espacioso, dijo Jesús: «... lleva a la perdición, y muchos son los que entran por ella» (Mat. 7:13).

profetas, que vienen a vosotros con vestidos de ovejas, pero por dentro son lobos rapaces» (Mat. 7:15). Tales hombres y mujeres vienen a persuadir a los hijos de Dios para que tomen caminos que conducen lejos de la verdad y la vida. Con demasiada frecuencia provocan que el viaje parezca más fácil. Hacen cosquillas en nuestros oídos con palabras selectas y elogios. Una vez que se ganan nuestra confianza, nos guían (a través de la enseñanza, el ejemplo de la vida, o ambos) a pasar por alto la puerta estrecha y su carril de la abnegación. En su lugar, eligen las amplias entradas y los espaciosos caminos que en apariencia los llevan a ganar el mundo entero. Ten cuidado con el camino ancho, dijo Jesús: «... lleva a la perdición, y muchos son los que entran por ella» (Mat. 7:13). En contraste: «... estrecha es la puerta, y angosto el camino que lleva a la vida, y pocos son los que la hallan» (Mat. 7:14).

¿Cómo nos unimos en torno a la familia y protegemos a los nuestros frente a tales amenazas? Debemos comenzar por aprender a distinguir un lobo de una oveja. Al hablar de los lobos (falsos maestros), Jesús declaró: «Por sus frutos los conoceréis[...]. No puede el buen árbol dar malos frutos, ni el árbol malo dar frutos buenos» (Mat. 7: 16,18). Esto significa que los lobos no vivirán ni enseñarán en conformidad con el estándar para la práctica y la creencia cristianas: la Biblia. Se separarán de los caminos claramente establecidos en la Escritura. El nombre del Señor puede estar en sus labios, pero

«No juzguéis, para que no seáis juzgados» (Mat. 7:1). Es el versículo más querido de nuestro tiempo.

recuerda las palabras de advertencia de Jesús sobre el nombre: «No todo el que me dice: Señor, Señor, entrará en el reino de los cielos, sino el que hace la voluntad de mi Padre que está en los cielos» (Mat. 7:21).

La amenaza que los impostores representan para la Iglesia es real, y con demasiada frecuencia las ovejas no estamos dispuestas a enfrentarnos a los lobos. Sin embargo, también debemos tener cuidado con el peligro de iniciar la caza de lobos a la menor provocación, ya que en nuestro celo podemos llegar a perseguir a las ovejas genuinas. Cuando los que profesan ser cristianos se desvían hacia doctrinas falsas o prácticas pecaminosas, no es necesariamente una señal de que son lobos. Con frecuencia solo significa que necesitan una pequeña corrección y orientación del resto de las ovejas, como veremos a continuación.

Fiel para corregir y restaurar. La mayoría de la gente hoy sabe realmente poco sobre la Biblia. Sin embargo, aunque nunca hayan abierto una, puedes apostar que conocen las palabras de Jesús en Mateo 7:1: «No juzguéis, para que no seáis juzgados». Es el versículo más querido de nuestro tiempo. Contra todo motivo, se dice que Jesús nos ha dado una tarjeta de exención aquí, es decir, nadie más que Dios puede juzgarnos. Una lectura cuidadosa del contexto muestra que Jesús solo tuvo la intención de advertirnos de la hipocresía o la falta de atención en nuestros juicios: «Porque con el juicio con que juzgáis, seréis juzgados, y con la medida con que medís, os será medido» (Mat. 7:2). Esto significa que si juzgas con dureza o falsedad, los mismos estándares opresivos serán utilizados contra ti. Jesús continuó dándonos una receta para hacer juicios equilibrados que promuevan las relaciones saludables entre los cristianos: «¿O cómo dirás a tu hermano: Déjame sacar la paja de tu ojo, y he aquí la viga en el ojo tuyo? ¡Hipócrita! saca primero la viga de tu propio ojo, y entonces verás bien para sacar la paja del ojo de tu hermano» (Mat. 7:4-5). De esta manera, podemos ayudarnos unos a otros mientras respondemos el llamado a ser como Cristo. El reconocimiento del pecado en la vida de otra persona debe primero llamarnos a un autoexamen y arrepentimiento. Una vez que hemos completado esto, podemos acercarnos a nuestro hermano y hermana e invitarlos a ver sus problemas y la necesidad de regresar al camino. Nuestra fidelidad para comprometernos en tareas incómodas como esta es evidencia de nuestros profundos compromisos entre nosotros y con Cristo. Si, por otro lado, rechazamos estos deberes, sugiere que amamos nuestra paz y quizás nuestros pecados más de lo que amamos el reino de Dios y la salud de sus ciudadanos. Pero incluso los corazones deseosos encuentran en esta tarea un desafío. El pecado, las emociones, las imprecisiones y las dinámicas relacionales entran en juego cuando hablamos con alguien sobre sus pecados. Por fortuna no nos dejan volar a ciegas. Jesús dio instrucciones sobre cómo buscar el arrepentimiento y la restauración de un miembro errado de la familia

> ***El reconocimiento del pecado en la vida de otra persona debe primero llamarnos a un autoexamen y arrepentimiento.***

> ***Si rastreas a un cristiano alejado del camino y tu principal esperanza no es su restauración, detente en tu camino. Tienes la viga en tu ojo otra vez.***

de Dios. Cuando habló de las ocasiones en que alguien ha pecado contra ti, Jesús dijo: «... ve y repréndele estando tú y él solos; si te oyere, has ganado a tu hermano» (Mat. 18:15). Este es, por supuesto, el objetivo de toda la situación. Si rastreas a un cristiano alejado del camino y tu principal esperanza no es su restauración, detente en tu camino. Tienes la viga en tu ojo otra vez.

En el caso de que el hermano o la hermana errantes sigan en pecado después de hablar con ellos, Jesús nos instruye a llevar dos o más compañeros para el segundo intento de restauración. Esto permite que múltiples testigos establezcan los hechos en cuestión, y asegura que nadie lleve a cabo motivaciones secretas. Si en este punto el pecador se mantiene impenitente, toda la iglesia (a la que él o ella asiste) debe ser informada sobre el caso. Aquí es donde la situación en verdad comienza a ser incómoda para la oveja descarriada. Ahora toda la iglesia conoce lo que sucede. Si son fieles al llamado de Cristo, un gran número de miembros se unirá al esfuerzo para que el pecador vuelva a la vida recta. Sin embargo: «Si no los oyere a ellos, dilo a la iglesia; y si no oyere a la iglesia, tenle por gentil y publicano» (Mat. 18:17). Esto significa que la persona extraviada en su pecado es removida de la comunión y se presume que está perdida, separada de Cristo y sin redención eterna. La esperanza es que el miembro expulsado alcance la sobriedad y se percate de que sus elecciones de vida coinciden con las de un no cristiano. Los miembros de la iglesia deben contactarlos de manera periódica para alentar este resultado.

Las enseñanzas de Jesús sobre el arrepentimiento y la restauración nos recuerdan lo importante que es participar con regularidad en una iglesia local que predica fielmente el evangelio y busca conformar sus creencias y

Jesús espera que los cristianos tengan un efecto preservante entre los perdidos, como la sal lo hace en la carne.

prácticas al testimonio bíblico. Nos necesitamos unos a otros para llegar a ser responsables ante el camino del reino. Cuando falta el aliento y la corrección habituales de la comunidad de fe las vidas corren el riesgo de desviar su curso. Retirarnos de la participación de la iglesia nos pone en peligro y puede contribuir a la caída de otros porque nuestro ejemplo tienta a los demás cristianos a seguir el mismo camino errado.

Lámparas en la oscuridad

En esta sección final revisaremos tres de las enseñanzas de Jesús sobre cómo los cristianos deben interactuar con el mundo que no sigue al Señor. Mientras lees, hazte dos preguntas: ¿cómo puedes cumplir estas enseñanzas? y ¿cómo sería el mundo si todos los cristianos tomaran en serio estos llamamientos?

Sal y luz. ¿Cómo salvas un mundo condenado? Jesús declara que lo sales. En los primeros días de la civilización humana, cuando la refrigeración y el enlatado conservador eran ciencias desconocidas o impracticables, la sal era el principal medio para conservar la carne. Los trabajadores la extraían del suelo o la recogían del agua de mar, y luego una persona paciente la frotaba en un trozo de carne recién cortada y la presionaba con firmeza mientras deslizaba el peso de su mano hacia adelante y hacia atrás sobre la losa. Así se aseguraban de que los minerales se hundieran en las profundidades de la carne. Jesús espera que los cristianos tengan el mismo efecto conservador entre los perdidos. Debemos infiltrarnos en todos los segmentos de la sociedad y no dejar ninguna parte sin tocar por la influencia de Cristo. Esta es la única esperanza del mundo, pero representa un gran riesgo para los cristianos. Observa la advertencia de Jesús: «... Si la sal se desvaneciere, ¿con qué será salada? No sirve más para nada, sino para ser echada fuera y hollada por los hombres» (Mat. 5:13). Los heridos son una posibilidad real para los cristianos que llevan el evangelio a lugares oscuros. Mucho de lo que ofrece el mundo es atractivo si apartamos nuestros ojos de Cristo. Desvía tus ojos el tiempo suficiente y descubrirás que el mundo te ha transformado. Ya no eres sal, sino un mineral gastado y sin sabor que se abrió camino en las profundidades del mundo solo para pudrirse junto con todo lo demás. El mundo te enamoró y ahora eres parte de él. ¿O no? Como dijo Jesús, el mundo acepta a los cristianos descartados, no como espíritus afines, sino como insultos: ahora son inútiles, excepto para «ser expulsados y pisoteados». Y mientras pisotean al cristiano caído, los transeúntes se alejan un paso más del Cristo que creen que le falló a otro de Sus seguidores.

Jesús también comparó a Sus seguidores con las luces encendidas en la noche perpetua. Así como nadie enciende una lámpara y luego la guarda debajo de una canasta, los cristianos no deben construir enclaves ni refugios seguros que atesoren la luz y bloqueen la oscuridad invasora. Dios nos hizo luz por una razón: «Así alumbre vuestra luz delante de los hombres, para que vean vuestras buenas obras, y glorifiquen a vuestro Padre que está en los cielos» (Mat. 5:16). Si eres un seguidor de Dios, ¿tu luz llega a la oscuridad o solo brillas en la iglesia de Cristo?

Ayudar a los oprimidos. El Señor pasó gran parte de Su tiempo en las regiones de la ciudad en que ni siquiera conduciríamos a la luz del día. Prostitutas, mendigos, gente de mala reputación: Jesús se reunió con este tipo de personas y disfrutó con ellos más que con los críticos líderes religiosos que lo seguían para hablar de teología. Jesús estuvo entre los pecadores y los vagabundos, pero no lo hizo con el fin de aprobar lo que ellos hicieron con sus vidas, tampoco los juzgó inútiles ni sin valor, y ciertamente no formó revueltas ni protestó afuera de sus puertas. En cambio, se reunió con ellos, conoció sus corazones y los amó como eran. En lugar de reprenderlos, les habló de manera directa y les ofreció perdón por sus transgresiones y una forma de salir de los estilos de vida pecaminosos. Jesús también se acercó a las mujeres, a los niños, a los cojos, a los ciegos e indirectamente a los esclavos al demostrar que Dios no considera a esas personas como de segunda clase ni olvidadas. Todos los hombres, las mujeres y los niños son iguales ante los ojos de su Hacedor.

Tu rol en los asuntos nacionales. Si eres un seguidor de Cristo, este mundo no es tu hogar. Sin embargo, estás aquí para una parada larga. Como todo extranjero residente, eres responsable ante el gobierno que está sobre ti. Jesús dejó esto claro cuando un grupo de fariseos trató de incitarlo a oponerse a Roma al hablar en contra de los impuestos. Ellos preguntaron: «... ¿Es lícito dar tributo a César, o no?» (Mat. 22:17). El sentimiento popular lo habría impulsado a decir que no. Después de todo, los romanos eran paganos sin Dios, y todo el dinero que se les diera solo ayudaba a sostener su imperio opresivo. Pero Jesús no mordía el anzuelo. Les pidió una moneda. Tomó un denario en la mano, y preguntó: «... ¿De quién es esta imagen, y la inscripción? Le dijeron: De César...» (Mat. 22:20-21). Ahora se preparó el escenario para la respuesta inteligente pero con profundo significado de Jesús: «... Dad, pues, a César lo que es de César, y a Dios lo que es de Dios» (Mat. 22:21).

Mientras nos quedemos en este mundo no debemos ser perturbadores de las autoridades que gobiernan, a menos que así lo exijan nuestras obligaciones con Dios. En esta línea de pensamiento el apóstol Pablo escribió a la iglesia de Roma: «Sométase toda persona a las autoridades superiores; porque no hay autoridad sino de parte de Dios, y las que hay, por Dios han sido establecidas. De modo que quien se opone a la autoridad, a lo establecido por Dios resiste; y los que resisten, acarrean condenación para sí mismos» (Rom. 13:1-2). En este sentido, aquellos que contemplan usar la desobediencia civil como una herramienta para el cambio social deben estar doblemente seguros de que tanto su causa como su metodología no son justas a los ojos de Dios.

La razón principal por que los cristianos deben mantener una buena posición en la sociedad es para que el evangelio se pueda difundir sin una oposición organizada y aprobada por el gobierno. Así como Jesús evitó de forma cuidadosa dar la impresión de que trataría de establecer un nuevo gobierno en lugar de los ocupantes romanos, también nosotros debemos evitar dar señales que convenzan a nuestros conciudadanos incrédulos de que pretendemos establecer una teocracia cristiana en lugar de un gobierno

Tributo de la moneda, por Tiziano. Un grupo de fariseos trató de incitarlo a oponerse a Roma al hablar en contra de los impuestos. Ellos preguntaron: «... ¿Es lícito dar tributo a César, o no?» (Mat. 22:17).

democrático. Sospecho que hemos perdido este punto con regularidad. Jesús querría que viviéramos con un propósito singular: difundir la esperanza en Su nombre, convocar a las personas en todas partes a poner su fe en Él para recibir el perdón de los pecados y la vida eterna en el cielo.

CAPÍTULO 17

VIDA EN LUZ

En la popular película *The Matrix* [Matrix], un joven llamado Neo se tropieza con la inquietante comprensión de que la vida no es lo que parece. Todo lo que él había creído sobre sí mismo y sobre la sociedad resultó ser una mentira orquestada de forma magistral. La verdadera existencia humana estaba oculta detrás de un velo electrónico que solo podía ser levantado por profetas iluminados como Morfeo y Trinity, agentes salvadores de un reino donde la mentira no tenía poder.

Matrix es una gran ficción, pero también se acerca a verdades profundas sobre la existencia humana y la vida más allá del velo. En este capítulo examinaremos las enseñanzas de Jesús sobre realidades ocultas vitales de nuestra condición espiritual. También exploraremos Su mensaje de esperanza: esperanza para la iluminación y la redención de la farsa que engaña y esclaviza al mundo.

Verificación de la realidad

> *Nosotros los humanos somos agentes morales libres cuyo destino depende de las decisiones que tomamos.*

Cada vez que eliges cometer un pecado, lo haces de manera libre. Nadie fuerza tu mano. Ni las estrellas arriba, ni las fuerzas sociales aquí abajo te obligan a emprender un camino destructivo. Siempre hay mejores opciones disponibles, entonces, ¿por qué escoges el pecado? La sorprendente respuesta es que, aunque eres libre en tus elecciones, también estás sujeto a una especie de esclavitud secreta. ¿Puede una persona en verdad ser libre y esclava al mismo tiempo? Según la Biblia, sí. Nosotros los humanos somos agentes morales libres cuyo destino depende de las decisiones que tomamos, sin embargo, decidimos, de modo habitual, basados en los consejos persuasivos de una naturaleza interna (corazón, mente, alma) que se ha corrompido por el pecado. Esta es nuestra herencia de Adán. Elegimos el pecado con libertad y alegría porque somos pecadores por naturaleza. Por esta razón, Jesús dijo que somos esclavos del pecado (Juan 8:34). Esta es la condición espiritual oculta que todos los humanos deben identificar. Los doctores no anunciaron esta condición en tu nacimiento. El banco nunca envió un aviso sobre tu herencia de la corrupción de Adán. De hecho, aunque la evidencia de la pecaminosidad humana es demasiado grande como para no ser notada (todos hemos escuchado sobre asesinatos, genocidios, robos, esclavitud, racismo, sexismo, calumnia, envidia, avaricia, elitismo, despreocupación por los pobres y oprimidos, etc.), aún es la única realidad que la mayoría de la gente insiste en negar. Es el elefante que se alza grande y gris en la habitación, pero pocos admiten su presencia, incluso cuando se escabullen a su alrededor. En última instancia, se requiere una visión de Dios para diagnosticar nuestros pecados, ya que solo en relación con la perfección divina se puede definir el pecado. Dios ha realizado este diagnóstico de manera vívida en la Biblia y también por el ministerio del Espíritu Santo que nos convence de pecado. El problema de nuestras transgresiones es tan profundo que Jesús describe a los seres humanos como hijos del diablo (Juan 8:44). Esto no significa que Satanás sea nuestro creador, por supuesto. Más bien, significa que estamos alineados con Satanás en rebelión contra Dios. Amamos la oscuridad en lugar de la luz (Juan 3:19).

La expulsión de Adán y Eva del paraíso terrenal, por Masaccio. El pecado es nuestra herencia de Adán.

¿Puedes arreglar tu problema de pecado a través de la reforma moral? Muchos lo han pensado, sin embargo, esa es una táctica sin esperanza. La reforma basada en esfuerzos meramente humanos puede en realidad dejarte listo para una caída mayor, porque supones que por tu poder has vencido una oscuridad que es mucho más grande que tú (Mat. 12:43-45). Nuestro pecado está alojado de un modo tan profundo dentro de nosotros que está fuera del alcance de todo medicamento, máquinas o maquinación que dirigiéramos en contra suya. Si nos referimos a él de forma metafórica, comprende la misma fibra de nuestros corazones y tiñe nuestro mundo mientras dibujamos heridas y arruinamos nuestro ser (Mat. 15:10-20). Este no ha sido un mensaje popular en ninguna época terrenal, pero a lo largo de Su ministerio, Jesús persistió en hablar sobre el pecado humano y la futura separación que Dios haría entre los redimidos y los no redimidos.

Separaciones

Como fuente y norma de todo bien moral, Dios no puede aceptar que Su santidad sea pisoteada para siempre por Su desenfrenada creación. De lo contrario pensaríamos que las vasijas se han alzado contra el alfarero y lo han derrocado, un absurdo que no debería ni podría acontecer y, por supuesto, no sucederá. Para nosotros, las implicaciones son crudas: o seremos santos y aceptados por Dios, aptos para Su comunión eterna, o permaneceremos en contra de Él y separados de Él por siempre. Jesús creyó esto. Lo enseñó de manera habitual y sin pestañear. Por ejemplo, declaró que al final de la era volverá a la tierra en gloria, y lo acompañarán innumerables ángeles, para sentarse en un trono de juicio (Mat. 24:29-31). Todos los seres humanos que estén vivos en ese día

El juicio final (panel del centro), por Memling. Jesús dijo que en el fin de los tiempos Él regresaría a la tierra en gloria, acompañado por innumerables ángeles, para sentarse en el trono del juicio (Mat. 24:29-31).

El juicio final (panel derecho), por Memling. Aquellos cuyos nombres se encuentran registrados en el libro de la vida entrarán en la alegría eterna con el resto de las ovejas, pero todo aquel que no esté inscrito en este libro será: «... lanzado al lago de fuego» para un castigo eterno (Apoc. 20:15).

culminante serán llevados ante Él para ser separados según el tipo de persona que fueron. El Señor utilizó imágenes que se adaptaban al contexto agrario del antiguo Israel y declaró que las ovejas serán desviadas a la derecha y las cabras a la izquierda. Para las ovejas, la parada final es la vida bendita en el reino eterno de Dios. Las cabras sufrirán un destino diferente. Jesús les dirá: «... Apartaos de mí, malditos, al fuego eterno preparado para el diablo y sus ángeles» (Mat. 25:41). En cuanto a los millones no contados que ya habrán muerto antes del regreso de Cristo, serán resucitados de entre los muertos para enfrentar un juicio similar. Aquellos cuyos nombres se encuentran registrados en el libro de la vida entrarán en la alegría eterna con el resto de las ovejas, pero todo aquel que no esté inscrito en este libro, será: «... lanzado al lago de fuego» para un castigo eterno (Apoc. 20:15). Con tanto en juego, es importante entender los criterios que guiarán esta separación. Más al punto: ¿cómo puedes asegurarte de ser contado como una oveja y no como una cabra?

Nacido de arriba

Entre los fariseos había un hombre, era un principal entre los judíos llamado Nicodemo. Con un corazón menos endurecido que sus compañeros, él se sintió atraído a prestar atención cercana y abierta a las enseñanzas de Jesús. Pero los fariseos afirmaban que Jesús era un fraude, por lo que Nicodemo esperó su momento y se mantuvo callado sobre su interés en el maestro de Galilea. Cuando ya no pudo dominar su curiosidad, vino a Jesús de noche, aprovechó la oscuridad para ocultar sus acciones. Nicodemo se encontró con Jesús y confesó que Él había venido de Dios; sin embargo, este hombre pensaba en el Señor solo como un profeta, como alguien encargado por Dios para difundir un mensaje entre la gente. Al ver que Nicodemo había alcanzado solo una fracción de la verdad, Jesús le dijo: «... De

Nicodemo y Jesús, por Bida. Nicodemo vino a Jesús de noche.

cierto, de cierto te digo, que el que no naciere de nuevo, no puede ver el reino de Dios» (Juan 3:3). Al recordar la distinción entre ovejas y cabras en el juicio final, las palabras de Jesús a Nicodemo nos muestran que nos convertimos en ovejas (entra en el reino de Dios) a través del nuevo nacimiento. Esto plantea una interrogante evidente. Nicodemo se apresura a preguntar por nosotros: «... ¿Cómo puede un hombre nacer siendo viejo? ¿Puede acaso entrar por segunda vez en el vientre de su madre, y nacer?» (Juan 3:4).

Es un acto sobrenatural en que Dios otorga a los humanos caídos una nueva naturaleza espiritual y un estado que se ajusta a Su pureza.

Para responder, Jesús le señaló: «... el que no naciere de agua y del Espíritu, no puede entrar en el reino de Dios. Lo que es nacido de la carne, carne es; y lo que es nacido del Espíritu, espíritu es» (Juan 3:5-6). Este es un comienzo útil para comprender el nuevo nacimiento. Vemos que es más espiritual que físico. Es un acto sobrenatural en que Dios otorga a los humanos caídos una nueva naturaleza espiritual y un estado que se ajusta a Su pureza. No nos transforma de tal manera que termine nuestra inclinación por el pecado, sino que reemplaza un espíritu muerto a Dios por uno que está vivo para Su voluntad y presencia, listo para crecer en la devoción con el tiempo.

El nuevo nacimiento solo es posible a través de la fe en el Mesías.

Bien, ya sabemos qué es el nuevo nacimiento, pero aún tenemos que aprender a lograrlo. Afortunadamente para todos, Nicodemo presionó a Jesús hasta que aprendió que el nuevo nacimiento solo es posible a través de la fe en el Mesías. El Señor lo expresó de esta manera: «Porque de tal manera amó Dios al mundo, que ha dado a su Hijo unigénito, para que todo aquel que en él cree, no se pierda, mas tenga vida eterna» (Juan 3:16). ¿Puede ser en realidad tan simple? Absolutamente. No hay pasos adicionales y no hay trabajos que realizar. La fe en el Hijo salva el alma, porque esta es la voluntad de Dios que ama al mundo lo suficiente como para hacer un sacrificio fatal de Su santo Hijo.

Cabeza de Cristo, por Rembrandt

Para aquellos que no han vuelto a nacer a través de la fe en Jesús solo queda una expectativa de juicio, porque al pasar el umbral de la muerte llevan sus pecados como una ropa sucia que aleja a Dios, el Juez santo de todas las personas. Jesús continuó con Sus instrucciones sobre las medidas salvadoras de Dios en el Hijo, y le dijo a Nicodemo: «El que en él cree, no es condenado; pero el que no cree, ya ha sido condenado, porque no ha creído en el nombre del unigénito Hijo de Dios» (Juan 3:18).

Nos preguntamos por qué alguien se negaría a creer en un Salvador como este, que nos da el perdón y la vida y nos hace libres en la presencia de Dios. Sin embargo, para que no creamos que solo un loco rechazaría a Jesús, recordemos que Él mismo afirmó que el mundo prefiere la oscuridad sobre la luz (Juan 3:19). Con frecuencia realizó este diagnóstico crudo de las preferencias espirituales de la humanidad. En una de esas ocasiones, un oyente captó el sentido de la enseñanza de Jesús y, asombrado, preguntó: «... Señor, ¿son pocos los que se salvan?...» (Luc. 13:23). En apariencia, él esperaba que la salvación de Jesús fuera ampliamente bienvenida en el mundo, una falaz expectativa que es común hoy en día. A esto, Jesús respondió con una exhortación al hombre: «Esforzaos a entrar por la puerta angosta; porque os digo que muchos procurarán entrar, y no podrán. Después que el padre de familia se haya levantado y cerrado la puerta, y estando fuera empecéis a llamar a la puerta...» (vv. 24-25).

Todos los que caen después de experimentar una temporada de afecto por Jesús deben ser contados entre aquellos cuya «fe» floreció en tierras no profundas con suave luz del sol, solo para marchitarse bajo la presión de las pruebas y las tentaciones.

Asegurado desde arriba

La salvación es un regalo, sin embargo, no debe utilizarse como una licencia para hacer alarde del perdón de Dios a expensas de Sus santos estándares de vida. Luchar por ser obediente es un requisito básico para el verdadero discipulado cristiano; así es permanecer en el camino estrecho hasta el final. Aquellos que caigan después de experimentar una temporada de afecto por Jesús no deberían obtener confianza de su breve pero descartada incursión en el discipulado cristiano. Deben ser contados entre aquellos cuya «fe» floreció en tierras no profundas con suave luz del sol, solo para marchitarse bajo la presión de las pruebas y las tentaciones (Luc. 8:4-15). Al no tener un corazón genuinamente reconstruido, la oscuridad familiar brotó de su interior y los llevó a la destrucción. Otros mantienen el espectáculo bastante bien a lo largo de sus vidas. Tienen una apariencia de fe duradera, pero al final demuestran que ha sido una proeza de la religión en lugar de una obra de Dios. A estos Jesús les dirá: «... Nunca os conocí; apartaos de mí, hacedores de maldad» (Mat. 7:23).

Estos hechos deben ser tomados en serio por todos los que se llaman cristianos. No hay línea de conga para llegar a la gloria; en lugar de eso, caminamos en una línea de anaconda a lo largo de la cual la antigua serpiente brinca de la cubierta de espinas y raíces que rodean el sendero del discípulo. Por fortuna no recorremos el camino solos. Si bien en inumerables ocasiones Jesús instó a Sus seguidores a demostrar su veracidad al permanecer en Su Palabra (Juan 8:30) y en Su amor (Juan 15:9-10), también prometió que nunca echaría fuera a quienes en realidad habían venido a Él (Juan 6:37), ni permitiría que fueran arrebatados de Su mano (Juan 10:28). Además, en la noche de Su arresto, Jesús oró por todas las personas que lo largo de la historia creerían en Él. Mientras hablaba al Padre con gran anticipación sobre Su inminente restauración a la gloria en el cielo, Jesús dijo: «Padre, aquellos que me has dado, quiero que donde yo estoy, también ellos estén conmigo, para que vean mi gloria que me has dado; porque me has amado desde antes de la fundación del mundo» (Juan 17:24).

Aquí tenemos una tensión básica. Por un lado, Jesús advierte de manera repetida que Sus seguidores deben ser diligentes y perseverantes en su discipulado, de lo contrario caerían en la destrucción y demostrarían que nunca fueron discípulos genuinos. Por otro lado, el Señor promete que nuestro lugar en Su mano está asegurado para siempre. De esto podemos concluir que los verdaderos creyentes persistirán en su fe y nunca se alejarán de manera permanente ni completa de una vida que refleje las enseñanzas de Cristo. Sin duda existirán altibajos para cada discípulo. Nuestro amor y obediencia disminuyen durante las temporadas en que la luz de Cristo está bloqueada por el pecado o por las heridas que nos presionan y nos tientan a dudar de la bondad de Dios. Pero los verdaderos creyentes logran superar tales tiempos. ¿Es esto debido a sus esfuerzos o a Dios? La respuesta es que sucede por ambas razones. Considera la amonestación de Pablo a los cristianos en Filipos: «... ocupaos en vuestra salvación con temor y temblor, porque Dios es el que en vosotros produce así el querer como el hacer, por su buena voluntad» (Fil. 2:12-13). Si pudiéramos parafrasear esto, diríamos: «Con asombro por la santidad y el poder de Dios, trabajemos duro para permanecer fieles a Cristo. Haz así porque Dios mismo trabaja en tu corazón y en tu mente para garantizar que esto suceda». Así se logra un equilibrio que llama al creyente a tomar en serio la tarea de discipulado y al mismo tiempo lo consuela con la seguridad de que Dios todopoderoso es el guardián supremo de la salvación.

Los verdaderos creyentes persistirán en su fe y nunca se alejarán de manera permanente ni completa de una vida que refleje las enseñanzas de Cristo.

Ciudad de luz eterna

La muerte del cuerpo no es la muerte del yo. Los corazones se detienen y las ondas cerebrales caen, pero esto solo indica un cambio de estado. Es difícil decir con exactitud qué tipo de existencia sigue luego del último aliento de un cristiano. No tenemos cuerpos en ese momento, por supuesto, porque la resurrección viene solo al final de esta era, cuando Dios juzgará a los vivos y los muertos y hará todas las cosas nuevas. Si no estamos encarnados de forma inmediata a la muerte, ¿qué tipo de existencia tenemos? ¿Somos simples espíritus? ¿Flotamos como fantasmas? La Biblia no nos da información definitiva sobre esto, pero sí sabemos que Jesús le prometió al rebelde que fue ejecutado a Su lado en el Gólgota que, por su nueva fe, estarían juntos en el paraíso ese mismo día (Luc. 23:43). Esto significa que tendría conciencia de su identidad personal después de morir al lado de Jesús. Esto no era exclusivo de él. Cada

De la Capilla Sixtina (detalle que muestra a los mártires en el cielo), por Miguel Ángel

seguidor de Cristo experimenta una bienvenida instantánea a la presencia de Dios en el momento de la muerte. Una clara evidencia de esto es la insistencia del apóstol Pablo en que estar ausente del cuerpo es estar presente con el Señor y que morir es ganar (2 Cor. 5:8; Fil. 1:21-23).

En cuanto al destino final de aquellos que son redimidos, al apóstol Juan se le otorgó una visión en la que contempló: «... la santa ciudad, la nueva Jerusalén, descender del cielo, de Dios, dispuesta como una esposa ataviada para su marido» (Apoc. 21:2). Un heraldo que estaba en el trono de Dios gritó con gran voz: «... He aquí el tabernáculo de Dios con los hombres, y él morará con ellos; y ellos serán su pueblo, y Dios mismo estará con ellos como su Dios. Enjugará Dios toda lágrima de los ojos de ellos; y ya no habrá muerte, ni habrá más llanto, ni clamor, ni dolor; porque las primeras cosas pasaron» (vv. 3-4).

Uno solo puede imaginar cómo se elevó el corazón de Juan cuando el heraldo gritó la promesa de Dios mientras la ciudad celestial, cuyas dimensiones y brillantez estaban más allá de toda imaginación, descendía a la nueva tierra. Mientras observaba, Dios mismo narró los eventos que se desarrollaban:

> «Y el que estaba sentado en el trono dijo: He aquí, yo hago nuevas todas las cosas. Y me dijo: Escribe; porque estas palabras son fieles y verdaderas. Y me dijo: Hecho está. Yo soy el Alfa y la Omega, el principio y el fin. Al que tuviere sed, yo le daré gratuitamente de la fuente del agua de la vida. El que venciere heredará todas las cosas, y yo seré su Dios, y él será mi hijo. Pero los cobardes e incrédulos, los abominables y homicidas, los fornicarios y hechiceros, los idólatras y todos los mentirosos tendrán su parte en el lago que arde con fuego y azufre, que es la muerte segunda» (Apoc. 21:5-8).

La nueva Jerusalén, por Doré. Al apóstol Juan le fue dada la visión en la que contempló: «... la santa ciudad, la nueva Jerusalén, descender del cielo, de Dios, dispuesta como una esposa ataviada para su marido» (Apoc. 21:2).

Después de esto, un ángel llevó a Juan «en el Espíritu» (es decir, en una visión) a una montaña alta. Juntos vieron cómo la nueva Jerusalén descendía desde sus salas de fabricación nunca vistas que se encuentran más allá del espacio y el tiempo: «... Y su fulgor era semejante al de una piedra preciosísima,

Juan en Patmos, por el Bosco. Un ángel tomó a Juan «en el Espíritu» (en una visión) a una montaña alta. Juntos vieron cómo la nueva Jerusalén descendía desde sus salas de fabricación nunca vistas que se encuentran más allá del espacio y el tiempo.

como piedra de jaspe, diáfana como el cristal. Tenía un muro grande y alto con doce puertas; y en las puertas, doce ángeles...» (Apoc. 21:11-12). El ángel luego tomó en la mano una vara de medir dorada y se dispuso a medir la ciudad, mientras Juan miraba las paredes y los componentes celestes hechos de: «... de oro puro, semejante al vidrio limpio» (v. 18). Es manifiesto que el lenguaje humano le falló aquí. Su expresión es a la vez evocadora e inimaginable. Representa su intento de transmitir una nueva creación cuya forma y sustancia no tienen paralelos en la tierra. Cuando el ángel terminó su tarea con la regla dorada, anunció las dimensiones de la ciudad: eran 1400 millas (2253 km) de altura, longitud y anchura (v. 16). Doce variedades de piedras preciosas adornaban los cimientos que se extendían mucho más allá del alcance de la vista. Doce puertas macizas daban entrada a la ciudad, y a los ojos de Juan parecía que cada una de ellas estaba hecha de una sola perla. Al igual que sus palabras sobre el oro transparente, nos es posible suponer que las puertas no están hechas literalmente de perlas. Por otra parte, ¡tal vez lo sean! En todo caso, son enormes y radiantes con una medida de belleza nunca vista en la tierra.

El templo que estaba en Jerusalén durante el ministerio de Jesús fue destruido por los romanos en el 67 d.C. Unos 30 años después, Juan estaba ansioso por ver el santuario en la nueva Jerusalén, ya que la ausencia de una estructura tan sagrada en la Jerusalén terrenal había sido una fuente de vergüenza y luto para todos los israelitas. ¿Cuán glorioso sería el santuario celestial? Juan estaba deseoso de averiguarlo. Pero mientras buscaba, aprendió que la nueva Jerusalén no tiene un santuario «... porque el Señor Dios Todopoderoso es el templo de ella, y el Cordero» (Apoc. 21:22). Esto nos recuerda, como seguro le recordó a Juan, que la era del sacrificio por los pecados ha pasado. Gracias a la muerte expiatoria de Jesús en la cruz de una vez por todas, las personas de fe tienen acceso directo a Dios. Ya no hay necesidad de rituales ni sacrificios diarios en ningún templo en la tierra ni en el cielo.

Otra era también ha pasado: la de la oscuridad. La nueva Jerusalén está bañada por la luz interminable que viene del centro mismo de la gloria: «La ciudad no tiene necesidad de sol ni de luna que brillen en ella; porque la gloria de Dios la ilumina, y el Cordero es su lumbrera. Y las naciones que hubieren sido salvas andarán a la luz de ella; y los reyes de la tierra traerán su gloria y honor a ella. Sus puertas nunca serán cerradas de día, pues allí no habrá noche» (Apoc. 21:23-25). La vida en el cielo es una existencia en luz: cálida, acogedora, luz divina que impregna cada átomo de un mundo recién creado por el Dios que nunca permitirá que Su gloria se desvanezca ni admitirá en la nueva Jerusalén a nadie ni nada que albergue falsedad o enemistad contra Su santidad (v. 27). En otras palabras, la vida en la luz significa ciudadanía en una ciudad cuyas puertas están cerradas para toda persona que no haya inclinado gustosamente la rodilla, la cabeza y el corazón a Jesucristo. ¡Elige ser un ciudadano de la ciudad de luz eterna!

PARTE V

LOS SEGUIDORES DE JESÚS

CAPÍTULO 18

LENGUAS DE FUEGO

—Escúchenlos —dijo el joven sacerdote con vehemencia. Señaló a las multitudes reunidas a lo largo de la carretera. Por cientos gritaban alabanzas a Jesús cuando Él entraba a Jerusalén para la Pascua.

—Lo saludan como si fuera un rey que entra en Su ciudad imperial. ¡El mundo entero va tras Él mientras nosotros nos cruzamos de brazos y no hacemos nada!

—Su triunfo será de corta duración —le aseguró su compañero mayor—. El sanedrín no ha estado inactivo mientras este galileo hacía Su magia. Tenemos un plan que pondrá fin a todo esto. Ya verás, Jesús y Su movimiento estarán muertos antes del sábado.

—Haz de Él un mártir y será más poderoso que nunca —advirtió el joven sacerdote—. Desde la tumba Su voz saldrá como un trueno. ¿Recuerdas a los profetas?

—Esta no será la muerte de un mártir —respondió el anciano—. Con la ayuda de Roma lo clavaremos en una cruz. Todo el que cuelgue de un madero está bajo la maldición de Dios —dijo, citando a Moisés—. ¡Veremos cuánto lo

Al igual que el mítico ave fénix, cuya muerte ardiente llevaba a un glorioso renacimiento, la crucifixión del Mesías demostró ser un pasaje que conduce a una vida nueva y más grande para Jesús y Sus seguidores.

aman entonces! —mientras reía, abrazó a su protegido por los hombros y juntos siguieron la huella del hombre condenado.

Renacimiento del fénix

Aunque la conversación anterior es ficticia, casi con certeza se parece a las discusiones reales que tuvieron lugar entre los sacerdotes gobernantes en los días que antecedieron y sucedieron a la crucifixión de Jesús. La matemática era simple, pensaron. Resta a Jesús y anulas Su movimiento. No sospecharon que su plan multiplicaría Su influencia de manera exponencial. Al igual que el mítico ave fénix, cuya muerte ardiente llevaba a un glorioso renacimiento, la crucifixión del Mesías demostró ser un pasaje que conduce a una vida nueva y más grande para Jesús y Sus seguidores. El resurgimiento comenzó el domingo de la resurrección, cobró impulso con cada una de las apariciones posteriores de Jesús, y alcanzó la velocidad de escape 40 días después de que el Señor se levantara de la tumba y ascendiera al cielo. Después de ver a Jesús elevarse a través de las nubes, los discípulos se reunieron con el resto de Sus seguidores en Jerusalén. Eran unas 120 personas en ese momento. Ellos «... perseveraban unánimes en oración...» (Hech. 1:14). El grupo estaba formado por los once, otros discípulos (tanto hombres como mujeres), la madre de Jesús, más cuatro hombres que se oponían a las afirmaciones mesiánicas del Señor hasta que lo

Mural de San Matías, iglesia católica Santo Pelagio, Weltnau, Alemania. De acuerdo con una costumbre hebrea antigua, los discípulos elevaron una oración rápida para pedir la guía y luego echaron suertes.

vieron regresar de entre los muertos: Simón, Jacobo, Judas y José, Sus medios hermanos.

Si los hermanos de Jesús brillaban por su presencia, había otro que brillaba por su ausencia: Judas (llamado Judas Iscariote). Había formado parte del círculo íntimo durante tres años, pero ahora estaba muerto, él había encontrado la muerte poco después de traicionar a Jesús. Si bien el testimonio bíblico no presenta las imágenes más claras con respecto a la muerte de Judas, la memoria de su acto de traición vivió en el nombramiento de un campo adquirido con su din-

Los apóstoles se definieron como aquellos que habían sido testigos oculares de la vida de Jesús y que habían sido enviados con la autoridad derivada de Cristo.

ero de sangre (Hech. 1:19).[1] En cuanto a los discípulos que permanecieron, interpretaron de la Escritura que alguien tenía que reemplazar a Judas.[2] Los creyentes debían recibir el Espíritu Santo, la provisión final de Jesús para su embarque misionero. Era el momento para que los discípulos cerraran su círculo íntimo, que se había roto. Como líder de la joven iglesia, Pedro anunció los requisitos que debía cumplir alguno para ser digno de reemplazar a Judas. El celo por Jesús resucitado no era suficiente. Este hombre debía tener una sincera convicción de que Él era el Mesías que obraba milagros. Entonces el divino Hijo de Dios lo convertiría en Su discípulo, no en apóstol. Los apóstoles se definieron como aquellos que habían sido testigos oculares de la vida de Jesús y que habían sido enviados con la autoridad derivada de Cristo. Así, Pedro declaró que el elegido debía ser uno que hubiera seguido a Jesús desde el momento en que Juan lo bautizó, hasta el reciente día en que fue llevado al cielo (Hech. 1:21-22). Alguien así no solo podía hablar de lo que creía, sino también de lo que sabía que era verdad. Una revisión rápida reveló que dos hombres entre ellos cumplían estos requisitos: Judas y Matías. Los once utilizaron un método sorprendente para decidir entre estos candidatos. Quizás esperamos una larga reunión de oración en que la elección de Dios finalmente surgiera en sus corazones, pero de acuerdo con una antigua costumbre de la fe hebrea, elevaron una oración rápida para pedir guía y luego echaron suertes (Hech. 1:26; ver Prov. 16:33). Dejar que el Dios soberano ordenara el resultado en un juego de azar era un enfoque razonable en la época antes de que Dios enviara al Espíritu a vivir en los creyentes y guiarlos. Un método para echar suertes era colocar piedras marcadas dentro de un frasco y hacerlas sonar vigorosamente. La primera piedra en caer era la «suerte elegida». Si este fue el método que utilizaron los apóstoles, la piedra designada de Matías fue la primera en volar desde la jarra. A partir de ese momento él fue contado entre los once, de modo que una vez más fueron los doce, los testigos ordenados de la vida y las enseñanzas, la muerte y la resurrección, la comisión y la ascensión de Jesucristo. Había mucho trabajo por hacer. Sus corazones ardían en deseos de ponerse en marcha, pero aún no. Dios todavía trabajaba para colocar todas las piezas en su lugar.

Pentecostés, por el Greco. Cuando la ciudad se llenó de peregrinos, los seguidores de Cristo se sentaron juntos y, con solemnidad, vieron, esperaron y escucharon. A las nueve de la mañana, sucedió rápidamente y con fuerza.

Viento y llama

La cosecha era una época del año de gran expectación para los antiguos. En parte, esto era porque nunca tenían la garantía de que sucediera. Sequía, plaga, peste, guerra; estos y una docena de otros factores podrían cortar el suministro de alimentos y matar de hambre a regiones enteras. Es comprensible que una cosecha abundante fuera motivo de gran celebración. Con este espíritu, los judíos celebraban cada año el cierre de la cosecha de cereales con un festival llamado Pentecostés. Acontecía 50 días después de que comenzara la semana de la Pascua, en algún momento a finales de mayo o principios de junio. El clima era más propicio para viajar en esta época del año, por lo que los visitantes aumentaban en Jerusalén mucho más que durante la Pascua. En este momento, más que en ningún otro, Jerusalén se convertía en un crisol de naciones e idiomas a medida que los judíos de la diáspora (aquellos que habían sido «dispersados» a tierras fuera de Israel) hacían una peregrinación a su patria ancestral.

Los seguidores de Jesús, el grupo completo de unos 120, llenaron una casa para Pentecostés (Hech. 2:1). Las expectativas eran altas. Apenas unos días atrás Jesús había ascendido al Padre, el recién elegido Matías completaba a los doce y todos se dedicaban a la oración mientras esperaban el cumplimiento de la misteriosa promesa de Jesús de que el Espíritu de Dios los bautizaría (Hech. 1:5). ¿Cómo sería el bautismo? ¿Podrían siquiera imaginarlo? Cuando la ciudad se llenó de peregrinos, los seguidores de Cristo se sentaron juntos y, con solemnidad, vieron, esperaron y escucharon. A las nueve de la mañana, sucedió rápidamente y con fuerza: «... de repente vino del cielo un estruendo como de un viento recio que soplaba, el cual llenó toda la casa donde estaban sentados; y se les aparecieron lenguas repartidas, como de fuego, asentándose sobre cada uno de ellos» (Hech. 2:2-3). El miedo podría haberlos vencido si el Espíritu no los hubiera llenado de inmediato y canalizado sus energías hacia un fenómeno fantástico que deja a los lectores modernos fascinados. Aunque eran galileos comunes que tenían poca o ninguna experiencia de primera mano del amplio mundo fuera de Israel, los discípulos: «... comenzaron a hablar en otras lenguas, según el Espíritu les daba que hablasen» (Hech. 2:4). Su morada en Jerusalén se convirtió en la encrucijada del mundo, y Dios les designó caminos multilingües.

> ***Por el ingenio de Dios, los discípulos se habían convertido en el centro de atención en la Jerusalén festiva. Ahora el escenario estaba listo. Era el momento de iniciar la misión que Cristo les había asignado.***

Hacía calor en Jerusalén en esta época del año. Las casas se mantenían abiertas para permitir que las brisas refrescantes fluyeran por su interior. Por esta razón, la conmoción dentro de la casa llamó la atención de las multitudes que corrían por las calles y los patios exteriores. Un gran número de personas devotas de todas las naciones bajo el cielo se acercó por el inexplicable acontecimiento de lo galileos que proclamaban las obras poderosas de Dios en idiomas nativos de lugares tan lejanos como Egipto, Asia y Mesopotamia (Hech. 2:5-12).[4] Muchos se sorprendieron. Otros dijeron que el vino había aflojado las lenguas de los cristianos, lo que provocó que mostraran un dominio inusual pero no inédito de los idiomas de la diáspora.[5] Mientras tanto, los discípulos guardaron silencio una vez que el Espíritu había cumplido

San Pedro, la predicación en la presencia de San Marcos (Tabernáculo Linaioli), por Fra Angélico

Sus propósitos, pero la calma no regresó, porque la multitud afuera continuaba con el debate. Por el ingenio de Dios, los discípulos se habían convertido en el centro de atención en la Jerusalén festiva. Ahora el escenario estaba listo. Era el momento de iniciar la misión que Cristo les había asignado.

Pedro y el resto de los seguidores de Jesús salieron de la casa cuando escucharon a la multitud. Este gran grupo de personas estaba formado por peregrinos de lejos, así como ciudadanos de Jerusalén que buscaban respuestas. Cuando Pedro comenzó a hablar, negó que alguno de ellos hubiera tomado alcohol a esa hora tan temprana. No fue por los espíritus de la vid que sus expresiones fueron posibles, sino gracias al Espíritu de Dios en cumplimiento de las profecías de los últimos tiempos anunciadas a través del profeta Joel (Joel 2:28-32). La última gran dispensación de la tierra había comenzado, un tiempo de una duración incalculable en que el plan de redención de Dios se completó. Un presagio precursor de esta época fue que Dios derramaría Su Espíritu sobre judíos y gentiles por igual, haría que los hijos y las hijas profetizaran, los jóvenes vieran visiones, los ancianos tuvieran sueños y los humildes esclavos declararían los misterios de Dios (Hech. 2:17-20). En esta época: «... todo aquel que invocare el nombre del Señor, será salvo» (v. 21). El fuego que cayó sobre los discípulos significaba que Dios les daría palabra para hablar el evangelio en Jerusalén y en el extranjero, y llamaría a todas las personas a poner su esperanza en Jesús. Ya empoderado, Pedro sorprendió a sus oyentes al afirmar que las atrocidades hechas a Jesús por «manos de inicuos» en realidad fueron predeterminadas por Dios (v. 23). ¡El Padre convirtió al Hijo en maldición y permitió que lo mataran! Pedro también insistió en que él y muchos otros habían visto personalmente a Jesús después de que se levantó de la muerte. Sus declaraciones sobre Jesús se basaban en evidencia sólida, no en ilusiones. Después de escuchar a Pedro afirmar que la resurrección de Jesús demostró que Dios lo había hecho Señor y Cristo, la multitud se compungió de corazón y preguntó qué debían hacer (Hech. 2:36-37). Vale la pena repetir por completo la respuesta de Pedro: «... Arrepentíos, y bautícese cada uno de vosotros en el nombre de Jesucristo para perdón de los pecados; y recibiréis el don del Espíritu Santo. Porque para vosotros es la promesa, y para vuestros hijos, y para todos los que están lejos; para cuantos el Señor nuestro Dios llamare (Hech. 2:38-39). Esa mañana, en una ciudad preparada para celebrar la cosecha de grano, 3000 personas se convirtieron en parte de una cosecha mucho mayor al expresar fe en Cristo y pedir el bautismo. Fueron aceptados sin demora en la comunidad cristiana.

En los días siguientes, los creyentes: «... perseveraban en la doctrina de los apóstoles, en la comunión unos con otros, en el partimiento del pan y en las oraciones» (Hech. 2:42). La presencia de Dios en medio de ellos era innegable. Los milagros de curación y las señales espectaculares se llevaron a cabo cuando el Espíritu dio poder a los mensajeros del evangelio, pero: «... sobrevino temor a toda persona...» (v. 43). Se reunían cada día, tenían en común sus propiedades, e iban de casa en casa para compartir las noticias de Jesús con todo el que quisiera escuchar. Entonces: «... el Señor añadía cada día a la iglesia los que habían de ser salvos» (v. 47).

Llamó a su audiencia al arrepentimiento y la fe en Jesús, a quien Dios enviará nuevamente al final de la era para restaurar el reino de la justicia sobre toda la tierra.

La piedra del constructor

Poco después de Pentecostés, Pedro y Juan se dirigieron al complejo del templo para orar durante la hora de los sacrificios. Los tribunales siempre estaban llenos en este momento. Cuando se acercaban a una entrada llamada la Hermosa, se encontraron con un hombre lisiado cuya costumbre era sentarse a pedir limosnas cuando la gente pasaba a hacer sus devociones. ¿Qué mejor lugar para captar la simpatía de las personas de buen corazón? El hombre estaba bien enseñado. Había sido discapacitado desde el nacimiento y durante más de 40 años había dependido de la amabilidad de la familia y los extraños. Cuando les pidió limosna a Pedro y Juan, Pedro contestó que no tenían plata ni oro para repartir, sin embargo, lo que sí poseían lo darían con libertad. Entonces le ordenó: «... en el nombre de Jesucristo de Nazaret, levántate y anda» (Hech. 3:6). Enseguida se terminó el problema de la parte inferior de sus piernas: «... saltando, se puso en pie y anduvo; y entró con ellos en el templo, andando, y saltando, y alabando a Dios» (Hech. 3:8). Una vez que estuvieron dentro del templo, todos reconocieron al hombre que cada día estaba junto a la puerta. Asombrados por su curación, corrieron y lo acosaron mientras bailaba alrededor de Pedro y Juan, a quienes la multitud comenzó a admirar

San Pedro y San Juan en la puerta la Hermosa, por Gustave Doré

por sus poderes curativos. No dispuesto a recibir elogios por un milagro hecho en el nombre de Cristo, Pedro le dijo a la multitud que no fue por su poder ni por su bondad que el hombre había sido sanado (v. 13). Llamó a su audiencia al arrepentimiento y la fe en Jesús, a quien Dios enviará nuevamente al final de la era para restaurar el reino de la justicia sobre toda la tierra (Hech. 3:19-21). Cuando Pedro comenzó a detallar la promesa de Dios de la resurrección a través de Jesús, los sacerdotes y los hombres de la guardia del templo fueron provocados. Como saduceos, estos hombres no creían en la resurrección ni en la vida después de la muerte, y se molestaron por el interés de la multitud en el mensaje de esperanza de Pedro. En un intento por detener los daños arrestaron a Pedro y Juan y los retuvieron durante la noche en la cárcel. Sin embargo, era demasiado tarde para detener otra oleada de conversiones: «... muchos de los que habían oído la palabra, creyeron; y el número de los varones era como cinco mil» (Hech. 4:4).

La crucifixión no había logrado poner fin al movimiento de Jesús. Contra toda razón, los discípulos del Señor avanzaban con Su mensaje, ahora añadían afirmaciones centelleantes de resurrección y sanación a su lista de absurdos.

Al día siguiente, los encargados del poder sacerdotal se reunieron e interrogaron a Pedro y Juan sobre la curación. El hombre sanado también fue invitado. Se quedó allí, sano y radiante, pero la alegría en su rostro no fue reflejada por los líderes religiosos: «... ¿Con qué potestad, o en qué nombre, habéis hecho vosotros esto?», preguntaron a Pedro y Juan como si hubieran asaltado al hombre en lugar de curarlo (Hech. 4:7). Los sacerdotes no podían negar la realidad del milagro ni su efecto entre la gente, pero intentaron refutar que algo tan maravilloso se había hecho a través de la intervención del carpintero galileo que habían ejecutado en la cima del Calvario. ¿La manía de Jesús nunca terminaría?

Lleno del Espíritu, Pedro dio una explicación a pedido de los gobernantes espirituales de Israel. Reiteró que el milagro se hizo en el nombre y por el poder de Jesucristo, a quien Dios había resucitado de la muerte. Pedro abandonó toda precaución y cerró su charla con una descripción de Jesús: «... la piedra reprobada por vosotros los edificadores, la cual ha venido a ser cabeza del ángulo. Y en ningún otro hay salvación; porque no hay otro nombre bajo el cielo, dado a los hombres, en que podamos ser salvos» (Hech. 4:11-12). Esto confirmó los peores temores del sanedrín. La crucifixión no había logrado poner fin al movimiento de Jesús. Contra toda razón, los discípulos del Señor avanzaban con Su mensaje, ahora añadían afirmaciones centelleantes de resurrección y sanación a su lista de absurdos. ¿Qué se debía hacer para sofocar su crecimiento? La respuesta fue simple: prohibirles que prediquen. El mensaje cristiano era intrínsecamente atractivo y prometía esperanza a todo el que creyera. No se requerían obras ni rituales, lo que provocaba que el sacerdocio fuera visto como algo obsoleto. Como sentían la amenaza a su posición, el sanedrín ordenó a Pedro y Juan que dejaran de predicar a Jesús (Hech. 4:18). El indomable Pedro respondió de la manera que esperamos: «... Juzgad si es justo delante de Dios obedecer a vosotros antes que a Dios; porque no podemos dejar de decir lo que hemos visto y oído» (Hech. 4:19-20). Pedro había caminado sobre el agua con Dios, se había encogido de miedo ante la Deidad descubierta en la cima de una montaña, perdió todo el coraje ante el arresto de Jesús, y luego cenó triunfalmente con el Señor resucitado en una orilla del lago en Galilea. Él no podía ser intimidado por hombres intrigantes cuya falta de fe era impulsada por la ignorancia y la miseria espiritual. El nombre de Jesús estaría en los labios de

Pedro sin importar las amenazas ni las ordenanzas de los hombres. Sin duda el sanedrín despreciaba esta respuesta, pero se vieron incapacitados para dañar a los discípulos debido al creciente apoyo que el cristianismo había ganado a través de la curación del hombre lisiado. Los sacerdotes murmuraron una serie de amenazas y luego expulsaron a Pedro y Juan de la asamblea.

Recién liberados, los apóstoles informaron sus experiencias a la comunidad. Lejos de desanimarse, tomaron la oposición como parte del plan maestro de Dios. En oración confesaron a Dios que las autoridades romanas y judías habían venido en contra de Jesús: «para hacer cuanto tu mano y tu consejo habían antes determinado que sucediera» (Hech. 4:28). De manera similar, juzgaron que las oposiciones a que se enfrentaban ahora estaban preordenadas por Dios. En lugar de eximirse de las dificultades, le pidieron a Dios que les diera valor. En respuesta a esto: «... el lugar en que estaban congregados tembló...», el Espíritu Santo los llenó con renovado vigor y les otorgó un nuevo coraje (v. 31). Piedra por piedra, Dios construyó Su Iglesia sobre la piedra angular que los líderes de Israel habían rechazado.

> ***Ninguno de los cristianos tenía necesidades materiales porque los bienes fluían de un lado a otro en un torrente de intercambio.***

Terrenos en venta

A lo largo de 13 versículos de Hechos 4 y 5, Lucas cuenta una historia dramática de dos parcelas de tierra. Quizás estaban cerca una de la otra fuera de

La muerte de Ananías, por Rafael. «Al oír Ananías estas palabras (de Pedro), cayó y expiró. Y vino un gran temor sobre todos los que lo oyeron» (Hech. 5:5).

Jerusalén, pero, en sentido figurado, la fruta que creció de ellas no podría ser más diferente. Aquí está el contexto. Poco después de que el sanedrín amenazara a Pedro y Juan, la joven iglesia alcanzó un cenit espiritual que tal vez nunca vuelva a alcanzar hasta que Cristo venga a consumar nuestra perfección. En esta coyuntura temprana, todos los que creían eran: «... de un corazón y un alma; y ninguno decía ser suyo propio nada de lo que poseía, sino que tenían todas las cosas en común» (Hech. 4:32). Ninguno de los cristianos tenía necesidades materiales porque los bienes fluían de un lado a otro en un torrente de intercambio. Sin alquileres, sin rentas, sin intercambio de dinero, solo hacían conocer su necesidad y era satisfecha. La gente incluso vendía casas y tierras para contribuir al fondo de caridad. Tal era el estado comunal de la cristiandad emergente cuando dos superficies de tierra llamaron la atención de la iglesia. La primera era propiedad de un compañero de Chipre llamado José. Lucas nos dice que José fue apodado Bernabé por los apóstoles, un nombre que significa hijo de aliento (v. 36). De acuerdo con esta reputación, Bernabé vendió su tierra y donó todas las ganancias al cofre de la joven iglesia. Nadie lo obligó a hacer esto. El repudio de la propiedad privada nunca fue un requisito para ser miembro de la comunidad cristiana. Sin embargo, al igual que muchos de sus compañeros creyentes, Bernabé dirigió sus recursos al esfuerzo por expandir la iglesia y servir a los cristianos necesitados. El suyo es un excelente ejemplo, aunque pasado por alto hoy.

Donde hay estímulo e intercambio cristiano, el diablo seguramente buscará un camino para su intrusión. Buscó en la comunidad de Jerusalén simulación, orgullo y codicia. Tales faltas las encontró en un matrimonio cuyos nombres eran Ananías y Safira. En apariencia, ellos imitaron el acto caritativo de Bernabé, vendieron algunas tierras que poseían, sin embargo, cuando Ananías colocó solo algunos de los dividendos a los pies de los apóstoles, fingió no haber retenido nada (Hech. 5:2-3). Bernabé había sido bien recibido por su generosidad. Ananías esperaba comprar la misma alta reputación sin el sacrificio correspondiente. El impulso de buscar la aprobación entre los piadosos es una fuerza contra la que todos debemos luchar. Ananías y Safira se rindieron e hicieron una jugada por mayor posición. Al observar estos motivos, Pedro le dijo a Ananías que no había mentido a los hombres, sino al Espíritu Santo, el dador del discurso inspirado y del discernimiento que se había activado de un modo tan manifiesto en la construcción de la iglesia desde Pentecostés (Hech. 5:4). Al acercarse a los apóstoles con falsedad, Ananías también pudo haber entrado en la sala del trono de Dios con labios de miel y lleno de podredumbre. Sin embargo, eso no fue lo que aconteció, en cambio: «Al oír Ananías estas palabras (de Pedro), cayó y expiró. Y vino un gran temor sobre todos los que lo oyeron» (v. 5). Algunos jóvenes estaban presentes y envolvieron apresuradamente el cuerpo de Ananías y lo sacaron en busca de un sitio para enterrarlo. Al encontrar un lugar adecuado,

> ***En esta época temprana en la historia de la Iglesia, Dios trabajó de maneras extraordinarias que no se han repetido en tiempos posteriores.***

pusieron en tierra el cuerpo de alguien que buscó el engrandecimiento personal en una iglesia marcada por el sacrificio.

Alrededor de tres horas más tarde, Safira se presentó ante los apóstoles. Nadie le había contado sobre la muerte de su marido, y como todo el que cree haber tramado un engaño ganador, se vio envuelta en un éxtasis que la cegó ante los signos de problemas. Mientras estaba frente a Pedro, esperaba recibir elogios por su participación en las donaciones. Es posible que su aparición tardía hubiera sido diseñada incluso para dejar que las noticias se filtraran a través de las filas, asegurándose de que atrajeran la máxima atención. Pedro miró fijamente a Safira y le preguntó si el campo se había vendido por la cantidad que su esposo había donado. Ella respondió que sí. Entonces Pedro le dijo: «... ¿Por qué convinisteis en tentar al Espíritu del Señor? He aquí a la puerta los pies de los que han sepultado a tu marido, y te sacarán a ti» (Hech. 5:9). Con las últimas palabras de Pedro, ella cayó muerta a sus pies y pronto fue enterrada junto a su esposo.

Era vital que Dios estableciera la autoridad de los apóstoles y la confiabilidad de sus enseñanzas.

Es difícil para los creyentes modernos imaginar a Pedro como fiscal, al Espíritu Santo como ejecutor y a los jóvenes discípulos como excavadores improvisados de tumbas. Aquí nos encontramos cara a cara con realidades tempranas que parecen extrañas o incluso contradicen nuestra experiencia moderna de la comunidad cristiana. ¿Qué haremos con este episodio? Primero, debemos comprender el contexto más amplio de las muertes de Ananías y Safira. En esta época temprana en la historia de la Iglesia, Dios trabajó de maneras extraordinarias que no se han repetido en tiempos posteriores. Solo una vez en la historia Jesús vino a vivir, morir y resucitar en nuestro nombre, y solo una vez Dios inició Su Iglesia a través del grupo de hombres que sirvieron como testigos presenciales de la vida y las enseñanzas de Cristo. Al igual que con todo movimiento histórico nuevo, era importante hacerlo bien desde el principio, o habría escasas posibilidades de recuperar la verdad en el futuro. O bien la biografía de Jesús era establecida de manera firme por los hombres a quienes se les encargó escribirla y enseñarla, o sería alterada libremente por personas que no poseían el conocimiento ni la autoridad. Estos crearían una imagen deformada de Jesús, solo de acuerdo con sus deseos. En este sentido, era vital que Dios estableciera la autoridad de los apóstoles y la confiabilidad de sus enseñanzas. Cuando Ananías y Safira presentaron una falsa reclamación de caridad ante Pedro, hicieron un asalto directo a la autoridad apostólica y su compromiso inquebrantable con la verdad. Además, y aún más significativo, era necesario en esta época temprana para que Dios demostrara sin lugar a dudas que el Espíritu Santo participaba en la vida de la iglesia de manera genuina y poderosa. No fue una promesa vana cuando Jesús dijo que el Espíritu moraría en los creyentes y los guiaría a la verdad (Juan 16:13).

Segundo, la historia de Ananías y Safira resalta nuestra necesidad de recuperar el temor de Dios que invadió la iglesia primitiva. Cinco veces en Hechos se nos informa que el temor vino a la iglesia o que caminaron en temor

Liberación de San Pedro, por Caracciolo

de Dios (2:43; 5:5,11; 9:31; 19:17). ¿Cuántas iglesias se parecen a esto hoy? La presencia de Dios era palpable entre los primeros creyentes. ¡Que así sea para nosotros hoy!

Tercero, no debemos caer en el error de formar nuestra doctrina de Dios basada únicamente en los pasajes de la Escritura en que juzga con fuerza el pecado. El juicio de Dios contra el pecado es una dura realidad que no debemos descuidar, pero precisamos sentirnos aún más asombrados cada vez que veamos una demostración de Su amor y gracia inmerecidos hacia los pecadores.

Deshonrado por causa del nombre

El episodio con Ananías y Safira despabiló a la iglesia, pero no detuvo su impulso en lo más mínimo. Como lo informa Lucas: «... por la mano de los apóstoles se hacían muchas señales y prodigios en el pueblo...» (Hech. 5:12). Con cada milagro, los apóstoles ganaron renombre, pero siempre desviaron el honor a Cristo, en cuyo poder se realizaron las obras. Hombres y mujeres llegaron a la fe en tropel, y las personas se curaron con tal regularidad que un río de camillas fluyó hacia la presencia de Pedro desde las aldeas alrededor de Jerusalén (Hech. 5:14-16). No dispuestos a tolerar esto, los gobernantes saduceos arrestaron a los apóstoles. Fue de poca utilidad. Un ángel los liberó en medio de la noche y les dijo que fueran al templo: «... anunciad al pueblo todas las palabras de esta vida...» (Hech. 5:20-21). Pronto las desconcertadas autoridades del templo rastrearon a los apóstoles fugitivos y los escoltaron a una reunión del sanedrín donde el sumo sacerdote preguntó por qué habían desobedecido el mandato de no predicar sobre Jesús. Con una frase familiar, Pedro respondió: «Es necesario obedecer a Dios antes que a los hombres» (v. 29). Esta aguda respuesta casi origina que Pedro y sus compañeros sean asesinados, pero un fariseo moderado llamado Gamaliel intervino y sugirió que los apóstoles salieran por un momento. Una vez que estuvo solo con la asamblea, les aconsejó que fueran pacientes. Si el movimiento de Jesús no era de Dios, moriría. Si, en cambio, era de Dios, la oposición sería inútil. El concilio vio la sabiduría en la evaluación de Gamaliel, así que solo azotaron a los apóstoles y una vez más les prohibieron predicar. ¿Qué efecto tuvo esto? Los apóstoles: «... Salieron de la presencia del concilio, gozosos de haber sido tenidos por dignos de padecer afrenta por causa del Nombre» (Hech. 5:41). En cuanto a la predicación, la mantuvieron igual que antes. De la casa al mercado, del templo a la corte, el nombre de Jesús se extendió como un fuego sanador.

Sangre mártir

La iglesia pronto creció más allá de su capacidad de cuidar a sus miembros necesitados. Al darse cuenta de esto, los apóstoles reunieron a la multitud de creyentes y explicaron que estaban distraídos de la predicación y la oración, por lo que consideraron necesario nombrar: «... a siete varones de buen testimonio, llenos del Espíritu Santo y de sabiduría...», para manejar la tarea de distribuir alimentos y cuidados según la necesidad que surgía (Hech. 6:1-4). La propuesta se aprobó de inmediato y, como resultado, los apóstoles tuvieron mayor impacto que nunca. Incluso «... muchos de los sacerdotes obedecían a la fe» a través de la predicación apostólica (v. 7). Sin lugar a dudas, muchos de estos sacerdotes habían votado antes para ejecutar a Jesús y sofocar a la iglesia

Lapidación de San Esteban, por Rembrandt. Arrodillado, Esteban no pidió venganza del cielo. «... Señor, no les tomes en cuenta este pecado...» (Hech. 7:60).

emergente, sin embargo, por la fuerza de las profecías del Antiguo Testamento, el testimonio de los testigos oculares de la resurrección y los milagros de la misericordia cambiaban vidas a diario. Los sacerdotes genuinamente piadosos no podían detener la marea de la verdad que lavó sus corazones. Jesús llegó a ser amado por muchos que alguna vez lo habían odiado.

De los siete hombres elegidos para administrar los esfuerzos caritativos de la iglesia, el más conocido fue un joven llamado Esteban. Era un creyente: «... lleno de gracia y de poder...», e hizo: «... grandes prodigios y señales...» por la obra del Espíritu Santo en él (Hech. 6:8). Esto lo convirtió en un objetivo natural. Un día, un grupo proveniente de la sinagoga de los libertos acorraló a Esteban y trató de hacerlo parecer tonto: «Pero no podían resistir a la sabiduría y al Espíritu con que hablaba» (v. 10). Avergonzados de su fracaso, estos hombres acusaron a Esteban de blasfemia y lo arrastraron para llevarlo ante el sanedrín. Cuando se puso delante de ellos, su rostro era como el de un ángel mientras se leían cargos capitales en su contra (v. 15). Cuando fue su turno de hablar, Esteban trazó magistralmente la historia de las relaciones de Israel con Dios desde los días de Abraham hasta Salomón (Hech. 7:2-50). En muchos sentidos fue una historia innoble llena de figuras rebeldes que se burlaron de Dios y resistieron a Sus mensajeros. No era diferente ahora: «¿A cuál de los profetas no persiguieron vuestros padres? Y mataron a los que anunciaron de antemano la venida del Justo, de quien vosotros ahora habéis sido entregadores y matadores» (Hech. 7:52). En respuesta a este cargo, la asamblea se enfureció y rechinó los dientes contra Esteban. No solo había tocado un nervio; lo arrancó por completo. Al anticipar el resultado de su juicio, Esteban miró hacia el cielo y se le concedió una visión de lo que le esperaba al otro lado: «... He aquí...», exclamó a sus acusadores: «... veo los cielos abiertos, y al Hijo del Hombre que está a la diestra de Dios» (Hech. 7:56). El final llegó rápido después de esto. Los sacerdotes gritaban con fuerza y tapaban sus oídos a las blasfemias de Esteban, lo agarraron y lo empujaron a espacios abiertos más allá de los límites de la ciudad. Allí podrían apedrearlo sin interferencia de las autoridades romanas. Una lluvia de piedras rompió la fuerza de Esteban y lo empujó al suelo. Desde una posición arrodillada, no llamó a la venganza del cielo, sino a la misericordia: «... Señor, no les tomes en cuenta este pecado...» (v. 60). Mientras Esteban yacía moribundo, un joven fariseo, una herramienta elegida en manos de aquellos que buscaban erradicar la fe cristiana, estaba cerca y guardaba las túnicas de sus superiores. Su nombre era Saulo. La muerte de Esteban complació a Saulo, pero la vio solo como el inicio más simple de una matanza que debía correr por todas las calles y los callejones de la ciudad de David. Solo con la sangre cristiana se curaría la herida supurada de Israel. Tal fue el diagnóstico de este joven.

Crecimiento a través de la represión

El asesinato de Esteban provocó una ola de persecución que condujo a la mayoría de los cristianos de Jerusalén a la zona circundante de Judea y más allá. Nunca había sido tranquilo seguir a Cristo; ahora era realmente mortal.

Saulo fue el asesino principal (Hech. 8:3). De manera sorprendente, cuanto más impulsó la aniquilación de la iglesia, más ampliamente se extendieron sus raíces. Esto sucedió porque: «... los que fueron esparcidos iban por todas partes anunciando el evangelio» (Hech. 8:4). De este modo, un gran número de personas que de otra manera nunca hubieran sabido de Jesús, lo encontraron en las enseñanzas de los cristianos expulsados de Jerusalén. Incluso los samaritanos llegaron a escuchar el evangelio cuando un cristiano llamado Felipe les predicó mientras trataba de mantenerse lejos de la guerra de Saulo. Abrazaron su mensaje con entusiasmo (v. 8). A diferencia de todos los demás en la comunidad cristiana, los apóstoles se mantuvieron firmes en Jerusalén a pesar de las incontables amenazas, pero cuando escucharon que algunos samaritanos se habían convertido a Cristo, arriesgaron una salida al enviar a Pedro y Juan a investigar. Como encontraron que sus conversiones eran reales, los apóstoles oraron por los samaritanos y vieron que incluso estas personas, tan despreciadas por los buenos judíos de todo el mundo, eran dotadas con el Espíritu Santo (Hech. 8:17). Más de lo mismo sucedió en su viaje de regreso cuando Pedro y Juan se detuvieron en docenas de aldeas perdidas, anunciando a un Cristo cuya adoración se convertía con gran rapidez en un fenómeno multicultural (v. 25). Incluso un dignatario etíope se unió al movimiento cuando Felipe obedeció las indicaciones del Espíritu de ir hacia una carretera cerca del desierto de Gaza. Felipe interceptó el carro etíope y vio que leía el Libro de Isaías. Las noticias de que Jesús había cumplido las profecías mesiánicas viajaban por todo lugar, pero el etíope no entendía a Isaías. Felipe explicó con gusto el texto y otras enseñanzas del Antiguo Testamento sobre Jesús. El etíope abrazó todo lo que él le enseñó y solicitó el bautismo cuando vio agua. Felipe lo complació y luego fue llevado por el Espíritu a una ciudad cercana. Allí inició una campaña para evangelizar una serie

La conversión en el camino a Damasco, por Caravaggio. «Mas yendo por el camino, aconteció que al llegar cerca de Damasco, repentinamente le rodeó un resplandor de luz del cielo; y cayendo en tierra, oyó una voz que le decía: Saulo, Saulo, ¿por qué me persigues?» (Hech. 9:3-4).

de ciudades costeras hasta llegar a Cesarea (Hech. 8:38-40). Incluso allí, en una ciudad erigida en honor de César, la gente se volvió de la religión falsa a Cristo vivo (Hech. 10).

De Damasco a Roma

> *La oposición creció en cada ciudad, pero, con lenguas de fuego, los apóstoles y los discípulos cada día proclamaban el mensaje de Cristo entre los pueblos de todas las naciones que estaban a su alcance.*

Mientras tanto, Saulo continuó su búsqueda para apagar la llama de la iglesia. Sin embargo, a pesar de todos sus esfuerzos, solo logró dispersar las brasas en todo Israel y más allá, lo que propició que se estableciera una conflagración que finalmente lo atrapó incluso a él. Como estaba bien posicionado en la jerarquía religiosa, pidió y recibió cartas del sumo sacerdote dirigidas a las sinagogas en Damasco (norte de Israel, la moderna Siria). Estas contenían solicitudes de que le entregaran a Saulo a todo miembro de la sinagoga que se hubiera aliado con los cristianos. Estos serían arrestados y llevados a Jerusalén para ser juzgados (Hech. 9:1-2). El viaje de Saulo a Damasco cambió la historia, pero no de la manera que él anticipó: «Mas yendo por el camino, aconteció que al llegar cerca de Damasco, repentinamente le rodeó un resplandor de luz del cielo; y cayendo en tierra, oyó una voz que le decía: Saulo, Saulo, ¿por qué me persigues?» (vv. 3-4). Era la voz del Jesús resucitado. Contra todas las expectativas, el Señor seleccionó a este antagonista para que fuera Su principal mensajero al mundo no judío. Cegado y encogido en el suelo, Saulo escuchó mientras Jesús le daba instrucciones de ir a Damasco según lo previsto. Los compañeros de Saulo lo llevaron de la mano. Cristo habló a un discípulo llamado Ananías y le dijo que se reuniera con Saulo en la calle Derecha. Aunque asustado por la malvada reputación de este hombre, Ananías obedeció. Pronto Saulo se curó de su ceguera temporal, se bautizó en la fe y fue presentado a la comunidad cristiana en esa ciudad. Para el antiguo perseguidor y para sus hermanos recién descubiertos (¡y cautelosos!), el mundo se había puesto al revés. Para Saulo, el cambio fue tan importante que decidió cambiar su nombre a Pablo, es probable que en una imitación consciente de los patriarcas del Antiguo Testamento que recibieron nuevos nombres después de tener experiencias profundas con Dios.[6]

En los años y las décadas que siguieron, los apóstoles mantuvieron a Jerusalén como su principal base de operaciones, pero también recorrieron las naciones mientras proclamaban a Jesús como Mesías a judíos y no judíos por igual. Aunque fue archienemigo alguna vez, Pablo fue incluido en el círculo apostólico desde que Cristo mismo se le apareció y le dio la misión de los gentiles. La controversia surgió a medida que los cristianos judíos luchaban por comprender qué tipo de expectativas depositar en los cristianos gentiles y cómo interpretar la ley en el contexto de la gracia de Cristo. Siempre existía la necesidad de instrucción y ánimo, corrección y admonición a medida que los apóstoles procuraban cultivar la madurez y la potencia de testimonio entre las iglesias. Los libros del Nuevo Testamento que siguen a Hechos son los registros inspirados de estos esfuerzos. Como exploraremos en el próximo capítulo, desde los primeros días de la Iglesia hasta los marcos finales del Nuevo Testamento, la afirmación constante de los cristianos fue que Jesús de Nazaret era el Mesías, el Hijo divino y humano de Dios que murió por los pecados de todos y resucitó a una nueva vida tres días después. Esto es lo que ellos entendieron que era Jesús, y en su predicación dejaron claro que era todo o nada; o seguías a Cristo como Señor y Salvador resucitado de tu alma, o te oponías a Él. La oposición creció en cada ciudad, pero, con lenguas de fuego, los apóstoles y los discípulos cada día proclamaban el mensaje de Cristo entre los pueblos de todas las naciones que estaban a su alcance.

Poco antes de ser ejecutado en Roma, el apóstol Pablo escribió una carta a uno de sus protegidos, un ministro llamado Timoteo. En este punto, el apóstol había entregado 30 años de su vida a la causa de Jesucristo. En innumerables ocasiones fue golpeado, apedreado y azotado por su testimonio. En mil puntos a lo largo del camino de la vida, podría haber terminado su sufrimiento solo con negar sus afirmaciones sobre Jesús, pero nunca lo hizo porque se negó a faltar a la verdad. Jesús estaba vivo de entre los muertos. Contra todas sus expectativas más profundas, Pablo había visto esto por sí mismo. Al reflexionar sobre este legado y en espera de su recompensa, Pablo le escribió a Timoteo: «He peleado la buena batalla, he acabado la carrera, he guardado la fe. Por lo demás, me está guardada la corona de justicia, la cual me dará el Señor, juez justo, en aquel día; y no sólo a mí, sino también a todos los que aman su venida» (2 Tim. 4:7-8). Pablo no tenía duda de que su fe estaba bien fundada y que cada uno de sus sacrificios por la verdad cosecharía dividendos eternos. Surge la pregunta: ¿Podemos tener la misma confianza hoy? A diferencia de Pablo, ninguno de nosotros ha visto al Señor en el camino a Damasco. Tenemos libros, una colección de 27 en total, comúnmente llamada el Nuevo Testamento. En el siguiente capítulo examinaremos cuestiones vitales sobre la confiabilidad de estos textos.

Notas

1. En Mateo 27:3-10 se nos informa que Judas, quien se sintió culpable, devolvió su dinero a los sacerdotes y luego se ahorcó. Luego los sacerdotes utilizaron el dinero para comprar un campo que dedicaron como cementerio para extranjeros. El campo se conoció como «campo de sangre» porque los sacerdotes habían utilizado «dinero de sangre» para comprarlo. Mateo ve todo esto como un tipo de cumplimiento de un evento registrado en Jeremías 32:6-9. El relato de Lucas en Hechos 1:18-20 parece diferir de manera significativa. Tomado en su sentido más natural, el informe de Lucas presenta que Judas compra un campo él mismo y luego cae de cabeza en la propiedad, se revienta por la mitad y se derraman sus entrañas. El campo se conoció como «campo de sangre» porque las entrañas de Judas se derramaron debido al impacto de su caída. Las diferencias entre Hechos y Mateo en este aspecto son impresionantes y con frecuencia ocasionan problemas a los lectores. Sin embargo, es incorrecto decir que estos informes de variantes componen una contradicción absoluta, ya que es posible sugerir un escenario que armonice las discrepancias.

No existe una contradicción formal donde se pueda implementar una resolución lógicamente posible. El intento más común de resolución es algo así: Judas devolvió el dinero a los sacerdotes. Estos luego compraron un campo con el dinero de Judas. Así, de manera indirecta, Judas compró el campo. En cuanto a su muerte, se sugiere que se ahorcó y, luego, su cadáver descompuesto cayó de la cuerda y se abrió. Es posible que en este momento los sacerdotes aún no habían comprado el campo con el dinero de Judas. Si es así, quizás hayan elegido comprar el campo donde Judas se ahorcó. De este modo, se justifica simultáneamente a Mateo en su afirmación de que el campo se llamaba «campo de sangre» porque se compró con dinero de sangre y a Lucas (Hech. 1:19) en su declaración de que el nombre del campo se deriva de que el cuerpo de Judas se rompió en el suelo. Es cierto que este escenario implica el pensamiento creativo. Incluso se puede dudar de su factibilidad, pero no se puede negar que cuenta como una armonización lógica posible. Además, está motivado por el reconocimiento de que cuando se conocen todos los hechos, la Escritura resulta coherente en todos sus testimonios, al menos en los aspectos generales, ya que Dios es el autor (2 Tim. 3:16). Sin embargo, debemos evitar las armonizaciones forzadas y artificiales que se arriesgan a dejar al lector incrédulo. Para obtener más información sobre la naturaleza de la Escritura, consulta el capítulo 20, «Un regalo de palabras».

2. Es a partir de Salmos 109:8 que los discípulos llegaron a la conclusión más directa de que Judas debía ser reemplazado, sin embargo, es probable que también hayan inferido esta necesidad al analizar que Jesús había elegido de manera intencional a doce discípulos desde el comienzo de Su ministerio. Esto de alguna forma representaba un elemento visualmente convincente y demostraba que la esperanza de las doce tribus de Israel se cumplió en Jesús de Nazaret, el Mesías de Dios.

3. Los doce hombres (menos Judas) que a lo largo de los Evangelios se llaman «los discípulos», con frecuencia se denominan «los apóstoles» en el resto del Nuevo Testamento, ya que se convirtieron en los «enviados» cuando Jesús en persona les encargó que fueran Sus mensajeros autorizados en Jerusalén y en el extranjero. El hombre elegido para reemplazar a Judas fue considerado un apóstol porque había sido testigo ocular de Su vida, además de que recibió la comisión a través de la intervención de los apóstoles que Cristo había elegido.

4. Cuando Lucas expresa: «toda nación bajo el cielo», se refiere a todas las naciones conocidas por la conciencia hebrea.

5. Cuando escuchamos la expresión: «idiomas de la diáspora», se hace referencia a las lenguas de las tierras fuera de Israel donde muchos judíos habían vivido desde que la nación fue saqueada por ejércitos extranjeros entre los siglos VIII y VI a.C.

6. Tal vez el cambio de nombre más conmovedor en el Antiguo Testamento se registra en Génesis 32:24-32, donde Jacob recibe el nuevo nombre de Israel después de luchar con Dios. En cuanto al cambio de nombre de Saulo a Pablo, era común que los romanos llevaran tres nombres. Lo más probable es que «Pablo» fuera uno de los nombres de nacimiento del apóstol, pero no fue su nombre preferido hasta después de su conversión.

CAPÍTULO 19
LA VOZ QUE SOBREVIVE

Ten cuidado con lo que dices en la oscuridad. Las voces llegan lejos en el frío de la noche porque el aire se vuelve más denso a medida que se enfría, lo que significa que hay menos espacios entre sus moléculas, ya que se compactan entre sí por la pérdida de energía. De este modo, las voces viajan eficientemente de molécula a molécula a través de un mundo oscuro y dormido. No viajan tan lejos durante el día porque deben competir con otros sonidos y las moléculas de aire están más separadas entre sí por las temperaturas más cálidas. Esto crea vacíos microscópicos que permiten que las ondas de sonido se disipen en la nada. Si hay muchos huecos y sonidos que compiten, tu voz se extinguirá pronto.

Entonces nos preguntamos: ¿Qué sucedió con Jesús? ¿Las brechas en el tiempo y la información han silenciado Su voz? ¿Lo han ahogado las voces que compiten? Si es así, escuchamos Sus palabras en vano, nuestra única esperanza de oírlo depende de la supervivencia de Su voz. En este capítulo sostengo que la voz de Jesús puede escucharse en el Nuevo Testamento porque un pequeño grupo de hombres dominó Sus enseñanzas y las escribió sin error. Presta atención y lo percibirás mientras se desliza a través de la noche espiritual del mundo.

Memorias del Mesías

En el año 100 d.C., un niño llamado Justino nació en el mundo en Flavia Neapolis, una ciudad en la Palestina romana. Sus padres amaban a los dioses paganos

Justino Martir en juicio. Justino estuvo dispuesto a morir por ser testigo público de la verdad del evangelio.

y daban gran importancia a los antiguos ritos. Ellos fomentaron estas mismas devociones en el joven Justino. A medida que creció, persiguió a los dioses y las filosofías en una búsqueda de significado. Durante años fue una búsqueda infructuosa, pero en algún momento alrededor de los 30 años conoció a un anciano que tenía todas las respuestas. Al descubrir que un «fuego se encendió de repente» en su alma, Justino se convirtió al cristianismo y dedicó su vida a defenderlo como «la verdadera filosofía».[1] ¿Por qué Justino pensaba que el cristianismo era verdadero? ¿Cómo podía estar seguro de que era en verdad un reflejo de lo que Jesús creía y enseñaba? Después de todo, habían pasado más de 100 años desde la crucifixión del Señor. ¿Quedaría algún rastro de las verdaderas enseñanzas de Cristo? Justino creía que sí. Estaba convencido de que los escritos del Nuevo Testamento (que él llamaba «las memorias de los apóstoles») eran relatos confiables de testigos oculares sobre los milagros de Jesús, Sus enseñanzas, Sus predicciones de muerte y crucifixión y Su resurrección de entre los muertos. Justino tenía tal certeza de que los apóstoles estaban en lo correcto que permaneció dispuesto a morir en lugar de renunciar a sus enseñanzas. Así, en el año 165 d.C. eligió ser ejecutado en lugar de obedecer una orden romana de sacrificar a los dioses. Por esta razón, la historia le ha dado a Justino el apellido Mártir, que proviene de un término griego que significa «testigo». Justino estaba dispuesto a morir como un testimonio público de la verdad del evangelio. Surge la pregunta: ¿Tenía razón Justino en confiar en los escritos del Nuevo Testamento? ¿Tendrías tú razón en confiar en ellos hoy?

Entrenamiento a los doce

Jesús no transmitió Sus enseñanzas al azar mientras caminaba de ciudad en ciudad y esperaba que algunas personas lo escucharan con suficiente atención como para recordar lo que dijo. En cambio, al inicio de Su ministerio, Él hizo lo mismo que innumerables maestros dotados del mundo antiguo: eligió un pequeño grupo de hombres para que fueran sus estudiantes dedicados. Estos reconocieron que Jesús no los había reclutado solo para acompañarlo en un recorrido turístico. Ser un discípulo era ser un estudiante serio, un trabajador. Y así, durante tres años, estos hombres escucharon con atención las enseñanzas de Jesús, fueron testigos de Sus extraordinarias acciones y prestaron atención cuando Él explicó el significado de esas acciones. En cuanto al Señor, fue intencional y estratégico en Sus esfuerzos de enseñanza. Utilizó probadas herramientas de instrucción. Entre ellas, las parábolas, la repetición y el apoyo visual que facilita el aprendizaje y permite integrar las lecciones de un modo profundo en la memoria de cada estudiante. Jesús también enseñó a Sus discípulos cómo difundir Su mensaje (Mar. 6:7-11) y les ordenó que dedicaran sus vidas a esta tarea después de Su resurrección (Mat. 28:18-20). En resumen, los discípulos fueron los estudiantes oficiales de un instructor dedicado y experto. El Maestro les otorgó experiencia de enseñanza práctica y les pidió que entregaran sus vidas a este propósito una vez que Él abandonara la Tierra. Los discípulos sufrieron innumerables interrupciones y dificultades iniciales en el camino hacia la comprensión, pero se dedicaron con sinceridad a la tarea de captar las enseñanzas de Jesús y recordarlas con precisión.

Los discípulos sufrieron innumerables interrupciones y dificultades iniciales en el camino hacia la comprensión, pero se dedicaron con sinceridad a la tarea de captar las enseñanzas de Jesús y recordarlas con precisión.

La memoria de un discípulo

Incluso si Jesús eligió a los hombres para ser Sus discípulos y elaboró sus enseñanzas para facilitar la comprensión y la memoria, ¿qué tan bien recordarían los discípulos décadas más tarde, cuando ellos y sus compañeros se propusieran escribir los Evangelios? Los recuerdos se borran a medida que los cerebros envejecen y el tiempo se extiende más allá de la vista de las experiencias originales. ¿Esto no pone en duda la fiabilidad de los Evangelios?

Los apóstoles predicando el evangelio, por Doré

El primer paso para responder a este desafío es reconocer que los discípulos no huyeron de Jerusalén ni se divorciaron de la historia de Jesús una vez que partió (Hech. 1:9). En cambio, regresaron a la ciudad, se reunieron con otros creyentes y se convirtieron en el punto focal de la controversia en curso sobre Jesús. En los días, las semanas, los meses y los años posteriores a la ascensión de Jesús, los discípulos repetidamente defendieron sus creencias y explicaron Su biografía a todo el que escuchara. Sus recuerdos de Jesús fueron ensayados a diario. Entre tanto, ellos ponían un gran interés en la expansión de Sus enseñanzas durante las décadas entre la vida de Cristo y la escritura de los Evangelios. Por lo tanto, las enseñanzas de Jesús se mantuvieron frescas en sus mentes a lo largo de los años mientras predicaban ciudad tras ciudad. Así que no tuvieron oportunidad de olvidar ni confundir las verdades que habían visto y oído.

Además, la mayoría de nosotros hoy en día hemos perdido contacto con los poderes potenciales de la memoria humana. Bolígrafos y cuadernos abundan a nuestro alrededor. Escribimos listas de compras incluso cuando vamos a buscar solo dos o tres artículos. Cuando se trata de tareas de memoria más grandes, almacenamos resmas de datos en libros y computadoras, no en nuestras mentes. La falta de tales herramientas obligó a los antiguos a hacer un mejor uso de las capacidades de almacenamiento del cerebro. Los judíos en particular fueron impresionantes en este sentido. Como pueblo a quien Dios le había revelado Su voluntad en palabras habladas y escritas, los estudiantes judíos de la religión estaban motivados para lograr grandes hazañas de memorización. Moisés enfatizó este valor. Luego de que Dios le dio las revelaciones en el monte Sinaí, él las entregó al pueblo y los amonestó de esta forma: «... estas palabras que yo te mando hoy, estarán sobre tu corazón; y las repetirás a tus hijos, y hablarás de ellas estando en tu casa, y andando por el camino, y al acostarte, y cuando te levantes» (Deut. 6:6-7). Es apropiado tener sumo cuidado con las palabras de Dios. En la época de Jesús se decía que los estudiantes avanzados de la religión judía eran como una canasta llena de libros; guardaban todo en sus cabezas. Aunque a los discípulos del Señor les faltaba este nivel de entrenamiento formal, es cierto que desde el momento en que Jesús los llamó a ser Sus estudiantes, sabían que se esperaba que comprendieran y recordaran Sus enseñanzas. Hacer menos sería faltarle el respeto a su maestro, en especial porque creían que era el Mesías. Por lo tanto, tenemos suficientes razones para suponer que los discípulos encerraron las enseñanzas de Jesús en sus recuerdos y los mantuvieron sin mancha por el resto de sus vidas.

> ***Desde el momento en que Jesús los llamó a ser Sus estudiantes, sabían que se esperaba que comprendieran y recordaran Sus enseñanzas.***

Finalmente, es probable que los discípulos hayan escrito porciones clave de la instrucción de Jesús años antes de redactar los Evangelios. Quizás ellos incluso tomaron notas detalladas durante el ministerio de Jesús, como era costumbre entre los estudiantes de rabinos destacados.[2] Estos depósitos habrían estado disponibles para apoyar la memoria y serían una fuente útil al escribir los Evangelios. Es posible que Lucas se refiera a esto cuando habla de su preparación para redactar su Evangelio (Luc. 1:1-4).

Santo recordatorio

Los esfuerzos de enseñanza estratégica de Jesús y la destreza de los recuerdos bien afilados ponen a los discípulos en una buena posición para entender y recordar la vida y las instrucciones de Jesús, pero hubo un factor adicional que los ayudó a predicar y escribir con precisión. Hablo del Espíritu Santo, a quien Jesús envió para ayudar a Sus discípulos a comprender y recordar Sus enseñanzas (Juan 14:26). El Nuevo Testamento muestra que los discípulos se dieron cuenta del papel del Espíritu en sus escritos. Los judíos enfatizaron la distinción entre la Escritura inspirada y la ordinaria. Los rabinos incluso dijeron que la Escritura «manchaba las manos», una frase sorprendente para sugerir que la Escritura nunca debía manejarse con frialdad. Una vez que alguien se contaminaba, se requería un proceso de limpieza. Así que nadie se molestaba en manejar los rollos bíblicos a menos que tuviera un propósito santo. Tal era el respeto que los judíos tenían por la Palabra de Dios. Afirmar que un documento era de Dios se consideraba una blasfemia si no era verdad, y, sin embargo, esta es la afirmación que los discípulos hicieron sobre el Nuevo Testamento. Por ejemplo, en 1 Timoteo 5:18, Pablo cita las palabras de Jesús que se encuentran en Lucas 10:7 y afirma de ellas: «... la Escritura dice...». Pablo no solo estaba convencido de que Lucas había informado con precisión la vida y las enseñanzas de Jesús, sino que también creía que Dios había inspirado su Evangelio. De manera similar, Pedro afirmó en 2 Pedro 3:15-16 que los escritos de Pablo son parte de la Escritura. Esta designación habría tenido gran autoridad si tenemos en cuenta el papel de liderazgo de Pedro en la iglesia primitiva. Es manifiesto que los hombres a quienes Jesús designó para difundir Sus enseñanzas creían poseer la autoridad de Dios. Examinaremos el tema de la inspiración más adelante en este capítulo y en el siguiente.

Investigó estos asuntos con esmero antes de escribir y lo hizo para que sus lectores pudieran conocer «... la verdad de las cosas...» (Luc. 1:4) en que se basa la fe cristiana.

Hechos concretos

Entre los escépticos es común afirmar que los libros del Nuevo Testamento se escribieron como expresiones de una leyenda creciente sobre Jesús, no como informes de la historia verdadera. Esta aseveración va en contra de la evidencia disponible. Incluso una lectura superficial del Nuevo Testamento revela que los autores enfatizan una y otra vez el papel de los testigos oculares y apoyan sus declaraciones sobre la realidad histórica de los eventos que describen. Por ejemplo, cuando Lucas revela sus métodos y propósitos al comienzo de su Evangelio (Luc. 1:1-4), señala que su libro trata sobre: «... las cosas que entre nosotros han sido ciertísimas» (Luc. 1:1), del modo en que «... nos lo enseñaron los que desde el principio lo vieron con sus ojos...», quienes «... fueron ministros de la palabra» (Luc. 1:2). También expresa que investigó estos asuntos con esmero antes de escribir y lo hizo para que sus lectores pudieran conocer «... la verdad de las cosas...» (Luc. 1:4) en que se basa la fe cristiana. ¡Aquí hay un hombre que no tiene lugar para leyendas, verdades a medias ni tomas en la oscuridad! Su enfoque está en el Jesús real y en los

San Pablo en su escritorio, por Rembrandt. Pablo entendió que la resurrección literal de Cristo era la absoluta base del cristianismo.

eventos que cambian el mundo y que no se pueden dudar. Juan enfatiza de manera similar la importancia de los hechos. Está seguro de lo que ha escrito y declara que solo incluyó una pequeña fracción de las acciones del Señor (Juan 20:30; 21:24-25). Al igual que Lucas, desea que sus lectores conozcan a Jesús como Señor y así obtengan la vida eterna (Juan 20:31; 1 Jn. 5:13). Lejos de transmitir leyendas sombrías, su objetivo era comunicar la verdad asegurada.

Lucas y Juan nos impresionan con su énfasis en la verdad, pero la afirmación más sorprendente de que el testimonio del Nuevo Testamento es veraz proviene del apóstol Pablo. Este se opuso con amargura a la iglesia joven mientras rugía a través de Israel como un incendio. Como fanático de las doctrinas farisaicas y de las antiguas costumbres de sus antepasados, quiso erradicar el cristianismo. Su campaña contra los cristianos atrajo elogios de sus presbíteros y le aseguró que aumentaría su poder y posición entre los líderes sacerdotales de Israel. Todo esto cambió cuando Jesús se le apareció de forma sobrenatural en el camino a Damasco. En una sorprendente inversión, Pablo dedicó el resto de su vida a difundir la verdad sobre el mismo Jesús a quien se había opuesto. El fundamento de su predicación fue la resurrección de Jesús. Pablo comprendió que la resurrección literal de Cristo, más que un simple punto de predicación, era la base absoluta del cristianismo. En 1 Corintios 15:12-19 expuso que, si la resurrección de Cristo no era un hecho histórico real, el cristianismo era un mito y los cristianos son mentirosos. ¿Cómo podría poner su fe e integridad personal en riesgo de esta manera? La respuesta es evidente. Al igual que Juan, Lucas y algún otro autor del Nuevo Testamento, Pablo sabía que el cristianismo estaba cimentado en el fundamento seguro de la verdad.

Dinero y movimiento

La religión siempre ha sido un éxito de ventas. Por esta razón, los líderes de los nuevos movimientos religiosos populares rara vez carecen de dinero. Los ávidos discípulos inyectan el movimiento con dinero en efectivo y recursos que, con demasiada frecuencia, el líder utiliza para el lujoso mantenimiento personal y el funcionamiento de su máquina de publicidad. Quita toda la propaganda y encontrarás una serie de exageraciones, fabricaciones y delirios que sirven para inflar al ser humano y al movimiento más allá de toda razón.

¿Qué pasa con los apóstoles de Jesucristo? En ausencia de Jesús, llevaron Su movimiento de la relativa oscuridad al reconocimiento de todo el imperio. ¿Se enriquecieron al hacer esto? Si fuera así, podríamos sugerir que fabricaron la biografía de Jesús e hicieron que tanto Su parte como la de ellos en la misión se vieran más fantásticas de lo que la realidad probaba. Sin embargo, la evidencia demuestra que los apóstoles ganaron todo excepto riquezas por su devoción a Jesús. El dinero que fluyó hacia el movimiento cristiano se desvió enseguida a las viudas, los huérfanos y los necesitados en lugar de a los cofres apostólicos (Hech. 2:44-45; 4:32-37). Los apóstoles permanecieron siempre fieles a esta ética, ya que vemos a Pablo realizar sus servicios ministeriales de forma gratuita en las décadas posteriores a la explosión de la iglesia. A los líderes cristianos de Éfeso les dijo: «Ni plata ni oro ni vestido de nadie he codiciado. Antes vosotros sabéis que para lo que me ha sido necesario a mí y a los que están conmigo, estas manos me han servido. En todo os he enseñado que, trabajando así, se debe ayudar a los necesitados, y recordar las palabras del Señor Jesús, que dijo: Más bienaventurado es dar que

La recolección de riqueza y la comodidad nunca fueron los motivos para difundir las buenas nuevas sobre Jesús.

recibir» (Hech. 20:33-35). Para evitar añadir dificultades financieras a las iglesias, Pablo trabajó como fabricante de tiendas de campaña para satisfacer sus necesidades y las de sus compañeros ministros (Hech. 18:3). Alentó a todos los trabajadores cristianos a emular este ejemplo. Así declaró a los cristianos de Tesalónica: «Porque vosotros mismos sabéis de qué manera debéis imitarnos; pues nosotros no anduvimos desordenadamente entre vosotros, ni comimos de balde el pan de nadie, sino que trabajamos con afán y fatiga día y noche, para no ser gravosos a ninguno de vosotros» (2 Tes. 3:7-8). Con palabras y hechos, Pablo estableció un principio que todos los servidores del evangelio deben seguir: los ministros deben servir de una manera que demuestre que sus motivos son espirituales más que financieros.[3] En conclusión, el dinero sin duda fluyó cuando el movimiento cristiano creció, pero los apóstoles siempre lo utilizaron para satisfacer las necesidades de compañeros creyentes y obreros del evangelio. La recolección de riqueza y la comodidad nunca fueron los motivos para difundir las buenas nuevas sobre Jesús.

Ambición

Hay otras formas de ganancia además del dinero. ¿Ganaron los apóstoles fama y aprobación al predicar a Jesús como el Mesías y el Señor resucitado?

Artesanos efesios persiguieron a los cristianos que predicaban y afectaban su negocio de fabricación de ídolos. Foto: HolyLandPhotos.org.

Si fuera así, tal vez se habrían inventado un conjunto de historias exageradas con el fin de ganar la estima de sus compañeros ¿La evidencia apoya esta posibilidad? Absolutamente no. La mayoría de los judíos consideraban a los apóstoles como desviados de las tradiciones sagradas de Israel. A los gentiles les importaban poco las tradiciones judías, pero compartían el desdén judío por los seguidores de Jesús y los veían como amenazas para la sociedad civil. En casi todas las ciudades que visitaron, los apóstoles fueron idóneos para ser arrestados y golpeados por su testimonio. La mayoría de ellos al final fueron ejecutados porque no se callarían por Jesús. ¿Persistirían los apóstoles en un estilo de vida tan autodestructivo si supieran que sus sermones estaban basados en la exageración, las ilusiones o la fabricación directa? Por supuesto que no. Nota las cosas que Pablo sufrió por su lealtad a Cristo:

«De los judíos cinco veces he recibido cuarenta azotes menos uno. Tres veces he sido azotado con varas; una vez apedreado; tres veces he padecido naufragio; una noche y un día he estado como náufrago en alta mar; en caminos muchas veces; en peligros de ríos, peligros de ladrones, peligros de los de mi nación, peligros de los gentiles, peligros en la ciudad, peligros en el desierto, peligros en el mar, peligros entre falsos hermanos; en trabajo y fatiga, en muchos desvelos, en hambre y sed, en muchos ayunos, en frío y en desnudez» (2 Cor. 11:24-27).

Pueblos enteros se indignaron por el mensaje que predicaron los apóstoles. En Éfeso, una multitud de artesanos percibió que su medio de ingresos estaba en peligro porque el mensaje cristiano silenciaba la demanda de ídolos de plata y santuarios dedicados a la diosa Artemisa. Dirigidos por un vehemente purista llamado Demetrio, estos hombres «... se lanzaron al teatro...» donde los cristianos predicaban (Hech. 19:29). Pablo no estaba presente en ese momento, así que la multitud tomó a dos de sus compañeros de viaje. Cuando Pablo se enteró de esto, trató de abrirse paso en el anfiteatro para ponerse de pie junto a sus compañeros, pero sus amigos le impidieron hacerlo porque el asesinato estaba en el corazón de los artesanos. Poco a poco, el secretario de la ciudad reprimió a la multitud de su furor (Hech. 19:21-41). Este tipo de escena se repitió en ciudades de todo Israel y otras partes. Lejos de ganar fama, los apóstoles fueron un flagelo en la tierra. No aceptaban dinero ni ganaban fama por su trabajo, entonces, ¿por qué insistirían en predicar si hubieran inventado grandes, pero falsas historias sobre Jesús? ¿Por qué continuarían resueltos si, tras años de reflexión, habían comenzado a sospechar que estuvieron demasiado agitados durante la semana de la muerte de Jesús y que pudieron solo haber imaginado la resurrección? Es razonable asegurar que no habrían continuado si hubieran sospechado tal posibilidad. Solo un fundamento de conocimiento seguro y vivificante podría motivar a un grupo de hombres a abandonar todas las comodidades mundanas y permanecer fieles a un mensaje que les causó tanto dolor y problemas.

Revelación pública

Todas las religiones principales afirman que las revelaciones o discernimientos personales han venido de Dios para individuos selectos en el pasado. En el

Representación de Mahoma recibiendo su primera revelación del ángel Gabriel en el siglo XIV.

contexto de la Biblia, por ejemplo, pensamos en las apariciones de Dios a Abram en Harán y a Moisés en la zarza ardiente. Como el cristianismo, el islamismo y el mormonismo comparten la historia del Antiguo Testamento como parte de su fundamento, todos confían en la posibilidad, de hecho, en la realidad de que la revelación privada vino de Dios en el pasado. Sin embargo, a diferencia del cristianismo, todas las revelaciones que distinguen al islam y al mormonismo se basan por completo en revelaciones privadas que supuestamente fueron entregadas a «profetas» solitarios. Estos, luego de recibir sus manifestaciones, se separaron de la tradición bíblica y comenzaron su propia religión. Mahoma, por ejemplo, es el único autor del libro sagrado del islam, el Corán. Él afirmó que lo escribió basado en las revelaciones que le entregó Gabriel durante su adolescencia en la privacidad de una cueva en el desierto. Como es natural, Mahoma no pudo demostrar que tales encuentros en verdad sucedieron. La gente creía sus afirmaciones o no lo hacían. De manera similar, José Smith Jr. fundó el mormonismo sobre la base de experiencias místicas que nadie podía verificar. El interés por el misticismo era parte de la familia Smith. El padre de José era un adivino y un ávido cazador de tesoros. La fijación del Sr. Smith por la búsqueda de tesoros era peculiar si consideramos que nació en la época colonial ya establecida en Estados Unidos. ¿Cuánto tesoro podría estar enterrado en una tierra que

La llamada arboleda sagrada (como apareció en 1907) donde José Smith recibió el Libro de Mormón en la década de 1820. Foto: George Edward Anderson.

nunca había sido habitada por algo más que un pequeño grupo de cazadores-recolectores? Tal vez sospechaba que Estados Unidos en realidad tenía una conocida, pero oculta historia de la civilización. En todo caso, Smith Jr. adoptó los intereses de su padre y los llevó a nuevos niveles a partir de los 15 años,

El milagro de los panes y los peces, por Lambert. O Jesús en realidad alimentó a los 5000 hombres con un puñado de comida, o no. De cualquier modo, hubo suficientes testigos allí para juzgar el asunto.

momento en que se supone que Dios le encargó establecer el cristianismo auténtico, en apariencia desaparecido unos 18 siglos antes. Este llamado sagrado no evitó que José utilizara las piedras paganas de su padre el vidente en la búsqueda del tesoro enterrado tiempo atrás en Estados Unidos. A la edad de 22 años él dio el golpe mayor. Desde una colina cerca de Palmyra, Nueva York, Smith supuestamente desenterró placas de oro grabadas con «jeroglíficos egipcios reformados» que dieron un registro histórico de los tratos de Jesús con las antiguas civilizaciones estadounidenses, cuyos rastros habían sido borrados de la tierra. Resulta en verdad conveniente que el hallazgo del joven José reivindicara la peculiar historia de su padre sobre el tesoro. Aún más conveniente es que solo Smith y unos pocos «testigos» escogidos a mano vieran esas placas. Velado por una cortina, Smith decodificó los jeroglíficos y una secretaria lo escribió. Como resultado surgió el Libro de Mormón.

Por decir lo menos, los orígenes del mormonismo y el islam son sospechosos. Cuevas oscuras y espacios ocultos de la mente, adolescentes furtivos que reciben comisiones del Dios todopoderoso, laderas que generan tesoros y artefactos dorados cuidadosamente ocultos de mentes inquisitivas, son relatos de orígenes ocultos, subterfugios y engaños. Los convertidos originales a estas nuevas religiones no estaban en posición de cuestionar las revelaciones fundadoras, ni podían evitar leyendas sin fundamento que crecían alrededor de la figura que dio inicio al movimiento. Después de todo, nadie más que el fundador estaba «al tanto» de lo que en realidad sucedió (o no) con el advenimiento de su religión.

El nacimiento de la religión cristiana fue por completo diferente. Jesús fue una figura pública que hizo reclamos públicos apoyados por acciones públicas. Sus milagros, Sus enseñanzas, Su transfiguración, el descenso del Espíritu de Dios en Su bautismo, Su regreso de entre los muertos; estos y muchos otros eventos fundamentales tuvieron lugar en presencia de testigos. Los apóstoles estaban presentes para ver y escuchar estas cosas. Por supuesto, ellos conocían una gran cantidad de instrucciones que Jesús nunca compartió con el público en general, pero esos conocimiento eran una explicación de Sus acciones y enseñanzas públicas. Por lo tanto, el cristianismo, a diferencia del islam y el mormonismo, se fundó, de manera significativa, sobre la base de la revelación pública. No se involucraron cuevas, trances ni placas doradas evasivas. Las afirmaciones esenciales del cristianismo se pusieron al descubierto para que todos las vieran. O Jesús en verdad alimentó a 5000 hombres con un puñado de alimentos, o no lo hizo. De cualquier modo, hubo suficientes testigos allí para juzgar el asunto. O bien la voz de Dios se escuchó en un estruendo del cielo en varias ocasiones para respaldar el estado de Jesús y Su autoridad, o no lo hizo. Una vez más, los testigos estuvieron presentes para juzgar el caso. Jesús nunca entró en la ciudad diciendo que había recibido un mensaje privado de Dios y que por eso todos debían seguirlo. En cambio, estuvo con personas, en especial Sus estudiantes elegidos, en cada coyuntura clave de Su ministerio. Por lo tanto, si la línea de la historia cristiana se hubiera salido de control de tal manera que leyendas indefendibles crecieran en el nombre de Jesús, los apóstoles se encontraban en una posición ideal para arrojar agua fría en tales exuberancias y clarificar la historia real. Eran las autoridades en las revelaciones públicas de Jesucristo, e incluso no podrían falsear la historia de Jesús, ya que muchos cientos de personas habían seguido el ritmo de los hechos del Señor con suficiente regularidad como para ser autoridades secundarias respecto a lo que sucedió y lo que no. Todas estas personas, por lo tanto, habrían estado dispuestas, capaces y ansiosas para sofocar toda leyenda que exagerara la historia de Cristo. Esto es especialmente cierto, ya que los cristianos sufrieron persecución por su lealtad al Hijo. Si los malentendidos y las exageraciones sobre la vida y las enseñanzas de Jesús hubieran causado persecución, los apóstoles, respaldados por otros innumerables testigos, habrían dado un paso adelante para aclarar la historia

> *Los apóstoles rechazaron siempre las oportunidades para glorificarse a sí mismos.*

y así terminar con las persecuciones sin fundamento. Esto nunca sucedió, porque Jesús en realidad enseñó lo que los apóstoles dijeron que Él enseñó, hizo lo que proclamaron que hizo y en verdad resucitó victorioso al tercer día.

¿Salve a los dioses?

Los apóstoles rechazaron siempre las oportunidades para glorificarse a sí mismos. Por ejemplo, una vez Dios envió a Pedro a visitar a un gentil de relativa prominencia llamado Cornelio. Este hombre temía a Dios pero sabía poco o nada sobre Jesús. En una visión le dijeron: «Envía, pues, ahora hombres a Jope, y haz venir a Simón, el que tiene por sobrenombre Pedro» (Hech. 10:5). Cuando Pedro llegó, Cornelio: «... salió [...] a recibirle, y postrándose a sus pies, adoró» (Hech. 10:25). Esta fue una de las muchas oportunidades de Pedro para aceptar la alabanza y la adoración, pero nota su respuesta: «... Levántate, pues yo mismo también soy hombre» (v. 26).

En una ocasión Pablo se enfrentó a una prueba similar. Él y Bernabé predicaban en un pueblo llamado Listra cuando Pablo se dio cuenta de que la fe amanecía en el rostro de un hombre lisiado en la audiencia. En voz alta, Pablo le ordenó que se pusiera de pie. Nunca en su vida el hombre había podido hacer tal cosa, pero ahora «... él saltó, y anduvo...» (Hech. 14:10). Asombrada, la multitud gritó: «... Dioses bajo la semejanza de hombres han descendido a nosotros» (Hech. 14:11). Así: «... a Bernabé llamaban Júpiter, y a Pablo, Mercurio, porque éste era el que llevaba la palabra» (Hech. 14:12).[5] El sacerdote que oficiaba en el templo cercano de Zeus (Júpiter) buscó bueyes y guirnaldas y, junto con la multitud, se preparó para ofrecer sacrificios a Pablo y Bernabé. Cuando los apóstoles escucharon todo esto: «... rasgaron sus ropas, y se lanzaron entre la multitud, dando voces y diciendo: Varones, ¿por qué hacéis esto? ...» (vv. 11-15). Le aseguraron a la multitud que eran simples hombres y que habían sido enviados por el único Dios verdadero para anunciar buenas noticias: «Y diciendo estas cosas, difícilmente lograron impedir que la multitud les ofreciese sacrificio» (v. 18).

Lo más notable de este evento es que Pablo y Bernabé se pusieron en peligro al rechazar la adoración de la gente.

Lo más notable de este evento es que Pablo y Bernabé se pusieron en peligro al rechazar la adoración de la gente. Los judíos incrédulos que se habían dedicado a apagar el cristianismo pronto siguieron a Pablo y Bernabé a Listra y reunieron a la gente contra ellos. Si hubieran permitido que la multitud los deificara, los judíos acusadores habrían sido expulsados de la ciudad; pero los apóstoles enfatizaron su mera humanidad. Por eso la gente de Listra creyó que Pablo y Bernabé los habían engañado. Los héroes caen duro. Si Pablo y Bernabé no eran dioses que hacían milagros, debían ser charlatanes que actuaban con engaños. Indignados por haber sido embaucados, la multitud apedreó a Pablo hasta que creyeron que estaba muerto. Luego lo arrastraron fuera de la ciudad y lo dejaron tirado, pero los discípulos lo encontraron y se

Ruinas en Hierápolis. La base de la casa de Papías de Hierápolis estaba situada en una vía cultural. Esto le permitía ser testigo de quienes viajaban entre las ciudades poderosas de la región. Foto: HolyLandPhotos.org.

reunieron con él. Entonces Pablo se levantó y se fue a otra ciudad, listo para revivir esta experiencia si fuera necesario en la campaña por la verdad.

Retratos del Evangelio

Nos damos una buena idea de lo que motivó a los apóstoles cuando examinamos los autorretratos que dieron al escribir o proporcionar información para las biografías de Jesús. Si se hubieran preocupado más por su reputación que por la verdad, se hubieran tomado la libertad para representarse a sí mismos como sabios, espirituales y rápidos en comprender el significado y el propósito de Jesús. Se habrían mantenido callados ante los errores que hubieran cometido en el camino. Sin embargo, la imagen presentada en los Evangelios es difícil que pudiera ser más diferente. Los apóstoles son descritos como lentos para entender, rápidos para juzgar mal, codiciosos de cargos de honor y no dispuestos a permitir que los niños accedan a Jesús. Además, con frecuencia hablaban fuera de lugar, malinterpretaban eventos clave, luchaban con la incredulidad, dormían cuando la devoción exigía vigilia, huían como los niños ante el arresto de Jesús y negaban conocerlo cuando estaban rodeados de incrédulos. Estas y otras representaciones poco halagüeñas se extienden a lo largo de los Evangelios. ¿Qué pueden ser estas, sino señales de que los apóstoles apreciaron la verdad (incluso la vergonzosa verdad) antes que todo al contar la vida de Jesucristo?

Capturado y amplificado

En su libro *Historia de la Iglesia*, Eusebio de Cesarea (c. 263-339 d.C.) cita de los escritos de Papías, obispo de Hierápolis. Papías fue autor de una obra de cinco volúmenes llamada *Exposición de las palabras del Señor*, que, lamentablemente, se ha perdido en la historia, a excepción de algunas citas que Eusebio y otros escribieron. Papías fue un líder cristiano a finales del siglo I y principios del siglo II. Él pudo haber nacido en una fecha tan temprana como el año 50. Esto significa que su vida se superpuso de manera parcial con los apóstoles y en especial con las personas que los conocieron directa o indirectamente. De hecho, Papías conocía a las hijas de Felipe el evangelista (Hech. 21:8-9), quizás a Felipe, y pudo haber estado familiarizado con el anciano apóstol Juan. Al vivir en ese momento, Papías tuvo acceso a información de primera y segunda mano sobre la vida y las enseñanzas de Jesús.

Su base de operaciones en Hierápolis estaba situada en una vía cultural, lo cual le permitía interrogar a los testigos mientras viajaban de un lado a otro entre las ciudades de poder de la región.

Los eruditos sugieren que Papías pudo haber escrito sus libros en el año 110 d.C. o antes, y a juzgar por el título y las citas que han sobrevivido, sabemos que los libros registraron información que había recogido sobre las enseñanzas de Jesús. Además, al igual que el Evangelio de Lucas, Papías escribió su texto para una persona individual a quien quería transmitirle la verdad segura sobre Jesús. En una cita fascinante que Eusebio conserva, Papías expresa en su prólogo: «No vacilaré en añadir todo lo que aprendí y recordé cuidadosamente de los ancianos, porque estoy seguro de la veracidad de ello. A diferencia de la mayoría, no me deleité en aquellos que decían mucho, sino en los que enseñan la verdad».[6] Cuatro notas importantes deben hacerse con respecto a este pasaje. Primero, Papías escribe sobre sus actividades en una fase anterior de su vida, un momento en que los compañeros de los apóstoles aún vivían. Es realmente probable que esto haya sido alrededor del año 80 d.C. En segundo lugar, las personas de quienes reunió información eran discípulos de «los ancianos», hombres a quienes los apóstoles y sus compañeros designaron como líderes de iglesias que surgieron a lo largo de todo el mundo (Hech. 14:23; Tito 1:5). Parece que cuando los cristianos llegaron a Hierápolis se detuvieron a visitar la iglesia allí, donde presidía Papías, y compartieron con él la información que habían aprendido de su participación en las iglesias que los apóstoles fundaron y confiaron a los ancianos locales. En tercer lugar, Papías prefería este tipo de informantes a los grandes conversadores que tenían «mucho que decir». Esto muestra que Papías era un hombre de discernimiento, y no uno que fuera presa de los narradores expansivos

> ***Parece más que razonable suponer que si tuviéramos a mano toda su producción de cinco volúmenes, encontraríamos que citaba todos, o casi todos los libros del Nuevo Testamento.***

que se paseaban por la ciudad. Cuarto, Papías «anotó bien» todo lo que había «aprendido cuidadosamente» de los ancianos, y lo plasmó en una «forma debidamente ordenada» para el destinatario de sus libros. He aquí la imagen de un hombre que recopila la información biográfica de Jesús con cuidado, precisión e integridad.

Papías describe el valor relativo que le dio a las diversas fuentes de información disponibles. Recuerda que él escribió alrededor del 110 d.C., pero que se refiere a sus prácticas y valores de 30 años antes, un momento en que los Evangelios de Mateo, Lucas y Juan aún no habían sido escritos o estaban en las primeras etapas de circulación. Recordemos también que en esta época Lucas expresó: «... muchos han tratado de poner en orden la historia de las cosas que entre nosotros han sido ciertísimas» (Luc. 1:1). Papías dice en esencia lo mismo en su prólogo. Después de describir su hábito de buscar el testimonio de aquellos que conocen a los ancianos, Papías afirma: «No creía que la información de libros pudiera ayudarme tanto como la palabra de una voz viva, sobreviviente».[8] Lo más probable es que pensara en el mismo tipo de libros que consultó Lucas: relatos no bíblicos, pero útiles, de la vida y las enseñanzas de Jesús. En realidad, estos son el mismo tipo de libros que el propio Papías escribió en el 110 d.C.: relatos no bíblicos, pero confiables, sobre Jesús. Por lo tanto, está claro que Papías no niega el valor de tales escritos en su cita anterior. Si parafraseamos lo que él afirmó, diríamos: «¿Por qué leer libros cuando puedes conducir entrevistas?» Esta es una postura razonable. ¡Y qué emoción debió sentir al hablar con personas que tenían vínculos tan estrechos con los orígenes del cristianismo!

La preferencia de Papías por las entrevistas personales en el 80 d.C. no significa que, cuando toda la Escritura estuvo lista y fue distribuida en los años siguientes, él creyera que los textos escritos tenían menos importancia. La prueba de Eusebio demuestra que Papías citó de 1 Pedro y 1 Juan en sus libros. Otra evidencia indica que él también estaba familiarizado con el Libro de Apocalipsis y quizás conocía también los Evangelios de Juan y Lucas.[9] Ya que solo tenemos una pequeña muestra de los escritos de Papías, y en esa muestra delgada aprendemos que hizo uso de varios escritos del Nuevo Testamento, parece más que razonable suponer que si tuviéramos a mano toda su producción de cinco volúmenes, encontraríamos que citaba todos o casi todos los libros del Nuevo Testamento. Esto demostraría que Papías llegó a valorar los escritos del Nuevo Testamento como la fuente autorizada de la voz sobreviviente de Jesús. Esto es justo como lo esperaríamos. Al hablar de sus preferencias en el 80 d.C., naturalmente prefería escuchar a testigos que pudieran recordar sus experiencias y responder todas las preguntas que deseara formularles. Para el año 110 d.C., las circunstancias eran diferentes. Los apóstoles habían muerto tiempo antes. Lo más probable es que los ancianos y sus allegados también estuvieran muertos. Esto significa que las entrevistas que Papías había valorado tanto en años anteriores ya no eran posibles. A

> ***A principios del primer siglo, la iglesia había pasado de depender casi por completo de la voz sobreviviente hablada a la voz sobreviviente escrita.***

El depósito de libros encontrado en Nag Hammadi en 1945

principios del primer siglo, la iglesia había pasado de depender casi por completo de la voz sobreviviente hablada a la voz sobreviviente escrita. Lejos de ser una desventaja, esto fue en realidad una bendición para el crecimiento del cristianismo. Una vez que la voz de Jesús fue capturada en pergaminos, fue amplificada de un modo infinito. Después de todo, las noticias impresas pueden viajar más rápido, más lejos y con mayor permanencia que las llevadas por los mensajeros humanos fatigables y temporales.

Escritos verdaderos y falsos

Es popular que los críticos afirmen que el cristianismo tal como lo conocemos no refleja la verdadera vida y las enseñanzas de Jesús, sino que es un artilugio inventado por sacerdotes y políticos. La historia por lo general declara algo como esto: nunca hubo escritos oficialmente aprobados con testigos oculares sobre Jesús, ni sobre el movimiento que se centraba en Él. En realidad, más o menos en el siglo después de Jesús, se levantaron una serie de recuentos incompatibles, algunos más cercanos a la verdad que otros. Diferentes cepas del cristianismo produjeron estos escritos. Cada variante ofreció representaciones de Jesús, creyó diferentes doctrinas y adoptó prácticas únicas. Las diferencias engendraron la competencia entre los adherentes. Cada grupo pensó que su versión de Cristo debería ser la única. Un grupo finalmente ganó la ventaja al formar las alianzas políticas correctas. Esto los hizo «justos por el poder», y por eso suprimieron a todos los demás cristianismos, quemaron «falsas» escrituras, silenciaron a los predicadores errantes y guiaron a los cristianos ingenuos a la pluma ortodoxa. Muchas verdades se perdieron para siempre como resultado de esta toma de posesión, pero de vez en cuando algunas son resucitadas a medida que los manuscritos antiguos son arrastrados desde las tumbas de la tierra. Así continúa la historia. En el centro de la trama hay una colección de libros descubiertos por un agricultor en Egipto.

El redescubrimiento gnóstico. Un día en 1945, Muhammad Alí Samman fue a buscar fertilizantes alrededor de una gran roca cerca de Nag Hammadi. En lugar de fertilizante, encontró un frasco que había estado cerrado de manera hermética por 1600 años. Al principio no lo abrió. La tradición local decía que los genios malvados guardaban tesoros del tesoro, y Muhammad sospechaba que el frasco contenía oro. Después de decidir que su amor por el oro superaba su miedo a los genios, arqueó su pala sobre el frasco y lo hizo caer en una nube de polvo y aire viciado. En consecuencia, no encontró ni oro ni genios, sino un montón de trece libros forrados de cuero. Cuando regresó a casa se los mostró a su madre recelosa antes de guardarlos en el establo de sus cabras, pero esa noche la madre fue a buscar los libros y los utilizó para alimentar el fuego de su cocina. Así, antiguos textos flotaban en el aire en un humo negro que se asentó con rapidez y corrió por el suelo en busca de su tumba perdida. En el tiempo que tardó en calentar el estofado de una anciana, un libro de valor incalculable y otros pedazos se perdieron para siempre.

Muhammad se mostró indiferente cuando se enteró de este vandalismo. Aun así, no tenía sentido quemar los libros, así que los guardó fuera del alcance de su madre. Semanas después llegaron noticias inesperadas. Seis meses antes, el padre de Muhammad había sido asesinado. El asesino había eludido la captura, pero ahora algunos lugareños lo habían rastreado. Muhammad aprovechó su oportunidad para la venganza y se apresuró a salir con familiares que llevaban mazos y picos. Encontraron al asesino dormido al lado de una carretera. Mientras sus corazones latían con fuerza, rodearon al hombre y lo mataron. La policía enseguida sospechó de Muhammad. Al saber que su casa sería registrada, él le pasó los libros a un sacerdote que luego se los mostró a su cuñado, quien a su vez envió uno a El Cairo para analizarlo. Antes de que llegara la noticia del museo en El Cairo, los libros restantes se vendieron en diferentes direcciones, y al final pasaron a manos de sacerdotes, bandidos y celebridades en lugares tan lejanos como la ciudad de Nueva York y Ann Arbor, Michigan.[10]

Esta historia comenzó con una búsqueda de fertilizante. En un sentido, eso es, por cierto, lo que se encontró, porque una vez que fueron recuperados y traducidos, los libros de Nag Hammadi desencadenaron un crecimiento explosivo de teorías sobre los orígenes cristianos, las primeras doctrinas y la verdadera identidad de Jesucristo. La mayoría de los libros desenterrados representan un antiguo movimiento herético conocido como cristianismo gnóstico (explicado a continuación). Los cristianos gnósticos perdidos por fin recuperaron su voz, dijeron algunos. Otros fueron tan lejos como para aseverar que el cristianismo auténtico había regresado a la luz del día. Sin embargo, ¿los documentos gnósticos en realidad presentan al verdadero Jesús?

La verdad sobre el cristianismo gnóstico. Aquellos que consideran el cristianismo gnóstico como auténtico hacen dos afirmaciones importantes.

Trajano, emperador de Roma, 98-117 d.C.

Primero, dicen que el Nuevo Testamento fue escrito con retraso y tergiversa a Jesús y los primeros cristianos. Segundo, insisten en que los escritos cristianos gnósticos son anteriores al Nuevo Testamento y reflejan del modo adecuado a Jesús y las creencias cristianas primitivas. Estas afirmaciones implican que los cristianos gnósticos tenían razón con respecto a Jesús, pero que el llamado grupo ortodoxo ganó la ventaja política y extinguió la luz de Jesús. Además, suponen que los textos gnósticos encontrados en Nag Hammadi fueron empujados debajo de la roca con la esperanza de evitar que la mafia ortodoxa destruyera hasta el último resto de la verdad. Reclamaciones interesantes. ¿La evidencia los apoya?

Primero, aunque los escépticos extremos fechan los libros del Nuevo Testamento a un siglo o más después de Jesús, sus intentos serán examinados. Los eruditos del Nuevo Testamento comúnmente datan todos los escritos dentro del rango del 45 al 95 d.C., lo que comprende el período de vida de los seguidores originales de Jesús.[11] Los escritos no bíblicos sirven como evidencia clave para estas fechas. Por ejemplo, Plinio el Joven sirvió como gobernador de Bitinia para Trajano, emperador de Roma. En 112 d.C., Plinio escribió a Trajano para informar sobre el estado de las cosas en Bitinia. Entre otros asuntos él mencionó a los cristianos, cuyo crecimiento expansivo socavaba las tradiciones locales. Plinio ejecutó a aquellos que no renunciarían a su «superstición excesiva» de que Jesús es Dios.[12] Aquí, de la pluma de un no cristiano dedicado, hay prueba de que la creencia en un Jesús divino fue generalizada en una fecha temprana. Solo a través de una datación temprana de los escritos del Nuevo Testamento puede explicarse esto, ya que estos son los únicos escritos que presentan a Jesús como Dios. En los textos gnósticos, Jesús era un hombre normal que se convirtió en anfitrión de una esencia semidivina en Su bautismo. Los gnósticos veneraban a tales hombres, pero no los adoraban como a Dios.

Segundo, es insostenible afirmar que los escritos cristianos gnósticos precedieron al Nuevo Testamento. La evidencia es indiscutible. A fines del siglo I, quizás poco después del 80 d.C., un documento cristiano conocido como *Didaché o Enseñanza de los doce* resumió la creencia cristiana básica en clara conformidad con el Nuevo Testamento. Este texto aparentemente incluso cita el Evangelio de Mateo. Por el 160 d.C., Justino Mártir nombró los cuatro Evangelios del Nuevo Testamento como autoridad para la Iglesia. ¿En qué etapa de desarrollo se encontraban los llamados evangelios gnósticos en este punto? En pocas palabras, no existían. Ya en el 140 d.C., un hombre llamado Marción rechazó el cristianismo ortodoxo y trató de combinarlo con elementos del pensamiento gnóstico griego. Al encontrar que los escritos del Nuevo Testamento no podían apoyar este esfuerzo, y al descubrir que todavía no existía tal cosa como un documento cristiano gnóstico, editó el Evangelio de Lucas y las epístolas de Pablo de tal manera que se ajustaran a sus deseos desviados. Treinta y dos años más tarde, en el 172 d.C., un hereje gnóstico llamado Taciano tomó los cuatro Evangelios del Nuevo Testamento y los editó con el propósito de crear un texto armonizado. Que Taciano utilizara los Evangelios estándar significa que, en una fecha tardía como el 172 d.C., los cristianos gnósticos todavía no tenían sus propios escritos genuinos a los que pudieran apelar. No fue hasta las últimas etapas del siglo II que los escritos gnósticos como el evangelio de Tomás y el evangelio de Judas comenzaron a aparecer. Es claro que los escritos del Nuevo Testamento existían mucho antes que los textos gnósticos revisionistas. Además, es imposible que la Escritura ortodoxa represente una respuesta y una supresión del cristianismo gnóstico si, de hecho, la Escritura ortodoxa es anterior al ascenso gnóstico de los siglos II y III.

Tercero, es insostenible afirmar que los evangelios gnósticos representan de manera confiable las enseñanzas de Jesús. Lo cierto es que enseñan una serie de creencias discordantes con las doctrinas judías centrales sobre Dios y el mundo. Por ejemplo, reflejan las creencias gnósticas griegas estándar de que el espíritu es bueno, la materia es mala y un dios maligno creó este mundo. ¡Intenta cuadrar eso con el Libro de Génesis! Los evangelios gnósticos también enseñan que la salvación es un escape de la materia y la ignorancia, que solo los iluminados en su intelecto pueden ser salvados, y que las mujeres que buscan la salvación deben convertirse en hombres porque «las mujeres no son dignas de la vida».[13] Estas no pueden ser las creencias de Jesús de Nazaret, un judío observador y cumplidor de las profecías del Antiguo Testamento.

En conclusión, el cristianismo gnóstico era justo lo que parecía: un extraño sincretismo entre la filosofía griega y el cristianismo vacío. El resultado fue un movimiento que disfrutó de un breve día bajo el sol antes de sumergirse para siempre bajo el largo horizonte de la historia.

Canon y transmisión

La palabra canon se refiere a la lista de libros aprobados para su inclusión en la Biblia. Por lo tanto, hablar del canon bíblico es hablar de los libros autorizados e inspirados por Dios cuyas enseñanzas definen la creencia y la práctica correctas. Nuestro Nuevo Testamento incluye 27 libros de este tipo. ¿Son los libros correctos? ¿Son los manuscritos actuales copias fiables de los originales? A continuación se presenta un examen de estas preguntas vitales.

Un proceso gradual. El canon tardó varios siglos en emerger como un hecho de amplio reconocimiento. Recuerda que las iglesias más tempranas fueron fundadas por los apóstoles y sus asociados cuando se desplegaron de Jerusalén. Las congregaciones dependían de ellos para enseñarles sobre Jesús y la vida cristiana. Al principio estas enseñanzas eran solo orales, pero luego (45-95 d.C.) los apóstoles escribieron las Epístolas y los Evangelios, proporcionando así los primeros «libros» cristianos de autoridad para guiarlos. Antes de ganar la aceptación universal, cada libro debía circular, copiarse, examinarse y discutirse entre las iglesias. Este no fue un proceso rápido. Nuevas congregaciones surgieron en regiones alejadas a un ritmo que superó la difusión de la Escritura. Así, un gran número de estas comunidades tenían pocos libros del Nuevo Testamento. Cuando los nuevos textos llegaron a estas iglesias, fueron aceptados solo después de un meticuloso examen y consulta con iglesias apostólicas (iglesias fundadas por los apóstoles en persona), ya que estaban en una buena posición para juzgar los méritos y los deméritos de los libros candidatos. La autoridad apostólica fue honrada por todas las iglesias verdaderas en el advenimiento del cristianismo, sin embargo, cada comunidad de creyentes era independiente de la autoridad gobernante externa. Ninguna oficina central pronunció las identidades de los libros canónicos ni forzó su uso en la adoración. Tomó varios siglos para que las iglesias repartidas por todo el mapa construyeran lazos comunicativos y lograran un consenso común sobre el canon.

A medida que las iglesias escudriñaban todos los materiales e ideas que llamaban su atención, las doctrinas que eran contrarias a la enseñanza apostólica fueron rechazadas como innovación. Un buen ejemplo vino con el advenimiento del llamado cristianismo gnóstico. Como herederos de la instrucción de los apóstoles, los cristianos bien informados sabían que las enseñanzas gnósticas contradicen genuinas doctrinas cristianas. Las iglesias marcaron la distinción entre escritos autorizados y heréticos, y mientras los cristianos de todo el Imperio romano sufrían persecuciones periódicas que amenazaban a muerte a todo el que albergara escrituras cristianas, el canon comenzó a emerger como un cuerpo definido de libros. Ellos permitían que las autoridades paganas tomaran los escritos falsos, pero daban sus vidas por los escritos bíblicos. Los textos de los siglos II y III que mostraban «cristianismos alternativos» no eran considerados para ser adoptados dentro del canon porque fueron redactados mucho tiempo después de los apóstoles. Además, sus enseñanzas contradecían al Antiguo Testamento y a la instrucción apostólica.

Testigos del canon. Muchos libros canónicos fueron reconocidos como parte de la Escritura desde el principio. Por ejemplo, en el año 96 d.C., Clemente de Roma citó el Evangelio de Mateo como Escritura. En el 110 d.C., Ignacio citó el material del Evangelio como Escritura. En el 180 d.C., el apologista

AUTORIDAD DE LOS MANUSCRITOS DEL NUEVO TESTAMENTO EN COMPARACIÓN CON OTRAS OBRAS CLÁSICAS

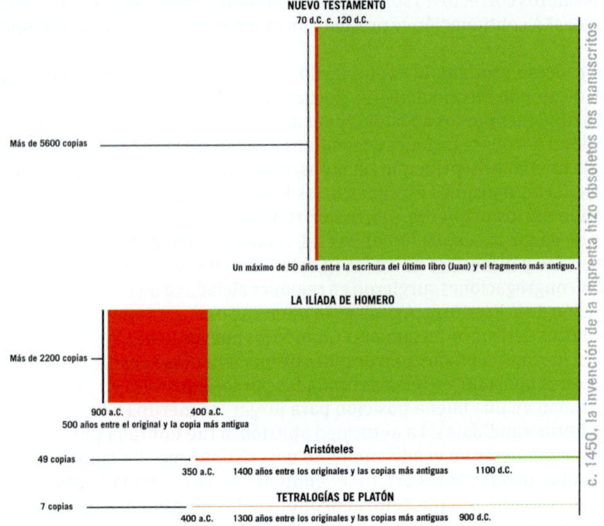

Ireneo defendió el cristianismo apelando a muchos escritos del Nuevo Testamento. Los eruditos creen que utilizó 22 de los 27 libros canónicos. Poco tiempo después, un apologista llamado Tertuliano acusó a los cristianos gnósticos de hacer un mal uso del «instrumento»; con este término se refería al canon. Solo Santiago, 2 Pedro, y 2 y 3 de Juan no fueron nombrados por Tertuliano. Unas décadas más tarde, Orígenes nombró los 27 libros y observó que seis de ellos (Hebreos, Santiago, 2 Pedro, 2 y 3 Juan y Judas) fueron disputados. Estos seis fueron debatidos durante siglos, pero su posición venerada nunca fue sacudida. En el siglo IV, el canon surgió como un hecho aceptado. Eusebio de Cesarea enumeró 27 libros que fueron aceptados como Escritura. En el 367 d.C. Atanasio enumeró los 27 libros como Escritura. No hizo ninguna nota sobre los textos en disputa. Esto podría indicar que quizás el debate se había enfriado. Poco más de una década después, Jerónimo colocó los 27 libros en su traducción de la Biblia latina (la Vulgata). En cuanto a los libros en disputa, él creía que su historia de aceptación los probaba como bíblicos. Agustín estuvo de acuerdo en que los 27 eran canónicos. Él dijo que los textos en disputa deberían ser aprobados porque las iglesias apostólicas los habían aceptado durante mucho tiempo. Por último, en el 393 d.C. y el 397 d.C., los Concilios de Hipona y Cartago reafirmaron que el canon incluye 27 libros, ni más ni menos.

Durante la Reforma, un gran número de creencias y prácticas cristianas fueron reexaminadas a la luz de la Escritura. Este énfasis resaltó la necesidad de estar seguros sobre qué libros eran en verdad de Dios. Cuando Lutero publicó una Biblia en alemán en el 1522, incluyó los 27 libros, pero emitió notas de desaprobación sobre los libros en disputa. A pesar de sus reservas, el canon de 27 libros no fue seriamente cuestionado, y no ha surgido ningún desafío sostenido en las iglesias desde la Reforma.

Preservación de los manuscritos. Los escépticos afirman que los libros del Nuevo Testamento han evolucionado más allá de todo reconocimiento desde el día en que fueron escritos. Se dice que los copistas aficionados, los monjes desafortunados, los teólogos deshonestos, los políticos astutos y la gente de muchos lugares han tergiversado y corrompido el texto al añadir, eliminar y modificar a voluntad. ¡Un crítico popular enfatiza que el número de cambios encontrados en los manuscritos existentes excede el número de palabras en todo el Nuevo Testamento! Técnicamente tiene razón, pero las implicaciones son mucho menos drásticas de lo que afirma. La gran mayoría de todos los cambios se detectan con facilidad y no son más que simples errores de ortografía, desplazamientos de sinónimos o mezcla de homófonos (palabras que suenan igual, pero se escriben diferente). Este tipo de errores no tienen ningún impacto en el significado de los libros. En los pocos casos donde los cambios tienen una importancia teológica potencial, los académicos con mayor frecuencia pueden rastrear el texto hasta su forma original con confianza. Esto se hace a través de una comparación entre los innumerables manuscritos griegos sobrevivientes con el fin de determinar el momento en que se produjo el error, así como su posible causa. De esta manera, es posible determinar la lectura original en la mayoría de los casos. En los textos en que la lectura original sigue en disputa, los estudiosos textuales han dicho con gran acierto que se podrían eliminar todos esos versículos del Nuevo Testamento y, sin embargo, no restar valor a una sola doctrina. En otras palabras, ninguno de los versos corrompidos sirve como la única base para una doctrina, por lo tanto, incluso si eliminamos esos versículos de la Biblia, siempre podríamos apuntar a los versos indiscutibles en otros lugares como apoyo a la doctrina en cuestión. Por lo tanto, las variantes no son demasiado importantes. Una evaluación justa de la evidencia revela que los manuscritos del Nuevo Testamento se han conservado notablemente bien a través de siglos de transmisión, mucho mejor que los de algún otro escrito antiguo. Además de las alteraciones irrelevantes, los manuscritos en que se basan las traducciones del Nuevo Testamento son réplicas cercanas de los escritos originales.[14]

Notas

1. Un resumen útil de la vida de Justino Mártir y muchos otros líderes cristianos a lo largo de la historia se puede encontrar en *131 Christians Everyone Should Know*, editores Mark Galli y Ted Olsen (Nashville: Holman Reference, 2000).

2. El erudito que más ha procurado resaltar el poder de la memoria de los discípulos y su posible uso de notas de ayuda para la memoria es Birger Gerhardsson. Los lectores avanzados deben consultar su libro seminal, *Memory and Manuscript: Oral Tradition and Written Transmission in Rabbinic Judaism and Early Christianity* (Copenhagen: C. W. K. Gleerup, 1961). Para una discusión sobre la toma de notas, ver pág. 202.

3. Esto no significa que no se deba pagar a los ministros por sus servicios. Por designio de Dios, los ministros vocacionales deben ser apoyados financieramente por aquellos a quienes sirven. Pablo lo expresa en 1 Timoteo 5:17-18. La razón por la cual Pablo se negó este privilegio para sí mismo fue para servir como un ejemplo de negación propia en nombre del evangelio.

4. Para obtener información excelente sobre el islam, el mormonismo y muchos otros movimientos religiosos, ver Walter Martin, *The Kingdom of the Cults: Revised, Updated, and Expanded Edition* (Bloomington: Bethany House, 2003).

5. Richard N. Longenecker, *The Acts of the Apostles*, Expositor's Bible Commentary, vol. 9 (Grand Rapids: Zondervan, 1981), pág. 435.

6. Eusebio Panfilio, *Church History*, Libro III, cap. 39, citado en Richard Bauckham, *Jesus and the Eyewitnesses: The Gospels as Eyewitness Testimony* (Grand Rapids: Eerdmans, 2006), págs. 15-16.

7. Bauckham, *Jesus and the Eyewitnesses*, 14.

8. Eusebio Panfilio, *Church History*, Libro III, cap. 39. La cita que se presenta arriba se deriva de la traducción de Eusebio dada por Christian Frederick Cruse, *The Ecclesiastical History of Eusebius Pamphilus* (Grand Rapids: Baker, 1989), pág. 125.

9. Ver Bauckham, *Jesus and the Eyewitnesses*, pág. 14.

10. Muhammad Alí Samman no compartió la historia de cómo encontró los libros hasta 30 años después del hecho. Las variaciones en numerosos informes impresos provocan que sea difícil saber con certeza cómo se desarrollaron los eventos. La cuenta dada arriba es informada por varias fuentes diferentes.

11. Entre los libros académicos más conocidos que resumen evidencias para fechar los escritos del Nuevo Testamento temprano están John A. T. Robinson, *Redating the New Testament* (Eugene: Wipf and Stock, 2000), y Martin Hengel, *The Four Gospels and the One Gospel of Jesus Christ* (Harrisburg: Trinity Press, 2000).

12. Para una buena discusión sobre Plinio y Trajano, vea Gary R. Habermas, *The Historical Jesus: Ancient Evidence for the Life of Christ* (Joplin: College Press, 1996), págs. 197-201.

13. *Gospel of Thomas*, 114:1-3.

14. Tres excelentes recursos para comprender la verdadera calidad de los manuscritos existentes en el Nuevo Testamento son Daniel B. Wallace y otros, *Reinventing Jesus: How Contemporary Skeptics Miss the Real Jesus and Mislead Popular Culture* (Grand Rapids: Kregel, 2006); Timothy Paul Jones, *Misquoting Truth: A Guide to the Fallacies of Bart Ehrman's* Misquoting Jesus (Downers Grove: InterVarsity, 2007); y Doug Powell, *The Holman QuickSource Guide to Christian Apologetics* (Nashville: B&H, 2006).

La inspiración de San Mateo (detalle), por Caravaggio

CAPÍTULO 20

PALABRAS DE REGALO

Nuestro mundo fue hecho por palabras. No cartas silenciosas escritas en papel, sino órdenes divinas enviadas al vacío para llamar a la tierra y al cielo, las plantas y las criaturas a surgir de la nada. Todas las cosas existen porque Dios, en consejos eternos, eligió construir un teatro donde Sus glorias se presentan ante la cautiva mirada de los hombres y los ángeles. Expresó: «... Sea...», y Sus palabras habladas forjaron el mundo y la vida.

Dios entregó las palabras una vez para hacer el mundo, y en los últimos días dio otro regalo de palabras para rehacerlo. A una humanidad marcada por la ruina espiritual, habló palabras de revelación de sí mismo, esperanza y redención. Como resultado tenemos la Biblia: una crónica de la acción pasada, una interpretación de las realidades presentes y una guía para el futuro destino. Pero ¿en qué sentido la Biblia es la Palabra de Dios? En este capítulo examinaremos varias características básicas de la Biblia.

Inspiración y autoridad

La palabra *inspirada* está sobreutilizada en nuestra cultura. Hablamos de artistas que se inspiran para crear obras hermosas, o decimos que un atleta ha ofrecido una actuación inspiradora si ha logrado superar las probabilidades. En estos casos, nos referimos a que una persona miró hacia adentro y descubrió la voluntad de sobresalir o que fue motivada por alguna excelencia fuera de sí misma. Desde esta perspectiva, la inspiración es un aumento de las habilidades y los esfuerzos naturales, nada más.

La Biblia señala algo por completo diferente cuando informa que sus autores se inspiraron. Por ejemplo, Pablo declara: «Toda la Escritura es inspirada por Dios, y útil para enseñar, para redargüir, para corregir, para instruir en justicia, a fin de que el hombre de Dios sea perfecto, enteramente preparado para toda buena obra» (2 Tim. 3:16-17). La palabra traducida «inspirado» es el término griego *theopneustos*. En sentido literal, este vocablo significa: «Dios sopló» y se refiere más a soplar que a respirar. Dicho de otro modo, Pablo afirma que las palabras de la Escritura fueron inspiradas por Dios a través de la intervención de los autores a quienes guió.

Dios mismo es la fuente última de la Escritura. Por encima de todas las otras voces, es Su voz la que se abre paso mientras leemos.

Esto significa que Dios mismo es la fuente última de la Escritura. Por encima de todas las otras voces, es Su voz la que se abre paso mientras leemos. Como Pablo señala, esto convierte a la Escritura en el libro de referencia autorizado para nuestras creencias y prácticas. Al apelar a ella, podemos enseñar la verdad, reprender y corregir el error y capacitarnos para una vida justa.

Pedro también da una imagen útil del papel de Dios en la autoría de la Biblia. Al hablar de profecías, él expresa: «Entendiendo primero esto, que ninguna profecía de la Escritura es de interpretación privada, porque nunca la profecía fue traída por voluntad humana, sino que los santos hombres de Dios hablaron siendo inspirados por el Espíritu Santo» (2 Pedro 1:20-21). Aquí vemos que el significado de la profecía es provisto por Dios y su origen definitivo es, de igual manera, el Creador, no los autores humanos. Los apóstoles creían que todas las profecías del Antiguo Testamento se cumplirían. Un ejemplo útil se encuentra en Hechos 1:16, donde Pedro se dirige a la comunidad cristiana sobre la necesidad de reemplazar a Judas: «Varones hermanos, era necesario que se cumpliese la Escritura en que el Espíritu Santo habló antes por boca de David acerca de Judas, que fue guía de los que prendieron a Jesús». Aquí notamos que Pedro consideró que la Escritura era la autoridad por sobre las creencias y las prácticas de los seguidores de Dios, pero también por encima de la historia misma. Si la Escritura declara que Judas debe ser reemplazado, él debe ser reemplazado. Este tema se extiende a lo largo de las primeras predicaciones cristianas. Todo lo que le sucedió a Jesús fue visto como un cumplimiento de lo que se había escrito en épocas pasadas. Así mismo, ten en cuenta que Pedro identifica los escritos del rey David en los Salmos 69 y 109 como originados en el Espíritu Santo. Lo mismo ocurre con toda la Biblia. Por esta razón, no puedes equivocarte si crees y vives lo que la Biblia intenta enseñar, ni puedes ir bien si te opones a ello.

La humanidad de la Biblia

Algunas personas han supuesto que los autores humanos actuaron como robots cuando escribieron los libros bíblicos. Comúnmente llamada la visión

La teoría equivocada del dictado menciona que los autores bíblicos eran como robots al Dios manejar sus mentes y voluntades.

del «dictado», esta teoría implica que Dios detuvo las mentes y los corazones de los escritores y los puso en una especie de trance que aseguró que no tuvieran una participación real en la selección de palabras, formas literarias, etc. Lo más probable es que esta teoría haya surgido debido a ciertos pasajes del Antiguo Testamento en que los profetas hablaron en nombre de Dios. Éxodo 5:1 es el primer ejemplo de esto, cuando Moisés fue a ver a Faraón y dijo: «... Jehová el Dios de Israel dice así: Deja ir a mi pueblo a celebrarme fiesta en el desierto». Otro ejemplo familiar es el llamado de Jeremías al ministerio. «Vino, pues, palabra de Jehová a mí, diciendo: Antes que te formase en el vientre te conocí, y antes que nacieses te santifiqué, te di por profeta a las naciones» (Jer. 1:4-5). De hecho, el estribillo «así ha dicho el Señor» se extiende a lo largo del Antiguo Testamento. Sin duda, esto significa que Dios se comunicó a través de Sus agentes elegidos con palabras seleccionadas de modo cuidadoso, pero no tiene por qué implicar la visión del dictado.

Dios inspiró cada palabra de la Escritura, pero la evidencia sugiere que los autores humanos estaban al mando de sus facultades mientras escribían. Volvamos a la revelación de Lucas y notemos su propósito y método para escribir el Evangelio: vio que otros habían escrito sobre la vida de Jesús, decidió que

Dios inspiró cada palabra de la Escritura, pero la evidencia sugiere que los autores humanos estaban al mando de sus facultades mientras escribían.

emprendería la misma tarea, discernió que estaba en una buena posición para hacer esto ya que había: «... investigado con diligencia todas las cosas desde su origen...» (Luc. 1:3), y luego emprendió su tarea elegida con la esperanza de fortalecer la fe de un hombre llamado Teófilo (Luc. 1:1-4). Lucas nunca declara que recibió una comisión sobrenatural directa (como a través de una visión o visita angélica) para escribir su Evangelio, ni indica estar consciente de que Dios dirigió las palabras o las fuentes que debía utilizar para volver a contar la vida y las enseñanzas de Cristo. Por lo que parece, el libro de Lucas es su libro, un producto de esfuerzos, deseos y conocimientos adquiridos en el curso de una vida dedicada a Jesús. Sin embargo, esa no es toda la historia sobre el Evangelio de Lucas ni la del resto de los libros de la Biblia. Cristo les dio a los apóstoles una autoridad especial para difundir Su mensaje, y envió al Espíritu Santo para ayudarlos a comprender y recordar Sus enseñanzas. Lucas compartió esta autoridad apostólica porque trabajó estrechamente con Pablo y otros apóstoles. Como resultado, Pablo se sintió justificado al citar los escritos de Lucas como Escritura. De la misma manera, Pedro confiaba en que los textos de Pablo fueron inspirados por Dios (2 Ped. 3:16), y se consideró que Pedro ejercía la misma autoridad en sus escritos.

En resumen, los apóstoles tenían el control genuino de sus mentes mientras escribían. Quizás ellos no sabían que componían la Biblia cuando redactaban los textos que luego formaron la Escritura. Sin embargo, al escribir, estaban conscientes de la autoridad dada por Dios, recordaban la promesa de Jesús de que el Espíritu los guiaría y sabían que contaban con la presencia del Espíritu para cumplir esa promesa. Lejos de implicar una visión de dictado de la Escritura, la evidencia bíblica prueba que el proceso de composición del Nuevo Testamento fue orgánico, que nació de la selección de Jesús de doce estudiantes dedicados a los que comisionó para hablar y escribir como emisarios del evangelio.

Precisión y veracidad

> *No es razonable esperar que los testigos proporcionen réplicas precisas de lo que se dijo o hizo en el pasado. En lugar de precisión, el estándar es la veracidad. Cuando un testigo aporta un testimonio veraz, consideramos que su reconstrucción de eventos pasados es confiable.*

Si la Biblia proviene de Dios y es una guía autorizada para la creencia y la práctica, debe ser cierta en todo lo que pretende enseñar. Como expresa Hebreos 6:18: «... es imposible que Dios mienta...». Si Dios no puede mentir, tampoco puede hacerlo Su Libro. Sin embargo, es importante establecer una distinción entre precisión y veracidad. El diccionario Webster define la precisión como «exactitud mecánica o científica». Esto significa que si me piden que reproduzca de modo preciso una conversación que tuve en el pasado, debo recitar palabra por palabra lo que se dijo. No es aceptable ninguna versión de resumen ni recuento próximo. Mi mejor esperanza en esta situación es realizar una grabación de audio de la conversación. Si esta no fue grabada, se me terminó la suerte.

La definición de veracidad es algo más relajada. Una opción que da Webster es «corresponder con la realidad». En la misma línea de la ilustración anterior, si me piden que ofrezca una interpretación veraz de una conversación que tuve una vez, lo que se requiere de mí es que mi historia se corresponda con la realidad de un modo tan certero como para que se pueda confiar en lo que he dicho. Algunos de mis detalles pueden ser imprecisos, pero no falsos. Este es el tipo de testimonio que los testigos presenciales dan en los juicios de los juzgados todos los días. No es razonable esperar que los testigos proporcionen réplicas precisas de lo que se dijo o hizo en el pasado. En lugar de precisión, el estándar es la veracidad. Cuando un testigo aporta un testimonio veraz, consideramos que su reconstrucción de eventos pasados es confiable.

Surge la pregunta: ¿son las conversaciones y los eventos registrados en la Biblia representaciones precisas (con «exactitud mecánica o científica»), o son a veces menos precisas y, sin embargo, por completa verdaderas? Este es un tema delicado que todos los lectores serios de la Biblia deben enfrentar. El objetivo de los siguientes párrafos es exponer nuestras presuposiciones y expectativas a la evidencia bíblica. Para lograr esto, exploraremos los escritos de Lucas y los utilizaremos como un caso de prueba para determinar qué enfoque pudieron haber tomado él y otros escritores de la Biblia. Lucas es ideal para esta investigación porque recalcó que había investigado los asuntos detenidamente y escribió con la intención de exponer todo de manera comprensible y convincente (Luc. 1:1-4). Dados estos objetivos tan elevados, ¿lo encontramos siempre preciso en sus escritos, o la evidencia sugiere que la verdad era su objetivo? Tres breves estudios ayudarán a responder esta pregunta.

Lucas entrega dos relatos separados de la ascensión de Jesús al cielo. En su Evangelio, informa que Jesús les dijo a los discípulos que se quedaran en Jerusalén hasta que viniera el Espíritu, para que fueran: «... investidos de poder...» (Luc. 24:49). Luego, en el siguiente tratado, Lucas narra: «Y los sacó fuera (Jesús) hasta Betania, y alzando sus manos, los bendijo. Y aconteció que bendiciéndolos, se separó de ellos, y fue llevado arriba al cielo» (Luc. 24:50-51). Cuando Lucas vuelve a contar la historia en el Libro de los Hechos, Jesús no solo habla sobre la venida del Espíritu, sino también sobre los últimos tiempos y la comisión de predicar el evangelio: «... en Jerusalén, en toda Judea, en Samaria, y hasta lo último de la tierra» (Hech. 1:4-8). No se menciona Betania. En cambio, Lucas solo relata que Jesús estaba con los discípulos. Además, el informe en Lucas 24 presenta que Jesús asciende con las manos levantadas mientras pronuncia una bendición sobre Sus discípulos. Pero Hechos 1:9 lo único que comunica es que que Jesús ascendió justo después de reafirmar la comisión para llevar el evangelio de Dios al mundo. No se menciona una bendición ni las manos levantadas. Si bien es importante tener en cuenta que no hay contradicciones entre los dos relatos de Lucas, las diferencias son, sin embargo, fáciles de detectar. ¿Diríamos que estas diferencias prueban que un informe es verdadero y el otro no? ¿Lucas acertó una vez y se

Los escritores pueden dar versiones largas y cortas del mismo evento sin comprometer la verdad.

San Pedro en la casa de Cornelio, por Doré

equivocó la otra? Por supuesto que no. Ambas historias son ciertas y pueden ser armonizadas. Las diferencias indican que un relato puede ser más preciso que el otro en ciertos detalles, pero la imprecisión no es lo mismo que la falsedad. También podemos sugerir que una historia puede ser más completa que la otra. Los escritores pueden dar versiones largas y cortas del mismo evento sin comprometer la verdad. Ciertamente, la esencia de ambos relatos

La conversión de San Pablo (detalle de la Capilla Sixtina), por Miguel Ángel. Pablo se encontró con el Mesías resucitado en el camino a Damasco.

es la misma: Jesús se reunió con los discípulos, reiteró algunas enseñanzas clave y luego fue llevado al cielo mientras lo observaban. Lucas ha dicho la verdad en ambas versiones, aunque con una mezcla de precisión e imprecisión, comprensión y brevedad.

Como otro ejemplo que ofrece una ventana diferente en la misma vista básica, considera la historia de la conversión de Cornelio al cristianismo. Como narrador de la versión inicial, Lucas reporta una conversación entre Cornelio y un ángel. Este último le declaró: «... Tus oraciones y tus limosnas han subido para memoria delante de Dios. Envía, pues, ahora hombres a Jope, y haz venir a Simón, el que tiene por sobrenombre Pedro. Este posa en casa de cierto Simón curtidor, que tiene su casa junto al mar...» (Hech. 10:4-6). Unos cuantos pasajes más adelante, Lucas registra una conversación entre Cornelio y Pedro en que Cornelio relata el mensaje del ángel. Notemos que lo dicho por Cornelio no corresponde de modo preciso con lo que Lucas había narrado antes: «... Cornelio, tu oración ha sido oída, y tus limosnas han sido recordadas delante de Dios. Envía, pues, a Jope, y haz venir a Simón el que tiene por sobrenombre Pedro, el cual mora en casa de Simón, un curtidor, junto al mar...» (Hech. 10:31-32). La esencia de ambos informes es la misma, pero de ninguna manera son idénticos palabra por palabra. Así que surgen las preguntas: ¿Es correcta alguna de estas historias? ¿Replicó Lucas las palabras del ángel de forma literal en los versículos 4-6, pero luego dejó que la versión inexacta de Cornelio se mantuviera en los versículos 31-32? Es posible. En ese caso, Lucas como narrador fue preciso, pero como reportero permitió que la cita imprecisa de Cornelio permaneciera sin corregirse. Esto puede indicar que otras citas en la Biblia se mantienen en un estado que podría describirse como «impreciso, pero verdadero». También existe otra posibilidad. Quizás tengamos una indicación de que ni Lucas ni Cornelio procuraron dar una interpretación literal de las palabras del ángel. Tal vez ellos solo pretendían decir la verdad. Esto también indicaría que la Biblia puede incluir citas y descripciones que son verdaderas, pero imprecisas.

Como ejemplo final, considera los tres momentos diferentes en que la experiencia de conversión de Pablo se cuenta en Hechos. Existen varias diferencias notables entre las tres narraciones, pero nos enfocaremos solo en las que aparecen en una oración que es común a las tres versiones. Cuando Lucas, como narrador, registra el encuentro de Pablo con el Jesús resucitado, informa que el Señor dijo: «... Yo soy Jesús, a quien tú persigues; dura cosa te es dar coces contra el aguijón», en respuesta a la pregunta de Pablo sobre la identidad del hablante (Hech. 9:5). Más adelante en el libro, cuando Lucas registra el primero de los dos testimonios en que Pablo relata este evento, informa que Pablo puso las palabras de Jesús de manera un poco diferente: «... Yo soy Jesús de Nazaret, a quien tú persigues» (Hech. 22:8). Aquí vemos que «de Nazaret» se ha agregado a la cita. Surge la pregunta: ¿Dijo realmente Jesús «de Nazaret» cuando se identificó con Pablo? Si es así, Lucas optó por no incluirlo en su informe original. Eso significaría que fue impreciso. Si no es así, entonces quizás Pablo o Lucas eligieron agregarlo a esta versión del testimonio porque le aportaría mayor claridad. Esto es comprensible si tenemos en cuenta que Jesús era un nombre común en ese tiempo. Una vez más, podríamos afirmar que una de las historias es veraz, pero imprecisa. Por último, cuando Pablo dio su testimonio por segunda vez más tarde en Hechos, quitó «de Nazaret» de la cita (Hech. 26:15). Entonces, ¿qué dijo Jesús con precisión en el camino a Damasco? Puede ser razonable responder que no conocemos las palabras exactas que pronunció. Lo que está claro es que se identificó con Pablo y, por lo tanto, cambió su vida para siempre.

La conclusión de estos ejemplos parece inevitable: Lucas valoró la verdad, como se ve en la primera estrofa de su Evangelio, pero eso no significa que se sintiera obligado a dar representaciones precisas de todo lo que narró en sus libros, ni a «limpiar» cada cita imprecisa emitida por hombres como Cornelio y Pablo. En cambio, sí creyó que debía escribir de tal manera que Teófilo pudiera conocer: «... la verdad de las cosas en las cuales has sido instruido» (Luc. 1:4). Esa misma certeza está disponible para ti y para mí cuando leemos los relatos dados por el Espíritu Santo a través de la intervención de Lucas.

La voz de Jesús

En la página 101 hicimos la pregunta: «¿Tenemos las palabras exactas de Jesús?» Como puedes ver, esta interrogante está relacionada de manera directa con la discusión sobre precisión y veracidad. Cuando los teólogos abordan este tema, preguntan: «¿Tenemos las "mismas palabras" (latín: *ipsissima verba*) de Jesús o, en cambio, tenemos la "misma voz" *(ipsissima vox)* de Jesús?». Si tenemos las mismas palabras, entonces contamos con representaciones precisas de lo que Jesús dijo. Esto significaría que los Evangelios replican Sus palabras con «exactitud mecánica o científica». Si, por otro lado, tenemos la misma voz de Jesús, poseemos representaciones sinceras del significado, pero no necesariamente las palabras exactas que pronunció.

El modo un tanto impreciso en que los autores del Nuevo Testamento citan pasajes del Antiguo Testamento indica que era aceptable renunciar a la precisión y, en su lugar, solo plasmar el significado (o significado latente) de una fuente.

Antes de hacer comparaciones de las palabras de Jesús en varios relatos paralelos, debemos investigar cuatro líneas de evidencia que sugieren desde el principio que Sus palabras en los Evangelios pueden ser verdaderas, pero son réplicas imprecisas de lo que Él dijo en realidad. Primero, ten en cuenta que, aunque el Nuevo Testamento está escrito en griego, Jesús habló sobre todo arameo y hebreo cuando enseñaba a Sus compatriotas judíos en toda Palestina. Por lo tanto, Sus palabras ya han sido traducidas de un idioma a otro en los manuscritos originales del Nuevo Testamento. Esto de ninguna manera introduce dudas sobre el significado, pero, si consideramos que no hay dos idiomas que se intercambien de manera uniforme, debemos concluir que las palabras de Jesús en los Evangelios ya están un paso más allá de las réplicas exactas de Sus declaraciones originales. Segundo, los relatos del Evangelio sobre las acciones y las enseñanzas de Jesús son versiones condensadas de lo que Él dijo e hizo. Si se dieran informes completos: «... ni aun en el mundo cabrían los libros que se habrían de escribir...» (Juan 21:25). Se encuentra una analogía moderna en los reportajes periodísticos. En estos, los discursos de una hora de duración se resumen en unas pocas columnas que transmiten los aspectos más importantes del contenido. Tercero, el modo un tanto impreciso en que los autores del Nuevo Testamento citan pasajes del Antiguo Testamento indica que era aceptable renunciar a la precisión y, en su lugar, solo plasmar el significado (o significado latente) de una fuente. Un ejemplo es cómo Lucas registra la cita de Jesús del libro de Isaías en Lucas 4:18-19. El evangelista declara que Jesús localizó un pasaje específico en los escritos de Isaías y luego lo leyó mientras la audiencia de la sinagoga escuchaba. Una mirada cercana a la lectura evidencia que Lucas en realidad presenta que Jesús toma fragmentos de Isaías 61:1, salta hacia atrás a una porción de Isaías 58:6 y luego va hacia adelante para tomar la primera sección de Isaías 61:2. Todo esto lo junta como si fuera una cita perfecta del profeta. Es evidente que esa no es una referencia textual de Isaías. Además, la alusión del Señor sigue el texto de Isaías tal como aparece en la Septuaginta, una traducción griega confiable, pero notablemente menos precisa del Antiguo Testamento hebreo original. Así, la cita de Jesús de Isaías se encuentra a varios pasos de la precisión absoluta. De hecho, es cierto que Isaías nunca pronunció las frases del modo exacto que establece Lucas 4:18-19. Ahora ten en cuenta que Jesús, Lucas y todos los autores del Nuevo Testamento sostuvieron que el Antiguo Testamento era nada menos que la Palabra inspirada de Dios. Si hombres como ellos se sintieron cómodos al ejercer una libertad responsable cuando citaban el Antiguo Testamento, es probable que los evangelistas sintieran la misma libertad al informar las palabras de Jesús en el Nuevo Testamento. Cuarto, innumerables eruditos han discernido que los escritores antiguos tenían una expectativa diferente a la de los modernos. Los redactores hoy cuentan con la ventaja de consultar grabaciones de audio, video y un cúmulo de material digital e impreso para resguardar citas y detalles precisos. Así, los lectores modernos esperan altos estándares de precisión. Los escritores antiguos carecían de estos recursos. Por supuesto, hemos argumentado que tenían recuerdos fantásticos y que pueden haber usado fragmentos de notas aquí y allá para registrar declaraciones clave y eventos. Sin embargo, un estudio de incluso los mejores escritos de esa época revela que los escritores antiguos con frecuencia eran imprecisos en sus informes.[1]

Los cuatro factores anteriores nos predisponen a esperar que las palabras de Jesús, tal como están registradas en los Evangelios, sean verdaderas, pero un tanto imprecisas en comparación con Sus declaraciones originales. La evidencia parece confirmar esta expectativa, como lo mostrarán dos ejemplos breves. Primero, cuando Jesús estaba con los discípulos cerca de Cesarea de Filipo, les preguntó qué decían de Él las multitudes. Mateo, Marcos y Lucas plasman este evento. Es importante destacar que los tres evangelistas registran la pregunta de Jesús de manera diferente. Al alinearlos en el orden en que probablemente fueron escritos, tenemos:

Marcos 8:27: «... ¿Quién dicen los hombres que soy yo?».
Mateo 16:13: «... ¿Quién dicen los hombres que es el Hijo del Hombre?».
Lucas 9:18: «... ¿Quién dice la gente que soy yo?».

Puedes ver que no hay dos versiones iguales. Cada evangelista representa la misma declaración exacta. Aquí tenemos la «misma voz» de Jesús en lugar de Sus «mismas palabras». ¿Sufrimos pérdida por esto? Es seguro que no. El significado y la intención de cada versión es el mismo. Las diferencias son menores, quizás reflejan lo que cada evangelista desea enfatizar, o solo son variaciones no intencionales sin un significado especial.

Como otro ejemplo, considera los elementos del famoso sermón de Jesús en el monte. Tanto Mateo como Lucas narran partes de este episodio. Mateo señala que el sermón ocurrió después de que Jesús subió a una montaña y se sentó, mientras que Lucas afirma que Él estaba en una montaña y bajó un poco para sentarse en un lugar nivelado. Es fácil imaginar que ambas descripciones sean verdaderas sin conflicto. En cuanto al sermón en sí, nota la ligera variación en las siguientes afirmaciones paralelas:

Mateo 5:3: «Bienaventurados los pobres en espíritu, porque de ellos es el reino de los cielos».

Lucas 6:20: «... Bienaventurados vosotros los pobres, porque vuestro es el reino de Dios».

Mateo 5:11-12: «Bienaventurados sois cuando por mi causa os vituperen y os persigan, y digan toda clase de mal contra vosotros, mintiendo. Gozaos y alegraos, porque vuestro galardón es grande en los cielos; porque así persiguieron a los profetas que fueron antes de vosotros».

Lucas 6:22-23: «Bienaventurados seréis cuando los hombres os aborrezcan, y cuando os aparten de sí, y os vituperen, y desechen vuestro nombre como malo, por causa del Hijo del Hombre. Gozaos en aquel día, y alegraos, porque he aquí vuestro galardón es grande en los cielos; porque así hacían sus padres con los profetas».

Como es el caso con la pregunta de Jesús en Cesarea de Filipo, la variación entre estos informes indica que tenemos la misma voz de Jesús en lugar de Sus mismas palabras. Esto significa que tenemos representaciones verdaderas de importantes declaraciones que hizo, sin exigir la precisión de cada una de Sus palabras. Es difícil ver por qué esto nos debe molestar. La Biblia tiene como objetivo darnos conocimiento salvador, no conocimiento exhaustivo. Juan resume esta estrategia con amabilidad cuando explica que escribió: «... para que creáis que Jesús es el Cristo, el Hijo de Dios, y para que creyendo, tengáis vida en su nombre» (Juan 20:31).

La Biblia bajo examen

Si la Biblia incluye citas y descripciones de eventos veraces, pero imprecisos, ¿qué significa esto sobre la inspiración? Además de dejar de lado la teoría del dictado, establece sin lugar a dudas que los autores humanos de la Escritura ejercieron una presencia y perspectiva reales mientras se ocupaban de la tarea de escribir. En lugar de anular a los seres humanos, Dios trabajó de manera discreta a través de ellos para crear libros que promuevan la fe, el conocimiento y la comprensión. En el misterio de la providencia de Dios, Él dirige todos los eventos sobre la tierra y, sin embargo, lo hace sin ser detectado y sin anular la acción humana. La obra de Dios para inspirar la Escritura no fue una mera providencia, sino que, como acto milagroso, fue sigilosa y respetó la condición de agentes libres de los seres humanos. En el análisis final, no es posible que describamos lo que se sintió cuando un autor bíblico se inspiró de esta manera. Lo que podemos describir es el resultado: libros que son verdaderas revelaciones de Dios.

> *Tenemos representaciones verdaderas de importantes declaraciones que hizo, sin exigir la precisión de cada una de Sus palabras.*

Es difícil lograr el equilibrio cuando se habla de la autoría de la Biblia. Nuestra tendencia es poner tanto énfasis en una realidad que la otra se oscurece o se niega en esencia. Es irónico que en el corazón de la mayoría de las distorsiones se encuentre una suposición errónea sobre cómo debería ser la Biblia si, de hecho, Dios está detrás de ella como inspirador y garante en toda su exactitud. Por ejemplo, a los críticos incrédulos les resulta inconcebible que un libro lleno de evidencia de participación humana también pueda ser la Palabra de Dios inspirada e infalible. Suponen que si la Biblia es en verdad la Palabra de Dios, no debería tener rastro de contribución humana. Lo que en apariencia esperan es un rollo de oro bajado del cielo por los ángeles. Al descubrir que la Biblia no nos ha llegado de esta manera, descartan por completo la participación de Dios. Los cristianos, por otro lado, están tentados a promover una visión estrictamente sobrenatural de la Biblia, al minimizar o negar el rol humano en un intento de proteger la Escritura contra el escepticismo. Esta desafortunada postura dispara contra la verdad e incluso aleja la Biblia de los estudiosos que ayudan a la fe y que pueden contribuir a la elaboración de respuestas que reafirmen la fe.

Lo mejor es considerar la Escritura como un producto del Creador y la humanidad. En ese proceso, Dios se aseguró de que recibiéramos las palabras exactas que Él deseaba que tuviéramos. Fieles a la convención humana, los escritos incluyen descripciones que a veces relatan eventos y conversaciones con precisión y otras con relativa imprecisión. Así mismo, en ella encontramos poesía y narrativa y formas resumidas o ampliadas. Fieles a la convención divina, los escritos fueron dados sin error y transmiten el conocimiento de las verdades pasadas, presentes, futuras y eternas. El resultado final no solo es una Biblia por completo confiable, sino también una que es defendible contra críticas escépticas en la medida en que las imprecisiones o variaciones entre historias paralelas no reflejan errores, sino los hábitos de la auténtica autoría humana. Lejos de ser un defecto o vergüenza, la humanidad de la Biblia es una prueba de la participación de Dios en la historia humana real. Él nos ha hablado, no desde los pasillos lejanos del cielo, sino a través de nosotros, en nosotros y entre nosotros en los escritos sagrados. Por Su don de palabras lo conocemos, lo amamos y recibimos al Hijo que vino por nosotros.

VISTAZO DE CERCA

¿Un libro sin errores?

Dada la participación de Dios en Su autoría, esperamos que la Biblia sea completamente veraz. Los teólogos expresan esto al afirmar que la Escritura es inerrante (libre de errores). Es importante entender qué se entiende por esto y qué no.

Primero, la inspiración divina aseguró la veracidad de la composición original de la Biblia, pero no la exactitud de los copistas que la reprodujeron luego ni de los traductores que traducen el griego y el hebreo a los idiomas modernos. Por esta razón, la doctrina de la inerrancia se aplica solo a los manuscritos originales. Ya que estos se pierden en la historia, debemos admitir que la Biblia infalible es, en cierto sentido, una realidad pasada en lugar de una realidad presente.

Sin embargo, la evidencia muestra que los manuscritos se transmitieron con gran cuidado a lo largo de los siglos. Los traductores modernos tienen una gran cantidad de datos lingüísticos que les ayudan a hacer traducciones precisas, y nuestra impresionante colección de manuscritos antiguos nos permite conocer las lecturas originales a un grado que permite confiar en la Biblia como la conocemos hoy.

Segundo, la inerrancia significa que la Biblia está libre de errores en todo lo que pretende proclamar. En ocasiones malinterpretamos el significado o la intención de la Escritura, como cuando los antiguos intérpretes creían que la Palabra de Dios tenía la intención de hacer declaraciones científicas sobre la disposición del sistema solar. En tales casos, sin advertirlo, hacemos que la Biblia enseñe errores. La Palabra de Dios es inerrante; nuestra lectura no lo es.

Tercero, la inerrancia no implica precisión. Recuerda, la Biblia es la Palabra de Dios dada a través de una genuina intervención humana. Los escritos tienen todas las marcas de la cultura antigua y los tiempos de los que surgieron. Fieles al estilo literario de esa época, innumerables eventos bíblicos y conversiones se registran en forma verdadera, pero relativamente imprecisa. Es posible que la Escritura no proporcione réplicas precisas en cada caso, pero lo que revela es veraz. Tenemos todas las razones para estar satisfechos con este acuerdo. Después de todo, estas son las palabras que Dios ha dado como Su testigo autorizado en el mundo.

Cuarto, la inerrancia es una declaración de fe que resume la confianza de un discípulo en la Palabra de Dios. Es cierto que hay desafíos a la inerrancia que siguen sin resolverse. En lugar de equivocarnos del lado del escepticismo al enfrentar estos desafíos o aceptar la obligación de probar la inerrancia en cada verso, solo declaramos que confiamos en el mensaje de la Escritura y descubrimos que muchos desafíos pasados se anularon una vez que surgió nueva información.

Quinto, la doctrina de la inerrancia es importante y digna de ser defendida, pero debe mantenerse en una perspectiva adecuada. La esperanza cristiana descansa sobre la verdad del mensaje liberador que transmite la Biblia. Por lo tanto, nuestro principal anuncio es que los humanos pueden ser salvos por la fe en el Hijo a quien Dios envió a vivir, morir y resucitar por nosotros.

Nota

1. Darrell Bock ha escrito un útil ensayo que presenta este y otros temas relacionados con los Evangelios y el relato de las palabras de Jesús. Por favor, ve a Darrell Bock, «The Words of Jesus in the Gospels: Live, Jive, or Memorex?» en *Jesus Under Fire: Modern Scholarship Reinvents the Historical Jesus*, ed. Michael Wilkins y J. P. Moreland (Grand Rapids: Zondervan, 1995), págs. 74-99.

CAPÍTULO 21

IMPACTO PROFUNDO

Cada uno de nosotros es un autor de la historia. Con palabras y hechos ayudamos a escribir el rollo que se extiende desde la creación hasta el día final. Nuestro propósito dado por Dios es inscribir el bien en lugar del mal y dar nuestro aporte para que la historia humana sea digna de ser celebrada. Marcamos el rollo de manera personal, pero también de forma indirecta a través de personas cuyas vidas tocamos. ¿Qué tipo de historia estás escribiendo? ¿Qué hay de Jesús? ¿Qué tipo de historia ha escrito personalmente y por medio de Sus seguidores? A continuación examinaremos tres ejemplos de cómo Jesús ha moldeado la historia social para mejor.

El lugar de una mujer

Los críticos dicen que el cristianismo suprimió a las mujeres durante 19 siglos y que fue solo después de que perdió su control sobre la civilización occidental que las mujeres emergieron de la larga oscuridad. ¿Es eso cierto? ¿Han inscrito Jesús y Sus seguidores una agenda sexista en el desarollo de la historia? Para responder a esto primero debemos establecer el contexto histórico y social de la vida y las enseñanzas de Jesús.

Las legendarias ciudades-estado griegas se levantaron y cayeron mucho antes de que Jesús naciera en la Galilea romana, pero sus filosofías y perspectivas perduraron a través de los romanos que las adoptaron y las difundieron durante la conquista del mundo antiguo. ¿Esta proliferación de la cosmovisión grecorromana benefició a las mujeres? Si miramos hacia atrás, al apogeo de Grecia, vemos que era habitual que una esposa estuviera confinada dentro de su casa a menos que fuera acompañada por su esposo o un sirviente de confianza. Incluso la mayor parte de su hogar se quedaba fuera de los límites cuando los huéspedes masculinos visitaban a su esposo. ¡Imagina una esposa cuyos movimientos están restringidos incluso dentro de su propia casa! Sin embargo, no todas las mujeres griegas estaban ocultas. Como era de esperar, a los hombres se les permitió salir en público con sus amantes para demostrar su destreza. Las amantes tenían sus libertades, pero al final, no más que sus rivales confinadas en casa. Una vez que su belleza se desvanecía, incluso las amantes más exitosas eran desechadas. Las consideraban demasiado gastadas y difamadas como para conseguir un matrimonio respetable. Por lo tanto, ni el hogar ni los brazos de un pretendiente casado ofrecían refugio a las mujeres de Grecia, y había pocas posibilidades de que obtuvieran una mayor igualdad, ya que la educación y los derechos a hablar en público estaban reservados para los hombres. Es apropiado, por lo tanto, que un personaje femenino en una obra griega antigua diga: «Seguramente, de todas las criaturas que tienen vida e ingenio, las mujeres somos de todas las más infelices» (Eurípides, Medea, págs. 231-232).

La situación era poco diferente en otros tiempos y lugares antiguos. La cosmovisión gnóstica, que floreció en algunas partes del Imperio romano durante los siglos II y III d.C., se definió como la religión del intelecto y la percepción trascendente, lo cual es irónico dado que los gnósticos consideraban a los hombres como espirituales y racionales, pero sostenían que las mujeres son por naturaleza solo físicas y sensuales. Esto es sexismo en su forma más completa. Como vimos antes, el Evangelio de Tomás tomó esto como una indicación de que las mujeres tenían que convertirse en hombres si deseaban obtener la salvación. No en un sentido biológico, por supuesto. Lo que necesitaban era cambiar su naturaleza femenina defectuosa por la variedad masculina más capaz.

Teológicamente, los judíos sabían que no debían estar del lado de los gnósticos en este tema, no obstante, la práctica judía cotidiana no estaba a la altura de los ideales de Dios. En el libro II de su obra *Contra Apion*, el historiador judío Josefo expresa: «Una mujer es inferior a su marido en todas las cosas». Filón, un filósofo judío romanizado y contemporáneo de Jesús, enseñó que «las esposas deben ser esclavas de sus esposos» (Hypothetica 7.3). En los siguientes años los autores judíos menores aún propusieron estos temas equivocados, ellos afirmaban: «Que se quemen las palabras de la Torá, pero no se las entreguen a las mujeres». Al retener la educación, los hombres judíos prohibieron a las mujeres adquirir las habilidades necesarias para levantar su género de la subyugación relativa.

Fue en un mundo como este en el que Jesús dio un paso e introdujo la esperanza y la libertad para las mujeres, incluso en el día de Su nacimiento. Que una niña campesina llevara al Hijo divino de Dios en su vientre y luego lo ayudara, lo amonestara y lo guiara a través de Sus años de formación, prueba más allá de toda duda la estima de Dios por las mujeres y por la condición de mujer. Jesús entendió esto por completo. Como adulto se enfrentaba con frecuencia a las

Jesús y la samaritana, por Doré

opiniones prevalecientes sobre las mujeres. Entre Sus movimientos particularmente atrevidos, describió a una viuda empobrecida como un modelo de verdadera piedad (Luc. 21:1-4), presentó a una mujer que buscaba una moneda perdida como una analogía de la búsqueda de Dios para recuperar a los pecadores perdidos (Luc. 15:8-10), enseñó teología a una joven ansiosa que descuidó sus tareas domésticas para escuchar con atención (Luc. 10:38-42), prohibió a los hombres la licencia de mirar con lujuria a las mujeres (Mat. 5:28-29), condenó la costumbre prevaleciente que permitía a los hombres divorciarse de sus esposas y elegir reemplazos (Mat. 19:8-12), permitió que las mujeres lo acompañaran como devotas seguidoras (Mat. 27:55), mostró Su disposición a perdonar y bendecir a las mujeres arrepentidas que habían sido atrapadas en adulterio (Luc. 7:36-50; Juan 4:1-26), y tal vez lo más sorprendente de todo, se reveló a las mujeres primero, después de Su resurrección de entre los muertos (Mat. 28:8-10). Todas estas circunstancias convirtieron a Jesús en un alterador del *statu quo*, un audaz reformador social, uno cuyo mensaje no fue bien recibido entre los tradicionalistas judíos y gentiles.

Los primeros cristianos notaron el ejemplo de Jesús y pusieron énfasis en el valor de las mujeres. Una de las cuestiones más sorprendentes de la iglesia primitiva es que las mujeres eran miembros prominentes de la comunidad de fe y trabajadoras públicas diligentes para la causa del evangelio (por ej. Hech. 18:24-26). Este «liberalismo» le representó a la iglesia una fuerte censura. En pocas palabras, hubo al menos cuatro formas en que los ideales romanos para la condición de la mujer y la vida doméstica fueron socavados por la creencia y la práctica cristianas.

Una de las cuestiones más sorprendentes de la iglesia primitiva es que las mujeres eran miembros prominentes de la comunidad de fe y trabajadoras públicas diligentes para la causa del evangelio.

Primero, inspiradas por el celibato de toda la vida de Jesús y Su recomendación de ese estilo de vida, muchas mujeres cristianas decidieron renunciar al matrimonio para dedicar sus vidas al ministerio. Esto no fue bien recibido entre los tradicionalistas romanos. Les parecía que sus hijas se levantaban en nombre de la nueva religión invasora de Israel, en especial porque el celibato era un asalto directo a los derechos consuetudinarios de un padre. Desde tiempos inmemoriales los padres romanos habían forjado alianzas familiares, comerciales y políticas al dictar con quién se casaban sus hijas. La fe cristiana se atrevió a ofrecer una salida al afirmar que la conciencia de una mujer en tales asuntos estaba ligada solo a Dios. Además, el celibato amenazó con exacerbar la creciente crisis de natalidad. En pocas palabras, las mujeres romanas no estaban teniendo bebés. El cambio de la nación de agrario a urbano y de tradicional a contemporáneo hizo que los niños fueran menos deseables para la mujer romana promedio; el resultado no deseado fue que los romanos eran invadidos en su país por inmigrantes. La defensa cristiana del celibato solo se agregó a este problema. Los cristianos, por supuesto, no pretendían derrocar al imperio. Sus intereses estaban en la libertad moral de las mujeres, no en las necesidades de un imperio en quiebra.

Segundo, la iglesia les otorgó membresía a mujeres cuyos esposos no eran cristianos. Era costumbre que los esposos romanos dictaran la religión del hogar. La libertad religiosa era solo suya; su casa seguía a sus dioses y costumbres devotas. Con el advenimiento del cristianismo, un número creciente de mujeres romanas abandonaron la tradición, los dioses de sus hogares y siguieron a Cristo. Que las mujeres cristianas salieran con regularidad para asistir a los servicios de adoración en las casas vecinas solo aumentaba la humildad del esposo. Dada la explosividad de estas tensas relaciones conyugales, y como los hombres romanos legalmente tenían el poder de golpear, encarcelar y, en casos raros, de ejecutar a sus esposas e hijos, se instó a las mujeres cristianas a no conducir sus devociones con una actitud arrogante. Pedro instó a las esposas a ser respetuosas y prudentes hacia sus esposos no cristianos con la esperanza de ganarlos para la fe (1 Ped. 3:1-2). Aun así, la defensa cristiana de la libertad de una mujer en estos asuntos levantó las molestias de los hombres romanos.

Tercero, las mujeres esclavas fueron bienvenidas en la comunión cristiana. Esto también entraba en conflicto con el derecho de un marido a dictar la religión de toda su familia. Sin embargo, aún más complejo es el conflicto que surgió en los casos en que las esclavas cristianas estaban obligadas a realizar favores sexuales para sus amos o eran forzadas a prostituirse como un castigo o un medio de recaudar dinero para el hogar. Solo se puede imaginar el dolor y la desesperación que esto causó a los esclavos, ya que su moral cristiana indicaba que el sexo debía reservarse para el matrimonio de forma exclusiva. En la medida en que los esclavos protestaban ante sus amos, parecía que el cristianismo había planteado otra amenaza contra el orden social romano.

La que es liberada en Cristo es libre de servir en lugar de dejarse atar por los lazos de la costumbre social represiva.

Cuarto, las sociedades antiguas creían, casi por unanimidad, que la vida pública era un dominio del hombre mientras que las mujeres pertenecían a lugares cerrados y no debían participar en los asuntos más grandes de la sociedad. Por ejemplo, en su libro *Leyes especiales*, Filón expresa: «Mercados, ayuntamientos y juzgados, y reuniones donde se junta una gran cantidad de personas y vida al aire libre con todo el alcance para el debate y la acción. Todos son aptos para hombres tanto en guerra como en paz. Las mujeres se adaptan mejor a la vida interior que nunca se aleja de la casa» (3.169).[1] Si bien el cristianismo no se opuso a las divisiones de roles adecuadas entre hombre y mujeres, sí lo hizo se opuso a las divisiones de roles adecuadas entre hombre y mujeres, al secuestro de mujeres o su prohibición de los asuntos públicos. Era tan usual que las mujeres cristianas salieran a las calles, fueran a los servicios de adoración, a las prisiones y a los hogares de los necesitados, que los paganos sospechaban que ellas eran inmorales. ¿Qué hacen todas estas mujeres sueltas en las calles y en las casas de las demás? Los cristianos sabían la respuesta. La que es liberada en Cristo es libre de servir en lugar de dejarse atar por los lazos de la costumbre social represiva.

En los siglos posteriores, el impulso cristiano de aliviar las costumbres culturales opresivas condujo de manera gradual a nuevas libertades para las mujeres. Lo ideal sería que el ritmo del cambio hubiera sido más rápido. Al mirar atrás, vemos que muchos hombres cristianos (y mujeres) tardaron en reconocer que algunos de sus valores culturales no reflejaban los valores que Cristo había ejemplificado. Por lo tanto, en ocasiones nos encontramos con líderes de iglesias históricas que hacen declaraciones severas y despectivas sobre las mujeres y la feminidad. Sin embargo las creencias cristianas han sido, por lo general, la principal fuerza moral para lograr que las mujeres tengan el mismo estatus que los hombres. El ejemplo de Jesús aún es audaz y liberador: las mujeres son iguales en todos los aspectos a los hombres, y la sociedad funciona mejor cuando ambos sexos son libres de perseguir las libertades y los roles que se ajustan a sus capacidades y llamamientos dados por Dios.[2]

En resumen, Jesús recibió con calidez a las mujeres discípulas, extendió misericordias a las mujeres marginadas y respondió a las costumbres sociales que reprimían a las mujeres en los intereses egoístas de los hombres. Cuando se pregunta dónde está el lugar de una mujer, los seguidores de Jesús ayer, hoy y siempre deben decir que está con Jesús y dondequiera que Él la guíe.

Los niños y la infancia

Con los niños sucedía igual que con las mujeres. Si volvemos al contexto histórico que enmarcó la vida de Jesús, encontramos que las culturas antiguas tenían una visión débil de los niños. En los centros urbanos, donde el adulterio y la búsqueda de vanidades en esencia definían la condición de la mujer romana, el aborto era un medio común de control de la natalidad. Por lo general, se lograba al tomar una mezcla venenosa de hierbas que convulsionaban el útero y mataban al niño. De los hijos que lograron nacer de manera segura, la mitad murió antes de llegar al quinto año. La enfermedad, la pobreza y la guerra desempeñaron un papel para esta alta tasa de mortalidad, pero también lo hicieron el infanticidio y el abandono infantil, que eran prácticas comunes. Los escritos antiguos están llenos de referencias de cómo ahogaban y estrellaban a los infantes deformes, débiles o no deseados. Entre los romanos, la decisión de mantener, asesinar o desechar a un recién nacido incluyó una inspección en la cual el padre levantaba al bebé y lo examinaba en busca de defectos y signos de enfermedad. Si estaba disgustado, la ley le permitía hacer lo que quisiera.

Los escritos antiguos están llenos de referencias de cómo ahogaban y estrellaban a los infantes deformes, débiles o no deseados.

Cuando a los indeseables se les permitía vivir, con frecuencia eran abandonados en el basurero de la comunidad o en un lugar asignado donde los transeúntes podían juzgar por sí mismos si el niño merecía vivir. Si por casualidad alguien rescataba a un niño abandonado, era libre de injertarlo en su familia, criarlo como esclavo, venderlo a comerciantes o incluso contratarlo para prostitución. Todas las opciones estaban abiertas porque ese niño había sido redimido como propiedad, no como persona. Como la mayoría de las culturas valoraban a los niños por encima de las niñas, las hijas recién nacidas eran descartadas o esclavizadas a una tasa mayor que los niños. Un padre egipcio le escribió las siguientes palabras a su esposa cuando él estaba fuera por negocios: «si tienes la posibilidad de tener un hijo, y es un niño, déjalo; si es una niña, exponla» (Papiros de Oxirrinco, 744).

Una gran cantidad de prostitutas se vieron obligadas a venderse porque habían sido abandonadas cuando eran bebés, pero incluso los niños que escaparon del abandono y la prostitución vocacional estaban en peligro de ser explotados sexualmente. Por ejemplo, la cultura grecorromana sostenía que la

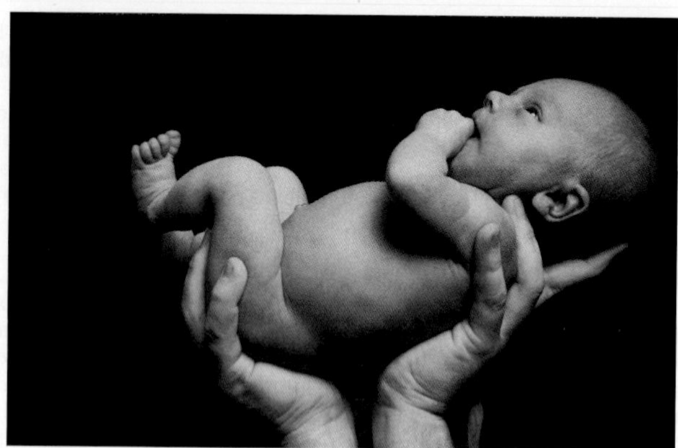

práctica de las relaciones sexuales entre hombres y niños era aceptable e incluso beneficiosa. Las prácticas militares de las primeras ciudades griegas alentaban a los soldados a unirse, se creía que las relaciones homosexuales entre profesor y alumno profundizaban su relación y facilitaban un mayor aprendizaje y maduración. En cuanto a las niñas, sus padres las exponían al matrimonio incluso antes de llegar a la pubertad.

Además de las explotaciones, la infancia era una etapa de la vida en gran parte invisible. Un ejemplo que ha sido ampliamente citado ilustra que los antiguos tendían a no contar a las mujeres y los niños cuando notificaban las dimensiones de las multitudes. En un claro seguimiento de esta costumbre, incluso los evangelistas se niegan a contar a las mujeres y los niños cuando informan sobre la alimentación milagrosa de Jesús de los 5000 (Mar. 6:44). Esto no significa que ellos adoptaran a gran escala la baja visión pagana de los niños, sino que alude a la percepción general y empobrecida de la infancia que tocó incluso los valores judíos.

Por último, ¿cómo ocupaban los niños su tiempo? Muchos de ellos eran desplegados en los campos o asignados a tareas domésticas para ayudar a satisfacer las necesidades de su familia. Eso es comprensible dadas las condiciones de la época. Incluso cuando la educación era factible, se descuidó porque las creencias dominantes sobre el intelecto sostenían que los niños eran incapaces de razonar.

Para resumir el estado de los niños en el mundo antiguo, W. A. Strange escribe: «Los niños eran figuras marginales en la sociedad del mundo antiguo. La figura central y clave era el hombre adulto libre, capaz de portar armas y desempeñar su papel en la vida religiosa, militar y política de la comunidad. Mujeres, niños y esclavos eran figuras periféricas. Encontraron su lugar en la sociedad alrededor y en dependencia de los hombres adultos libres».[3]

¿Qué hizo Jesús para ayudar a fomentar mayores derechos y respetabilidad para los niños? Primero, demostró su valor al permitirles que acudieran a Él.

Al ser productos de su tiempo y cultura, los discípulos trataron de alejar a estos diminutos invasores cada vez que venían a buscar a Jesús, pero Él los reprendió por esto: «... Dejad a los niños venir a mí, y no se lo impidáis; porque de los tales es el reino de los cielos» (Mat. 19:14). Segundo, en una ocasión Jesús puso a un niño a Su lado y les enseñó a Sus ambiciosos discípulos que, a menos que fueran humildes como niños, no se les permitiría entrar al reino de Dios (Mat. 18:3). Además, declaró: «... cualquiera que reciba en mi nombre a un niño como este, a mí me recibe» (Mat. 18:5). Lo que Jesús expresa aquí es que, aunque el mundo descuida a los niños, Él los valora y se identifica con su suerte en la vida. Pero eso no es todo. Él también aseveró: «... cualquiera que haga tropezar a alguno de estos pequeños que creen en mí, mejor le fuera que se le colgase al cuello una piedra de molino de asno, y que se le hundiese en lo profundo del mar» (Mat. 18:6). Aquí vemos a Jesús como defensor de los inocentes. Se puede obtener una acertada visión de nuestro propio discipulado al medir nuestros esfuerzos para ayudar a los niños. ¿Aliviamos a los

Jesucristo con los niños, por Bloch

niños necesitados en el nombre de Jesús, o derramamos abundancia dañina en nuestras vidas y las de nuestros propios hijos? En tercer lugar, Jesús en una ocasión utilizó un solo almuerzo, el regalo de un niño, para alimentar a 5000 hombres y un número incontable de mujeres y niños (Juan 6:5-10). Todavía hablamos de ese niño y su don 2000 años después.

Al seguir el ejemplo de Jesús, notamos que los primeros cristianos abogaban por mayores derechos y protección para los niños. Se opusieron con vehemencia al aborto y al infanticidio. Algunos de los primeros escritos cristianos no bíblicos, como la *Didaché*, condenan el infanticidio; y, una vez que el cristianismo se convirtió en una religión legal en el Imperio romano, los seguidores del Señor ejercieron una fuerte presión política que tenía como objetivo su prohibición. El aborto era así mismo aborrecible para los cristianos, como lo atestigua la literatura temprana. Tertuliano (155-222 d.C.), por ejemplo, expresó que los cristianos deben oponerse al aborto porque un feto no es nada más que un ser humano (Apología 9). En el 374 d.C., el emperador Valentiniano fue conquistado por los argumentos morales cristianos y prohibió tanto el infanticidio como el aborto. En cuanto a los bebés abandonados, los cristianos los acogieron, los criaron como propios y les concedieron plenos derechos humanos. Los creyentes también presionaron para la abolición legal del abandono infantil, y Valentiniano agregó esto a su lista de reformas morales.

La serie de reformas cristianas también incluye la reducción en el matrimonio infantil y el énfasis en la necesidad de educación de cada niño. Los cristianos en todas las épocas han recibido a los niños no deseados del mundo en el nombre de Jesús.

Esclavitud

Los esclavos han trabajado bajo el sol de todos los días casi desde el comienzo de la historia humana. Ninguna época ha estado libre de esclavitud. Continúa hoy en algunas regiones de África. Sin embargo, no solo los africanos han sido víctimas. Los negros han sido dueños de negros, los blancos han sido dueños de blancos y los nativos de todos los continentes se han subyugado unos a otros. El color de la piel no conduce a la esclavitud; la diferencia en poder y astucia lo hace. Los cazadores-recolectores, las tribus guerreras, los constructores de imperios; todos han sido sujetos y maestros en la ecuación de esclavos.

Los soldados derrotados solían ser forzados a la esclavitud, como cuando Julio César otorgó a cada uno de sus soldados un esclavo de entre la infantería derrotada de Vercingétorix en el 51 a.C. Los militares convertían enseguida a su esclavo en dinero, una transacción que parece insondable para los lectores modernos. Las familias de los esclavizados quedaban varadas e indefensas, por lo que también eran reunidas y enviadas al mercado, donde se encontraban de pie con la desesperada esperanza de ser comprados como un lote. Rara vez funcionó de esa manera. Las madres y los niños, las hermanas y los hermanos se dividían como monedas en una palma sudorosa.

Tan frecuente era la esclavitud que más de la mitad de la población romana consistía en esclavos en la época de Jesús. Desde la temprana Grecia hasta el día de la muerte de Roma, desde el ascenso de las pirámides hasta la destrucción de los jardines colgantes de Babilonia, los libres vivían en el lujo a expensas de los esclavos.

¿Cómo era ser esclavo? Sin lugar a dudas difería de un caso a otro, pero las leyes y las prácticas documentadas nos permiten vislumbrar el estilo de vida degradante que experimentaron muchos esclavos. Para empezar, en las épocas griega y romana los esclavos estaban legalmente clasificados como bienes y no como personas. En las palabras de Aristóteles: «Un esclavo es una herramienta viviente, así como una herramienta es un esclavo inanimado» (Ética a Nicómaco 8.11). El propietario de un martillo puede usar (y abusar) su martillo de la forma que quiera sin temor a una reprimenda legal. Así también, se decía, un amo a su esclavo.

Los esclavos no solo eran propiedad de sus dueños, sino que también podían ser obligados a ser sus sustitutos.

En muchos casos, a los esclavos se les ofrecía la oportunidad de comprar su libertad si el propietario estaba dispuesto a sufrir la pérdida de mano de obra para ganar dinero. Con esa esperanza, los esclavos ahorraban por años, incluso por décadas, sus escasos ingresos. Sin embargo, en el momento de la transacción que compraría su libertad, los amos tenían el derecho de guardar los ahorros del esclavo para sí mismos y retenerlo sin otorgarle su ansiada liberación. La historia no nos dice con qué frecuencia se produjo este robo, sin embargo, al saber que un propietario podía hacerlo sin consecuencias, inferimos que sucedió de manera habitual.

Los esclavos no solo eran propiedad de sus dueños, sino que también podían ser obligados a ser sus sustitutos. Por ejemplo, en ciertos clubes y fraternidades, a un miembro que había infringido las reglas del club o se demoraba en pagar las cuotas se le permitía que golpeara a su esclavo en lugar de tener que pagar o sufrir alguna otra sanción. En una cruda apariencia de la obra de Cristo en la cruz, los inocentes tomaban el castigo por los culpables. Además, en ocasiones los esclavos eran enviados por sus dueños para hacer actos sucios y violentos. Si eran atrapados, incurrían en todo el castigo. Para finalizar, tanto los esclavos hombres como las mujeres fueron objeto de explotación sexual. Una de las formas en que esto se manifestó fue cuando las esposas romanas que no querían tener más hijos les concedieron a sus esposos el acceso sexual a las esclavas. Por supuesto, la esclava no tenía otra opción en el asunto, incluso si ella era una cristiana.

¿Qué impacto tuvieron Jesús y Sus seguidores en la esclavitud? Aunque nos gustaría ver una línea en los Evangelios donde Jesús enseñe algo como: «La esclavitud es una abominación para Dios y debe terminar», o tal vez una advertencia de Pablo de que los cristianos de todo el mundo deberían unirse y derribar los muros de la esclavitud. No existen tales líneas. Esta fue una época inmersa de un modo profundo en la aceptación social de la esclavitud. De hecho, el Imperio romano colapsaría de la noche a la mañana si todos sus esclavos estuvieran emancipados. Por lo tanto, confrontar la legalidad de la esclavitud de frente hubiera sido un acto suicida para el joven movimiento cristiano, porque el imperio no toleraría una amenaza tan manifiesta a su existencia. Además, está claro que Jesús, Sus apóstoles y los líderes de la iglesia que vinieron más tarde, consideraron la esclavitud espiritual como un pecado más condenable que la esclavitud física. Así, la táctica adoptada por Jesús y Sus seguidores fue enseñar, ante todo, la necesidad de escapar de la esclavitud espiritual. Como una prioridad secundaria, ofreció valores y enseñanzas contraculturales que ayudaron a allanar el camino para la eventual abolición de la esclavitud.

El Señor puso el tono de varias maneras. Primero, se atrevió a representar a los esclavos como capaces de agradar a Dios (por ej., Mat. 24:42-51). Esto es especialmente significativo cuando se contrasta con Su representación negativa sistemática de los líderes religiosos de Israel. En segundo lugar, Jesús demostró que vale la pena salvar la vida de un esclavo cuando sanó a un esclavo cuyo maestro vino a Él con fe y pidió ayuda (Luc. 7:1-10). Tercero, en cierto sentido, el trato de Jesús con las mujeres y los niños era transferible a los esclavos. Las mujeres y los niños se mantuvieron en baja posición en la sociedad antigua, sin embargo, el Señor demostró en repetidas ocasiones su valor al tratarlos con respeto y amor. Por inferencia, lo mismo debe ser cierto para los esclavos. Cuarto, la regla de oro de Jesús declara: «Y como queréis que hagan los hombres con vosotros, así también haced vosotros con ellos» (Luc. 6:31). Si tenemos en cuenta que nadie desea la esclavitud, imponerla a otro es una clara violación de la ética de Jesús.

Estos ejemplos nos permiten comprender que, aunque Jesús nunca prohibió expresamente la esclavitud, sí dio enseñanzas y ejemplos que alentaron su abolición. La iglesia primitiva entendió esto de manera cristalina. Notamos eso, sobre todo en las cartas de Pablo. Cuando enseña sobre igualdad cristiana, declara: «... no hay judío ni griego; no hay esclavo ni libre; no hay varón ni mujer; porque todos vosotros sois uno en Cristo Jesús» (Gál. 3:28). En otro pasaje escribe al propietario de un esclavo cristiano y lo exhorta a que considere a su esclavo cristiano: «no ya como esclavo», sino: «... como hermano amado...» (Filem. 16). Esta actitud fue adoptada de manera tan amplia por los primeros cristianos que los esclavos inundaron la iglesia y se convirtieron en agentes evangelistas clave cuando compartieron las buenas nuevas sobre Jesús con sus compañeros, e incluso con los miembros libres de la familia de sus dueños. Es sorprendente que algunos cristianos libres llegaron incluso a venderse a la esclavitud como un medio para liberar a otros. Nota lo que 1 Clemente informa: «Sabemos que muchos entre nosotros nos hemos entregado a la esclavitud para poder rescatar a otros. Muchos se han entregado a la esclavitud y han proporcionado comida para otros con el precio que recibieron por ellos mismos» (1 Clemente 55:2).

Además de esto, innumerables cristianos utilizaron su dinero personal para comprar la libertad de los esclavos. Miles fueron liberados de esta manera. El famoso predicador del siglo IV, Juan Cristóstomo, aconsejó a su congregación que comprara esclavos: «Y después de haberles enseñado algunas habilidades con las que pueden mantenerse, déjelos en libertad» (Homilía 40 en 1 Cor. 10). Los observadores romanos se quedaron estupefactos por los esfuerzos de emancipación de los cristianos y los consideraron una amenaza para el orden social.

A medida que los creyentes se multiplicaban en el Imperio romano, los obispos ejercieron una gran influencia en los asuntos sociales y morales. Eventualmente esto llevó a reformas legales que suavizaron la esclavitud. A lo largo de los siglos por venir, los cristianos lideraron el impulso para abolir la esclavitud. William Wilberforce, un cristiano abierto, lideró la causa en Inglaterra. Vivió el tiempo suficiente para ver la primera etapa de la abolición de la esclavitud en todo el Reino Unido. La fe cristiana estuvo también a la vanguardia de la causa abolicionista norteamericana. El amor de Jesús por todas las personas y Su insistencia en la igualdad proporcionaron la motivación para terminar con la esclavitud dondequiera que se extendiera la fe cristiana.

Resumen

Jesús nunca salió como un reformador social de pleno derecho porque Su objetivo principal era salvar el alma humana eterna. Si Su misión hubiera sido dirigir de manera abierta la acusación contra los abusos sociales, habría fundado un movimiento social en lugar de una religión de liberación espiritual. Sin embargo, mediante Sus enseñanzas y Su ejemplo, Él fertilizó un terreno de salvación, no solo de la pena eterna del pecado, sino también de la pena de injusticia en esta vida.

Hay muchas otras maneras en que el Señor ha dado forma positiva a la historia y la cultura. Los cristianos en todas las tierras y edades han llegado a los necesitados y los excluidos. La atención médica, las donaciones caritativas, la educación, la libertad económica e incluso el auge de la ciencia son solo algunos ejemplos de cómo Cristo y Sus seguidores se han inscrito bien en el desarrollo de la historia.[4] ¿Qué papel desempeñas en esta historia?

Notas

1. Citado en Margaret Y. MacDonald, *Early Christian Women and Pagan Opinion* (Cambridge: Cambridge University Press, 1996), pág. 32.

2. Para una nueva mirada a lo que la Biblia enseña sobre la condición de la mujer y la capitalización de las libertades modernas, ver Robert Lewis, *The New Eve: Choosing God's Best for Your Life* (Nashville: B&H Publishing, 2008).

3. W. A. Strange, *Children in the Early Church* (Eugene: Wipf and Stock, 2004), págs. 19-20.

4. Los recursos útiles para explorar el impacto que Cristo y Sus seguidores han tenido a lo largo de la historia incluyen Rodney Stark, *The Victory of Reason* (Nueva York: Random House, 2005); Stark, *For the Glory of God* (Princeton: Princeton University Press, 2003); Dinesh D'Sousza, *What's So Great about Christianity* (Washington, DC: Regnery Publishing, 2007); Alvin J. Schmidt, *How Christianity Changed the World* (Grand Rapids: Zondervan, 2004); D. James Kennedy, *What if Jesus Had Never Been Born?* (Nashville: Thomas Nelson, 1994).

CAPÍTULO 22

JESÚS EN EL SIGLO XXI

El mundo de hoy está en medio de renovaciones sísmicas. El proceso comenzó hace algún tiempo. Considera el viaje humano en los últimos cientos de años. En los siglos XVIII y XIX los cartógrafos completaron su búsqueda para documentar el mundo. Llenaron los espacios en blanco en el mapa mundial solo para descubrir espacios en blanco más amplios en la comprensión cultural. ¡Cuántos pueblos y culturas, y qué diversidad de tierra a tierra! Y así, el mundo creció aún más a medida que los mapas lo reducían.

Las potencias mundiales compitieron para conquistar, colonizar y capitalizar las nuevas tierras. La civilización occidental abarcó el mundo, pero no pudo comprenderlo. Algunos mitos y prejuicios fueron anulados, mientras que otros fueron canonizados de forma injusta. En Estados Unidos los indios fueron derrotados y los negros encadenados. Representantes de la conciencia cristiana protestaron por la esclavitud, pero nada cambió hasta que se despertaron las armas. Las hostilidades cesaron después de que muchos soldados habían caído. Como consecuencia se abolió la esclavitud, pero la libertad del ser humano negro aún fue elusiva.

En esta misma época, los científicos cavaron en las entrañas de la tierra y encontraron huesos fósiles y piedras destrozadas que contaban historias de la remota antigüedad y la violencia primigenia de bestias legendarias que reinaban al margen de la humanidad. Luego vinieron nuevas teorías sobre la historia de la vida y las relaciones entre las especies. Los cristianos se preguntaban si los científicos habían perdido la razón; los científicos se cuestionaban si perderían su fe bíblica. Algunos lo hicieron; otros no. Los ateos tomaron los nuevos datos como prueba de que la vida había surgido sin Dios, mientras que los cristianos insistían en que Dios era el Creador de todos. Sin embargo, entre los cristianos surgieron desacuerdos sobre qué calendarios y modos de operación utilizó Dios en la creación y cómo debería interpretarse el Génesis. El debate continúa hoy.

Los textos antiguos grabados en piedra y arcilla, también salieron a la luz en las regiones de Europa y del Viejo Mundo durante los siglos XVIII y XIX. Los cristianos habían creído por casi dos milenios que los relatos de Génesis sobre la creación y el diluvio de Noé eran por completo únicos en la historia de la literatura. Sin embargo, los estudiosos y los arqueólogos se enteraron de que varias culturas lejanas habían dejado registros, recuerdos e historias míticas anteriores sobre tales cosas; y, en algunos casos, estos textos tienen un parecido sorprendente con el Génesis. Afirmaciones exageradas surgieron entre los escépticos y los no cristianos comprometidos: la Biblia había sacado contenido de los textos de las culturas circundantes, dijeron, y no refleja las revelaciones de Dios, sino la búsqueda hebrea de respuestas. Los eruditos cristianos respondieron a esto con la demostración de la singularidad del testimonio bíblico y su superioridad moral con respecto a los otros textos, pero la cultura popular no lo notó. Ya habían seguido adelante.

Los desafíos y los cambios se acumularon más rápido en el siglo XX y provocaron que Jesús y Su época parecieran más distantes que nunca. Prohibimos hablar de Dios en el laboratorio y en el aula. Dividimos el átomo y también la familia. Ingenieros inteligentes aprendieron a transmitir imágenes de manera invisible por el aire y atraparlas en cajas de TV. Contra todo pronóstico, llegamos a la luna en cohete; contra toda razón, irrumpimos en el abismo moral por libre elección. Los déspotas se elevaron al poder con una facilidad y regularidad alarmantes. Los detuvimos, pero solo después de que razas enteras fueron empujadas al borde de la aniquilación. Cuando la amenaza pasó, reflexionamos sobre el bien de la humanidad y sobre el Dios de la humanidad.

De modo positivo, los modeladores del siglo XX empoderaron a las mujeres y a los negros sin segregación de los blancos. De manera gradual, aprendimos a ser más respetuosos con los grupos que por un largo tiempo fueron marginados de manera injusta. También aprendimos a ser más perspicaces sobre la historia. Armados con un acceso sin precedentes a los datos biográficos e históricos, observamos a las personas, los eventos y los movimientos desde una nueva perspectiva. Vimos que algunas creencias y prácticas de épocas anteriores estaban mal fundadas (bíblicamente y de otra manera) y debían ser descartadas. Es desafortunado reconocer que comenzamos a pensar que habíamos superado a nuestros antepasados y que ya ellos no podían hablarnos.

Ahora hemos entrado en el tercer milenio de la era común y somos un espectáculo para la vista. Nuestros bisabuelos creían fábulas inventadas sobre los cuerpos celestes, pero los eruditos de hoy en día saben que son como calderas nucleares cuyas descargas radiológicas se miden con máquinas que enviamos desde la Tierra. Tenemos robots que se arrastran sobre el suelo marciano, lo prueban y nos informan. Nuestros telescopios observan sectores indescriptiblemente lejanos, y aun así la manta espacial se extiende una y otra vez, lejos de nuestro alcance. Hemos discernido que la Tierra es un pequeño punto azul en una galaxia de más de 100 000 millones de estrellas, y nuestra galaxia es, a su vez, solo una entre millones. Generaciones antes de nosotros creían que la Tierra y los humanos eran el centro de la creación. Ahora más que nunca la evidencia científica muestra que la vida depende de un fantástico equilibrio de variables químicas y físicas. Solo es razonable concluir que la vida es excepcional y no puede surgir aparte de Dios, pero ¿es necesario o incluso posible creer que los terrícolas estamos solos en este vasto universo? Las opiniones difieren. Solo el tiempo mostrará quién tiene razón o si la pregunta en verdad tiene importancia en primer lugar.

De vuelta en la tierra, los terroristas comandan aviones de reacción, lavan el cerebro a los celosos adolescentes y los despliegan en actividades destructivas asignadas para derrotar al Occidente cristiano, como si tal cosa todavía existiera. Los científicos han dominado el genoma humano y hoy abordan la microfísica. El cáncer es predecible ahora y es probable que se pueda extirpar. Dentro de un siglo la enfermedad podría haber desaparecido. Aún hay preguntas por responder, sin embargo, hoy más que nunca los historiadores pueden describir el antiguo desarrollo de las naciones y las culturas. Las historias de tribus, clanes y civilizaciones se remontan sorprendentemente lejos y están llenas de entusiasmo y futilidad, promesa y ruina. Ellas provocan que nos sintamos impresionados, horrorizados, tristes y que nos preguntemos qué vínculo tienen con nosotros y con la historia que vivimos.

Ahora somos viajeros del mundo y hemos experimentado de primera mano el poder de los viajes para derrocar el provincialismo y el conservadurismo engreído. Sin embargo, las fronteras indiscriminadas y el liberalismo moral son prescripciones para el desastre. Todas las personas son iguales por naturaleza ante Dios, pero las visiones del mundo, las religiones y los valores morales no lo son. Gran parte del globo permanece atado a ideologías dañinas, sin embargo, no está permitido decirlo. Nadie cree en todas las religiones; muchos no creen en ninguna. Además, se nos disuade de creer en una y excluir todas las demás.

La nuestra es una época de preguntas culminantes, la más importante de todas es: «¿Qué debemos hacer con respecto a Jesús?».

La elección de Viajero

Viajero llegó a una bifurcación en el camino. Se erigió una señal allí. Se paró frente a ella con su gran paquete de pertenencias, y leyó el mensaje una y otra vez: «Jesús es el camino, la verdad y la vida —decía—. Nadie va al Padre, sino por la fe en él». Viajero lo reconoció vagamente como una paráfrasis de un versículo bíblico que había escuchado en algún momento del pasado.

Una flecha en la señal apuntaba al más estrecho de dos caminos. Él lo miró y se estremeció. No habría espacio para tomar sus cosas y sus indulgencias si optara por ese camino. Luego miró a la izquierda y vio que el otro camino era amplio y atractivo. Bien gastado, también. En esa ruta podría llevarse todo con él y reunir aún más durante el viaje. Seguro que esa era la mejor manera.

Pero ¿y Jesús? El viajero había oído cosas buenas sobre Jesús, pero no estaba seguro de la verdad. Se quedó allí mientras trataba de decidir.

En ese momento notó que un hombre caminaba hacia él. Venía de abajo por el camino ancho con una amplia sonrisa en su rostro: —Jesús de Nazaret ya no puede ayudarnos —gritó el hombre desde la distancia.

Viajero vio que estaba bien vestido y llevaba un gran paquete de posesiones en su espalda. No parecía que le pesara en absoluto.

—Duda es mi nombre —anunció el hombre cuando llegó al sitio donde estaba Viajero—. Escucha, hombre —dijo Duda—, estamos en el siglo XXI, el mundo no es el mismo lugar que era cuando vino Jesús —golpeó el cartel con la palma abierta y declaró—: ¡Piénsalo, Viajero! En la época de Jesús la mayoría de la gente creía que la Tierra era plana y estaba tendida bajo una cúpula negra en forma de arco en que se fijaban luces mayores y menores. ¡Pensaron que su parche estrecho del globo era el mundo entero! No sabían nada de personas al otro lado del mundo. No los culpo por estas deficiencias. ¿Cómo podrían haberlo sabido mejor? El punto es que el suyo es un mundo perdido. Está amontonado en textos antiguos y mitos polvorientos.

—Había mucho que no sabían en ese entonces —dijo Viajero—y es cierto que la vida es diferente ahora. Me he preguntado si podemos pensar en Jesús de la misma manera que Sus seguidores pensaron en Él en ese entonces. ¿Tal vez hemos superado lo que escribieron en la Biblia?

—Comparados con ellos, somos una nueva humanidad —continuó Duda, complacido con la dirección de los pensamientos de Viajero—. Surgió la ciencia y nos dio el único segundo nacimiento que necesitamos. ¿Estamos libres de superstición ahora y, sin embargo, esta señal dice que debemos permitir que Jesús y Sus seguidores establezcan la agenda religiosa para siempre? ¡Vamos! ¿Vamos a cambiar nuestros cohetes por sus burros, también? Es una mala elección, digo, y no tiene sentido. ¿Qué influencia pueden tener los eventos o las personas de la Palestina del primer siglo sobre los ciudadanos iluminados de nuestros días? ¿No dice la razón que debemos rechazar las viejas creencias?

Viajero estaba a punto de admitir que no sabía con certeza cómo responder a las preguntas de Duda cuando una voz gritó:

—¡La verdad es persistente! —Viajero y Duda se volvieron para mirar por el camino estrecho. Una mujer se dirigía hacia ellos. Ella no tenía prisa. Una mirada de serenidad animó su rostro, lo que sorprendió a Viajero, ya que no llevaba un paquete de posesiones ni indulgencias. Estaba vestida con sencillez y sin adornos de joyas.

—¿Qué quieres decir con «la verdad es persistente»? —preguntó Viajero después de que ella llegó y se presentó como Fe.

—La verdad supera todas las modas y las teorías —afirmó Fe—, y no puede dejarse de lado por los nuevos descubrimientos. La verdad es como una pared de granito a la cual un niño golpea con sus puños. No tiene sentido golpearla.

Luego Fe miró a Duda y le dijo:

—Usted dice que el mundo ha cambiado y crecido en conocimiento desde los días de Jesús. Tiene razón, pero eso no cuenta contra la verdad de Jesús ni contra el testimonio de la Escritura. Los seres humanos pueden tener aún más sorpresas a medida que nuestros instrumentos perforan la tierra y el cielo, la mente y la materia. ¿Y eso no haría diferencia? Toda la verdad le pertenece a Dios, y todo lo que fue verdad sobre la vida y las enseñanzas de Jesús hace 2000 años aún es así hoy en día.

Duda suspiró profundamente y dijo:

—Usted trabaja desde una concepción obsoleta de la verdad, señora Fe. Quizás es mejor hablar de lo que es correcto o útil. Jesús estaba bien para la gente de Su tiempo. Para algunos de ellos, de todos modos. ¿Pero para todos por siempre? ¡Vamos! ¿Cómo puede una religión, surgir de una época, cultura y ubicación geográfica en particular y reclamar una relevancia universal?

—Una excelente pregunta —admitió Fe—. Luché con eso alguna vez. Pero quiero saber lo que piensas, Viajero. ¿Bajo qué condiciones podrían los acontecimientos de la vida de Jesús influir en toda la historia y la humanidad?

Viajero cerró los ojos y se frotó las sienes. Tenía una habilidad especial para resolver este tipo de rompecabezas, y este era uno que quería resolver. Volvió a la pregunta una y otra vez en su mente y la miró desde todos los ángulos. Pensó en Jesús y en los amplios movimientos de la historia humana, en el largo recorrido de la humanidad de polo a polo y de edad en edad. Después de un tiempo comenzó a surgir una respuesta. La ensayó en su cabeza y luego lo dijo en voz alta:

—Si la vida de Jesús estaba incrustada en la historia humana real, y si también la trascendió de alguna manera, podría tener aplicación para todos los tiempos y lugares.

Fe asintió:

—Eso es correcto, Viajero. Jesús es relevante ahora y para siempre porque fue enviado desde el cielo para convertirse en hombre y representar a la humanidad en una vida de perfecta justicia. Él es la provisión para el siglo XXI tanto como lo fue para el siglo I y para los que pasaron antes. Somos enseñados en esta época de la ciencia —dijo Fe en referencia a la perspecti-

va de Duda—, pero necesitamos a Jesús tanto como lo hizo la Edad Oscura. Él es el hombre para toda la humanidad. Su vida y obra derraman misericordias sobre todas las edades. Solo tienes que llenar tu corazón y recibir las aguas curativas.

—Todo eso suena genial —respondió Duda con un indicio de sarcasmo—, pero ¿no es solo una superstición? Quiero decir, hay poco o nada creíble en la biografía de Jesús cuando se juzga a la luz de la razón. ¿No tenemos que ser sobrios y enfrentarnos al mundo como en realidad es, en lugar de poner nuestras esperanzas en un final de cuento de hadas?

Fe lo miró con amabilidad y con algo de lástima y preguntó:

—¿Los milagros son tan difíciles de creer?

—La ciencia los ha refutado —declaró Duda con naturalidad—. Un científico cualificado nunca ha confirmado un milagro. Por el contrario, muchos supuestos milagros se han examinado y se han encontrado deficientes una vez que se aplicaron las herramientas de la ciencia.

Fe se levantó más erguida y dijo:

—Antes que nada, debo decir que la ciencia no ha invalidado los milagros de Jesús. Esos fueron eventos no repetibles que datan de hace unos 2000 años, y puedes estar seguro de que no hubo científicos alrededor recolectando evidencia. Pero basta de eso. Para ti, Duda, el problema más grande es el siguiente: crees de manera errónea que tu incredulidad sobre los milagros de Jesús se deriva de evidencias científicas en su contra. Lo cierto es que tu escepticismo en Sus obras milagrosas nace de tu desconfianza en Dios. Prejuzgas que Jesús nunca realizó milagros porque ya has concluido que no existe un Dios que los haga y que, si existe, no se molesta en intervenir en nuestros asuntos. Me pregunto: ¿puedes probar que tienes razón? ¿Puedes refutar científicamente la existencia de Dios o Su intervención en el mundo, Duda?

—En realidad no necesito hacerlo —respondió Duda de un modo desdeñoso—. La carga de la prueba es tuya. Dices que Dios existe y actúa con Su maquinaria. ¡Muéstrame, Fe!

—En cuanto a la existencia de Dios —respondió Fe—, eso ya no es necesario discutirlo. Tanto los científicos como los filósofos se han apartado de su infatuación con el ateísmo naturalista. El universo mismo los atrajo al teísmo. Considera los datos de la cosmología, la ciencia que estudia cómo y porqué del universo físico. Los datos demuestran con claridad que el universo ha existido solo durante un tiempo finito y que surgió de la nada. Si el universo comenzó a existir, es evidente que tuvo un Iniciador. Si comenzó desde la nada, es manifiesto que el Iniciador creó todas las cosas. Esto significa que el universo le pertenece a Él en todo sentido que la pertenencia pueda tener. Así, puede hacer con la maquinaria lo que quiera. ¿Los milagros son imposibles, Duda? ¡Para nada! Para Dios, son solo una opción para interrumpir el curso habitual de los acontecimientos.

—En cuanto a mostrarte que el Creador, de hecho, ha realizado tales cosas, hay un registro de ellas que puedes leer y releer. Los milagros de Jesús están documentados por testigos presenciales en el Nuevo Testamento.

—Pero ¿podemos estar seguros de que lo han hecho bien con la Biblia? —preguntó Viajero—. Eso parece ser la clave de todo. ¿Tiene razón el Nuevo Testamento sobre Jesús?

—Yo no podría haberlo preguntado mejor —agregó Duda—. Yo digo que no podemos estar seguros, y si no podemos estar seguros, ¿para qué molestarse?

—Todo se reduce a esto —respondió Fe—. La Biblia enseña que Dios creó un camino de la oscuridad. Jesús es ese camino. Sus primeros seguidores lo creyeron y lo abandonaron todo para contarle al mundo. Si me preguntas si el mundo ha cambiado desde que Jesús vino, les digo que, en la medida en que ha cambiado para mejor, ha cambiado porque Él vino. La raza humana ha superado innumerables falsas creencias, y los cristianos han derramado una buena cantidad de malentendidos y prejuicios no bíblicos, pero la verdad de Jesús permanece indiscutible. Él está vivo ahora y por siempre, Viajero, lleno de gloria e inmortalidad. Él se ofrece como nuestro salvador y hermano ¿Elegirás creer?

Viajero inclinó su cabeza pensativo. Su mochila parecía más pesada que antes, y se movió incómodamente bajo su peso. Un mensaje de esperanza y amor había llegado a él, y le quemó el corazón pensar en lo que le había costado al Hijo de Dios. Reflexionó sobre los muchos millones que habían creído este evangelio a través de los siglos, que habían abandonado la oscuridad por una vida en la luz y habían recibido la libertad de la pena del pecado.

—¿Creerás? —repitió Fe.

—¡Sí! —Viajero respondió con súbita alegría—. ¡Sí lo haré!

—¡Espera! —objetó Duda—. ¿En realidad puede ser tan simple? Piensa en lo que debes dejar para seguirlo.

Pero Viajero ya no escuchaba a Duda. Se quitó su mochila y puso los pies en el camino estrecho que lleva a la vida eterna.

Y al observar cómo Viajero se abre camino por uno de los dos caminos: ¿cuál tomarás?

CRÉDITOS DE FOTOGRAFÍA Y ARTE

B&H Publishing Group agradece a las siguientes personas e instituciones por el uso de los gráficos en la Guía esencial sobre Jesús. En caso de que, por error, no hayamos podido otorgarle el crédito adecuado a cualquier gráfico utilizado en este libro, contáctenos (bhcustomerservice@lifeway.com) y realizaremos la corrección necesaria en la próxima impresión.

FOTOGRAFÍAS E ILUSTRACIONES

Holy Land Photos: pp. 36, 58, 66, 92, 99, 112, 115, 132, 133, top, 166, 167, bottom, 172, 293, 300. ***Anderson, George Edward***: p. 296. ***Getty Images:*** p. 169 (THEPALMER), 204 (JustinMcD); ***Institute of Antiquity and Christianity:*** p. 303; ***iStock:*** pp. iii, 6-7 (bullet69), iv, 64-65 (ginosphotos), v, 138-39 (mw_listing), vi, 202-3 (ginosphotos), vii, 264-65 (stainglass), 1, top (LordRunar), bottom, (amadea), 2 (n/a), 3 (STAMIK), 4 (Kronick), 8 (RASimon), 9 (lemonadelucy), 35, top (Allkindza), bottom (xjben), 40 (GlobalP), 53 (DNY59), 60 (Mike_Kiev), 61 (Andy445), 85 (oriba), 116, top (sterling_photo), 117 (n/a), 122, bottom (SteveAH), 141 (eyecrave), 143 (n/a), 171 (OSTILL), 173 (nico_blue), 175 (Grafissimo), 176 (jwblinn), 182 (doulos), 184 (Mik122), 191 (Studio-Annika), 193 (lovleah), 205 (n/a), 206 (Victorburnside), 223 (Enjoylife2), 229 (RobinUK), 231 (RonTech2000), 232 (ThreeJays), 240 (stephanie phillips), 241 (kati1313), 242 (DamianPalus), 244 (n/a), 245 (Sparky2000), 246 (junial), 247 (twilightproductions), 248 (n/a), 258 (n/a), 267 (WizData), 313 (Valerie Loiseleux), 324 (joshblake), 330 (eyecrave), 337 (n/a), 340-41 (foto-Voyager). ***Sládek, Petr:*** p. 207. ***Wikimedia Commons:*** pp. 10 (Merlin), 11 (David Liam Moran), 24 (STScI/AURA), 25 (Regalf), 28 (Christian Theological Seminary), 37 (Rama), 38 (Gugganij), 39 (Ben Schumin), 48 (British Library), 49 (Lior Golgher), 54 (Mike Peel), 55 (MANN), 56, top (CNG), 72 (Euthman), 73 (StormyDog), 80 (Marie-Lan Nguyen), 107 (EdoM), 108 (Shakko), 113 (Mockstar), 142 (NASA), 158 (deror avi), 167 (Eman), 186 (Dianelos), 196 (NASA/GSFC), 219 (Dsmdgold), 225 (Leinad-Z~commonswiki), 226 (Grauesel), 268 (AndreasPraefcke), 295 (Edinburgh University), 305 (Saperaud~commonswiki).

PINTURAS

Alma-Tadema, Lawrence: pp. 12 (Sotheby's/private collection), 27 (Rijksmuseum Amsterdam). ***Angelico, Fra:*** pp. 126, 271 (Museo di San Marco), 183 (Convento di San Marco, Florence), 286 (Wiki Commons/Mladifilozof); ***Bida:*** p. 256 (WCG); ***Blake, William:*** p. 94 (Tate Britain); ***Bloch:*** p. 331 (Det Nationalhistoriske Museum på Frederiksborg Slot); ***Bockstorfer:*** p. 153 (Cathedral of Konstanz); ***Bosch:*** pp. 170 (Museo del Prado, Madrid), 262 (Staatliche Museen); ***Bouts, Dieric:*** p. 101 (http://www.aiwaz.net/panopticon/moses-and-the-burning-bush/gi2355c362); ***Bronzino:*** p. 62 (Palazzo Vecchio, Florence); ***Bruegel, Peter:*** p. 22 (Kunsthistorisches Museum); ***Caracciolo:*** p. 278 (Church of the Pio Monte della Misericordia, Naples); ***Caravaggio:*** pp. 68 (Musée des Beaux-Arts), 125, (National Gallery of Ireland), 192 (Pinacoteca di Brera), 195 (Sanssouci Picture Gallery), 281 (Santa Maria del Popolo), 311 (Contarelli Chapel, Church of San Luigi dei Francesi); ***Castagno:*** p. 44 (National Gallery of Art, Washington, D.C.); ***Castiagno:*** p. 142 (http://www.alexanderstomb.com/main/imageslibrary/alexander/index.htm); ***Cifrondi:*** p. 156 (Santuario della Madonna dei Campi, Stezzano, Bergamo, Italy); ***Ciseri:*** p. 136, bottom (Museo d'Arte Lugano); ***Cole, Thomas:*** p. 97 (Worcester Art Museum); ***Cranach, Lucas:*** p. 17 (Kunsthistorisches Museum); ***da Vinci, Leonardo:*** p. 69 (Galleria degli Uffizi), 116 (Convent of Santa Maria delle Grazie, Milan), 233 (Musée du Louvre); ***de Vos:*** p. 104 (Cathedral of Our Lady, Antwerp); ***Delacroix:*** p. 56, bottom (Saint-Sulpice); ***Demin:*** p. 47, top (http://www.artrenewal.org); ***de Ribera, José:*** p. 11 (Museo Nazionale di San Martino); ***Doré, Gustave:*** pp. 18 (https://ebooks.adelaide.edu.au/m/milton/john/paradise/complete.html), 29 (http://thebiblerevival.com), 41, 47, 59, (Doré's English Bible), 80, 96, 111, 150, 273, 288, 326 (*The Bible Panorama*, 1891), 155 (http://www.pitts.emory.edu/woodcuts/1872HolyV2/00016802.jp), 213, 230 (Dore Gallery of Bible Illustrations), 261 (http://www.artbible.info/art/large/383.html), 316 (http://www.pitts.emory.edu/woodcuts); ***Duccio:*** pp. 88 (Web Gallery of Art), 95 (Frick Collection, NY), 118, 134, 266 (Museo dell'Opera del Duomo), 222 (National Gallery, London), 266; ***El Greco:*** pp. 81 (Museo Nacional del Prado), 114 (Frick Collection, NY), 122 (National Gallery, London), 199 (National Galleries of Scotland), 269 (Museo Nacional del Prado); ***Ferrari:*** p. 157 (S. Maria delle Grazie, Varallo Sesia); ***Fetti:*** p. 243 (Gemäldegalerie Alte Meister); ***Flavitsky:*** p. 26 (Wiki Commons/Alex Bakharev); ***Führich:*** p. 187 (Kunsthalle Bremen); ***Garofalo:*** p. 200 (Galleria Nazionale d'Arte Antica); ***Giotto:*** pp. 125, 130 (Cappella degli Scrovegni); ***Goya:*** p. 124 (Escuelas Pías de San Antón); ***Grunewald:*** pp. 51, 161 (Musée d'Unterlinden); ***Kramskoi:*** p. 174 (Tretyakov Gallery, Moscow); ***Lambert:*** p. 297 (Het Rockoxhuis); ***Lievens:*** p. 155 (Musée des Beaux-Arts); ***Long, Edwin Longsden:*** p. 82 (Wiki Commons/Staszek99); ***Lorenzetti:*** p. 146 (Basilica of Saint Francis); ***Maes:*** p. 135 Szépművészeti Múzeum); ***Martini:*** p. 211 (Museo Nazionale di Capodimonte, Naples); ***Maccari:*** p. 144 (Palazzo Madama, Rome); ***Mantegna:*** pp. 78 (Galleria degli Uffizi), 123 (National Gallery, London); ***Masaccio:*** pp. 19, 254 (Cappella Brancacci, Santa Maria del Carmine), 217 (Brancacci Chapel, Florence); ***Memling:*** pp. 185 (Alte Pinakothek), 254, 255 (National Museum, Gdańsk); ***Miguel Ángel:*** pp. 21, 50, 51, 235, 260, 317 (Sistine Chapel); ***Millais:*** p. 89 (Tate Britain, London); ***Molnar:*** p. 209 (Magyar Nemzeti Galéria); ***Munkácsy:*** p. 131 (Déri Museum, Debrecen); ***Nikolajewitsch, Nikolaj***: pp. 127, 133 (Tretyakov Gallery); ***Nogari***: p. 217 (Gemäldegalerie Alte Meister); ***Olivier***: p. 212 (Georg Schäfer collection/Schweinfurt); ***Oberrheinischer***: p. 162 (Musée d'Unterlinden); ***Patinir***: p. 91 (Kunsthistorisches Museum); ***Perugino***: p. 164 (Palazzo Pitti); ***Previtali***: p. 70 (Santa Maria de la Conzolazione); ***Poussin:*** pp. 31 (National Gallery, London), p. 32 (Hermitage Museum, St. Petersburg); ***Raphael:*** p. 109 (Vatican Museums), 275 (Victoria and Albert Museum, London); ***Rembrandt:*** pp. 30 (Staatliche Museen zu Berlin), 42 (Koninklijk Kabinet van Schilderijen Mauritshuis), 46, 128 (Rijksmuseum Amsterdam), 78, middle, 106 (Musée du Louvre), 149, top, 165 (Alte Pinakothek, Munich), 179 (Pushkin Museum of Fine Arts), 190 (Musée Jacquemart-André, Paris), 257 (Staatliche Museen zu Berlin), 279 (Musée des Beaux-Arts), 291 (Germanisches Nationalmuseum). ***Reni:*** p. 180 (Vatican Museums); ***Ribera:*** p. 228 (Pinacoteca vaticana); ***Roberts, David:*** p. 98 (*The Holy Land Book*); ***Rubens:*** pp. 136 (Church of St. Paul, Antwerp), 152 (Koninklijk Museum voor Schone Kunsten Antwerpe); ***Schedoni:*** p. 181 (Galleria Nazionale, Parma); ***Schule, Meister der Reichenaur:*** p. 102 (Bayerische Staatsbibliothek); ***Smuglewicz:*** p. 140 (Lietuvos dailės muziejus); ***Tintoretto:*** p. 207 (Scuola Grande di San Rocco); ***Titian:*** pp. 20 (Basilica di Santa Maria della Salute), 251 (Gemäldegalerie Alte Meister); ***Tissot, James:*** pp. 79 (Minneapolis Institute of Art), 148, 159, 163, 187, 214, 221 (Brooklyn Museum); ***van Gogh, Vincent:*** p. 239; ***von Astorga, Meister:*** p. 147 (Wiki Commons/Jonathan Groß); ***von Gracanica, Meister***: p. 91 (Monastery Gračanica, Kosovo); ***Vouet***: p. 154 (Chiesa del Gesù e dei Santi Ambrogio e Andrea); ***Witz***: p. 197 (Musée d'art et d'histoire de Genève); ***Yegorov***: p. 76 (http://bibliotekar.ru); ***Ziegler***: p. 100 (*Storybook of the stories of the New Testament*, 1787); ***Zurabarán***: p. 149 (Museo de Arte de Ponce).